KB265761

국어사와 방언사 연구

이 저서는 2011년도 전북대학교 저술장려연구비 지원에 의하여 연구되었음.

# 국어사와 방언사 연구

이 태 영

역락

# 머리말

박사학위를 쓰던 시절, 독서 카드에 국어 문법 형태소를 일일이 적으며 분류하고 해석하면서 손으로 논문을 썼다. 많은 국어사 문헌을 손으로 다 검토한다는 것은 상상하기 어려운 일이었다. 문헌을 찾아 역사적인 변천과정을 이해하려고 노력하면서 국어의 역사를 공부하는 즐거움을 찾게 되었다.

국어사 문헌 중 하나인 『捷解新語』를 주석하면서 국어사를 체계적으로 보아야 한다는 생각을 갖게 되었다. 필요한 예문만을 보아서는 국어의 역사적 현상이나 변천과정을 정확하게 이해하기 어렵다고 생각했다. 특히 동일한 문헌의 이본들을 비교하는 방식으로 해당 어휘나 문법형태소의 변천과정을 살펴보면서 반드시 체계 속에서 문법 현상을 설명해야 한다는 확신을 갖게 되었다.

컴퓨터가 나오고 '국어사 말뭉치'가 조금씩 구축되면서 국어사 연구는 아주 다양한 방법으로 연구되었다. 이 국어사 말뭉치는 국어사 연구에 새로운 연구방법을 주었고, 우리는 '보이지 않은 현상'까지도 검색할 수 있게 되었다. 세종계획에서 '국어 어휘의 역사 검색 프로그램'과 '한국 방언 검색 프로그램' 작성에 참여하면서, 국어사와 방언 자료를 다루고 어휘의 변천과정을 체계적으로 다루는 자세를 배우게 되었고, 다양한 말뭉치 구축의 중요성을 깨닫게 되었다.

그러나 국어사 문헌은 언해본이 대부분인데, 한글로 된 부분만 입력하였고 한문으로 된 원문은 입력을 하지 않았다. 따라서 우리는 문헌에서 한글을 해석할 때 꼭 필요한, 한문이나 한자어를 일일이 확인해야 하는 어려움을 논문을 쓰면서 깨닫게 되었다. 19세기 한글 편지를 번역하면서, 고전문학을 전공하는 동료와 더불어 어려운 한자어를 해석할 수 있었다. 현재 '국어사 말뭉치'는 정보를 달지 않은 원시 말뭉치여서 필요한 통계를 정밀하게 내지 못하고 있다. 국어사 연구에서 체계적인 연구를 수행하기 위해서 우리는 모든 문헌을 일일이 주석말뭉치로 바꿔야 한다는 과제를 안고 있다.

한편, 방언의 역사적 연구를 수행하면서 문헌 중심의 국어의 역사와 지역 방언의 역사가 따로 존재하는 것이 아니기 때문에, 함께 해석해야 한다는 생각을 갖게 되었다. 방언의 어휘를 역사적으로 연구해 보면서 국어사를 해석하지 않고는 방언을 설명하기 어렵다는 것을 깨달았다. 방언의 공시적인 언어 현상은 반드시 통시적인 변천과정을 살펴보아야 구체적인 설명이 가능하다는 것이다.

특히, 한국어라는 입장에서 보면, 특정 지역의 방언의 역사라 하더라도, 다른 지역의 언어 변화와 관련을 갖고 있고, 국어사의 언어 변화와 직접적으로 관련을 갖는 경우가 많아서 국어사와 방언사 연구는 국어로 된 모든 자료를 바탕으로 통합하여 이루어져야 한다는 생각을 갖고 있다.

학부 시절부터 큰 가르침으로 필자를 이끌어 주시는 최승범 교수님께 깊이 감사드린다. 부족한 필자를 국어사 연구로 이끌어 주시고, 끊임없이 자극을 주시면서 학문의 세계로 이끌어 주신 홍윤표 교수님, 이광호 교수님, 최전승 교수님께 깊이 감사드린다. 선생님들께서는 정년을 하셔서도 연구에 몰두하고 계신다. 5월을 맞아 늘 건강하시기를 기원한다.

함께 길을 가는 친구 유종국 교수, 소강춘 교수, 같은 연구자의 길을 가고 있는 서형국 교수, 황용주 선생, 신은수 선생에게 고마운 마음을 전한다. 늘 자극을 주는 학부, 대학원 학생들에게도 고마움을 전한다. 책을 만들 수 있도록 지원해 주신 전북대학교와 배려해 주신 국어국문학과 동료 교수님들께 감사드린다.

친구처럼 살고 있는 아내 박명숙(보나)씨, 이제 곧 시집을 가야 할 우리 딸 현경이(실비아), 대학에서 열심히 노력하고 있는 우리 아들 주한이(요한), 음악을 공부하고 싶어하는 막내 주찬이(요셉)에게 고마움을 전한다.

조건 없이 책을 내도록 배려해 주신 이대현 사장님과 편집을 잘 해주어 좋은 책을 만들어 주신 이소희 대리님께 깊이 감사드린다.

2012. 5.

이태영 씀

# 차 례

# 제1부
# 어휘사 연구

# 제1장

# 한국어 정보화와 국어사의 방향

## 1. 서론

국어학 전공자들은 문헌에 나오는 수많은 용례를 검토한다. 엄청난 양의 용례를 손쉽게 검토하는 일은 거의 불가능하여 연구에 많은 장애를 가져온다. 그러므로 자료를 대상으로 하는 연구는 '국어사 연구', '방언 연구', '현대국어 연구' 등과 같이 동일한 분야와 해당 자료에 한정하여 연구하는 특징을 갖는다. 논문에 제시하는 용례가 어떤 방법으로 채취되었는지 알 수 없다. 이는 국어 연구에 매우 중대한 결함으로 남는다. 국어사 연구자가 방언과 현대국어, 문학작품, 신문 자료 등을 통합적으로 연구하는 일은 매우 드물다. 이러한 이유는 학계의 연구 전통에 기인하기도 하지만 아직도 국어 정보의 통합 검색을 위한 토대가 마련되어 있지 않아서 그런 것이다.

그러나 지난 10년 동안 국어학자들이 주도하는 '21세기 세종계획'과 같은 사업을 통하여 국어 정보화 사업은 꾸준히 이루어져 왔다. 그래서 국가가 공인하는 국어사 말뭉치, 현대국어 말뭉치가 구축되었고, 방언 말뭉치와 문학작품 말뭉치가 일부 구축되었다. 이런 말뭉치 이외에도 용역 사업을 수행하면서 구축한 공개되지 않은 많은 자료와 개인이 구축한 말뭉치가 많이 공개되어 있다. 완벽한 말뭉치가 구축될 때까지 기다리기보다는 이미 만들어진 이런 국어 자료를 한 데 묶어서 연구용 말뭉치를 구축하여 검색하는 능동적인 자세가 필요하다고 하겠다.

우리가 소유한 대부분의 말뭉치는 원시 말뭉치(raw corpus)이어서 정밀한 분석을 하기 어렵기 때문에 국어 연구에서도 체계적이고 정밀한 연구를 수행하기 어렵다. 따라서 국어 정보화가 성공하려면 현재 원시 말뭉치를 주석 말뭉치로 다시 구축해야만 한다.1) 현재 주석 말뭉치는 실험적인 분량만 구축되었다. 이와 함께 번역문인 경우에는 한문 원문 말뭉치, 이중 언어 말뭉치와 같은 병렬 말뭉치가 함께 구축되어야만 입체적인 연구를 할 수 있다.

현재까지 진행된 국어 정보화를 관점에 따라 구분해 보면 다음과 같다.

첫째, 국어의 정보화는 연구 대상에 따라 이론적 정보화와 실용적 정보화로 나눌 수 있다. 이론적 정보화는 국어학의 제 분야, 즉 음성학, 음운론, 형태론, 통사론, 의미론, 화용론, 어휘론 등을 정보학적인 방법을 이용하여 연구하는 방법을 말한다. 이공계 학자들이 수행하는 이론적 정보화와는 그 특성이 상당히 다르지만, 현재 음성학, 형태론, 통사론, 어휘론 등에서 정보화가 진행되고 있다고 말할 수 있다. 이론적 정보화의 한 축으로는 국어 자료의 구축을 들 수 있는데, 방언, 국어사,

---

1) 국어사 문헌의 주석 말뭉치 구축은 매우 어렵다. 문헌에 대한 세밀한 해독이 선행되어야 하기 때문이다. 따라서 전공자들이 우선적으로 주석서와 번역서를 마련해야 할 것이다.

현대국어, 문학작품 등의 매우 다양한 원시 말뭉치가 상당히 구축되어 이론적 정보화를 추진하는 데 뒷받침을 하고 있다. 국어의 실용적 정보화로는 '표준국어대사전, 다국어사전, 통합국어사전'과 같이 사전을 편찬할 때 응용하는 일이 대부분이다.

둘째, 국어의 정보화는 연구 방법에 따라 단선적 정보화와 입체적 정보화로도 나누어 볼 수 있다. 단선적 정보화는 빈도 추출, 용례 추출, 어휘 검색과 같은 단순한 정보화를 말한다. 이는 누구나 할 수 있는 초보적 정보화 방법이라 할 수 있다. 이러한 단선적 정보화는 정보화를 추진하는 입장에서 보면 사용자에게 매우 번거로운 작업 과정을 주기 때문에 정보화를 더 이상 추진하기 어렵게 만드는 경향이 있다.

입체적 정보화란 국어의 구조를 시뮬레이션으로 보는 것을 의미한다. 시뮬레이션은 한 쪽의 평면 사진을 보는 것이 아니라 다각적인 구조를 관찰하는 것을 말한다. 따라서 하나의 사물에 대해 어느 쪽이건 다 볼 수 있는 관찰을 말하는 것이다. 국어 현상도 이제는 전체 속에서 부분을 관찰해야 한다. 이미 구축된 말뭉치를 이용하고 또 새로운 말뭉치를 구축하여 방언, 국어사, 현대국어 등 다양한 언어 현상을 통해 해석해야 하는 것이다. 방언 연구에서 이미지를 구축할 때 3D 기법을 활용하면 여러 각도에서 물건을 자세히 볼 수 있는 것처럼 우리 국어 현상도 이처럼 해석하는 방법론이 개발되어야 할 것이다.

셋째, 국어의 정보화는 연구 태도에 따라 수동적 정보화와 능동적 정보화의 관점으로 나눌 수 있다. 수동적 정보화는 이미 만들어진 프로그램을 이용하여 배포된 말뭉치를 사용하는 정도의 정보화 수준을 말한다. 다시 말하면 개인이 적극적인 국어의 정보화 의지가 없이 이미 만들어진 프로그램과 말뭉치에 의존하여 연구하는 모습을 말한다. 능동적 정보화는 현재에 만족하지 않고 새로운 말뭉치를 구축하거나, 새로운 프로그램을 개발하여 활용하는 자세를 말한다. 현재 우리의 모습은 이 두 모습으로 나뉘어 있다.

이 논문에서는 이론적 정보화를 이해하는 입장에서 그간 학계와 개인이 구축한 원시 말뭉치를 활용하여 통합적으로 연구하는 능동적 정보화 방법을 다루고, 활용의 필요성을 강조하여 주석 말뭉치의 입체적 정보화의 방향을 제시하고자 한다.

국어 정보화에서 시급한 과제 중의 하나는 그간 구축한 원시 말뭉치를 한 데 모으는 일이다. 위에서 언급한 대로 말뭉치 구축 작업이 세종계획, 기타 용역사업, 개인연구 등에서 구축이 되었기 때문에 이 말뭉치를 모아 새롭게 구축하는 일은 이 방면에 상당한 연구 경력을 가진 연구자만이 가능한 일이다. 만일 한 군데로 모으기만 하면 우리는 모든 국어 연구에서 통합적 연구를 시도할 수 있다.2)

현재의 국어학 연구 풍토는 연구 분야별로 따로따로 연구하고 있다. 음성학, 음운론, 형태론, 문법론, 의미론, 화용론의 연구 영역이 비교적 분명하게 구별되어 나뉘어 있고, 연구대상도 국어사, 방언, 현대국어 등 한 분야에 초점을 맞추어 연구하고 있다. 이렇게 연구대상을 나누어 연구한 것은 손으로 연구하던 시절에 워낙 많은 자료들이 존재하였기 때문에 편의상 나눈 것이다. 이제 컴퓨터가 대용량 말뭉치를 처리하는 시점에서 우리가 가진 자료는 많다고 말하기 어렵다. 따라서 자료가 입력만 되어 있다면 현재 사용하는 프로그램으로 통합 말뭉치를 다양하게

---

2) 통합 자료 구축이 지연되는 이유 중의 하나는 개인이나 연구소에서 구축한 자료가 공개되지 않고 있고, 문학작품의 경우 저작권과 관련이 있어서 이를 해결하지 않고는 통합하기 어렵기 때문이다.

검색하면서 새로운 결론을 도출해 낼 수 있을 것이다.


## 2. 국어사 연구의 통합적 연구


국어사 연구를 할 때, 소위 국어사 자료는 문헌자료만을 다루는 고정관념이 있다. 그러나 방언이나 현대국어 자료에도 국어사 자료가 수없이 들어있기 때문에, 시대를 구분하여 국어사 자료를 구분하는 것은 바람직하지 않다. 현재 우리가 이용하는 국어사 문헌 자료에 나오지 않는 어휘, 형태소 등이 무수히 많을 터인데 이러한 빈칸을 어디에서 메울 것인지 매우 궁금하다. 그러한 빈틈을 메울 수 있는 방법은 방언 자료와 현대국어 자료를 잘 활용하는 일이다.

1910년대 신소설을 비롯한 1920년대, 1930년대, 1940년대의 문학작품들이 많이 있다. 흔히 문학작품은 국어사 연구와 거의 관련이 없을 것으로 생각한다. 그러나 문학작품에 나타나는 어떤 형태소의 전국적인 지역분포를 확인해 보면, 특정 지역에 분포한 것은 방언일 가능성이 많고, 전국적인 분포를 가진 것은 국어사와 관련될 가능성이 매우 많다. 우리는 이처럼 다양한 자료를 통합적으로 검색하는 작업을 소홀히 하고 있다.3)

---

3) 황용주(2007)에서는 신소설에 나타난 연어구성을 정보학적으로 연구한 바 있다.

## 2.1. 어휘 연구의 경우

「국어 어휘 역사 검색 프로그램」(2007)에 따르면 현대국어의 부사 '거의'는 15세기부터 나타나고 같은 시대에 '거싀'가 나타난다. 동사 '거의다'에서 '거싀'가 나왔을 것으로 보는 경향이 우세하며 '거의'보다는 '거싀'가 더 오랜 형태를 반영하는 것이라고 보고 있다.

「문학작품에 나타난 방언 검색 프로그램」(2007)에 따르면 표준어 '거의'의 방언형인 '거진'은 전라도에서 많이 쓰는 부사이다. 역사적으로 '거싀'에서 변천한 것으로 '거의'형과 '거지'형의 분화를 보이는데 전라도에서는 '거지'형이 많이 쓰인다. '거지'에 'ㄴ, ㅁ'이 첨가된 '거진, 거짐'을 많이 쓰고 있다. 따라서 '거진'은 단순한 방언 어휘가 아니라 역사적으로 '거의'보다 오래된 어휘임을 알 수 있다. '거진'은 국어사 자료에서 확인하기 어렵고 방언 자료에서 확인이 가능하다. 그러나 조사된 자료의 부족으로 정확한 지역별 분포를 확인하기는 쉽지 않다.

'거진'은 많은 작가들의 작품에서도 볼 수 있는데 거의 전국적으로 쓰이고 있음을 알 수 있다. 필자가 찾은 작가의 명단과 그 용례를 일부만 제시하면 다음과 같다.

강신재(서울), 나도향(서울), 박종화(서울), 심훈(서울), 염상섭(서울), 유진오(서울), 최인호(서울), 현덕(서울), 김채원(경기), 박완서(경기), 송병수(경기), 김소진(강원), 김유정(강원), 이효석(강원), 박상륭(전북), 윤흥길(전북), 채만식(전북), 최명희(전북), 김승옥(전남), 송기숙(전남), 이청준(전남), 김동리(경북), 김주영(경북), 이문열(경북), 오영수(경북), 현진건(경북), 홍성원(경남), 이제하(경남), 박영한(경남), 지하련(경남), 조명희(충북), 이문구(충남), 현기영(제주), 손창섭(평양), 전영택(평양), 최명익(평양), 김남천(평남), 이광수(평북), 정비석(평북), 최정희(함남), 한

설야(함남), 조해일(만주), 황석영(만주), 김사량(평양), 박영희(서울)

어머니도 이 두 어린애가 서로 좋아라고 토방가에 내려가 노는 것도 거진 심상히 여기게 되었다. 〈김사량, 낙조, 376〉

수일이는 선생들이 거진 전부 돌아가 버리는 것을 보고 갑자기 무서운 생각이 들었다. 〈김사량, 낙조, 419〉

대구의 하숙방을 나오면서부터 몇 차례를 젖었다 말랐다 한 레인코트는 또 흠빡 물이 배어서 거진 검정색처럼 보이면서 기애의 가느단 허리께에서 잘룩 죄어매져 있었다. 〈강신재, 해방촌가는길, 46〉

순복은 어찌할 수 없이 거진 무의식적으로, "어머니!" 하고 불렀다. 〈박영희, 전투, 53〉

그가 전차를 내려서 정예가 기다리고 있을 본정통 어느 찻집엘 들어섰을 땐 거진 여덟시가 가까워서다. 〈지하련, 가을, 398〉

안국동 네거리를 거진 나왔는데, 예배당 전도 부인을 길에서 만났다. 〈김남천, 경영, 359〉

술이 거진 다 마쳐 갈 무렵이었다. 〈김동리, 황토기, 318〉

돈은 오천 원이나 거진 소비하고 남은 것을 가져온 일이 있는데, 〈전영택, 김탄실과그아들, 415〉

그전만 같으면 얼굴 보이기만 하면 무슨 트집으로든 반드시 꾸중을 하고 하였는데 한 이 년간을 학교에 다니면서 밤 이외에는 거진 집에 있을 기회가 없었던 연실이는 따라서 어머니에게 꾸중 들을 기회도 없었다. 〈김동리, 김연실전, 198〉

하향한 지 거진 한 달이 되어 가고 있었다. 〈김승옥, 환상수첩, 83〉

그 바람에 등잔불이 더욱 가물거린다. 거진 꺼질 것 같기도 하다. 〈최정희, 점례, 501〉

처음엔 두 손만 밀어넣고 앉았더니 이야기가 거진 끝나 갈 때쯤에는 하반신을 거의 이불 속에 묻고는 여벌로 있던 베개를 끌어당겨 비스듬히 누워 있었더랬다. 〈김주영, 달맞이꽃, 497〉


문학작품에 나타난 전국적인 분포를 보면 '거진'을 단순히 방언으로 처리하기는 어렵다. 이것은 '거진'의 쓰임이 전라도에 국한하지 않고 전국적으로 쓰였던 형태이기 때문이다. 1910년대와 20년대에는 '거진'이 아주 많이 사용되었다. 이처럼 전국적인 분포를 가지고 있다면 역사적으로 오래 전에 사용된 것으로 보는 게 옳을 것이다. 『조선말대사전』과 『우리말큰사전』에서는 '거진'을 등재하고 있으나 『표준국어대사전』에서는 등재하지 않고 '거의'를 표준어로 삼고 있다.

국어사 연구에서 문학작품에 나타나는 빈도를 고려하지 않고 '거진'을 단순하게 방언으로 처리하여 현재 사용하는 국어사전에서조차도 등재하지 않은 것은 국어 자료를 통합적으로 검색하지 않은 결과에 말미암은 것이다. 이러한 점에서 볼 때, 앞으로 어휘 하나하나에 대하여 말뭉치를 이용한 통합적 검토를 수행해야 할 것이다.

## 2.2. 한문 원문 말뭉치의 활용

국어사 자료는 언해본이 대부분인데 이는 중국 한문이나 한국 한문인 원문을 우리말로 번역한 것이다. 따라서 언해문에 대한 한문 원문이 입력되어야 한다. 그래서 한문 원문과 언해문이 병렬된 말뭉치를 구축해야만 올바른 국어사 연구를 진행할 수 있을 것이다.[4]

홍윤표(1982)를 참고하여 국어사 자료를 분류하면 '원래 국문으로 쓰

---

4) 국어사의 경우에는 다음과 같은 병렬 말뭉치가 있을 수 있다.
   (1) 옛한글-구결 병렬 말뭉치
   (2) 옛한글-이두 병렬 말뭉치
   (3) 옛한글-한문 병렬 말뭉치
   (4) 옛한글-외국어 병렬 말뭉치
   (5) 옛한글-옛한글 병렬 말뭉치(이본 비교)
   (6) 옛한글-현대 한글 병렬 말뭉치

인 자료(『월인천강지곡』, 『청구영언』, 『해동가요』, 『악장가사』 등)', '한문 원문에 한글로 구결을 단 자료(『논어대문구결』, 『남화진경대문구결』, 『구해남화진경구결』, 『소학집설구결』, 『예기집설대전구결』, 『예기대문언독』 등)', '언해본'이 있다. 이중 '언해본'은 '중국 한문을 언해한 자료(『경서언해류』, 『불경언해류』)', '한국 한문을 언해한 자료(『명의록 언해』, 『천의소감언해』, 『윤음류』 등)', '한문 이외의 역학서 자료(『노걸대언해』, 『捷解新語』, 『첩해몽어』, 『몽어노걸대』, 『팔세아』, 『소아론』 등)'로 나눌 수 있다.

한문 원문도 『능엄경언해』(1461)의 경우는 중국 한문에 국문현토를 달고 그것이 우리말로 언해되었고, 『구급간이방언해』(1489)의 경우는 한국한문이 순수한 언문으로 언해된 경우이다. 또한 『우마양저염역병치료방』(1541)의 경우는 한국 한문에 이두를 달고 그것이 순수언문으로 언해된 경우이다. 이처럼 다양한 국어사의 자료에서 그 원문과 현토, 구결, 이두가 달린 한문과 이를 번역한 언해문 사이의 관계를 잘 밝혀야 할 것이다.

이태영(2000ㄱ)에서는 허사 '與'자의 번역에서 쓰이고 있는 공동격 구성의 형태소의 변천과정을 다룬 바 있다. '與NP와'는 '與'자의 기능이 공동격인 '-와'의 기능인 바, 직역을 하는 관계로 '與'자를 번역하면서 '다못, 다못ᄒ야, 더브러'를 첨가한 것이다. '與NP로'는 한글 구결문인 '與NP로'의 구성을 그대로 번역하여 '-와, -로 다못, -로 다못ᄒ야, -로 더브러'로 번역한 것이다. '與NP와로'는 '與'를 '동반'과 '비교의 대상'을 표시하는 조사로 인식하여, '-와'와 '與NP로'의 두 구성이 섞여서 이루어진 구결문으로, 언해문에서는 '-와, -와로, -와로 다못, -와로 더브러' 등으로 번역한 것이다. 이러한 해석은 한문 원문과 현토를 검토하면 충분히 연구가 가능하다. 그런데 '-롤 다못ᄒ야, -롤 더브러'로 직역한 경우는 만일 한문 원문을 보지 않는다면 동사로 해석할 가능성이 매우 높다. 그러나 한문 원문을 살펴보면 '與'자의 기능을 동사로 인식하여 번역한 결과일 뿐 원문에서는 공동격 구성으로 사용하고 있는 경우가 있음을 알 수 있다.

17세기 문헌에서도 '-롤 더브러, -로 더브러, -와 더브러'가 '與'자의 번역으로 공동격의 기능으로 쓰이고 있다. 이때 쓰이는 '-롤 더브러'는 중세국어의 동사 '더블다'와는 다른 것이다. 여기서 '-롤 더브러'는 介詞 '與'자의 번역 과정에서 동사적으로 번역한 것에 불과하다. '-을 드려'의 구성으로도 공동격의 기능을 수행하고 있었다.

듕히 나히 열서레 어미롤 더브러 수플 아래 수머 업더여서
(重海年十歲與母竄伏林下)〈東新孝1, 51b〉
願컨대 兒孫을 드려 기리 主ㅣ 되야 (願與兒孫長作主)〈伍倫4, 17b〉

국어사 연구에서 한문 원문을 살피는 일은 필수적인 절차이다. 그러나 이러한 말뭉치가 제대로 구축이 되어 있지 않아서 연구자들이 매우 힘들게 원문을 확인하고 있다. 개인이 만든 말뭉치를 모으는 일도 필요하지만, 통합적 연구를 위하여 우선적으로 원시 말뭉치에 해당하는 한문 원문 말뭉치를 함께 구축하는 데에 힘을 기울여야 할 것이다.5)

---

5) 역주집이 여러 권이 나왔으나, 한문 원문이 제시된 것이 있고, 한문이나 외국어 원문이 제시되지 않은 채 역주된 것도 있다. 앞으로 이러한 작업이 계속되면서 한문 원문과 번역문을 병렬로 정렬하는 말뭉치가 구축되어야 할 것이다.

## 2.3. 주석 말뭉치의 활용

근대국어 문헌인『捷解新語』이본 중 '원간본', '개수1차본', '중간본'을 형태소 정보를 입력한 주석 말뭉치로 구축하고, 주석 말뭉치를 원본으로 하여 국어자료통합분석기인 '깜짝새(SynKDP)'를 이용하여 품사와 문법 형태소를 중점적으로 분석해 보았다. 필자가 구축한『捷解新語』이본들의 형태소 분석 말뭉치로는 이본들 간의 이표기 비교, 음운 현상의 비교가 가능하고, 특히 문법 형태소의 기능과 변천과정을 살필 수 있으며, 품사와 어휘의 정확한 통계 산출이 가능하여 이본들 간의 특징을 비교하기 용이하다.6)『捷解新語』의 형태소 분석 말뭉치의 예를 일부만 들면 다음과 같다.

〈捷解新語원간본1권〉
아므가히　　　아므가히/대명사
이러　　　　　이러/부사
오라　　　　　오/자동사＋라/종결어미
네　　　　　　너/대명사＋의/속격조사
代官의　　　　代官/한자명사＋의/여격조사
가　　　　　　가/자동사
내　　　　　　나/대명사＋의/속격조사
말로　　　　　말/명사＋로/조격조사
그적긔　　　　그적긔/부사
여긔　　　　　여긔/부사
ᄂᆞ려와　　　ᄂᆞ려오/자동사＋아/연결어미

---

6) 필자는『譯註 捷解新語』(1997)를 펴낸 바 있다. 이 작업은 난해한 어휘에 주석을 달고 현대어로 번역한 것이다. 컴퓨터를 이용하여 작업을 하였지만, '분석 말뭉치'를 작성하지 않았기 때문에 얼마간의 오류가 발생하였다. 그것은 원시 말뭉치가 가지는 한계를 그대로 드러낸 것이었다.

어제라도      어제/명사＋라도/인용격조사
오올         오/자동사＋오/선어말어미＋ㄹ/관형형어미
거슬         것/의존명사＋올/대격조사
路次의        路次/한자명사＋의/처격조사
ㄱㅈㅂ매       ㄱㅈㅂ/형용사＋매/연결어미
이제야        이제/명사＋야/보조사


　여기에 제시한 형태소 분석 말뭉치는 3단계 태그를 붙인 것으로 필요에 따라 4단계, 5단계의 태그를 붙여야 한다. 예를 들면 연결어미의 경우, 이유, 계기, 양보 등의 기능으로 다시 나눌 필요가 있을 것이다. 선어말어미의 경우도 겸양법, 공손법, 상대존대법, 시제, 서법 등으로 나누고 이를 다시 세분할 필요도 있을 것이다. 여기서는 『捷解新語』의 형태소 분석 말뭉치를 중심으로 부사형어미의 예를 들어 그 중요성을 설명하기로 한다.

　『捷解新語』에는 '어렵다'의 부사형으로 '어려이〈중간본〉', '어렵사리〈원간, 1차본〉', '어렵소이〈원간, 1차본〉' 등이 등장한다. '어려이'는 '어렵-'에 부사형어미 '-이'가 연결된 것이다. '어렵사리'는 '어렵살ᄒ-'에 '-이'가 연결되어 부사로 쓰인다. 국어사 문헌에서 '쉽살ᄒ다'에서 파생한 부사 '쉽사리'의 예를 들 수 있다. 그런데 '어렵소이'가 등장한다. '어려이'를 가지고 생각해 보면 '어렵-＋소(?)＋-이'의 구조를 가정해 볼 수 있는데 과연 '소'는 무엇일까?


　도로켜 어렵소이 녀기오와 延引ᄒ오니 허믈 마르시고 ㄱ장 ᄆᆞᆷ〈原刊8, 16ㄴ〉 편히 쉬신 후의 祝願의 宴享도 ᄒ올가 미덧닝이다
　진실로 견디기 어렵거든 〈一次1, 45ㄱ〉
　釜山에 술와 註進ᄒᆞᆯ 거시니 어렵습거니와 〈一次1, 24ㄴ〉 書簡을 내여

쥬시과쟈 너기옵닌

『捷解新語』에서 형용사, 또는 동사의 어간에 연결되어 '-소이'형을 보이는 유형으로는 '젓소이'와 '우소이' 두 개가 존재한다.

하 젓소이 너기♡와 다 먹습ᄂ이다 〈原刊2, 7ㄴ〉
이러투시 술을 너모 먹습고 젓ᄉ온 말슴을 만히 ᄒ온가 너기ᄂ이다 〈原刊3, 19ㄴ〉

'젓소이'는 이본에서는 '젇소이'로도 표기되어 나타나는데 형용사 '젛다'가 기본형이며 '두렵다, 황송하다'의 의미를 갖는 어휘이다. 이는 '젓ᄉ온, 젓습건마ᄂ'과 같이 활용하면서 선어말어미 '-습-'을 연결시키고 있다. 『이조어사전』(유창돈, 1964)에서는 다음 예의 '우소온'을 예문으로 자동사 '우숩다'를 기본형으로 보고 있다.

日本말을 비홀 디 업ᄉᆞᆫ 양으로 기리시니 일뎡 긔롱ᄒᆞᄂᆞᆫ 양으로 싱각ᄒᆞ거니와 그러나 노ᄒᆞ여도 몯ᄒᆞ고 〈原刊9, 20ㄴ〉 거르기 우소온 일이옵도쇠

그러나 '우온, 우소이, 웃고'가 이본에서 나오는 것으로 보면 '우숩다'를 기본형으로 처리하기 곤란하다. 오히려 '웃다'를 기본형으로 놓고 선어말어미 '-습-'이 개재한 것으로 처리하는 것이 타당할 것이다.

언머 모다 우은 거시라 녀기셔냐 〈原刊9, 3ㄴ〉
언머 모다 우온 거시라 녀겨셔냐 〈一次9, 5ㄱ〉
언머 모다 우소이 너기셔냐 〈重刊9, 5ㄱ〉

이만 거시 비록 些少ᄒᆞ오나 이번 건너오신 덕담으로 目錄으로뻐 보시게

보내오니 웃고 머므르시면 감격ᄒ올가 ᄒᄂ이다 〈一次10上, 16ㄱ〉

'우소이'의 경우, 중간본에서만 나타나는데 대비되는 원간본과 일차본이 '우온'이다. '우온'은 '웃-+-ᄋᆸ+ㄴ'의 구성이고 '우소이'는 '웃-+-소-+-이'의 구성이다.

근대국어의 '녀기다'는 타동사로서 이 문헌에서는 주로 부사형어미 '-이'를 동반한 '아롬다이, 편히, 섭섭이' 등과 '몯홀가, 보올가, 모로ᄂ가'와 같이 의문형어미를 동반한 어형을 앞에 두고 있다. 여기서 우리가 주목해야 할 것은 '아롬다이, 섭섭이'와 같은 어형인데 근대국어의 이 어형들에서 보이는 부사형어미 '-이'는 자칫 부사파생접미사로 해석할 가능성이 있다. 그러나 '아롬다이, 섭섭이'의 '-이'는 부사형어미로 현대국어의 '-게'와 그 기능을 같이하고 있다. 그렇다면 '젓소이, 우소이, 어렵소이'가 출현하는 어형들은 현대국어로 하면 '우습게, 어렵게'와 같은 통사적 구성을 갖는 것이다. 따라서 '도로켜 어렵소이 녀기오와'의 경우 '어렵소이'의 '소'는 '-습-'의 이형태로 해석해야 한다. '어려이'의 구성이 '어렵-+-부사형어미'와 같은 통사적 구성을 가지고 있기 때문에 '어렵소이'와 같은 통사적 구성이 가능한 것으로 해석된다.

이러한 해석을 위해서 우리는 이 문헌에 나타나는 부사형어미 전체를 확인해야 하기 때문에 국어사의 문헌을 주석 말뭉치로 구축해야 하는 것이다.

감격ᄒ/자동사+이/부사형어미
감샤ᄒ/타동사+이/부사형어미
거룩ᄒ/형용사+이/부사형어미
고디식ᄒ/형용사+이/부사형어미

곧/형용사＋이/부사형어미
과ᄒ/자동사＋이/부사형어미

부사파생접미사는 완전히 부사로 전성된 것이기 때문에 형태론적 개념이지만, 부사형어미는 통사론적 개념이어서 정밀한 분석이 필요한 것이다. 『捷解新語』에 나타나는 부사형어미의 예를 제시하면 다음과 같다.

감격히, 감샤히, 거륵히, 고디식히, 고지, 과히, 괴이히, 귀히, 극진히, 奇特히, 긴비, 길이, 깁이, 남즉히, 너비, 多幸히, 端端이, 답답히, 大切히, 同前히, 됴히, 마당히, 만히, 맛당히, 머검즉히, 面目없이, 無窮히, 無道히, 무디히, 無事히, 무식히, 無調法이, 무지히, 무ᄉ히, 未審히, 민망히, 반가이, 泛然이, 별히, 분명히, 不審히, 色色이, 섭섭히, 세ᄎ이, 셜이, 쉬이, 슈고로이, 싀훤히, 神妙히, 尋常히, 아롬다이, 安泰히, 애둘이, 어려이, 御無事히, 어히업시, 얻더히, 얼현히, 업시, 올히, 慇懃히, 自由히, 靜謐히, 正體없이, 젹이, 從容히, 죠용히, 죠히, 지내, 참참이, 草草히, 친히, 편히, 폐로이, 限없이, 허소히, ᄉᄉ로이, ᄌ셔히, 죡이, 춤히

그 구성체의 형태소를 하나하나 주석을 닮으로서 그간 문제가 되었거나 아직 해석이 되지 않았던 구성체들에 대한 정밀한 해석이 가능해질 것이고, 문제점들이 충분히 드러날 것으로 믿는다.


## 3. 방언 연구의 통합적 연구

방언 자료는 한국정신문화연구원에서 만든 『한국구비문학대계』와 『한국방언자료집』, 국립국어원에서 만든 『지역어 조사』, 「한국방언검색프로그램」, 「문학작품에 나타난 방언 검색 프로그램」과 같은 자료, 개인

들이 만든 방언사전을 제외하면 대부분 개인들이 구축한 자료가 대부분이다. 따라서 통합 검색을 위해서는 개인이 만든 자료와 용역사업에서 구축한 자료들이 통합된 방언 말뭉치가 구축되어야 할 것이다. 또한 문학작품에 나타난 방언 자료를 적극적으로 활용하는 방안도 강구되어야 한다.

## 3.1. 방언 어휘의 연구

방언 어휘의 경우, 이미 21세기 세종계획에서 기존 연구 자료에 나오는 많은 방언 어휘 말뭉치를 구축한 바 있다. 이는 검색 프로그램이기 때문에 쉽게 확인이 가능한 것이고 국어사의 어휘와 비교하기가 매우 용이하다. 이태영(2003ㄴ)에서는 다양한 방언 자료를 소개한 바 있다.

현대국어 '나물(菜蔬)'에 해당하는 국어사의 형태 'ᄂᆞᄆᆞ새'는 『번역노걸대』(1512년)와 『번역소학』(1518년)에 나타난다. 'ᄂᆞᄆᆞ새'는 이후 문헌에서는 전혀 쓰이지 않고 있으며, 현대 방언에서만 '나므새, 나말새, 남새' 등으로 쓰이고 있다. 'ᄂᆞᄆᆞ새'와 관련된 어휘는, 고유어로는 'ᄂᆞ물, 새(茅, 草), 뛰(茅), 취, 남새' 등이 있고, 한자어로는 '菜蔬, 菜, 蔬, 茅, 草'가 있다. 이들은 고유어와 한자어로서 서로 의미 영역을 공유하면서 발전하여 왔다.(이태영, 2000ㄴ 참조) 이러한 통합적인 검색을 통한 연구가 가능한 것은 이미 구축된 각종 국어사, 방언 자료를 한꺼번에 검색할 수 있기 때문이다.

또 다른 예는 '냄새(臭)'에서 확인할 수 있다. 국어사 문헌에서 찾을 수 있는 '냄새'의 이형태는 '내옴, 너음, 내암, 너얌', '내옴새, 내암시, 내암새, 내음시, 내옴새, 내옴시, 너암시', '냄시, 넘시, 넘ᄉ'가 대부분이다. 그러나 이 형태의 형태론적 구성만을 가지고는 추정만이 가능할 뿐 구체적인 증거를 찾기가 어렵다. 그러나 '냄새'의 방언형에는 '내금, 내금새'가 상당히 많이 쓰이고 있다. '내금>내음', '내금새>내음새>냄새'의 구성으로 보면 이 어휘는 '내음, 내음새'의 앞선 형태로 보인다. 또한 방언에서 보이는 '연기'를 의미하는 '내굴'과 '내굴다(내다), 내구랍다(냅다), 내굽다(냅다)'와의 관련성을 확인할 수 있는 형태가 바로 '내금'인 것이다. 국어사 자료와 방언 자료를 통합적으로 검토하지 않고서는 국어사의 현상과 방언의 현상을 정확하게 파악하기 어렵다.(이태영, 2004 참조)

　'벌레'는 '버러지'와 함께 표준어로 쓰고 있다. '벌레'의 15세기 형태는 '벌에'이다. 이 당시의 표기법은 '몸애>모매'처럼 연철 표기가 일반적이었다. 그런데 '벌에'는 '버레'가 아닌 '벌에'로 표기하였다. '몰애(沙)'도 이와 같은 유형이다. 제2음절의 'ㅇ'은 'ㄱ'이 약화되어 나타난 것이다. 따라서 '벌에'의 이전 형태는 '벌게'로 추정할 수 있고, '몰애'의 이전 형태는 '몰개'로 추정할 수 있다. '벌레'의 방언 형태는 '벌레, 버래, 버러지, 벌게, 벌거지'가 있다. '벌게'는 '벌에/버래'보다 오래된 고어형이다. 그래서 '벌게'의 경우 방언에서는 '벌개, 벌기, 블기' 등으로 나타나고, '벌레'의 경우는 '버래, 벌레, 버랭이'로 나타난다.

　'벌거지>버러지'의 변화에서 보는 것처럼, '벌거지'의 경우도 '벌ㄱ'에 접미사 '-어지'를 연결해 쓰는 고어형이다. 방언에서는 '벌거지, 벌가지, 벌걱지, 블그니, 벌갱이'로 쓰인다. '버러지'의 경우는 '벌'에 접미사 '-어지'를 연결한 것으로 '벌러지, 버럭지, 버레기'가 나타난다. '벌게, 벌거지'가 단순히 지방에서 쓰는 방언이 아니라, 중세국어인 '벌에'보다 이전에 썼던 고어임을 알 수 있다. 이런 오래된 어휘가 방언에는 매우 많다.

## 3.2. 방언의 형태론 연구

필자는 「문학작품에 나타난 방언 검색 프로그램」(2005-2007)을 만들면서 작품의 어휘들에서 접사 파생을 보여주는 어휘와, 복합어를 형성하는 어휘를 많이 발견하여 접미사의 새로운 유형을 확인할 수 있었다. 이러한 접미사의 특징은 기존의 어휘 자료에서는 찾기가 어렵고 작품 말뭉치에서 아주 다양하게 찾을 수 있다. 필자는 전북 방언 관련 작품에서 '-주름하-'(건전주름허다), '-으롬하-'(달코롬하다), '-으스름하-'(너부스름하다), '-으족족하-'(푸르족족하다), '-딕딕하-'(불그딕딕하다), '-듬하-'(시쁘듬하다), '-으막하-'(크막하다), '-지근하-'(늘이지근하다) 등의 접미사를 확인할 수 있었다.(이태영, 2006 참조)[7]

『한국구비문학대계』중 '전남편, 전북편, 충남편'을 검색해본 결과 다음과 같은 접미사를 확인할 수 있었다.

미지근하다, 걸쩍지근하다, 깰껏지근하다(전남), 늘적지근하다, 후덥지근하다, 껄쩍지근하다(전북)

꼬스름하다(전남), 넓적수름하다, 달포도름하다, 쌉쓰름하다, 가느두름하다, 가름하다, 똥그름하다, 매끄름하다, 누르꾸름하다, 불그스름하다(전북), 침스름하다(희미하다), 희여무스름하다(충남)

베트롬하다(비툴하다), 지드름하다(기다랗다)(전남), 매코롬하다, 나토롬하다, 둥그롬하다, 시초롬하다, 빼꼬롬하다, 똥고롬하다, 볼코롬하다, 나토롬하다(전북), 누루꾸름하다, 고소롬하다(충남)

---

7) 시중에 나와 있는 문학 작품의 어휘를 해설한 사전으로는 『문학 속의 전라방언』, 『문학 속의 경상방언』, 『문학 속의 충청방언』, 『문학 속의 제주방언』, 『문학 속의 이북방언』, 『염상섭 소설어 사전』, 『소설어 사전』, 『시어 사전』, 『〈임꺽정〉 우리말 용례사전』, 『이문구 소설어 사전』, 『송기숙 소설어 사전』, 『박완서 소설어 사전』, 『채만식 어휘사전』, 『김유정 어휘사전』, 『토지 사전』, 『혼불의 언어』, 『윤동주 시어사전』, 『정지용 사전』, 『이광수 문학사전』 등이 있다.

크막하다, 조그막하다, 저물막하다, 그들막하다, 느즈막하
다, 옴막하다, 짤막하다(전남) 높으막하다, 오막하다, 짤막하다, 큼지막하
다, 두투막하다(두툼하다), 낮추막하다(낮다), 잘루막하다(짧다), 이슬막하
다(전북), 크막하다(충남)
　비스듬하다(비슷하다)(전남)


이 이외에도 다른 방언의 자료까지 검색한다면 아주 많은 접미사를
찾을 수 있고, 전국적인 분포를 가진 접미사를 확보할 수 있을 것이다.
현재 만들어진 문학 말뭉치를 이용하면 접미사의 전국적인 방언 분포를
확인할 수 있어서 방언과 국어사 연구는 물론 표준어 산정에도 크게 도
움을 줄 수 있을 것이다.


### 3.3. 방언사전 편찬

방언 말뭉치를 활용하면 하나의 어휘에 대한 전국적인 방언 분포를
확인할 수 있어서 방언사전 편찬 및 방언 해설에 큰 도움을 받을 수 있
을 것이다.

이제까지 방언사전은 대체로 '경북방언사전, 전남방언사전, 제주어사
전'과 같이 행정구역을 중심으로 하는 도별 방언사전이 주를 이루고 있
다. 이러한 지역별 방언사전의 토대 위에, 하루 빨리 우리나라 전체적
인 방언사전이 만들어져야 할 것이다. 아직 많은 어휘가 조사되지 않고
있어서 전반적인 한국방언사전을 만들기는 어렵지만 우선 조사된 것만
가지고도 방언에 대한 종합적인 기술을 할 수 있을 것으로 생각한다. 『한
국방언자료집』과 『한국방언검색프로그램』에 나오는 어휘만을 가지고도
'미꾸라지'에 대해 다음과 같은 사실을 알 수 있다.

남한에서는 '미꾸라지'를 '미꾸리, 미꾸라지, 웅구락지, 용주래기' 등 다양한 어휘로 쓰고 있다. '미꾸리'는 남쪽의 여러 지역에서 '미꾸리, 미꼬리, 밀꾸리'로 발음하고 있다. 20세기 문헌에서 발견할 수 있는 '미꾸라지'는 '묏글-'에 접미사 '-아지'가 결합한 것으로 방언에서는 주로 '미꾸라지'와 '미꼬라지'로 발음하고 있는데, 다른 발음으로는 '미꾸락지, 미꾸람지, 미꾸래기, 미꾸래미, 미꾸래이, 미꾸랭이' 등 아주 다양하다.

전남에서 사용하는 '옹구락지, 웅구락지'는 '우글우글, 우글거리다'에서 볼 수 있는 의태어 '우글'을 뜻하는 '옹굴'에 접미사 '-악지'가 결합하여 새로운 형태가 탄생한 것이다. 강원도에서는 '용고기, 용곡지, 용주래기'를 사용하는데 이는 용처럼 생겼다고 해서 만든 이름이다. 함경도에서는 '새처네, 소천어, 종개미, 찍찍개' 등을, 평안도에서는 '말배꼽, 맹가니, 장구래기, 증금다리, 징구마리' 등을 쓰고 있다.(이태영, 2011 : 43 참조)


## 4. 사전 편찬을 위한 말뭉치 활용


정보화 시대에 사전을 편찬하는 목적은 어휘에 대한 각종 정보를 빠르게 검색하여 이해하는 데 있을 것이다. 다양한 계층을 위한 배려에서 여전히 종이사전이 편찬되고 있지만, 앞으로는 전자사전으로 가야만 정확한 정보를 얻을 수 있을 것이다. 왜냐하면 종이사전은 분량을 싣는 데 한계가 있지만 전자사전은 분량을 거의 무제한으로 실을 수 있어서 다양한 예문과 각종 정보를 최대한 넣을 수 있기 때문이다.

사전은 어휘와 문법 형태소에 대한 정보를 담고 있는 종합 정보 매체이다. 실제로 사전을 편찬할 때, '발음정보, 뜻풀이, 용례, 어원정보, 형태소분석' 등 다양한 정보를 제공한다. 그러나 하나의 어휘에 대하여 말뭉치를 통합적으로 검색하여 용례를 분석하고 그 결과 뜻풀이가 정교하게 이루어진 상태에서 어휘를 해설하고 있는지는 확실치 않다. 우리는 기존 국어사전이 보여주는 수많은 시행착오와 오류를 쉽게 접할 수 있다. 그러면서도 여전히 시행착오와 오류를 극복하려는 의지보다는 피해가려는 태도를 보이고 있다. 하나의 어휘가 갖는 다양한 정보를 충족시키고 보다 정밀한 의미를 파악하려면 국어사, 방언, 현대국어의 모든 자료를 통합적으로 검토하는 일이 절대적으로 필요할 것이다.

국어사전에서 표준어 '고소하다'는 중세국어의 '고ᄉᆞ다'가 '고소다'로 변하고 다시 '고ᄉᆞ다'에 형용사파생접미사 '-하-'가 연결되어 '고소하다'로 변했다. 역사적 변천과정이 분명한 예로 표준어로 책정하기에 전혀 문제가 없는 어휘이다. 전라방언에서 많이 쓰이는 '고숩다/꼬숩다'에 대해서는 "고소하다01의 방언'으로 처리하고 있다. 전라방언 '고숩다'는 '고ᄉᆞ다>고소다, 고수다>고숩다, 꼬숩다'의 변천을 거쳤다. '고숩다'는 중세국어 '고ᄉᆞ다'의 변천 과정에 있는 '고수다'에 형용사 파생접미사인 '-ㅂ-'이 첨가되면서 '고숩다'가 된 것이다. 형용사를 파생시키는 접미사 '-ㅂ/읍-'이 첨가되는 예는 수없이 많아서 이미 국어의 변천 과정에서 확고히 자리 잡은 규칙이다.(이태영, 2011 : 26) 이처럼 국어의 역사적 변천과정이 매우 확실한 어휘를 단지 지역에서 쓴다고 해서 방언으로 처리하게 되면 한국어의 공통어라는 뜻으로 볼 수 있는 '표준어'의 근본적인 개념에 어긋나는 것이다. 마땅히 복수 표준어로 검토해야 할 것이다. 이를 위해서는 해당 어휘와 관련 어휘의 역사성을 반드시 확인해서 참고할 필요가 있을 것이다.

## 5. 결론

세종계획을 중심으로 하는 국어 정보화가 진행된 지난 10여 년 동안 우리는 국어사, 방언, 현대국어 말뭉치 등 약 1억 5천만 어절의 말뭉치를 구축하였다. 국어사의 자료에는 신소설, 신문 등의 자료가 구축되었고, 현대국어의 경우 문학작품이 많이 구축되었다. 이제 이를 이용하여 국어학 연구가 통합적으로 이루어져야 한다.

그러나 우리가 구축한 대부분의 말뭉치가 원시 말뭉치라는 사실은 국어 정보학은 물론 국어학 전반에 걸친 연구가 아직도 수작업으로 이루어지고 있음을 보여준다. 이는 이공계의 한글공학이나 자연어처리 연구자들이 우리 국어를 통계적으로 분석하고 있는 점과 크게 대조된다. 원시 말뭉치는 이미 활용하는 데 있어서 많은 문제점을 드러내고 있다. 무엇보다도 정보가 부착되지 않아서 통계를 내기 어려운 게 현실이고, 또 그러한 말뭉치를 가지고 용례를 추출하는 일은 수많은 노력은 물론 시행착오를 겪게 만든다. 따라서 이제는 주석 말뭉치를 구축하는 단계로 들어가야 할 것이다.

주석 말뭉치는 형태소, 문장, 의미를 분석하는 말뭉치가 가능하기 때문에 형태론, 통사론, 의미론, 화용론 연구에 두루 쓰일 수 있는 아주 긴요하고 절실한 말뭉치가 되는 것이다. 현재 국어학의 주석 말뭉치 구축 현황은 아주 기본적인 데 머무르고 있어서 대단위 용역사업을 통해서 기본적인 문헌들을 구축하고 개인 연구자들이 관심을 갖고 있는 문헌에 대해 주석 말뭉치를 구축해야 할 것이다. 국어에만 충실하여 한문 원문과 외국어를 소홀히 한 점을 반성하고 병렬 말뭉치를 구축하는 것도 매우 필요하다.

연구자들이 하나의 국어사 문헌에 대한 주석 말뭉치를 정밀하게 구축하면서 문헌의 특성을 고찰하고 그러한 문헌들이 하나로 합쳐질 때, 그 때에야 비로소 국어사 연구는 정상적인 연구를 진행할 수 있게 될 것이고, 그 국어사 연구로 말미암아 방언과 현대국어 연구가 상보적으로 도움을 받으면서 진행될 수 있을 것이다.

## 참고문헌

국립국어원(2007), 『국어 특수자료 구축』, 21세기 세종계획 용역보고서.

국립국어원(2007), 『국어 어휘 역사 검색 프로그램』, 한민족언어정보화분과 용역보고서.

국립국어원(2007), 『문학작품에 나타난 방언 검색 프로그램』, 한민족언어정보화분과 용역보고서.

김상태(2001), 『15세기 국어 태그세트를 이용한 『석보상절』의 문체 연구』-권6의 통계적 접근을 중심으로-, 홍문각.

유창돈(1964), 『이조어사전』, 연세대출판부.

이태영(1997), 『역주 捷解新語』, 태학사.

이태영(2000ㄱ), 「'與'의 번역과 관련된 문법화 연구」, 『언어』 25.

이태영(2000ㄴ), 「'ᄂᆞᆷ, ᄂᆞ믹새'의 어휘사 연구」, 『국어학』 36.

이태영(2003ㄱ), 「국어 연구와 말뭉치의 활용」, 『텍스트언어학』 15호.

이태영(2003ㄴ), 「방언 말뭉치의 전산화와 활용」, 『한국어학』 21호.

이태영(2004), 「'냄새, 내금새'의 형태론적 변천과정」, 국어학회 제31회 전국학술대회 발표초록.

이태영(2006), 「방언 어휘의 자료 정리와 연구 방법」-문학작품의 어휘를 중심으로-, 『방언학』 4집, 59-84쪽.

이태영(2011), 『전라북도 방언 연구』, 역락.

홍윤표(1982), 「國語現象을 토대로 하는 文法史 硏究를 위하여」, 『韓國學報』 28.

황용주(2007), 「연어 구성의 계량언어학적 연구」-신소설 말뭉치를 중심으로-, 전북대학교 대학원 박사학위논문.

# 제 2 장

# '노믈ㅎ, 노ㅁ새'의 어휘사 연구

## 1. 서론

국어 어휘사 연구는 어휘를 구성하는 단어들의 생성과 소멸이 언제 어떻게 일어났는가를 확인하고, 그 원인이 무엇인가를 설명하는 일이 다.(이기문 1991 : 25) 그러나 개별 어휘에 대한 역사적인 연구가 체계적으로 진행되고 있지 않기 때문에, 어휘 체계에 의한 변화사를 기술하는 일은 쉽지 않다. 특히 어휘의 의미사를 기술하는 일은 음운사나 형태사에 비해 매우 어려운 일로 생각된다. 또한 국어의 어휘는 역사적으로 한자와 밀접하게 관련을 맺고 있어서 한문 원문에 나타난 한자어의 이해와 더불어 연구를 해야 하는 어려운 점이 있다.

그럼에도 불구하고 유창돈(1975), 이기문(1991), 조항범(1996)에서는 국어 어휘사의 역사적 연구를 체계적으로 시도하고 있으며, 이병근 (1994, 1997ㄱ, 1997ㄴ, 1998, 1999)에서는 개체사적 어휘사 연구를 진행하여 왔고, 곽충구(1985, 1994, 1995), 이승재(1983, 1992)에서는 방언 어휘사를 개체사 기술의 관점으로 연구하여 왔다. 따라서 현재로서는 광범위한 어휘 체계를 확립하는 연구는 어렵다고 하더라도, 개체사 중심의 어휘사 연구가 매우 필요하다고 할 수 있을 것이다.

'ᄂᆞᄆᆞ새'는 『飜譯老乞大』(1512년)와 『飜譯小學』(1518년)에 나타난다. 이 어휘는 異本에서 'ᄂᆞᄆᆞᆶ'과 교체되어 쓰이는 것으로 보아 'ᄂᆞᄆᆞᆶ'과 관련된 어휘임이 분명하며, 'ᄂᆞᄆᆞ＋새'로 이루어진 복합어로 이해된다. 'ᄂᆞᄆᆞ새'는 이후 문헌에서는 전혀 쓰이지 않고 있으며, 현대 방언에서만 '나므새, 나말새, 남새' 등으로 쓰이고 있다.

본 연구는 중세국어에 나타나는 'ᄂᆞᄆᆞ'가 '새(茅)'와 복합되어 'ᄂᆞᄆᆞ새'가 되는 과정을 탐색하고, 'ᄂᆞᆷ새'의 방언형인 '남새'의 변천과정과 방언적 특징을 검토하려고 한다.

한자어 '菜蔬'를 이루는 '菜'와 '蔬'의 쓰임이 'ᄂᆞᄆᆞᆶ'과 관련되어 있고, 명사 '새(茅)'와 '뛰(茅)'가 'ᄂᆞᄆᆞ새'와 관련되어 있어 이러한 고유어와 한자어들의 어휘·의미적 특징도 아울러 살펴보고자 한다.

'ᄂᆞᄆᆞ새'와 관련된 어휘는, 고유어로는 'ᄂᆞᄆᆞᆶ, 새(茅, 草), 뛰(茅), 취, 남새' 등이 있고, 한자어로는 '菜蔬, 菜, 蔬, 茅, 草'가 있다. 이들은 고유어와 한자어로서 서로 의미 영역을 공유하면서 발전하여 왔다. 'ᄂᆞᄆᆞ새'와 관련이 있는 어휘인 '菜蔬'는 현대국어의 의미와는 달리, 중세국어에서는 'ᄂᆞᄆᆞᆶ'을 의미하던 것이었다. 따라서 '菜'와 '蔬', '菜蔬'의 의미를 밝히는 일도 본고에서 다루어질 것이다.

방언에서는 '채소'와 '남새'와 '나물'이 의미분화를 일으켜 서로 교체되어 쓰이기도 하고 다른 의미를 갖기도 한다. 특히 지역적으로 쓰이는 경향이 상당한 차이를 보여서 독특한 특징을 나타내고 있다. 이 연구에서는 '남새'의 방언 분포를 확인하여 국어사와의 상관성을 찾고자 노력할 것이다.


## 2. 'ᄂᆞᄆᆞᆯ'의 형태사

'ᄂᆞᄆᆞᆯ'의 어원과 조어론적 과정에 대해서는 현평효(1969)에서 '*ᄂᆞ>ᄂᆞᆷ>(ᄂᆞᄆᆞ)1)>ᄂᆞᄆᆞᆯ>ᄂᆞᄆᆞᆯ>나ᄆᆞᆯ>나물'의 과정을 거친 것으로 보고, '*ᄂᆞ, *ᄂᆞᄆᆞ'는 재구형으로 제시한 바 있다. 그러나 이러한 변천 과정에서는 'ᄂᆞᆷ>ᄂᆞᄆᆞ'의 변천 과정과 'ᄂᆞᄆᆞ>ᄂᆞᄆᆞᆯ'의 변천 과정이 분명치 않다. 따라서 우리는 'ᄂᆞᆷ, ᄂᆞᄆᆞ>ᄂᆞᆷ+-ᄋᆞᆯ(접미사)>ᄂᆞᄆᆞᆯ'과 같은 변천 과정을 상정하고자 한다.

첫째, 'ᄂᆞᆷ, ᄂᆞᄆᆞ'를 변화의 앞에 상정하는 것은 문헌에 나타나는 'ᄂᆞᄆᆞ새'가 특정한 문헌에만 나타나고, 또한 'ᄂᆞᄆᆞᆯ새'로는 문헌에 나타나지 않는다는 점에서 가능하다. 방언의 경우에도 '남새, 나므새' 형이 압도적으로 많이 쓰여서 'ᄂᆞᆷ, ᄂᆞᄆᆞ'가 변화의 앞에 놓이는 근거를 제공하고 있다.

둘째, 'ᄂᆞᄆᆞᆯ'은 'ᄂᆞᆷ+-ᄋᆞᆯ(접미사)'의 구성을 갖는 파생어일 가능성이 매우 높다. 'ᄂᆞᄆᆞ새'가 'ᄂᆞᄆᆞᆯ새'에서 'ㄹ'이 탈락된 것으로 단순히 설명하기 어렵다. 그것은 이미 15세기 문헌에 'ᄂᆞᄆᆞ'와 관련된 어휘가 나타나고, 'ᄂᆞᄆᆞᆯ'과 'ᄂᆞᄆᆞ새'의 의미가 약간 차이를 보이는 점에서도 그렇다.

셋째, 'ᄂᆞᆷ'과 관련된 복합어 '남새'형이 방언에 압도적으로 많이 쓰이고 있다. 따라서 복합어 'ᄂᆞᄆᆞ새'가 'ᄂᆞᄆᆞᆯ>ᄂᆞᄆᆞ'의 과정을 거쳐 '남새'형보다 상당히 후에 만들어진 것으로 해석하기 어렵다. 결국 'ᄂᆞᆷ, ᄂᆞᄆᆞ'는

---

1) 현평효(1969)에서는 'ᄂᆞᄆᆞᆯ'과 'ᄂᆞᆷ' 사이에 중간단계가 있을 것으로 가정하고 그 중간
   단계를 'ᄂᆞᄆᆞ'로 재구한 바 있다. 한편 'ᄂᆞᆷ'은 '*ᄂᆞ+ㅁ(명사화 접미사)'로 분석하고 있다.

동시대에 있었던 어형으로 보고 여기에 '새'가 복합되어 '남새'와 'ᄂᆞᆷ새'가 형성된 것으로 보아야 할 것이다.

따라서 'ᄂᆞᆷ새'는 위의 변천과정에서 나타나는 'ᄂᆞᆷ'에 명사 '새'가 연결되어 복합어 'ᄂᆞᆷ+새'가 된 것으로 이해된다. 또한 방언에서 많이 사용하는 '남새'는 복합어 '놈+새'의 방언형으로 이해된다.[2]

'ᄂᆞᆷ'는 'ᄂᆞᆷ새'의 어휘로 나타나고 단독으로는 나타나지 않는다. 그러나 'ᄂᆞᆷ'의 사용 흔적은 국어사와 방언에서 나타난다.

15세기 문헌인 『朝鮮館譯語』에는 '菜'가 '餒墨'으로 音借되고, '菜園'은 '餒墨把'로 音借되어 각각 고유어인 'ᄂᆞ몰'과 'ᄂᆞ몰밭'을 나타내고 있다. 강신항(1995 : 62)에 의하면 '餒墨'는 『四聲通解』에서는 '뉘-믜'로 발음되었고, 중국의 학자 陸志韋가 추정한 음인 'nuei-mə', 'nuei-mʷə'로 발음된 것으로 해석하고 있다.

북한의 방언을 모은 김병제(1980)의 『방언사전』과 리운규(1992) 등이 지은 『조선어방언사전』에서는 방언형 '내미'가 보인다.[3]

『朝鮮館譯語』에 보이는 '뉘-믜'와 『방언사전』과 『조선어방언사전』에 보이는 방언형 '내미'를 통하여 우리는 이미 중세국어 이전에 'ᄂᆞᆷ'형이 쓰이고 있었음을 알 수 있다.

한편 현평효(1969)에서 제시한 '놈새'는 국어사 문헌에서는 나타나지 않는다. 그러나 현대 방언형에서 '남새, 넘새, 놈새' 등이 나타나서 '놈'

---

2) 현평효(1969)에서는 일본어에서 '菜'의 뜻의 語音을 〔na〕로 표현하기 때문에 이 일본어의 語音이 상고대의 국어에서 원시어가 'ᄂᆞ'이었음을 방증해 준다고 보고 있다. 또한 '나무'의 원시형인 '나'와 '나물'의 원시형인 'ᄂᆞ'가 동일한 어원에서 발달한 것으로 보고 있다.

3) 이 두 사전에서는 다음과 같은 예가 쓰이고 있다.
　　내미(명) : 남새(먹기 위하여 심어 가꾸는 밭작물.) 〈방언사전〉
　　내미(오상, 경남)＝남새 〈조선어방언사전〉

의 변이형으로 쓰이고 있음을 볼 수 있다. 특히 제주 방언에서는 '늠삐'
가 '무의 뿌리를 일컫는 말.'로 쓰이고 있는데 여기에 쓰인 '늠'이 '늠새'
의 '늠'과 동일한 것으로 추정된다.


## 3. 'ᄂᆞᄆᆞᆶ, 菜, 蔬, 菜蔬'의 쓰임과 의미


중세국어에서 'ᄂᆞᄆᆞᆶ'은 두 가지의 의미로 쓰이고 있었다. 첫째는 '사람
이 먹을 수 있는 풀이나 나뭇잎'을 가리킨다. 이것은 'ᄂᆞᄆᆞᆶ'의 일차적인
의미인데 이 어휘가 차츰 이차적인 의미를 갖게 되어 '반찬'이란 의미로
확대하게 된다. 따라서 둘째 의미는 '사람이 먹을 수 있는 풀이나 나뭇
잎으로 만든 반찬'을 가리키게 된 것이다.4)


   (1) ㄱ. 뵈옷과 ᄂᆞᄆᆞᆶ밥과로 모몰 닛고 法을 爲ᄒᆞ샤(布衣蔬食으로 忘身
       爲法ᄒᆞ샤)5) 〈永嘉序, 09b〉
     ㄴ. 이웃 지비 위안햇 ᄂᆞᄆᆞᆶ홀 주ᄂᆞ다(隣舍與園蔬) 〈杜初22, 14b〉
     ㄷ. 사오나온 밥과 믈만 먹고 ᄂᆞᄆᆞᆶ와 과실 먹디 아니ᄒᆞ며 (不食菜
       果) 〈飜小七, 11a〉
     ㄹ. 사ᄅᆞᆷ이 샹해 ᄂᆞᄆᆞᆶ쓸휘를 너흘면 온갓 일을 可히 일우리라(菜根)
       〈小諺6, 133a〉
     ㅁ. 안쥬는 포육과 젓과 ᄂᆞᄆᆞᆶ국만이오(菜羹) 〈小諺6, 130a〉
     ㅂ. 그 가난ᄒᆞᆫ 희룰 만나면 모든 ᄌᆞ식이 다 ᄂᆞᄆᆞᆶ음식을 ᄒᆞ더니(蔬

---

4) 현대국어에서 '나물'은 두 가지의 뜻으로 사용되고 있다. 첫째는 '사람이 먹을 수 있는
   풀이나 나뭇잎을 통틀어 이르는 말'이고, 둘째는 '사람이 먹을 수 있는 풀이나 나뭇잎
   따위를 삶거나 볶거나 또는 날것으로 양념하여 무친 음식'을 가리키기도 한다.(표준
   국어대사전 참고)
5) 'ᄂᆞᄆᆞᆶ밥(蔬食)'은 'ᄂᆞᄆᆞᆶ음식'과 '취밥(蔬食)'과 유사한 의미로 사용되고 있음을 알 수 있다.
   취바볼 長常 비브르 먹디 몯ᄒᆞ라(蔬食常不飽) 〈杜初19, 46b〉

食)〈小諺6, 95b〉

'ᄂᆞ물'의 이러한 두 가지의 의미는 근대국어에서도 동일하게 쓰이면서 현대국어에 이르게 된다. 근대국어의 어휘집이나 사전에 나타나는 'ᄂᆞ물'의 의미는 다음의 예에서 보는 바와 같이 주로 일차적인 의미인 '사람이 먹을 수 있는 풀이나 나뭇잎'을 가리키고 있다. 이것은 주로 반찬을 하거나 약재로 쓰는 풀과 나뭇잎을 가리킨다. 어휘집이나 사전에서는 대체로 나물의 명칭이 나오기 때문에 일차적인 의미를 가진 나물 이름만 나오고, '반찬'의 의미는 대체로 문맥을 통해서 나오게 된다.

(2) 菜 ᄂᆞ물 치 〈訓蒙下, 2a〉〈光千, 3b〉〈類合上, 11a〉〈石千, 3b〉
(3) 畹 ᄂᆞ물반 완 〈訓蒙上, 4a〉 萱 넘ᄂᆞ물 훤 〈訓蒙上, 5a〉 평풍 ᄂᆞ믈 불휘 〈牛馬, 12b〉 萱 넙ᄂᆞ물 훤 〈類合上, 7a〉 瀉 쇠귀ᄂᆞ물 불휘 〈東醫二, 41b〉 防風 병풍ᄂᆞ물 불휘 〈東醫二, 45b〉 地楡 외ᄂᆞ물 불휘 〈東醫三, 9b〉 威靈仙 술위ᄂᆞ물 불휘 〈東醫三, 18a〉 萱草根 원츄리 又名 넙ᄂᆞ물 〈東醫三, 23b〉 겨기 ᄂᆞ믈 ᄢᅵ롤 사 뒷동산에 시므면 〈朴通中, 33b〉 들ᄂᆞ믈 〈朴通中, 34a〉 싱ᄂᆞ물 〈납약, 23a〉 黃花菜 넙ᄂᆞ믈 〈譯語下, 11b〉 山芹菜 춤ᄂᆞ믈 〈譯語下, 11b〉 挑菜 묏ᄂᆞ믈 키다 〈譯語下, 12b〉 菜田 ᄂᆞ믈밧 〈譯語補, 41b〉 炸菜 ᄂᆞ물 데치다 〈蒙類上, 46b〉 콩나물(太菜) 〈한영자전, 299〉 나물(菜) 〈한영자전, 357〉 묵나물 陳菜 〈한불자전, 251〉 낭아 狼芽 집신나물 〈한불자전, 265〉 돗나물 〈한불자전, 497〉 슈박ᄂᆞ믈 〈물보상, 7b〉 돗겁ᄂᆞ믈 〈물보상, 9b〉

현대국어에서 '나물'은 '풀'과 '반찬'이란 두 가지 의미로 나뉘어서 쓰이고 있다. 다음은 『우리말큰사전』에서 뽑은 예를 제시한 것이다.

(4) ㄱ. (풀) 대나물, 돌나물, 들나물, 맏나물, 멧나물, 멸나물, 묵나물,
　　밀나물, 봄나물, 산나물, 솔나물, 솜나물, 잎나물, 참나물, 피나
　　물, 햇나물, 활나물
　ㄴ. (반찬) 갓나물, 넘나물, 박나물, 생나물, 심나물, 외나물, 초나
　　물, 취나물, 콩나물, 파나물, 풋나물,


'菜 느믈 치 蔬 느믈 소〈訓蒙下, 2a〉'에서 보는 바와 같이 고유어 '느
믈'은 '菜'와 '蔬'의 새김으로 나타나기 때문에 한자어 '菜'와 '蔬'에 대한
검토가 있어야 할 것이다.

15세기 문헌인 『朝鮮館譯語』에는 '菜'가 '餤墨'으로 音借되고 있다. '菜'
는 어휘집이나 千字文에 거의 대부분 '느믈 치'로 쓰이고 있으며(손희하
1991), '菜'가 쓰인 한자어를 조사해 보면 대부분 먹을 수 있는 식물을
일컫고 있다. 한자어 '菜'는 '느믈'의 의미를 가지고, 단일명사로 사용되
기도 하였으나, 복합명사로 쓰이는 경우가 많았다.

중세국어 문헌인 『杜詩諺解』 초간본에서는 한문 원문의 한자어 '菜'가
'菜蔬', '느믈'로 번역되고 있다.


(5) ㄱ. 菜園ㅅ 마ᄉ리 菜蔬ㅅ 무슬 보내니(園官送菜把)〈杜初16, 67b〉
　ㄴ. 고기 머그린 느믈 먹는 비출 우ᄉ며(肉食哂菜色)〈杜初19, 44b〉


중세국어 문헌과, 근대국어 문헌인 『東醫寶鑑』(1753年), 『譯語類解』
(1690年), 『同文類解』(1748年), 『韓佛字典』(1880年) 등에 나타나는 '菜'가
쓰인 어휘를 살펴보면, 산과 들 그리고 바다에서 나는 먹을 수 있는 식
물류가 해당된다. 또한 양념류도 포함되고, 『韓佛字典』에서는 장아찌와
같은 밑반찬도 '菜'를 쓰고 있다. 한자어 '菜'가 중세국어의 고유어인 '느
믈'과 완전한 동의어로서 존재하고 있음을 알 수 있다.[6)]

(6) ㄱ. 삽됴爲蒼朮菜〈訓解, 58〉果菜〈月釋10, 121a〉生菜〈杜初11,
　　　02a〉山菜〈朴通中, 34b〉

　　ㄴ. 菘菜 비치〈東醫二, 28a〉芥菜 갓〈29b〉苦菜 고곳바기〈30b〉
　　　薺菜 나이〈30b〉韭菜 부치〈32a〉蕨菜 고사리〈34b〉大頭菜
　　　둘흡〈36b〉白菜 머휘〈36b〉

　　ㄷ. 葵菜 아혹〈譯語下, 10a〉芥菜 갓, 水芹菜 미나리, 蔥菜 파, 蒜
　　　菜 마늘, 薤菜 부치, 赤根菜 시근치, 牛蒡菜 우웡〈譯語下,
　　　10b〉馬蹄菜 곰돌리, 搖頭菜 둘옵〈譯語下, 11b〉飯菜 반찬,
　　　酒菜 안쥬〈譯語補, 30a〉醃菜 침치〈譯語補, 31a〉菜田 ᄂᆞ믈
　　　밧〈譯語補, 41b〉

　　ㄹ. 小根菜 돌랑귀, 芹菜 미나리, 白菜 비치, 生菜 숭치, 拳頭菜 고
　　　사리, 海菜 머육, 海帶菜 다ᄉᆞ마, 芥菜 갓〈同文下, 3b〉葵菜
　　　아옥, 甘薺菜 나히, 蓼莪菜 역괴, 酸漿菜 승아, 蒼朮菜 삽쥬,
　　　莧菜 비름, 灰菜 명화지, 馬蹄菜 곰ᄃᆞ리, 苦菜 씀바괴, 赤根菜
　　　시근치〈同文下, 4a〉豆芽菜 콩기름, 醃菜 침치, 紫菜 ᄎᄌᆞ조기
　　　〈同文下, 4b〉淡菜 홍합〈同文下, 42a〉

　　ㅁ. 飯菜 반찬, 酒菜 안쥬〈蒙類上, 47a〉鹹菜 침치〈蒙類上, 47b〉

　　ㅂ. 화치 花菜〈한불자전, 106〉갓짐치 芥沈菜〈137〉건치 乾菜
　　　〈145〉김치 沈菜〈173〉묵나물 陳菜〈251〉비치 白菜〈312〉
　　　뷔염 菜飯〈343〉부루 生菜〈344〉파리 靑菜〈353〉푸셩귀 靑
　　　菜〈366〉산치 山菜〈374〉싱치 生菜〈388〉셕박지 沈菜
　　　〈397〉셧박지 沈菜〈408〉싀근치 酸菜〈409〉사라귀 苦菜
　　　〈410〉씨락이 枯菜〈422〉소치 蔬菜〈430〉슉치 熟菜〈441〉
　　　슌치 筍菜〈443〉두릅 搖頭菜〈503〉짠지 鹹菜〈526〉장엣지
　　　醬菜〈527〉잡치 雜菜〈529〉젓국김치 水沈菜〈554〉치뎐 菜
　　　田〈594〉침치 沈菜〈602〉


한편 '菜'는 '나물'을 의미하는데 고유어로는 'ᄂᆞ물'이나 '취, 츼'로 쓰인

---

6)『大漢韓辭典』(1985)에는 '菜'는 '나물 채(蔬也), 반찬 채(飯饌)'로 풀이하고, '蔬'는 '나물
　소(草菜通名)'로 표기하고 있다.

다. 언해문에서는 '蔬'자가 단독으로는 'ᄂᆞ물'을 나타내는 명사로 쓰이지 않는다.7) 주로 한자어인 '菜蔬, 蔬菜'에서만 사용되고 있다.8) 그 중에서 '취/취'는 많이 쓰이지는 않지만 '산나물'의 의미로 이미 중세국어에서도 쓰였다. '蔬'가 나물의 일반적인 이름으로 쓰였기 때문에 '취/취'의 의미도 여기에 포함된 듯하다.

> (7) ㄱ. 蔬 ᄂᆞ물 소〈訓蒙下, 2a〉 나물 소(蔬)〈正蒙, 15a〉 蔬 나물 소〈兒學編, 11a〉
> ㄴ. 蔬 취 소〈類合上, 11a〉 취 소(蔬)〈七類, 7b〉 蔬 취 소〈類合靈, 07b〉

『杜詩諺解』 초간본의 한문 원문에 나타나는 '蔬'자는 '菜'와 마찬가지로 '菜蔬, ᄂᆞ물'로 번역되었다.

> (8) ㄱ. 이러멧 菜蔬ㅣ 새 지븨 둘엣ᄂᆞ니(畦蔬繞茅屋)〈杜初15, 14a〉
> ㄴ. 바팃 菜蔬ㅣ 지븨 둘엇는 ᄀᆞ술히로다(畦蔬繞含秋)〈杜初16, 72b〉
> ㄷ. 이웃 지븨 위안햇 ᄂᆞ물홀 주ᄂᆞ다(隣舍與園蔬)〈杜初22, 14b〉
> ㄹ. 위 안햇 ᄂᆞ물홀 金玉올 아나 가도(園蔬抱金玉)〈杜初10, 25b〉

중세국어와 근대국어에서 '취'는 현대국어와 마찬가지로 '산나물의 총

---

7) 17세기 문헌인 『家禮諺解』에서는 '蔬'자가 단독으로 쓰이는 예가 발견되는데, 이때는 한문 원문의 영향으로 직역하는 과정에서 사용한 것으로 해석된다.
　　果는 밧 즐의 잇고 蔬는 果 안희 잇고〈家禮9, 2b〉
　　오직 蔬와 果와 肉과 麵식과 米食 두어〈家禮10, 11b〉
8) 『家禮諺解』에서는 '果蔬, 蔬果' 등이 쓰이고 있다.
　　그 이튼날 일 닐어 蔬果와 酒饌을 設ᄒᆞ라〈家禮10, 12a〉
　　卓子 南端의 設ᄒᆞ고 蔬菜며 脯롤 相間ᄒᆞ야〈家禮10, 12a〉
　　果蔬와 肉食을 다 샹해 그릇시 옴기고〈家禮10, 26b〉

칭'으로 쓰이고 있었다.

> (9) 狗舌草 수리취 〈譯語補, 50b〉 狗舌草 수리취 〈同文下, 46a〉 시근취
> 〈물보상, 2a〉 연취 〈물보상, 2a〉 곰취 香蔬 〈한영자전, 263〉 곰취
> 香蔬 〈한불자전, 187〉 샹취 上蔬 〈한불자전, 384〉 슈루취 蔬 〈한불
> 자전, 444〉 상취 萵苣 〈醫宗, 附餘30a〉 부취9) 〈잠상집요, 9a〉 萵
> 상취 와, 苣 상취 거 〈兒學編, 13a〉

한자어 '菜'와 '蔬'는 한문 원문에서는 단음절 한자어로서 서로 유사한
의미를 가지고 많이 쓰이고 있었다. 그러나 '菜'는 중세국어 'ᄂᆞ물'로 번
역되고, 심지어 언해문에서 한자어 명사로 쓰일 정도로 개념이 상당히
넓어서 빈도상으로 훨씬 많이 쓰였다. '蔬'는 그 의미 범위가 '菜'보다 좁
아서 언해문에서 한자어 명사로 사용될 수가 없었고, 주로 복합어로 쓰
였는데, 한문 원문에서만 사용되거나, '菜蔬, 蔬菜' 등의 어휘에서만 사
용될 수 있었다.

이 두 한자어는 '菜蔬'라는 복합어를 이루어 사용된다.10) 다음 제시하
는 예는 15세기 국어 문헌인 『月印釋譜』, 『楞嚴經諺解』, 『杜詩諺解』 등
에서 사용된 예인데, '菜蔬'는 한자어만 언해문에서 사용되었고, 우리말
로 표기는 보이지 않는다. 이 예에서 '菜蔬'의 의미는 일반적으로는 'ᄂᆞ
물'의 의미와 같은데, 주로 집 주위에서 키우는 풀로 묘사되어 있는 특

---

9) 근대국어에서 '부취'는 '부치'로도 쓰이는데 '菜'와 '취(蔬)'가 넘나들면서 쓰이고 있음을
   볼 수 있다.
10) 현대국어의 '채소'의 의미는 사전에 따르면 '심어서 가꾸는 나물, 밭에서 기르는 농
   작물'을 가리킨다.
   채소 : 심어서 가꾸는 나물. 무, 배추, 미나리, 아욱 따위. 〈금성판 국어대사전〉, 밭
      에서 기르는 농작물. 주로 그 잎이나 줄기, 열매 따위는 식용한다. 〈표준국어
      대사전〉

징을 보이고 있다. 한글 표기는 16세기 자료에서부터 '치소, 치쇼'의 표기가 보이는데,11) 언해문에서는 '菜蔬, 치소'의 빈도수가 많지 않음이 특징적이다.12)

(10) ㄱ. 적과 齋 밍글 저긔 쓰믈와 菜蔬ㅅ 니플 짜해 ㅂ리디 말며 〈月釋21, 110b〉

　　ㄴ. 몰애와 돌콰로 플와 菜蔬ㅣ 아니 날씨 〈楞解6, 93a〉

　　ㄷ. 이러멧 菜蔬ㅣ 새 지븨 둘엣ㄴ니 〈杜初15, 14a〉

　　ㄹ. 샹녯 菜蔬ㅣ니 이롤 조차 그 삐롤 심고라 〈杜初16, 66b〉

　　ㅁ. ᄀᆞ술 菜蔬ㅣ 서리와 이슬왜 삐롓ㄴ니 〈杜初16, 73b〉

　　ㅂ. 내 爲ᄒᆞ야 됴ᄒᆞᆫ 菜蔬롤 ᄠᅳ더 이바도리라 〈杜初20, 51b〉

(11) ㄱ. 쥭 쑤어 먹고 소곰과 치소도 먹디 아니ᄒᆞ더라 (爲粥ᄒᆞ고 不進鹽菜ᄒᆞ더라) 〈飜小九, 33a〉

　　ㄴ. 저ᄂᆞᆫ 치소로 손과 홈끠 밥 먹거늘(自以草蔬로 與客同飯ᄒᆞᄃᆡ) 〈飜小十, 06b〉

　　ㄷ. 밧 첫 줄 열여슷 뎝시에ᄂᆞᆫ 菜蔬ㅣ오 〈朴通上, 4a〉

　　ㄹ. 아므란 니근 菜蔬 잇거든 져기 가져다가 〈老乞上, 36b〉

　　ㅁ. 내 너ᄃᆞ려 므르리라 다ᄉᆞᆺ 가지 菜蔬ㅣ 잇ᄂᆞ냐 업ᄂᆞ냐 〈伍倫4, 8a〉

　　ㅂ. 밥을 지어 五味롤 調和ᄒᆞ며 菜蔬ㅣ 齊楚ᄒᆞ고 茶酒ㅣ 淸香케 ᄒᆞ면 〈女四이, 32b〉

　　ㅅ. 쓰믈과 치소의 닙플 짜의 ㅂ리디 말며 〈地藏中, 18b〉

　　ㅇ. 만히 전복과 모든 ᄆᆞ론 것과 치소롤 몰 뇌오라 ᄒᆞ야 뼈 〈種德下, 8a〉

---

11) 『家禮諺解』에는 '치蔬'의 표기가 보인다.
　　主人이 바다 치蔬 北의 設ᄒᆞ야 西上ᄒᆞ고〈家禮10, 34a〉
　　치蔬과 실果ㅣ 各 여슷 가지오〈家禮10, 32a〉
12) '菜蔬, 치소'의 빈도수가 'ᄂᆞ물'에 비해 훨씬 적다는 사실은 이 어휘가 의미변화를 일으킬 가능성을 안고 있다고 할 수 있다.

　　ㅈ. 좌우의 온갓 어물과 갓가디 치소롤 뫼그치 咗하시니 〈을병연행
　　　　록7, 510〉
　　ㅊ. 菜 치소 〈譯語上, 51b〉 菜 치소 〈西部方言, 30a〉 치쇼 菜蔬
　　　　〈韓佛字典, 594〉
　　ㅋ. 菜蔬 치소(菜蔬)논 모든 나물을 니른 거시니라 〈校訂交隣, 60〉

『飜譯老乞大』에 나오는 글에서 '치소'의 종류를 살펴 보면 '연근, 오이,
가지, 파, 부추, 마늘, 무, 동아, 박, 겨자, 순무, 시금치, 다시마' 등이
나오고 있다. 따라서 중세국어의 '菜蔬'의 의미가 '반찬이나 양념을 할
수 있는 풀'을 의미하는 것으로 볼 수 있다. 19세기 자료인『훈ᄋ진언』
에도 '미나리, 겨자, 배추, 마늘, 부추' 등을 '치소'로 소개하고 있다. 이
것으로 미루어 보면 '치소'는 주로 집에서 키우는 식물을 말하고 있는
것을 알 수 있다.

　(12) ㄱ. 우리 이 과실와 치소를 뎜고ᄒ야 보져(咱們點看這果子菜蔬)
　　　　　　〈飜老下, 38a〉
　　　ㄴ. 녓근 외 가지 파 부치 마늘 댓무수 동화 박 계ᄌ 쉿무수 시근
　　　　　　치 다ᄉ마 〈飜老下, 38a〉
　　　ㄷ. 향긔로온 치소ㅣ 잇스니 미나리와 계ᄌ와 빈치와 파와 마늘과
　　　　　　부초와 허다ᄒ 치소 일홈이 잇고 〈훈ᄋ진언, 6b〉

　　따라서 중세·근대국어의 '菜蔬, 치소'의 의미는 일차적으로 '(주로 집
에서 키우는) 반찬이나 양념을 할 수 있는 풀'을 가리키고, 이차적으로
'반찬'의 의미를 포함하고 있다고 말할 수 있다.
　　위에서 살펴 본 중세·근대국어의 'ᄂ물'과 '菜, 蔬, 菜蔬'의 의미를 제
시하면 다음과 같다.

'ᄂᆞ믈, 菜'의 의미
① 사람이 먹을 수 있는 풀이나 나뭇잎.
② 사람이 먹을 수 있는 풀이나 나뭇잎으로 만든 반찬.

'蔬'의 의미
① 반찬을 할 수 있는 풀이나 나뭇잎.
② (사람이 먹을 수 있는 풀이나 나뭇잎으로 만든 반찬) — 이 의미는 매
   우 약함.
③ 산나물(취).

'菜蔬'의 의미
① (주로 집에서 키우는) 반찬을 할 수 있는 풀이나 나뭇잎.
② (주로 집에서 키우는) 먹을 수 있는 풀이나 나뭇잎으로 만든 반찬.


결국, 고유어 'ᄂᆞ믈'은 '菜, 蔬, 菜蔬'의 개념을 포괄하는 총칭 명사로 사용된 것임을 알 수 있다. 고유어는 빈도가 높은 기초 어휘이기 때문에 필연적으로 多意가 수반된다. 이 多意는 여러 가지 의미를 포함하고 있기 때문에 모호한 어휘가 될 수밖에 없다. 따라서 구체적인 의미를 표현하기 위해서는 이때 국어에 준비되어 있는 상당량의 한자어들이 대체 어휘로서 동원된다.(김광해 1989 : 204) 'ᄂᆞ믈'과 '菜, 蔬, 菜蔬'의 경우에서도 이러한 현상을 확인할 수 있다.


## 4. 한자어 '茅'와 고유어 '새, 뛰'의 쓰임


이제 'ᄂᆞᄆ새'의 '새'가 무엇인지 살펴보기로 한다. 'ᄂᆞᄆ새'의 '새'는 현대국어의 '띠'를 의미하는데, '띠'는 '볏과의 여러해살이풀'로서 '茅草, 茅

茨, 白茅'라고도 한다.13) '새'는 '茅'란 뜻으로 이미 중세국어에서 단일
명사로 쓰이거나 복합어로 쓰였다.


    (13) ㄱ. 遽廬는 새지비라〈楞解1, 107a〉菴은 새지비라〈法華2, 244a〉
           萬里橋ㅅ 西ㅅ녀긔 호 새지비로소니〈杜初7, 2b〉새 니욘 庵
           子ㅣ〈南明上, 72〉
       ㄴ. 牡茅 새쒸〈柳物三草〉새ᄆ름(茨)〈物譜 藥草〉菱 새마름〈柳
           物三草〉새집 헌ᄃᆡ룰 깁노라(補茅屋)〈杜初8, 66〉집 우희 니
           엿던 새초룰(屋上爛草)〈痘下, 14a〉


'새쒸'는 '새+쒸'의 구성으로 동일한 의미를 갖는 형태들의 복합으로
보인다. '새초'도 역시 '茅草'의 한글 표기이다. 그런가 하면 '새집'을 의
미하는 '茅屋'은 '뛰집'으로 표기하기도 하였다. 『杜詩諺解』에서는 '새집'
이 많이 보이는데 이는 한자어로 '茅屋, 茅宇, 茅齋, 茅棟, 茅堂, 茅簷'으
로 나타나고 있다.14)


    (14) ㄱ. 豺狼이 構禍ㅣ어늘 一間 茅屋도 업사 움 무더 사르시니이다
           〈龍歌, 111〉
       ㄴ. 薜蘿룰 쓰[illegible]다가 새집 헌 ᄃᆡ룰 깁노라(牽蘿補茅屋)〈杜初8,
           66b〉
       ㄷ. 새지븨 도라오매 미천 이웃 지비(及乎歸茅宇)〈杜初16, 69b〉
       ㄹ. 새지블 ᄀᆞ숤 프서리예 브텨 둣노라(茅齋付秋草)〈杜初19, 33a〉
       ㅁ. 새집 기슬겐 짜홀 두펫ᄂᆞᆫ 고지로다(茅簷覆地花)〈杜初10, 3a〉
       ㅂ. 내 새집 지수믈 시름ᄒᆞ야(憂我營茅棟)〈杜初22, 12a〉

---

13) '삘기'라고 하는 어린 꽃 이삭은 단맛이 있어 어린아이들이 뽑아먹는다.
14) 시조에 '茅簷', '茅屋'이 많이 보인다.('한국 고전시가 어휘색인 사전' 참조)
    아희야 茅簷에 둘 올낫다 벗님 오나 보아라〈靑丘永言(珍本) 397〉
    一間 茅屋의 苦楚히 홈자 안자〈漆室遺稿〉
    茅齋를 다시 쓸고 北窓下에 누엇시니〈屛谷先祖內政篇3〉

ㅇ. 茅堂올 ᄀᆞ룺 묏 그틀 디나ᄱ 갈가 〈杜初15, 46b〉


고유어 '새'와 관련된 어휘로는 '디새, 푸새, 윅시, 어윅시, 억새, 고시, 속새' 등이 문헌에 나타난다. 이제 이 어휘들의 사용에 대하여 알아보기로 한다.

중세국어의 '디새'는 '새'와 관련을 갖는 어휘이다. '새'는 '茅'의 옛 새김으로 지붕을 이는 전통적 재료를 가리켰는데, 중국에서 기와가 처음 들어왔을 때 '질 것'(질그릇)을 가리키는 '딜'을 '새'에 연결하여 '*딜새'라고 했던 것으로 추측된다.(이기문 1991 : 28) '디새'는 18세기부터 '지새'로 쓰이며, 18세기에 '지와, 디와, 기와'의 예가 보인다. '디+새'는 고유어끼리의 결합이고, '디+와(瓦)'는 고유어와 한자어의 결합으로 생긴 어휘이다.


(15) ㄱ. 디새 〈釋詳13, 51b〉 瓦 디새 와 〈訓蒙中, 9b〉 새 디새쌍 우희
　　　　연꾜 숫블에 〈痘瘡上,4b〉 瓦房 디새집 〈譯語上,16b〉
　　ㄴ. 瓦頭 지새 〈蒙類上, 27a〉
　　ㄷ. 황지와 〈을병연행록4, 316〉 쳥디와 〈을병연행록3, 237〉
　　ㄹ. 기와 〈種德中, 25a〉 기와 瓦, 기와장이 瓦匠 〈韓佛字典, 173〉


'새'와 관련을 갖는 다른 어휘로는 '푸새'가 있다. 현대국어에서 '푸새'의 의미는 '저절로 나서 자라는 풀의 통칭'이다. '푸새'는 주로 시조에 많이 나타나는데, '풀+새'의 구조를 가진 것이 아닌가 한다.

근대국어에 '어윅새, 윅새'가 보인다. 이것은 현대국어의 '억새'에 해당한다. 현대국어에서는 '볏과의 여러해살이풀'을 의미하는 '억새'는 준말로는 '새'로 쓰고 있다. 흔히 구어에서는 '억새풀'이라고 사용하는 것으로 보아서 '억새'의 '새'는 우리가 논의하는 '새(茅)'로 보인다.15)

'속새'는 '양치식물 속샛과의 상록 여러해살이풀'이다. 근대국어 문헌에 많이 나타난다. 醫書에 주로 나타나는 것으로 보아 한약재로 사용한 것으로 보인다. '고싀'는 현대국어에서는 '고수'라고 하는데, '미나릿과의 한해살이풀'을 말한다.

(16) ㄱ. 술을 줄라거든 안주는 푸새 김치라두 좋으니 따루 장만하지 말게 〈林巨正〉

ㄴ. 아모리 푸새엣 거신들 긔 뉘 싸히 낫더니 〈靑丘永言(珍本) 15〉

(17) ㄱ. 어옥새 속새 〈靑丘永言, 97〉 어욱새 속새 〈松江歌辭1, 23〉 어윅새(罷王根草)16) 〈譯語下, 40〉

ㄴ. 노른속새(黃皮草) 〈譯語下, 40〉 속새룰 굴올 밍ㄱ라 〈救簡6, 18〉 속새(銼草) 〈譯語補, 50〉〈同文下, 45〉〈漢淸, 397b〉 木賊 속새 〈東醫三, 22b〉

ㄷ. 고싀 원(芫) 고싀 슈(荽) 〈訓蒙上, 13〉 고싀(胡荽) 〈東醫二, 34a〉 고싀(蔯荽) 〈物譜菜蔬〉


한편, '茅'자는 '새'라는 명사로 쓰이기도 했지만, '뛰'라는 명사로도 쓰이고 있었다. 중세국어 문헌인 『杜詩諺解』 초간본에서 '茅'자가 쓰인 예를 검토해 보면 다음과 같다. '뛰로 니윤 집'은 한자어로 '茅棟, 茅茨'로 쓰여 있다.

(18) ㄱ. 뛰 니윤 지브로 혼 平床울 두푸니(茅棟盖一床) 〈杜初6, 47b〉

ㄴ. 뛰로 니윤 軒檻이 큰 믌겨레 머옛ᄂ니(茅軒駕巨浪) 〈杜初6, 43b〉

---

15) 현대국어에서 '어윅새'는 '참억새'의 방언형, '억새'의 충청도 방언형으로 제시되고 있다. (금성판 국어대사전 참조)

16) '어윅'은 '억새'의 제주방언으로 제시되어 있다. (금성판 국어대사전 참조)

ㄷ. 城郭ᄋᆞᆯ 졧는 지비 일어늘 흰 뛰로 니유니(背郭堂成蔭白茅)
〈杜初7, 1a〉

ㄹ. 믹햇 나그내의 뛰로 니윤 지비 젹고(野客茅茨小) 〈杜初8, 51b〉


(19) 茅 뛰 모〈訓蒙上, 5a〉〈類合上, 23a〉茅香花 흰 뛰곳〈東醫三,
14a〉茅房 뒷간〈譯語上, 19b〉茅紙 밋 슷는 죠희〈譯語上, 19b〉
茅草 뛰〈譯語下, 40a〉뛰ㅅ 불휘(茅根)〈濟衆8, 17b〉茅茨〈常訓,
30b〉씌 茅〈한불자전, 476〉뛰 모(茅)〈正蒙, 6b〉뛰ㅅ불휘(茅根)
〈醫宗, 附餘6a〉茅 씌 모〈兒學編, 11b〉茅 씌는 씀도 믿들고 초
가(草家)도 니ᄂᆞ니라〈校訂交隣, 48〉茅屋 초가(草家)집은 히 마
다 니이니 괴롭ᄉ외다〈校訂交隣, 196〉


'새'와 '뛰'는 유의어로 사용되었는데 '뛰'는 '새뛰, 곱쒸, 쟌뛰' 등으로
사용되었다.17)


(20) 白茅 곱쒸〈柳物三章〉茅草 뛰, 回軍草 쟘뛰〈譯語下, 40a〉뛰집
〈史略1, 37b〉茅草 뛰〈亥部 方言23b〉莎草 쟌뛰〈亥部 方言23b〉
莎草 쟘쒸〈譯語補, 50a〉茅草 쒸〈同文下, 46a〉莎草 쟘쒸〈同文
下, 46a〉쒸집〈祖訓, 09a〉금잔씌(金莎)〈韓佛字典, 239〉잔씌잔
씌〈홍도화下, 59〉茅 씌는 씀도 믿들고 초가(草家)도 니ᄂᆞ니라
〈校訂交隣, 48〉


현대국어 '잔디'는 표준어가 개정되기 전에는 '잔듸'가 표준어였다. 이
'잔듸>잔디'는 15세기 국어에서부터 보이는데 18세기에 '쟌뛰, 쟘쒸'형
이 나타나고, 19세기에는 '잔씌'형이 나타난다. 이러한 변화는 '茅'의 우

---

17) 시조에도 '쒸집'이 보인다.
　　山水間 바회 아래 뛰집을 짓노라 ᄒᆞ니〈孤山遺稿 1〉
　　山 됴코 물 됴흔 곳의 바회 지혀 쒸집 짓고〈古今歌曲 134〉〈槿花樂府 153〉
　　明月 空山의 씌집의 혼자 안자〈槿花樂府 51〉

리말인 '뛰'가 '뛰>쒸>씌>듸>디'의 변화를 겪으면서 '잔디'가 생성되었음을 나타낸다.18)

> (21) 젼뙤(莎) 〈杜初20, 17a〉 莎草 쟌뛰 〈亥部 方言23b〉 莎草 쟘쒸
>   〈譯語補, 50a〉 莎草 쟘쒸 〈同文下, 46a〉 금쟌씌(金莎) 〈韓佛字
>   典, 239〉

한자어 '草'는 주로 풀을 의미하는 단어로 '플'로 쓰이고 있으나 '새'로도 번역이 되는 경우가 많이 보인다. 『두시언해』에서는 '새집'을 '草, 草堂, 草屋, 草閣' 등으로 나타내고 있다.

> (22) ㄱ. 草菴 〈법화2, 243b〉 草幕 〈月釋23, 76a〉
>   ㄴ. 새집 지어슈믄 곧 河濱이로다(結草卽河濱) 〈杜初16, 24a〉
>   ㄷ. 萬里橋ㅅ 西ㅅ녀긔 ᄒ니 새지비로소니(萬里橋西一草堂) 〈杜
>     初7, 2b〉
>   ㄹ. 지수닌 오직 새지비니라(營葺但草屋) 〈杜初6, 52b〉
>   ㅁ. 새집과 살짜기 門이 별 흗드시 사ᄂ니(草客柴扉星散居) 〈杜初
>     25, 23a〉
>   ㅂ. 플로 니욘 지비 짜 업슨 ᄃ 디럿ᄂ니(草閣臨無地) 〈杜初14,
>     25b〉
>   ㅅ. 뛰로 비록 뷔여 니나(草茅雖薙葺) 〈杜初6, 46a〉
>   ㅇ. 돌곤 새지븨 기세 올오미 ᄒ가지로다(雞栖草屋同) 〈杜初11,
>     43b〉

이상에서 살펴본 '새'와 '뛰'는 몇 가지 차이점을 가지고 있다. 첫째로 크기에 있어서 '새'가 '뛰'보다는 큰 풀이다.19) '새'의 종류에 '억새'가 보

---

18) 『이조어 사전』에 '쟌쒸'가 보이고 『경북방언자료집』에 '잔띠'가 보인다.
19) 국어사전의 풀이를 보면 '새'는 '띠·억새 따위의 볏과 식물의 총칭'으로 높이가 30~

이고, 주로 지붕을 만드는 재료로 사용된 것으로 보아서 그렇게 해석된
다. 반면에 '쀠'는 '새'보다는 작은 풀이다. 주로 '잔쀠'로 쓰이는 어휘가
보이는 점이 그것을 뒷받침한다. '새'와 '쀠'는 지붕을 이는 재료로 많이
사용되었기 때문에 서로 동의어처럼 사용되는 경우가 있으나, 실제로는
다른 풀이다.

둘째로 '새'는 단독으로 쓰이는 예가 많지 않고 주로 복합어가 되어
사용되는 경우가 많다는 특징을 보인다. 이것은 생활에 매우 밀접하게
관련되어 있던 어휘이기 때문에 복합어의 생산이 많은 것으로 해석된
다. 반면에 '쀠'는 단독으로 쓰이는 예가 '새'보다 훨씬 많다. 현대국어에
서도 '새'는 '억새, 속새' 등과 같이 복합어에서 쓰이는 반면에, '쀠'는 '띠'
로 쓰여서 단일명사로 사용되고 있다.

## 5. '느무새'의 구조와 쓰임

16세기와 17세기 국어에서 발견되는 '느무새'는 '느무＋새'의 구조를
갖는 복합어이다. '놈, 느무＋새'의 구성을 가진 복합어가 방언에서는 그
변이형들인 '남새, 놈새, 넘새, 나므새, 나무새' 등으로 쓰이고 있다. '느
무새'가 발견되는 문헌은 『老乞大』의 문헌과 『飜譯小學』이다.

아래의 예는 『飜譯小學』(1518년), 『飜譯老乞大』(1512년), 『老乞大諺解』
(1670년), 『蒙語老乞大』(1766년), 『淸語老乞大』(1765년), 『平安監營本老乞大』
(1745년), 『重刊老乞大』(1795년)의 예를 대비하여 제시한 것이다.

---

120cm가 되는 식물이고, '띠'는 '볏과의 여러해살이풀'로서 높이가 30~80cm가 되는
풀이다.

(23) ㄱ. 아므란 니근 ᄂᆞᄆᆞ새 잇거든 져그나 가져다가 나그내네 주워 먹
         게 ᄒᆞ라(有甚麽熟茱蔬) 〈飜老上, 40b〉
     ㄴ. 아므란 니근 茱蔬 잇거든 져기 가져다가 나그내들 주어 먹게
         ᄒᆞ라(有甚麽熟茱蔬) 〈老諺上, 36b〉
     ㄷ. 힝혀 닉은 ᄂᆞ믈 잇거든 가져와 손들의게 주라 〈蒙老3, 4a〉
     ㄹ. 아희야 닉은 ᄂᆞ믈 잇거든 가져와 나그니들의게 드리라 〈淸老3,
         7b〉
     ㅁ. 아므란 닉은 茱蔬 잇거든 젹이 가져다가 나그내를 주어 먹게
         ᄒᆞ라(有甚麽熟茱蔬) 〈平老上, 36b〉
     ㅂ. 아모란 닉은 ᄂᆞ믈 잇거든 져기 가져와 나그니들 주어 먹이라
         (有甚麽熟茱蔬) 〈重老上, 37a〉

(24) ᄂᆞᄆᆞ새(茱) 〈飜老上, 41a〉—ᄂᆞᄆᆞ새(茱) 〈老諺上, 37a〉—ᄂᆞ믈 〈蒙
     老3, 4b〉—ᄂᆞ믈 〈淸老3, 7b〉—ᄂᆞᄆᆞ새(茱) 〈平老上, 37a〉—茱 〈重
     老上, 37b〉

(25) ᄂᆞᄆᆞ새(茱蔬) 〈飜老上, 63a〉—ᄂᆞᄆᆞ새(茱蔬) 〈老諺上, 57a〉—ᄂᆞ물
     〈蒙老4, 11a〉—ᄂᆞ믈 〈淸老4, 16b〉—ᄂᆞᄆᆞ새(茱蔬) 〈平老上, 57a〉
     —안쥬(酒茱) 〈重老上, 57b〉

(26) 가난ᄒᆞᆫ 희를 만나셔는 모든 ᄌᆞ식이 다 ᄂᆞᄆᆞ새 ᄒᆞ여 음식을 먹더니
     (其遇饑歲則諸子ㅣ皆蔬食ᄒᆞ더니) 〈飜小9, 103a〉


   이들 문헌에서 발견되는 'ᄂᆞᄆᆞ새'의 어원이 'ᄂᆞᄆᆞ+새'라는 사실은 왜
굳이 단일어인 'ᄂᆞᄆᆞ'에 명사 '새'를 결합하여 복합어를 만들었는가 하는
궁금증을 갖게 한다.
   'ᄂᆞᄆᆞ새'가 『老乞大』류 문헌과 『飜譯小學』 이외에는 전혀 나타나지 않
는다는 점에서 볼 때 당시 방언형에서 사용이 가능했던 'ᄂᆞᄆᆞ새'를 '茱蔬'
의 직역형으로 대응시켰을 가능성이 크다. 방언 자료와 문헌 자료에서

'NP₁+새'의 구성이 여러 개 보이는 것으로 미루어 'ᄂᆞᄆᆞ+새' 구성이 생산적으로 쓰였음을 알 수 있다. 『飜譯老乞大』의 언어적 특징이 주로 현실 언어인 구어체를 사용하고 있다는 점에서 이러한 가능성은 더욱 크다.

중세국어에서 사용되던 'ᄂᆞ물'과 '새'가 16세기 문헌인 『飜譯老乞大』에서 'ᄂᆞᄆᆞ새'로 쓰이는 것은 당시 방언에서 이미 'ᄂᆞᄆᆞ새'가 쓰이고 있었음을 보여준다. 현대국어의 방언형에 '나므새, 남새'형이 많이 쓰이는 것도 또 하나의 증거가 될 것이다.

'ᄂᆞᄆᆞ새'는 '어웍새, 속새, 고시'의 '새'가 보여주는 것처럼 풀의 종류를 가리키고 있다. 따라서 'ᄂᆞᄆᆞ새'는 '나물로 먹을 수 있는 풀'이란 의미를 일차적으로 갖는 어휘임이 분명하다. '배추, 무, 상추' 등을 'ᄂᆞ물'의 개념으로 넣어 부르기가 어렵지 않았을까 하는 추정이 가능해진다.

한편 '놈'은 '놈+-올(접미사)'의 형태론적 과정을 거쳐 'ᄂᆞ물'이 되면서 'ᄂᆞᄆᆞ새'와는 다른 의미를 갖게 된 것으로 보인다.

복합어를 만드는 형태론적 과정을 살펴보면 'NP₁+NP₂'의 구조에서 후행하는 NP₂에 초점이 놓이게 되는 것이 일반적이다. 그렇다면 'ᄂᆞᄆᆞ새'의 경우도 '새'의 의미에 초점이 놓일 수밖에 없는데, 그렇다면 '풀'이란 의미를 강조한 복합어로 보여, '나물로 먹을 수 있는 풀'이란 의미를 가진 것으로 이해된다.

결국 'ᄂᆞᄆᆞ새'의 출현으로 방언에서는 '나물, 남새, 채소(菜蔬)'가 한꺼번에 쓰이는 현상이 발생하게 되었다. '나물'은 전통적으로 가져온 두 가지의 의미가 현대국어에서까지 그대로 쓰이고 있고, '채소'는 '심어서 가꾸는 나물'로 그 의미가 바뀌었다. 또한 '채소'의 의미의 일정 영역을 고유어인 '남새'가 담당하게 되면서, '남새'는 일차적으로는 '심어서 가꾸는 나물'이란 의미를 갖게 되었고, 이차적으로는 '반찬'의 의미를 갖게 되었다.


## 6. '나물'과 '남새'의 방언적 특징


'나물'과 '남새'는 『우리말 큰사전』에 등재되어 있다. 그러나 대체로 표준어로는 '나물'을 많이 쓰고 있고, '남새'는 방언에서 많이 쓰고 있는 어휘이다. 이 장에서는 '나물'과 '남새'가 각 지역의 방언에서 어떠한 양상으로 사용되고 있는지를 검토하고자 한다.

'채소'와 '나물'이 각 지역 방언에서 쓰이는 방언 현상을 『한국방언자료집』과 방언사전에서 뽑아 제시하면 다음과 같다.


    (27) (경북) 채소─채소, 채수, 소채.
            나물─나물.
       (충북) 채소─채소, 채수, 채마, 나물.
            나물─나물
       (제주) 채소─숭키, 체소, 체수.
            나물─ᄂᆞ멀, ᄂᆞ물, ᄂᆞ몰
       (강원) 채소─채소, 소채, 채수, 푸성구, 야채.
            나물─나물, 무치미
       (경기) 채소─채소, 채수, 푸성기, 푸성귀
            나물─나물


    (28) (충남) 채소─채소, 채수, 나무새, 남새, 푸정게, 푸성게, 푸성귀.
            나물─나물, 너물.
       (전북) 채소─채소, 채수, 푸성거리, 넘새.
            나물─나물, 너물
       (경남) 채소─채소, 채수, 채전, 남새, 소채, 야채.

                나물- 나물, 너물, 채소, 나무새.
        (전남) 채소-채소, 소채, 채수, 넘새, 넘세, 노무새, 남새, 남삿것,
                놈새, 풋것.
                나물-노물, 너물, 나물, 너무새, 노무새, 나무새, 노물새,
                풋노물, 풋나물.
        (함북)20) 채소-나무새, 나물, 나물새, 나므새, 채소, 푸성귀, 푸성기.
                나물-나무새, 나물, 남새, 푸성기, 햄새
        (평북) 남새밭-나무새앝. 채전(菜田)-나무샛


『전남 방언사전』에 제시된 '남새'와 관련된 어휘를 제시하면 다음과
같다.


    (29) 남새 : 채소-남세/넘세/놈세
        남새밭 : 채소밭-남세밧/남시밭/넘세밧/놈세밧/놈수밧/놈시밧


    이들 자료에 나타난 특징을 보면 경북, 충북, 제주, 강원, 경기 지역
에서는 '남새'형이 전혀 나타나지 않고 있다. 남한에서는 주로 충남 이
남 지역에서 사용되고 있으며, 북한에서는 함북과 평북에서 사용되는
것으로 보인다. 또한 충남과 전북에서는 '나물'이 방언형 '남새'로 쓰이지
않고 있음을 볼 수 있다. 그 외의 지역에서는 '채소'와 '나물'을 방언형
'남새'로 쓰고 있음을 볼 수 있다.
    '채소'와 '나물'에 대하여 이 자료를 중심으로 그 쓰임을 나누어 보면
일반적으로 다음과 같다.


    (30) 채소 : 채소, 푸성귀, 남새, 풋것

---

20) 이 자료는 『함북 방언사전』에서 찾아 제시한 것이다. '평북' 자료도 『평북 방언사전』
    에서 찾아 제시한 것이다.

나물 : 나물, 넘새, 풋나물

전체적으로 채소는 '남새'로 쓰이고 있고, 나물은 일부 지역에서만 '남새'로 쓰이고 있다. 이것은 '남새'의 뜻이 일차적으로 '채소'의 뜻인 '심어서 가꾸는 나물'을 말하고, 이차적인 의미로 '나물'이 가지고 있는 '반찬'이란 의미로 확대된 것으로 보인다.

현대국어에서 '채소'의 의미는 '반찬'이란 의미는 없고 '심어서 가꾸는 나물. 무, 배추, 미나리, 아욱 따위.'란 의미만을 갖고 있다. 방언에서는 '채소'가 '남새'로 쓰이는 점으로 미루어 부분적으로 '반찬'이란 의미를 사용한 것으로 볼 수 있으나, 거의 대부분은 '심어서 가꾸는 나물. 무, 배추, 미나리, 아욱 따위'만을 가리키는 것으로 이해된다. '채소'를 '푸성귀, 풋것' 등으로 사용하는 것으로 보아 더욱 그렇다.

(31) ㄱ. 채소밭, 남새밭, 나물밭
     ㄴ. 菜－山菜(나물), 野菜(채소)
     ㄷ. 무수나물 〈완주군 운주면, 424〉 나물 뜯어다가 죽을 끓여서 〈완주군 운주면, 428〉 콩나물 짠지 〈완주군 고산면, 493〉 너물을 캐러 나왔는디 〈정주1, 82〉 죽순너물 〈이평면, 16〉 번벅너물 가지너물 〈고수면, 227〉 숙주너물 〈해리면, 689〉 무시너물 〈흥덕면, 1050〉 죽순너물 〈신림면, 1274〉 나물 히먹자고 헌게 나 〈군산시, 40〉 상채너믈 〈군산시, 192〉 고사리 너물 〈벌교읍, 166〉[21]

위의 자료에서 볼 수 있는 바와 같이, 방언에서 '菜田'은 '채소밭, 남새밭'으로 불리고 '나물밭'으로는 자주 사용하지 않는다.[22] 따라서 '채소,

---

21) 이 자료는 『한국구비문학대계』 전북편과 전남편에서 추출한 자료이다.

남새'의 의미가 '심어서 가꾸는 나물'이란 의미를 갖는 반면에, '남새'는 '나물 반찬'이란 의미로도 사용하기 때문에 '나물'이 갖는 '반찬'이란 의미와 같은 기능을 보이고 있다. 또한 위의 예에서 보는 바와 같이 '나물 반찬'의 구체적인 명칭은 '죽순너물, 숙주너물'과 같이 '나물'을 쓰는 게 일반적이다. 그러나 '나물반찬'을 총칭하는 어휘로는 '남새'가 쓰이고 있다.

따라서 방언에서 쓰이는 '채소, 나물, 남새'의 의미를 제시하면 다음과 같다.

> 나물 : ① 사람이 먹을 수 있는 풀이나 나뭇잎.(山菜)
>      ② 사람이 먹을 수 있는 풀이나 나뭇잎으로 만든 반찬.
> 채소 : ① 심어서 가꾸는 나물.(野菜)
> 남새 : ① 심어서 가꾸는 나물.(野菜)
>      ② 심어서 가꾼 나물로 만든 반찬의 총칭

## 7. 결론

'ᄂᆞ무새'는 'ᄂᆞ무(ᄂᆞ믈)+새'의 구조를 가지는 복합어이다. 왜 'ᄂᆞ무새'란 복합어를 만들어서 사용했을까? 본 연구에서 이제까지 진행해온 과정을 요약해서 결론을 내리면 다음과 같다.

'나물'의 변화 과정은 'ᄂᆞᆷ, ᄂᆞ무>ᄂᆞᆷ+-올>ᄂᆞ믈>ᄂᆞ믈>나믈>나물'의 과정을 거친 것으로 해석된다.

'ᄂᆞ무새'의 경우, 방언에 이미 존재하던 'ᄂᆞ무새'를 '菜蔬'의 고유어로 사용했을 가능성을 들 수 있다. 'ᄂᆞ무새'를 쓴 이유는 그 당시 방언에서

---

22) 문헌자료에서는 이미 'ᄂᆞ믈받'이 나타남을 제시한 바 있다.

많이 쓰던 구어체를 사용하려 했을 것으로 추정된다. 특히 당시의 방언 화자들이 한자어 '菜蔬'와 고유어 '느무새' 중에서 한자어를 쓰지 않고 고유어를 쓰려고 한 의식에서 비롯된 것으로 보인다.

'느무새'는 '눔, 느무+새'의 구성으로 동시대에 사용되다가 방언에서 주로 쓰이게 된다. 따라서 방언에서는 '남새'와 '나무새'가 아주 많이 쓰이고 있다. 방언에서는 '채소', '나물', '남새'가 함께 쓰이는데 한자어 '채소'는 '심어서 가꾸는 나물'을 가리키게 되고, '나물'은 '사람이 먹을 수 있는 풀과 나뭇잎'의 의미와 '사람이 먹을 수 있는 풀과 나뭇잎으로 만든 반찬'이란 의미를 여전히 갖게 되었다. 한편 '남새'는 '심어서 가꾸는 나물'이란 의미와 '심어서 가꾼 나물로 만든 반찬의 총칭'이란 의미를 갖게 되어 이 세 어휘는 서로 의미상으로 상관성을 갖게 되었다.

향후 방언에서 '남새'가 쓰이지 않게 되면, '나물'과 '채소'가 현재의 의미를 소유한 채로 쓰일 것이 확실시된다.

방언형인 '느무새, 남새'와 관련된 어휘는, 고유어로는 '느물, 새(茅, 草), 뛰(茅), 취' 등이 있고, 한자어로는 '菜蔬, 菜, 蔬, 茅, 草'가 있었다. 이들은 고유어와 한자어로서 서로 의미 영역을 공유하면서 발전하여 왔다. 이러한 어휘의 의미 변화를 통하여 우리는 한자어와 고유어의 어휘 생산과 소멸 과정을 엿볼 수 있었다.

## 참고문헌

강신항(1995), 『朝鮮館譯語研究』, 성균관대학교출판부.

곽충구(1985), 「'뻬-(貫)'의 通時的 變化와 方言 分化」, 『국어학』 14.

곽충구(1994), 「系合 內에서의 單一化에 의한 語幹 再構造化」, 『남천박갑수선생화갑
기념논문집』.

곽충구(1995), 「語義分化에 따른 單語의 形態分化와 音韻變化」-'빵-'과 '부수-'의 경우-,
『소곡남풍현선생회갑기념논총』.

국립국어연구원(1999), 『표준국어대사전』, (주)두산동아.

김광해(1989), 『고유어와 한자어의 대응 현상』, 국어학 총서 16.

김병제(1980), 『방언사전』, 과학, 백과사전출판사.

김영배(1997), 『평안방언연구』(자료편), 태학사.

김영태(1975), 『경상남도 방언연구(Ⅰ)』, 진명문화사.

김이협(1981), 『평북방언사전』, 한국정신문화연구원.

김태균(1986), 『함북방언사전』, 경기대학교 출판국.

김형규(1974), 『한국방언연구』, 서울대 출판부.

리윤규·심희섭·안운(1992), 『조선어방언사전』, 연변인민출판사.

방학수(1985), 「재물보에 대한 국어학적 연구」, 석사학위 논문(단국대 교육대학원).

손희하(1991), 「새김 어휘 연구」, 박사학위 논문(전남대).

운평어문연구소(1991), 『금성판 국어대사전』, 금성출판사.

유창돈(1964), 『이조어 사전』, 연세대 출판부.

유창돈(1975), 『어휘사 연구』, 이우출판사.

윤홍섭(1986), 「천자문에 대한 국어학적 연구」, 석사학위논문(단국대 교육대학원).

이기갑·고광모·기세관·정제문·송하선(1997), 『전남방언사전』, 전라남도.

이기문(1972), 『개정 국어사 개설』, 민중서관.

이기문(1991), 『국어 어휘사 연구』, 동아출판사.

이병근(1994), 「질경이(車前草)'의 語彙史」, 『이기문교수정년퇴임기념논총』, 신구문
화사.

이병근(1997ㄱ), 「고양이(猫)'의 語彙史」, 『국어학연구의 새지평』, 태학사.

이병근(1997ㄴ), 「해바라기(向日花)'의 語彙史」, 『관악어문연구』 22.

이병근(1998), 「마름(菱仁)'의 語彙史」, 『방언학과 국어학』, 태학사.

이승재(1983ㄱ), 「혼효형 형성에 대한 문법론적 고찰」, 『어학연구』 19-1.

이승재(1983ㄴ), 「재구와 방언분화」, 『국어학』 12.
이승재(1992), 「융합형의 형태분석과 형태의 화석」, 『주시경학보』 10, 탑출판사.
이호열(1995), 『杜詩諺解 索引集 I · II』, 이회문화사.
조항범(1996), 『국어 친족어휘의 통시적 연구』, 태학사.
한국정신문화연구원(1987), 『한국방언자료집』 3(충북 편).
한국정신문화연구원(1987), 『한국방언자료집』 5(전북 편).
한국정신문화연구원(1989), 『한국방언자료집』 7(경북 편).
한국정신문화연구원(1990), 『한국방언자료집』 2(강원도 편).
한국정신문화연구원(1990), 『한국방언자료집』 4(충남 편).
한국정신문화연구원(1991), 『한국방언자료집』 6(전남 편).
한국정신문화연구원(1993), 『한국방언자료집』 8(경남 편).
한국정신문화연구원(1995), 『한국방언자료집』 1(경기도 편).
한국정신문화연구원(1995), 『한국방언자료집』 9(제주 편).
현평효(1969), 「제주도 방언에서의 '나무'(木)와 '나물'(菜) 어사에 대하여」, 『동국대
    국어국문학논문집』 7 · 8.
현평효 외(1995), 『제주어사전』, 제주도.
小倉進平(1924), 『朝鮮語方言の硏究』, 朝鮮史學會.

# 제3장

# '냄새(臭)'의 어휘사

## 1. 서론

현대국어 '냄새(臭)'는 중세국어에서는 성조가 거성인 '·내'로 쓰였다. 국어사 문헌 자료에는 대체로 '내, 내옴, 내얌, 내암, 내암새, 냄새, 님 시, 내음새, 내음새' 등이 나타나는 것으로 보아 '냄새(臭)'는 '내음+새'로 분석할 수 있다.

방언 자료를 검토해 보면 '냄새(臭)'의 뜻을 가진 어휘로 '내굴, 내금, 내음' 등 다양하게 분포되어 나타나고 있어서, '내음'이 '내금, 내굴'과 관련되어 있음을 알 수 있다. 또한 '내다'나 '냅다'의 방언형으로 '내굴다, 내구랍다, 내구다, 내굽다/내웁다' 등 아주 다양한 방언형을 보여주고 있다.

한편, '닉(煙)'는 '연기'를 의미하는 중세국어 어휘인데 북한의 문화어에서는 '내굴'로 표기하고 있다. '닉(煙)'는 변화 과정에서 '내(臭)'와 서로 간섭을 보이고 있어 매우 흥미롭다. 방언형 '내굴'은 '내굴다, 내구럽다'

와 관련을 맺고 있다.

이 연구에서는 21세기 세종계획에서 구축한 국어사 말뭉치와 방언 말뭉치를 중심으로, '냄새(臭)'의 변천 과정과 그와 관련된 용언의 변천 과정을 추적하여 '냄새'의 어휘사를 살펴보고자 한다.


## 2. '니(煙)'와 '내(臭)'의 쓰임


### 2.1. '니'와 '煙, 烟'

중세국어와 근대국어를 살펴보면 '니'는 '연기(煙氣)'의 의미로 쓰였다. 17세기 문헌 자료를 검토해보면 다음과 같다.

> (1) ㄱ. 미리 니롤 보고 블 잇눈둘 아로미 〈월인석보9, 7ㄴ〉
> ㄴ. 香煙現諸色海雲 /+煙은 니라+/ 〈월인석보10, 47ㄴ〉
> ㄷ. 갓가온 져젯 뜬 니는 프르고 쏘 하도다 〈두시언해초간본9, 38ㄱ〉
> ㄹ. 니 연 煙 〈백련초해, 3ㄱ〉
> ㅁ. 煙 니 씨이다 〈역어유해補, 32ㄱ〉
> ㅂ. 烟 니 연 〈훈몽자회하, 15ㄱ〉
> ㅅ. 燒布烟氣 헌 것 튼 내 〈역어유해하, 53ㄱ〉
> ㅇ. 내 烟 〈한불자전, 261〉


'니'의 한자어인 '煙, 烟'은 '雲煙, 煙霧, 煙霞, 風煙, 烟雨' 등으로 쓰이면서 '연기'의 의미를 일차적으로 가지지만, 복합어로 쓰이면서 '안개, 흐릿한 기운' 등의 의미를 나타내기도 하였다. 한자어인 '煙氣'는 17세기 문헌인 『두시언해중간본』에서 발견되는데, 18세기부터 활발히 쓰이기 시작한다.

> (2) ㄱ. 길흘 너머 가니 곗 사룸미 다 避亂ᄒ야 나가니 烟氣 져거 괴오
> ᄒ도다 〈두시언해중간본1, 2ㄴ〉
> ㄴ. 煙氣繚繞 늬 피어 오르다 〈방언유석, 해부방언, 10ㄴ〉
> ㄷ. 내 煙氣 〈국한회어, 58〉
> ㄹ. 연긔 煙氣 〈국한회어, 216〉
> ㅁ. 산 스이에서 올나오는 煙氣롤 볼 찌 잇스니 〈신정심상소학, 15ㄱ〉
> ㅂ. 낸내 烟氣 〈한불자전, 261〉
> ㅅ. 烟 연긔 연 〈정몽유어, 5ㄱ〉〈부별천자문, 5ㄴ〉

## 2.2. '내'와 '臭'

중세국어와 근대국어에서 '내'는 대체로 '냄새(臭)'의 의미를 가진다. 중세국어의 'ㆍ내'는 거성으로 '코로 맡을 수 있는 온갖 기운'이라는 일반적인 '냄새'를 의미하기도 하지만, '좋지 않은 냄새'라는 의미로 많이 쓰였다.

> (3) ㄱ. 臭 내 취 氣之總名. 又對香而言, 則爲惡氣 〈훈몽하, 잡어, 6ㄴ〉
> ㄴ. 臭 늬얌 츄, 氣通於鼻對香則惡氣 〈자류주석하, 45ㄱ〉

『大漢韓辭典』을 참고하면 '臭'의 의미는 다음과 같다.

> (4) 臭(취) : ① 냄새 취(氣通於鼻) ② 향기 취(香也) ③ 썩을 취, 더럽힐 취(敗也) ④ 고약한 이름 취(惡名, 醜聞, 汚名)

許愼이 지은 중국 後漢 때의 字典인 『說文解字注』를 보면 '禽走臭而知

其迹者犬也'라고 되어 있다. '臭' 자는 '스스로 自' 字(自字鼻也)에 '개 犬' 字가 합쳐서 이루어진 말이다. '臭' 자는 '닭이나 새가 땅에서 달리면 냄새가 나고 그 발자국(자취)을 아는 것이 개다.' 라고 하는 데서 유래된 글자라는 해설이다. '닭이나 새에서 냄새나는 것을 개가 코로 느낀다.'는 말에서 유래되었으나, '凡氣息芳臭之稱'(무릇 콧구멍으로 꽃다운 향취가 날 때도 이처럼 칭한다.)이라는 해설도 있다.

중국 한나라 때도 악취 나는 것도 '臭'로 쓰고 향기가 나는 것도 '臭'로 쓴 것으로 볼 수 있다. 물론 근본 어원으로는 닭이나 새의 냄새이니 인간이 느끼기에 그렇게 좋은 냄새라고 볼 수 없는 냄새를 뜻하였다고 볼 수 있다.

'좋은 냄새'는 주로 '香, 香氣'라는 어휘를 사용하였다. 꽃에서 나는 냄새, 각종 짐승과 사람에게서 나는 '좋은 냄새'를 '香'으로 쓰고 있음을 예문에서 볼 수 있다. 아래의 예문에서도 '香'과 '臭'를 대립된 개념으로 사용하고 있다.

(5) ㄱ. 고해 됴훈 내 맏고져 이베 됴훈 맛 먹고져 〈석보상절3, 22ㄴ〉
　　ㄴ. 香과 臭氣예 니를리니 /+臭는 더러운 내라+/ 〈능엄경언해3 ,7ㄱ〉
　　ㄷ. ᄒ다가 香과 臭왓 氣分이 반ᄃ기 네 고해셔 낳딘댄 뎌 香과 臭와 두 가짓 흐르는 氣分이 伊蘭과 旃檀木애 나디 아니 ᄒ리로다 〈능엄경언해3, 46ㄱ〉
　　ㄹ. 赤蓮華香 靑蓮華香 白蓮華香 華樹香 果樹香 栴檀香 沈水香 多摩羅跋香 多摩羅跋온 〈석보상절19, 17ㄱ〉
　　ㅁ. 象이 香 ᄆ리 香 쇠 香 羊이 香 남지늬 香 겨지븨 香과 ᄯᅡ히 香 갓나히 香과 〈석보상절19, 17ㄴ〉

'냄새(臭)'를 나타내는 '내/너'는 복합어에서 주로 쓰이게 된다.23) '내/너'가 일음절의 어휘여서 불안정하였고 또 '煙氣'를 뜻하는 '내'와 표기 및 의미적 관련성을 가지기 때문에 '내/너(臭)'는 주로 복합어에서 쓰이게 되었다.

 (6) 香내〈釋詳6, 44ㄱ〉 향내〈백련, 17ㄱ〉 입내〈痘瘡下, 8ㄱ〉 구린내〈痘瘡下, 12ㄴ〉 암내〈痘瘡下, 43ㄱ〉 비린내〈痘瘡下, 43ㄱ〉 누린내〈痘瘡下, 43ㄱ〉 노린내〈朴通下, 44ㄱ〉 胡撥氣 누른내〈譯語上, 53ㄴ〉 기름늬〈痘瘡下, 42ㄴ〉 草氣 풋내〈譯語補, 31ㄴ〉 狐氣 암내〈譯語補, 35ㄱ〉 荷花香내〈朴新3, 50ㄱ〉 腥 비린내〈蒙類上, 48ㄱ〉 狐氣 암늬〈방언유석, 戌部方言, 5ㄱ〉 구린내(穢臭)〈한불자전, 292〉 냇내 烟氣〈한불자전, 261〉 즈린내 尿臭〈한불자전, 557〉 젓내나다〈한불자전, 554〉 뉴황늬〈閨閤, 28ㄱ〉 젓늬〈홍도화上, 57〉 쏭늬 쌈늬〈쌍옥적, 58〉

## 2.3. '늬(煙)'와 '내굴'

'늬(煙)'는 '연기'를 나타내는 옛말이다. 이 어휘는 남북의 언어 현실에서 차이를 보이고 있다. 남한의 표준어의 경우에는 '내(煙)'와 '연기'를 사전에 등재하고 있는데 비하여, 북한의 문화어에서는 '내'와 '내굴', '연기'를 함께 사전에 등재하고 있다. 『조선말대사전』에 나타난 '내, 내굴, 연기'의 해설을 제시하면 다음과 같다.

 (7) ㄱ. 내04「명」 무엇이 탈 때에 공기가운데 나타나는 흐릿한 가스와

---

23) 현대국어에서는 주로 수식하는 말 뒤나 합성어에 쓰인다.
  고소한 내를 맡다. 쾨쾨한 내가 나다. 밥 타는 내가 온 집안에 가득하였다.
  〈표준국어대사전〉

가루상태의 물질. ‖ ~를 피우다. = 내굴. 연기.
ㄴ. 내굴 「명」 = 내04. ‖ ~을 피우다. ~이 나다.
ㄷ. 연기01 「명」 = 내. ‖ 검은~. 흰~가 뭉게뭉게 피여오르다. 煙氣

'내굴'은 '연기'를 나타내는 대표적인 방언형이다. 이 방언형은 주로 북한에서 많이 쓰인다. 『조선말대사전』에는 '내굴길, 내굴내, 내굴먼지, 내굴분무기, 내굴칸, 내굴쏘임, 내굴찜, 내굴안개' 등의 단어가 표제항으로 올라 있다. '내굴'은 한자어 '煙氣'에 상대되는 고유어인데 '내(煙)+굴(堗)'의 복합어이다. '굴(상성)'은 '굴뚝'의 의미를 갖는다. '煙, 烟'은 천자문 계열에서 '늬, 내, 연긔'로 쓰이고 있다.[24]

(8) ㄱ. 내굴통 〈명〉(자강) = 굴뚝 〈조선어방언사전〉
ㄴ. 굴ㅅ독 (或呼 煙窓 煙洞) 〈역어류해상, 18ㄴ〉
ㄷ. 煙洞 굴쏙 〈몽유편상, 26ㄴ〉
ㄹ. 囪 굴 총, 堗 굴 돌 〈훈몽자회中, 5ㄴ〉

각종 국어사전과 방언사전을 참고하여 '내굴'과 관련된 어휘의 유형을 제시하면 다음과 같다. '내굴'이 일반적인 방언형이고, '내구리'는 '내굴+-이'의 구성을 가진 것이며, '내구래기'는 '내굴+-아기'에서 형성된 것으로 보인다. '냉굴'은 '내굴'에 'ㅇ'이 첨가된 것으로 보인다. '냉가리'는 '냉갈'에 접미사 '-이'가 연결된 것이다.

---

24) 제주도 방언에서는 현재도 '늬'가 쓰이고 있고, 전국적으로 '내'가 연기의 의미로 쓰이고 있다. 한편 '연기'와 '내굴'이 혼태를 이루어 '냉기, 냉갈, 연갈' 등의 형태가 여러 이형태를 보이면서 전국적으로 쓰이고 있다.(국립국어원, 2007, 한국 방언 검색 프로그램 참고)

  (9) ㄱ. 내굴 〈평남〉〈함남〉〈함북〉〈황해〉〈중국〉

      ㄴ. 내구리 〈평남〉〈평북〉〈함남〉〈함북〉

      ㄷ. 내구래기 〈경남〉〈경북〉〈평북〉

      ㄹ. 냉굴〈함경〉/냉갈〈평북〉/냉걸〈전국〉/냉굴〈평북〉〈함남〉/냉글〈전국〉

         /넹갈〈전남〉/냉괄〈평안〉

      ㅁ. 냉가리〈전남〉/냉거리〈전남〉〈평안〉/냉과리〈평남〉〈평북〉/냉구리〈평

         안〉25)


## 3. '냄새'의 변천 과정


### 3.1. 문헌의 '냄새'

 '내옴'은 1617년 『동국신속삼강행실도』에서 나타난다. '내옴'은 『가례
언해』, 『박통사언해』와 같은 17세기 문헌에서만 보인다. '너음'은 19세
기 문헌에서 나타난다.

 '내음새'가 나타나는 것은 18세기 『漢淸文鑑』에서부터이다. 그리고
1790년에 발행된 『增修無冤錄』에서도 예가 보인다. '내옴새'형이 나타나
면서 『독립신문』에서 '냄시'형이 나타난다. '냄새'류의 어휘가 나타나게
되는 이유는 '내(臭)'가 '니(煙)'와 의미적 관련성을 가지면서 새로운 어형
을 요구하게 되었기 때문이다. 그 결과 '냄새(臭)'의 의미를 갖는 일음절
어의 '내'는 불완전하였기 때문에 주로 복합어에서 쓰이게 되었고, 언중
들은 새로운 어형의 필요성을 느껴서 명사형으로 쓰이던 파생어 '냄새'

---

25) '냉과리'는 『표준국어대사전』에 '덜 구워져서 연기와 냄새가 나는 숯'으로 되어 있다.
   국어사 문헌에는 다음과 같은 예가 나온다. 이숭녕(1961)에서는 '니(煙)＋-앙-＋과
   리'로 분석하고 있다. 닝과리(煙頭子)〈譯上, 54〉, 닝과리(煙頭)〈漢, 405d〉, 烟頭子 닝
   괄이〈柳物五火〉

류의 어휘를 취하게 된 것으로 보인다.

(10) 내옴 〈동삼열2, 43ㄴ〉 내음 〈박통해, 중, 50ㄴ〉 니음 〈명듀보월빙5,
     66〉 내암 취(臭) 〈正蒙, 9ㄴ〉 내암 臭 〈국한회어, 61〉 니얌 〈자류
     주석하, 45ㄴ〉

(11) 내옴새(氣息) 〈漢淸文鑑12, 59ㄱ〉 내암시 〈無冤錄3, 44ㄴ〉 내암
     새 臭氣 〈한불자전, 261〉 내암새 〈성경직히1, 50ㄱ〉 내암식 〈성경
     직히5, 6ㄴ〉 내음식 〈주교요지下, 73ㄴ〉 내옴새 〈성교절요, 59ㄴ〉
     내옴식 〈성교절요, 60ㄴ〉 내암새 臭 〈국한회어, 57〉 내암새 훈 〈부
     별천자, 23ㄱ〉 내음시 〈셩산명경, 55〉 니암시 〈ᄌ유종, 9〉

(12) 냄시 〈독립신문96.5.16③〉 臭 쩌근닙시 〈日語朝雋, 17ㄱ〉 닙시
     〈국민소학독본, 61ㄱ〉 닙시 〈신정심상1, 13ㄱ〉 닙ᄉ 〈잠상집요,
     19ㄴ〉 냄시 〈치악산上, 161〉 닙시 〈新訂千字, 13〉 술닙시 〈치악산
     下, 49〉

    문헌에 나타나는 '내음, 내음새'의 변천 과정을 연도별로 표를 그리면
다음과 같다.

| | 17세기 | 18세기 | 19세기 | 20세기 | 문헌명 |
|---|---|---|---|---|---|
| 내옴 | 1617년 | | | | 동신삼강행실 |
| 니음 | | | 18??년 | | 명듀보월빙 |
| 니얌 | | | 1856년 | | 字類註釋 |
| 내암 | | | 1884년 | | 正蒙類語 |
| 내옴새 | | 17??년 | | | 漢淸文鑑 |
| 내암식 | | 1790년 | | | 增修無冤錄 |
| 내암새 | | | 1880년 | | 한불ᄌ뎐 |
| 내음식 | | | 1897년 | | 주교요지 |
| 내옴새 | | | 1864년 | | 성교절요 |

| | 17세기 | 18세기 | 19세기 | 20세기 | 문헌명 |
|---|---|---|---|---|---|
| 내옴시 | | | 1864년 | | 셩교졀요 |
| 내움시 | | | 1894년 | | 訓兒眞言 |
| 내움새 | | | | 19??년 | 동백꽃26) |
| 내음새 | | | | 1922년 | 젊은이의시절 |
| 늬암시 | | | 1839년 | | 斥邪綸音 |
| 늬옴시 | | | 18??년 | | 김진옥전 |
| 늬음시 | | | 18??년 | | 삼설기 |
| 냄시 | | | 1896년 | | 독립신문 |
| 님시 | | | 1886년 | | 잠상집요 |
| 님ᄉᆞ | | | 1886년 | | 잠상집요 |
| 냄새 | | | 18??년 | | 신숙주부인전 |

문헌에 나타나는 언어 사실만을 가지고 우리가 확인할 수 있는 사항은 '냄새'의 구성이 '내옴/내암/내옴/내음+새/시'로 이루어졌다는 것이다.

그렇다면 '내옴/내암/내옴/내음'의 형태론적 구성은 무엇일까? 이에 대해서는 여러 가지로 가정해 볼 수 있으나27) 문헌 자료만으로는 더 이상 판단할 수 없기 때문에 방언에 나타나는 형태를 가지고 재구해 보는 것이 훨씬 합리적일 것이다.


## 3.2. 방언의 '냄새'

'냄새'의 방언형으로 '내금, 내금새'가 많이 쓰이고 있다. '내금>내음, 내금새>내음새>냄새'의 변천과정을 가정해 보면 이 어휘는 '내음, 내음

---

26) 『동백꽃』은 김유정의 소설이고, 『젊은이의 시절』은 나도향의 소설이다.

27) '냄새(臭)'는 '내(煙)+음(명사형어미)+새(접미사)'로 분석하는 견해가 있고(최창렬,1993), '내음새'를 '(냄새가)나+-이-(사동접사)+-음(명사 형성 접사)+-새(명사 형성 접사)'로 분석하는 견해도 있다. (국립국어원,2007)

새'를 앞서는 형태로 보인다. 그렇다면 '내금＋새'에서 '내금'은 어떤 구성을 가지는 것일까? 몇 가지 가정을 해보기로 한다.

첫째, 접미사 '-새'는 주로 명사나 명사형에 붙기 때문에 '내금'이 자체로 명사이거나 아니면 명사형일 가능성이 있다.[28] 둘째, 문헌에서 '내옴, 내암, 내음, 내옴'이 나타나고, 방언에서 '내금'이 나타나는 것으로 보아 국어사에서 '*내곰>내옴'의 변화가 있었을 가능성이 높다.[29]

여기서는 방언 자료를 중심으로 '냄새'의 어원을 추적해 보고자 한다. '냄새'와 관련된 방언 어휘의 유형을 요약하면 다음과 같다.[30]

(13) ㄱ. 내음 : 〈경남〉〈경북〉
　　 ㄴ. 내음새 : 〈경상〉,　내암새 : 〈경상〉,　내움새 : 〈제주〉〈중국〉내움
　　　　 살, 내음살 : 〈제주〉
　　 ㄷ. 내금, 내김 : 〈경상〉
　　 ㄹ. 내금새 : 〈강원〉〈경남〉〈경북〉〈충북〉〈전남〉〈함남〉
　　 ㅁ. 내미 : 〈경남〉〈경북〉〈중국〉〔「흑룡강성 일승촌」영덕, 서광〕
　　 ㅂ. 냄새, 냄시, 냄사 : 〈전남〉〈전북〉

---

28) 접미사 '-새'는 명사나 '-음'이 연결된 파생명사와 결합하여 어떤 것의 '됨됨이'나 '모양, 상태' 등을 나타내는 명사를 파생시킨다.(송철의, 1992 : 173) 현대국어에서 접미사 '-새'가 연결되는 예는 다음과 같다.
　　 이음새, 매무새, 구멍새, 머리새, 모양새, 본새, 생김새, 쓰임새, 만듦새, 꺾임새, 벌림새, 짜임새, 꾸밈새, 팔림새, 걸음새, 고임새, 괴임새, 꿈새, 구김새, 구름새, 꺾임새, 꺾음새, 꼬임새, 꾸밈새, 낌새, 누름새, 늘임새, 다뤔새, 닦음새, 대뤔새, 됨새(작황), 뜨임새, 마름새, 말본새, 먹음새
29) 이 논문을 쓰는 과정에서 논문을 읽고 의견을 주신 전남대학교 이진호 교수께 진심으로 감사드린다. '내옴'의 방언형인 '내금'을 '*내곰'으로 재구하는 데 큰 도움을 받았으며, 이외에도 여러 도움을 받았다. 그러나 이 논문에서 행해진 해석에 대한 책임은 필자에게 있다.
30) 여기서 인용한 자료들은 참고문헌에 제시된 방언사전 및 자료집에서 추출한 것이다. 이 방언 자료들은 이미 21세기 세종계획 한민족언어정보화 분과에서 수행한 '남한 방언 검색 시스템 구축(2001), 북한 방언 검색 시스템 구축(2002), 중국 및 해외 방언 검색 시스템 구축(2003)'에서 종합한 자료들이다.

방언 자료에서 발견되는 ‘내음’은 전국적으로 쓰이고 있는 방언이다. 이 방언 어휘는 ‘내암, 내움’으로도 쓰이고 있다. 방언에서는 ‘내금’이 비교적 다양한 지역에서 발견되고 있는데 ‘내금’은 ‘내음’의 이전 단계의 어휘로 보인다. 따라서 ‘내금>내음>냄’의 변화 과정을 예상할 수 있다. ‘내미’형은 ‘냄+-이’의 구성에서 이루어졌을 것이다. ‘냄세/냄시’는 ‘냄새’의 이형태이다. 그렇다면 ‘내금’의 구성은 어떻게 이루어졌을까?

‘내금’은 ‘*내ᄀᆞᆷ>내금’의 변화를 가진 것으로 볼 수 있고, 이것은 ‘내ᅀᆞᆷ>내음’의 변화와 직접적으로 관련이 있을 것으로 해석된다. 이기문(1972 : 128)에 따르면 중세국어에서 ‘ㅇ’이 적극적 기능을 하는 경우가 있는데 이때의 ‘ㅇ’은 자음의 기능을 가진 음소로 해석하고 있다. ‘몰애오개(沙峴), 멀위(葡), ᄀᆞ애(剪), 것위(蚯蚓)’ 등에서 그 예를 볼 수 있다. 방언에 보이는 ‘내금’도 ‘*내ᄀᆞᆷ>내음’의 변화과정을 추정할 수 있을 것이다.


## 4. ‘냄새’와 관련된 용언


### 4.1. ‘내다’와 ‘냅다’

『조선말대사전』에는 ‘내다, 내굴다, 냅다’를 다음과 같이 해설하고 있다. ‘내다’는 자동사로 ‘내굴다’와 함께 등재하고 있고, ‘냅다’는 형용사로 ‘내구럽다’와 등재하고 있다.

> (14) ㄱ. 내다01 「동」 (자) 내가 불길이 아궁이안으로 들지 않고 되돌아 나오다 ‖ 불이 ~. 집이~. 아궁이가~. | 불이 내지 않고 잘 들인다. (＝) 내굴다. 내기는 과부집 굴뚝 마른나무가 없이 생

　　나무를 때는 과부집의 굴뚝처럼 연기가 몹시 낸다는 뜻으로 "부
　　엌아궁에서 연기가 몹시 낼 때"를 비겨 이르는 말. (＝) 냅기는
　　과부집 굴뚝이라. 아궁이 내고 연기가 땅으로 가면 비가 온다.
　ㄴ. 내굴다(내구니, 내구오)「동」(자) ＝ 내다01.
　ㄷ. 내구럽다(내구러우니, 내구러워)「형」내가 눈이나 목구멍을
　　자극하여 숨막히게 맵고 싸하다. (＝) 냅다01.
　ㄹ. 냅다02 (내우니, 내워서)「형」＝내구럽다. ｜젖은 나무로 불을
　　사르자니 연기만 자꾸 나고 내워서 견딜수가 없었다. 냅기는
　　과부집 굴뚝이라 ＝ 내기는 과부집 굴뚝.

　한편 『표준국어대사전』에서는 '내다, 냅다'를 다음과 같이 해설하고
있다. 방언형인 '내굴다'나 '내구럽다'는 표제항에 올리지 않고 있다.

　(15) ㄱ. 내다1〔내ː-〕〔내어(내〔내ː〕), 내니〔내ː-〕〕 자동사. 연기나
　　　불길이 아궁이로 되돌아 나오다. ¶바람이 어느 쪽에서 불든지
　　　우리 아궁이는 불이 내지 않는다.
　　ㄴ. 냅다1〔-따〕〔내워, 내우니〕 형용사. 연기의 기운으로 눈이나
　　　목구멍이 쓰라린 느낌이 있다. ¶내워서 눈을 뜰 수가 없다.

　자동사 '내다'는 형용사파생접미사 'ㅂ'이 연결되어 '냅다'가 된 것으로
보인다. 이는 다음에 설명할 '내굴다'에 형용사파생접미사가 연결되어
'내구럽다'가 되고, '내구다'에 형용사파생접미사가 연결되어 '내굽다'가
되는 것과 일치한다. '내다'에서 '냅다'가 되는 과정은 주로 중부 방언에
서 이루어진 것으로 보인다. 다른 방언에서는 '내굽다>내웁다>냅다'의
변천과정을 거친 '냅다'가 쓰이고 있어서 구별할 필요가 있을 것이다.31)
　국어사전에서 '내다'와 '냅다'는 자동사와 형용사로 각각 그 기능이 다

───────────

31) '맵다'도 역시 방언에서 '매웁다'로 발음되고 있다.

르게 기술되어 있다. 그러나 방언에서는 예문 (17)에서처럼 '내굴다, 내구랍다'가 두 품사에서 함께 사용되고 있는 것이 특징적이다. 이러한 방언의 언어 사용은 방언에서 '연기'를 나타내는 '내, 내굴'이 피어오르면서 내는 쓰라린 느낌을 냄새로 인식한 데서 일어난 것으로 보인다. '닉(煙)'는 '煙氣'로 '무엇이 불에 탈 때에 생겨나는 흐릿한 기체나 기운'이라는 의미를 가지고, '내(臭)'는 '臭氣'로 그 의미에서 '코로 맡을 수 있는 온갖 기운'이라는 의미를 가진 것으로 보아 '닉'와 '내'는 '기운'이라는 의미를 공유하고 있다고 할 수 있다. (16)의 예에서 보면 19세기 자료에는 '냅다'를 '烟臭'로 쓰고 있는데 '내/연기(烟)'와 '내/냄새(臭)'의 의미가 관련되고 있음을 보여준다. '냅다'는 형용사로 '연기의 기운으로 눈이나 목구멍이 쓰라린 느낌이 있다.'는 뜻이다. 여기서 '煙臭'는 '연기의 냄새'로 보이는데 '연기'를 후각적인 것으로도 인식하고 있음을 보여준다.

(16) 냅다 烟臭〈국한회어, 57〉 닙다 烟臭〈한불자, 272〉

## 4.2. '내굴다'와 '내구랍다'

국어에서는 자동사로 '내다'와 '내굴다'가 공존한다. '내다'는 주로 문헌에서 쓰이고, '내굴다'는 방언에서 사용된다. '내다'는 '닉(煙)+-다'의 구성을 가지며, '내굴다'는 '내굴(煙)+-다'의 구성으로 동사화한 것이다.
『조선어방언사전』에는 자동사 '내다'의 방언형으로 '내굴다, 내구다'를 제시하고 있다. 『함북방언사전』에서는 자동사 '내다'가 '내구럽다, 내굴다'와 함께 쓰이고 있고, 형용사 '냅다'는 '내구다, 내구럽다, 내굴다'가 함께 쓰이고 있다.

(17) ㄱ. 내굴다 〈동〉(화룡, 연길, 훈춘, 계동, 할빈, 태래, 돈화)＝ 내다
        〈조선어방언사전〉
     ㄴ. 내구다 〈동〉(계동, 화룡, 함경)＝ 내다 〈조선어방언사전〉
     ㄷ. 내다－내구럽다, 내굴다, 내다 〈함북방언사전〉
     ㄹ. 냅다－내구다, 내구럽다, 내굴다 〈함북방언사전〉


자동사 '내다'에 '내굴다'가 제시되어 있고, 형용사 '냅다'에 '내구다'가
제시되어 있는 것으로 보아 (17)에서 '내구다'와 '내굴다'의 품사는 동사
와 형용사 양쪽으로 다 사용되고 있다. 그렇다면 '내구다'와 '내굴다'의
관계는 어떤 것인가? '내굴다'에서 'ㄹ'이 탈락되어 '내구다'가 된 것으로
볼 수도 있고, '내굴다'와 '내구다'가 각각 존재하는 것으로 볼 수도 있을
것이다. 본고에서는 '내굴다'는 명사 '내굴'에서 파생되고, 또한 '내굴다'
에서 파생된 '내구럽다'와 '내구다'에서 파생된 '내굽다'가 동시에 존재하는
것으로 보아 '내굴다'와 '내구다'가 각각 존재하는 것으로 보고자 한다.

국립국어원(2007)에서 만든 방언 말뭉치에서 '내굴다'와 '내구럽다'의
방언 어휘의 유형을 추출하여 정리하면 다음과 같다.

(18) ㄱ. *내굴다 〈경남〉〈경북〉〈충남〉〈충북〉〈평북〉〈함남〉〈함북〉
        〈중국〉[태래] 〈중국〉[할빈] 〈중국〉[돈화] 〈중국〉[계동] 〈중
        국〉[연길] 〈중국〉[회룡봉] 〈중국〉[훈춘]
     ㄴ. *내거랍다/내거럽다 〈경남〉〈경북〉 *내구랍다 〈강원〉〈경북〉
        〈함남〉〈중국〉[오상] *내구럽다 〈경남〉〈경북〉〈평북〉〈함북〉
        *내구롭다 〈강원〉〈함남〉 *내구룹다 〈강원〉〈경상〉 *내그랍다
        〈경기〉〈경남〉[양산, 창녕]〈경북〉〈함남〉〈함북〉 *내그러버서
        〈경북〉 *내그러워서 〈경북〉 *내그럽다 〈경기〉〈경남〉〈경북〉
        〈함남〉〈함북〉〈중국〉[오상] *내그룹다 〈강원〉

먼저 '연기'를 나타내는 방언형 '내굴'과 '내굴다'의 관계를 살펴보기로 한다. '내굴다'는 '내굴(연기)+-다'로 이루어지면서 현대국어 '내다'의 의미로 쓰이는 동사임을 알 수 있다.

한편 방언에서 '내굴다'가 형용사 '냅다'의 방언형으로도 쓰이고, 동사 '내다'의 방언형으로 쓰이는 이유는 무엇일까? '내다'가 '닉(煙)+-다'의 구성으로 동사가 되면서 '닉(煙)'와 같은 의미를 가진 방언의 '내굴(煙)'도 '내굴+-다'의 구성으로 동사로 쓰이게 되었다. '냅다'의 경우 어휘 자료에서 '煙臭'로 그 의미가 표기되어 있는 것으로 보면 '연기'를 후각적인 것으로 인식하고 있음을 알 수 있다.

따라서 언중들에게는 같은 '닉(煙)'와 '내굴'이 쓰이는 '내다'와 '내굴다', '내구럽다', '냅다'를 혼용하여 쓸 가능성이 매우 높아 있었던 것이다. 특히 경상 방언과 북한 방언에서 '내다'와 '냅다'의 혼용이 두드러지게 나타나는데, 이는 다른 어휘도 마찬가지로 경북 방언과 함북 방언에서 나타나는 아주 일반적인 방언 특징이다. 형용사 '냅다'의 방언형을 정리해 보면 남한에서는 '냅다, 내급다'가 주로 쓰이고 북한 방언에서는 '내구럽다, 내굴다'가 대표적으로 많이 쓰이고 있다.

형용사 '냅다'의 방언형인 '내구럽다'는 형태적으로 '내굴다'와 관련된 어형임을 알 수 있다. 따라서 '내구럽다'는 '내굴-(동사)+-릅-(형용사 파생 접미사)'의 구성으로 해석된다. 이렇게 보아야만 방언형에서 '내구랍다, 내구럽다, 내구롭다'로 나타나는 것을 해석할 수 있을 것이다. 허웅(1975 : 202)에 의하면 접미사 '-릅-'은 명사 어근에 붙어 형용사를 만든다.

(19) ㄱ. 들구를 타 조ᇰ릭왼 늘을 뮈오도다 〈두언초20, 39〉
     ㄴ. 受苦릭뷘 病 〈석상9, 7〉

‘내굴다’는 명사 ‘내굴’에서 동사가 되고 이 동사에 형용사파생접미사
가 붙는 과정을 거치는데 이때 ‘내굴’이 명사였기 때문에 ‘-룹-’이 연결되
면서 방언에서 ‘내구랍다, 내구럽다, 내구롭다’로 발음되는 것으로 해석
된다.


## 4.3. ‘내구다’와 ‘내굽다/내웁다’

국립국어원(2007)의 방언 말뭉치에서 ‘내구다’와 ‘내굽다’, ‘냅다’의 유
형을 추출하여 정리하면 다음과 같다.

> (20) ㄱ. *내굽다 〈강원〉〈경기〉〈경북〉〈전남〉〈충남〉〈충북〉〈황해〉*내
> 굽따 〈충북〉〔괴산, 단양, 청원, 보은, 옥천〕 *내급다 〈충북〉*내
> 겁다 〈강원〉〈경기〉 *내구버서/내구와서/내구아서/내구워서
> 〈경북〉*내구와 〈충북〉*내구우니 〈강원〉〈충북〉*내구웁다 〈충
> 북〉*내구워 〈충북〉〈강원〉
>
> ㄴ. *내구다 〈충남〉〈함경〉〈중국〉〔계동, 밀강, 삼합, 월청, 회룡봉,
> 화룡시 용문향〕 *내궈 〈충북〉*내궈서 〈충북〉
>
> ㄷ. *내웁다 〈전북〉*내와 〈전남〉*내웁다 〈강원〉〈경기〉〈경기〉
> 〈전남〉〈전북〉〈충남〉〈충북〉〈황해〉*내워 〈충남〉*내워서
> 〈충북〉〈전남〉*네웁다 〈전남〉〔영광, 담양, 곡성, 광주, 무안,
> 신안, 나주, 해남〕
>
> ㄹ. *냅다[32] 〈강원〉〈경기〉〈경남〉〈경북〉〈전남〉〈전북〉〈충남〉

---

[32] ‘맵다’와 혼태되어 다양한 이형태를 보여준다.
  *매굽다 〈강원〉〈경북〉〈충남〉〈충북〉〈황해〉*매급다 〈강원〉
  *매그랍다 〈경남〉*매그릅다 〈경북〉
  *매엽다 〈전남〉*매웁다 〈전남〉*매웁다 〈경기〉〈전남〉〈전북〉〈충남〉〈충북〉〈황
  해〉
  *메웁다 〈전남〉
  *맵다 〈강원〉〈경기〉〈경남〉〔거창, 사천, 함양, 산청, 합천, 통영, 거제, 남해, 울

〈충북〉〈함북〉〈황해〉 *내바서 〈경남〉 *내버서 〈경남〉 *넵다
〈전남〉〔장흥〕

위를 통해 보면, '내구다'와 '내굽다/내웁다'는 긴밀한 관련이 있는 것으로 보인다. '내구다'에 형용사파생접미사가 연결된 것이 바로 '내굽다, 내웁다'일 것이다. 『조선어방언사전』에 의하면 '내구다'는 '내다'의 방언형으로 되어 있는 것으로 보아 동사이고, '내구다'에 형용사파생접미사가 연결되어 '내굽다'가 된 것이다. 그렇다면 '내구다'는 어떤 동사일까? 이에는 두 가지 해석이 가능할 것이다. 하나는 '내굴다'가 활용할 때, '내구니, 내구면'과 같이 활용하기 때문에 '내구다'로 어간이 재구조화되어 쓰이게 된 것으로 보는 것이다. 그러나 이 견해는 가능성은 있으나 확인하기 어렵다. 또 다른 하나는 '*내ㄱ-'에 그 기원을 둔 것으로 해석할 수 있다. 그리하여 '*내ㄱ-, 내그-, 내구-'와 같은 방언형이 존재하게 되고, 'ㄱ'이 탈락하면서 '내ᅌ-, 내으-, 내우-'가 쓰였을 것이다. 본고에서는 '*내ㄱ-'를 설정하고자 한다.

서울대학교(1997)에서 편찬한 『한국방언사전』을 참고하여 '넵다' 항목을 찾아 각 지역별 방언의 쓰임을 정리하면 다음과 같다. 이 자료에서는 '내구다, 내굽다/내웁다'의 형태가 전국적으로 쓰이고 있음을 볼 수 있다.

(21) 강원 : 넵다, 내겁다/내굽다/내웁다, 내구롭다, 맵다, 매굽다/매굽
　　　　　 다, 시겁다/시굽다, 시그럽다
　　　경기 : 넵다, 내굽다/내웁다, 내그럽다, 맵다, 매웁다
　　　경남 : 내다, 넵다, 내굴다, 내그랍다, 맵다, 매그랍다, 새그랍다

산(언양)〕〈경북〉〈전남〉〈전북〉〈충남〉〈충북〉〈황해〉

경북 : 내:다, 냅다, 내굽다, 내그럽다/냉그랍다, 내굴다, 맵다, 매
　　　굽다, 매그릅다, 시겁다, 새그랍다
전남 : 냅다, 내굽다/내웁다, 맵다, 매웁다, 시다
전북 : 냅다, 내굽다/내웁다/내옵다, 맵다, 매웁다, 시다
충남 : 냅다, 내굽다/내웁다/내구다, 내굴다, 맵다, 매굽다/매웁다
충북 : 냅다, 내굽다/내급다/내웁다, 내굴다, 맵다, 매굽다/매웁다,
　　　시다, 시겁다
평북 : 내굴다, 내구럽다
함남 : 내구다, 내굴다, 내구랍다
함북 : 냅다, 내구다, 내굴다, 내구럽다
황해 : 내다, 냅다, 내굽다/내웁다, 맵다, 매굽다/매웁다

‘내구다’와 ‘내굽다’의 형태가 전국적으로 쓰이고 있고, ‘내굽다>내웁다’의 변화과정을 설정할 수 있는 것으로 보면 이 형태는 매우 오래된 형태로 추정되며 ‘*내ㄱ-’에 기원을 둔 것으로 설정할 수 있을 것이다.


## 4.4. ‘내구다’와 ‘내금, 내음’의 관계

앞에서 우리는 방언에 나타나는 ‘내금’과 문헌에 나타나는 ‘내음’을 이야기하면서 ‘*내굼>내음’의 변화를 제시한 바 있다. ‘냄새’의 의미를 갖는 방언형 ‘내금’을 ‘*내굼’으로 본다면, 그것은 방언의 용언인 ‘내구다’의 재구형 ‘*내ㄱ-’에 명사파생접미사가 연결되어 ‘*내굼’이 된 것으로 해석할 수 있다. 여기서 ‘내금’이 생성된 것이다. 그렇다면 ‘냄새’의 문헌형인 ‘내음/내움’도 역시 ‘*내ㄱ-’에서 ‘ㄱ’이 탈락한 ‘내ᅌ-’와 관련된다고 말할 수 있다. ‘내굽다’는 방언에서 ‘내웁다/내옵다’로도 실현되는데 ‘내음’도 ‘*내ㄱ-’에 기원을 두고 있기 때문에 ‘*내굼>내음’의 변천과정으로 설명

할 수 있다.

## 5. 결론

이 연구에서는 국어사 자료와 방언 자료와의 상관성을 탐구하면서 '닉(煙)', '내(臭)'와 관련된 '냄새'의 문헌형인 '내옴, 내음'과 방언형인 '내금'의 형태론적 구조를 분석하고, 이와 관련된 '내굴'과 '내다, 냅다, 내굴다, 내구랍다, 내구다, 내굽다/내웁다' 등을 분석한 결과 다음과 같이 그 상관성을 찾을 수 있었다.

첫째, '닉(煙)'는 자동사 '내다'를, 방언형 '내굴(煙)'은 자동사 '내굴다'를 생성시키고, 방언에서 '내굴다'는 자동사뿐만 아니라 형용사로도 쓰이고 있다.

둘째, '내(臭)'는 '냄새의 총칭'으로 쓰이지만 '좋지 않은 냄새'를 나타내는 데 많이 쓰이는데, 불안정하여 주로 복합어로 쓰이게 되면서, 언중들이 새로운 어형의 필요성을 느껴 '내음새, 냄새' 류의 어휘가 쓰이게 되었다.

셋째, 문헌에 보이는 '내옴'은 방언형 '내금'으로 소급되고, '내금'은 '내구다'가 쓰이는 것으로 보아 '내그-+-음'의 구성을 가지는 바, '내그-'는 용언 '*내ㄱ-'로 소급된다.

넷째, 자동사 '내다'에 형용사파생접미사가 연결되면 '냅다'가 되고, '내굴다'에 형용사파생접미사 '-릅-'이 결합되면 '내구랍다/내구럽다/내구롭다'가 형성된다. '내구다'에 형용사파생접미사가 연결되면 '내굽다'가 되는데 이는 방언에서 '내웁다'로도 실현된다.

다섯째, 국어사와 방언 자료에 나오는 '내음, 내옴, 내움, 내음, 내암, 내얌' 등은 단순히 모음이 변하여 나온 것이 아니고, 방언형인 '내금'과 관련된 것으로 보인다. '내금'은 '*내곰'으로 재구되는데 '*내곰>내옴'의 변천과정이 있었던 것으로 해석된다.

여섯째, 결론적으로 '냄새'의 문헌어인 '내옴'과 방언형인 '내금'은 '*내곰>내옴'의 변화를 가진 것이며, 방언의 '내구다'는 '*내ᄀ-'로 소급되기 때문에 '*내곰'은 '*내ᄀ-+명사파생접미사 'ㅁ''의 구성을 가진 것으로 해석된다.

# 참고문헌

국립국어원(2007), 『2007 한민족언어정보화 통합검색 프로그램』.

金履浹(1981), 『평북방언사전』, 한국정신문화연구원.

김병제(1980), 『방언사전』, 과학백과사전출판사.

김영배(1997), 『평안방언연구(자료편)』, 태학사.

김태균(1986), 『함북방언사전』, 경기대학교 출판국.

리운규 등(1992), 『조선어 방언사전』, 연변인민출판사.

박재연(2001), 『고어스뎐』, 선문대학교 중한번역문헌연구소.

사회과학원 언어학연구소(1992), 『조선말대사전』, 사회과학출판사.

서울대학교(1997), 『한국 방언사전』.

송철의(1992), 『국어의 파생어 형성 연구』, 국어학총서 18.

유창돈(1964), 『이조어 사전』, 연세대 출판부.

이기갑 외(1997), 『전남방언사전』, 전라남도.

이기문(1972), 『국어사개설』, 탑출판사.

이상규(2000), 『경북방언사전』, 태학사.

이숭녕(1961), 『국어조어론고』, 을유문화사.

이태영(2002), 『21세기 세종계획 한민족언어정보화』, 문화관광부.

최창렬(1993), 『어원산책』, 한신문화사.

한국정신문화연구원(1987-1995), 『한국방언자료집 1-9』.

허 웅(1975), 『우리 옛말본』, 샘 문화사.

현평효 외(1995), 『제주어사전』, 제주도.

# 제4장

# 전라방언 '꾀벗다'의 방언사적 연구

## 1. 서론

전라도는 무가에서 시작된 이야기 음악인 판소리가 발달하면서 완판본 (전주본) 한글고전소설을 탄생시킨 소설문학의 본향이다. 『열여춘향수절가』, 『심청전』으로 일컬어지는 한글고전소설은 판소리가 소설로 변하였다는 점과 한글만으로 소설을 썼다는 데도 의의가 있지만, 그 소설 속에 전라방언이 아주 많이 사용되었다는 점도 매우 특기할 만한 작품이다.

전라 문학에서 판소리, 한글고전소설과 같은 문학적 바탕은 필사본 소설을 탄생시키게 되는데, 이 필사본이 유행하면서 문학적 상상력은 배가되고, 거기에 서민의 언어인 방언을 이용한 구체적 삶의 상상력이 표현되고 있는 것이다. 이는 문학과 언어가 결합된 매우 독특한 언어 발달의 한 모습이기도 하다.

'옷을 벗다'는 표현은 겉옷이나 속옷을 벗을 때, 바지를 벗을 때 등 어느 경우에나 사용하는 아주 일반적인 표현이다. 현대국어 '벌거벗다'는

‘옷을 모두 벗다’의 의미인 반면에, 전라방언에 보이는 ‘꾀를 벗다’의 의미는 ‘바지를 벗다, 아랫도리를 벗다’와 같은 의미에서 파생된 것이어서 일반적인 ‘옷을 벗다’와는 의미가 상당히 다르다.

전라방언의 ‘꾀를 벗다’는 문학 작품에서 다양한 용례를 추출할 수 있어서 문학 작품을 기점으로 방언 연구를 시작할 수 있게 하는 좋은 예라 할 수 있다. 문학 작품에서 ‘꾀를 벗다, 꾀벗다’가 어떻게 사용되는가를 검토해 보면 다양한 예문과 관용적 표현 등을 찾을 수 있고, 어원을 추정하거나 방언 분포를 확인하는 기회가 될 수 있다.

우리가 문학 작품을 이용하여 방언을 연구해 보면 그간 국어학 연구에서 다루지 못한 방언의 기능을 확인할 수 있다. 예를 들면 작가의 방언 사용을 검토하여 작가의 언어관과 방언관을 확인할 수 있으며, 작품에 나타난 등장인물의 방언을 검토하여 그 성격의 일단을 확인하는 계기가 되고, 전체적으로 이를 통하여 문학 작품에서 방언이 갖는 여러 기능을 살필 수 있게 된다.

이 논문은 다양한 장르의 전라 문학이 보여 주는 예문과 방언학적 상상력을 동원하여 ‘꾀를 벗다, 꾀벗다’와 ‘활씬 벗다’, ‘꾀복쟁이’를 검토해 보고, 이들의 어원과 변천과정 등을 검토해 보고자 한다.


## 2. 문학 작품에 나타나는 ‘꾀벗다’

### 2.1. 판소리의 경우

판소리는 조선 후기에 시민들이 즐긴 대표적인 음악으로 청자들은 음악과 함께 그 내용인 판소리 사설에 감동하였다. 영웅, 열녀, 효녀의 이야기를 주제로 한 판소리는 대중적 인기를 바탕으로 소설로 발전하게 되어 '열여춘향수절가, 심청전, 퇴별가, 화용도(적벽가)' 등의 판매용 소설과 음반이 만들어졌다.[1]

판소리 『흥보가』에서는 흥보가 부자가 되어 밥을 실컷 해놓고 온 가족이 퍼먹는 장면이 나온다. '꾀를 훨씬 벗고' 밥 속에 들어가서 밥을 마음껏 먹고 싶다는 표현이다. 거추장스러운 옷을 벗어버리고 깨끗한 몸으로 들어가서, 이제 세상에 부러울 것이 없는 자세로, 평생의 소원인 밥을 실컷 먹겠다는 신성한 표현이기도 하다. 판소리 『흥보가』에 보이는 '꾀를 벗다'는 전라도 사람들이 많이 쓰는 고유한 표현이다.

(1) ㄱ. 아, 이놈들이 그냥 어떻게 세게 갔던지, 밥 속에 가서 폭 박혀가지고, 속에서 벌거지 나무 좀 먹듯 먹고 나오는데, "참, 자식놈들 밥 먹는 것 기가 막히게 먹는구나. 여보시오, 마누라. 내 평생에 원이니, 꾀를 훨씬 벗고, 나도 밥 속에 가서 폭 파묻혀서 먹어볼라요." "아이고, 영감, 그러면 나도 그럴라요." 〈교주본 흥보가 김정문 바디〉
　　ㄴ. 서까래는 꾀를 벗어, 밖에서 세우 오면 방안에는 큰비 오고, 〈교주본 흥보가 김연수 바디〉

판소리 『적벽가』는 완판본 한글고전소설에서는 『화룡도』라는 제목으로 발간되었다. 『적벽가』 중 '군사 설움 타령'을 보면 한 군사가 집에 두

---

1) 동리 신재효(1812~1884)는 '춘향가, 심청가, 토별가, 박타령, 적벽가, 변강쇠가' 등 판소리 여섯 마당을 새롭게 정리하였다. 신재효가 정리한 '춘향가, 심청가, 토별가, 적벽가' 등이 사설로 존재하면서 이를 바탕으로 완판본 한글고전소설인 '춘향전, 심청전, 토별가, 화용도'가 탄생하게 되었다. 동편제는 판소리 유파의 하나로 전라북도 운봉, 구례, 순창, 흥덕 등지에서 많이 부른다. 반면에 서편제는 광주, 나주, 보성 등지에서 많이 불렸다.

고 온 어린 자식을 그리워하며 탄식하는 대목이 나온다.

   (2) "이내 설움을 들어라. (중략) 아따, 우리 집 마누라가 십삭 태교 배
      설할 제, (중략) 하월미월하여 순산으로 낳은 자식, 딸이라도 반가울
      제, 깨목불알에 고추자지가 대랑대랑 달려, (중략) 풍채는 두목지라.
      터덕터덕이 노는 양, 빵긋 웃는 양, 엄마, 아빠 도리도리 주얌작강
      내 아들, 아범 수염 검쳐 잡고 안기어서 틀불기와 옷고름에 큰 돈 끌
      러 감 사 껍질을 벗겨 손에 쥐어 빨리며, 주야 사랑 애정할 제, 자식
      밖에 또 있는가? (중략) 어느 때나 고향에 돌아가 그립던 아해 품에
      안고 '아가, 응아.' 얼러볼거나. 아이고, 아이고, 아이고, 설운지고."
      〈교주본 적벽가 정응민 바디〉 (cf. 깨목불알에 고초자지가 대랑대랑
      달려, 〈교주본 적벽가 김연수 바디〉)

『교주본 적벽가』(최동현, 2005ㄱ)에서 '깨목불알'을 '깻묵처럼 진한 갈색
의 어린 아이의 불알.'이라고 해설하고 있으나 어린 아이의 불알이 깻묵
처럼 진할 리 없기 때문에 '깨목불알'은 '깨복불알'로 해야 의미가 통한다.
  아래에 제시한 민요(MBC, 1995)에서는 '깨복불알'로 표기하고 '깨복'은 '깨
벗은'이라고 해설하고 있으며, '깨벗은'은 '발가벗은'의 뜻으로 보고 있다.

   (3) 익산 아이 어르는 소리
      둥가타령
      (1991. 1. 24 / 익산군 함열읍 석매리 석치 / 정헌범*, 남, 75)
      (윗부분 생략)
      너를 너늘 너를 너를/ 삼자독자 외아들로/ 우리 마누래가 포태하였
      던가/ 하루넌 하이구 배야/ 하이고 허리야/ 탄생을 허고 보니/ 딸이
      라도 반갈텐데/ 깨복 불알에 꼬추야 자지가/ 대롱대롱 달렸네/ 아
      아아 에 에에 어어 어허 어기요

판소리에 나타나는 '깨목 불알'과 전라도 민요에 나타나는 '깨복 불알'은 그 뜻이 '꾀벗은 불알'인데 이러한 표현은 아들을 중히 여기는 부모의 마음을 담고 있다. 서민들의 노래에 나오는 남자 아이의 '깨벗은 모습'은 남성을 중히 여기던 시대상을 반영하고 있다. 여성이 '꾀벗는' 행위는 성적 비하를 나타내는 표현이 많고, 남성이 '꾀벗는' 행위는 남성의 우월감을 나타내는 어휘로 보인다. 전라방언 '꾀벗다'는 문학적으로 보면 그 표현 또는 예문에 따라서 매우 다양한 문학적 상상력을 표현하고 있는 것이다. 따라서 '꾀벗다'를 표준어 '발가벗다'와 대응하는 방법이나 단순히 국어학적인 자료로만 처리하는 방법에서 벗어나, 문학과 그 시대의 문화와 관련성을 찾으면서 방언의 상상력을 활용하는 방안을 찾아야 할 것이다.

## 2.2. 완판본 한글고전소설의 경우

현존하는 완판본 한글고전소설의 종류는 23가지이다. 이 가운데 판소리계 소설이 『춘향전』, 『심청가』, 『심청전』, 『화룡도』, 『토별가』 등 5종이고, 나머지 대부분은 영웅소설이다. 판본이 다른 종류를 합치면 약 50여 종류가 된다.

   (4) ① 별월봉긔 ② 소대성전 ③ 구운몽 ④ 심청가 ⑤ 홍길동전 ⑥ 삼국지 ⑦ 언삼국지(하권 : 공명선싱실긔) ⑧ 별춘향전 ⑨ 용문전 ⑩ 유충열전 ⑪ 이대봉전 ⑫ 장경전 ⑬ 장풍운전 ⑭ 적성의전 ⑮ 조웅전 ⑯ 초한전 ⑰ 퇴별가 ⑱ 화룡도 ⑲ 임진록 ⑳심청전 ㉑ 정수경전 ㉒ 현수문전 ㉓ 열여춘향수절가(춘향전)

표준어 '딸꾹질'을 의미하는 '푁각질'이 완판본 『심청전』에 나타나는데 이것은 전북 남원의 동편제 판소리의 원고가 전주에서 목판으로 발간된 것임을 의미한다. 『한국방언자료집』을 참고하면, 전남 방언에서는 대체로 '포깍질'이 일반적이고, 전북 방언에서는 '포깍질, 퍼깍질, 태깍질'이 일반적이다. 남원 운봉 지역은 경남 함양과 인접한 지역으로 경남 방언이 많이 사용되는 지역이다. 따라서 '푁각질'형은 전남과 경남에서 사용하는 '포깍질'과 전북에서 사용하는 방언 '태깍질'이 접촉지역에서 서로 섞이면서 '패깍질'을 만든 것이다.

특수조사인 '-부터'는 완판본 한글고전소설에서는 '-부텀, -붓텀, -붓텀, -봇텀, -보톰, -부틈, -보틈' 등으로 나타난다. 완판본 『홍길동전』에서는 '-봇텀'(그날봇텀 공부ᄒ리라)이 많이 쓰이고 『소대성전·용문전』에서는 '-보톰'(오날보톰 거상을 입어)이 많이 쓰인다. 실제로 옛날이야기를 모아놓은 『한국구비문학대계(전북편)』를 검색해 보면 '-보톰'형은 서해안 쪽에서만 발견된다. 그렇다면 이 소설들의 원고본이 전북의 남서쪽 출신이 썼을 가능성이 많은 것이다.[2]

완판본 『열여춘향수절가』는 『심청가』, 『토별가』, 『적벽가』와 더불어 판소리계 소설이라 불린다. 이들은 판소리의 사설을 그대로 소설화시킨 것이다. 흥미롭게도 『열여춘향수절가』에는 작품의 배경이 되는 남원의 말씨가 그대로 살아 있다. 이 소설에 나오는 방언은 전라도의 방언 현상과 거의 같은데 예를 들면 '짚은(깊은), 목심(목숨), 귀경(구경), 거무(거미)' 등이 그것이다. 완판본 『열여춘향수절가』에는 '상단아 미러라'라는

---

[2] 역사적으로 『홍길동전』의 저자로 알려진 허균은 부안에 와서 유배생활을 하였다. 그리하여 소문으로는 내변산의 동굴과 위도를 배경으로 홍길동전이란 작품을 썼다는 이야기가 전한다. 물론 이것이 사실인지 아닌지 확실하지 않지만 완판본 『홍길동전』에 나오는 방언이 전북의 남서쪽 방언이라는 사실은 매우 흥미로운 이야기다.

예문이 나오는데 '향단이'를 모두 전라방언으로 '상단이'라고 발음하고 있는 것이다. 구개음화된 '세아리다(헤아리다), 셩임(형님), 숭악하다(흉악하다), 셔(혀)' 등이 나옴을 볼 수 있다.

(5) ㄱ. "상단아, 미러라." 한 번 굴너 심을 쥬며 두 번 굴너 심을 쥬니
   ㄴ. 절기 놉푼 춘향이을 우럭겁탈(威力劫奪)하려 한들 철셕(鐵石) 갓튼 춘향 마음 죽난 거슬 셰아릴가.
   ㄷ. "셩임 셩임 힝수(行首) 셩임, 사람의 괄셰(恝視)을 그리 마소."
   ㄹ. "근 양반 몰골은 숭악(凶惡)ᄒ구만 문자 속은 기특ᄒ오. 얼풋 보고 주오."
   ㅁ. 입셔리도 쪽쪽 빨면셔 주홍(朱紅)갓턴 셔을 물고


당시의 지식인들이 『춘향전』을 보았다면 '향단이'라고 말했을 것이지만, 완판본 한글고전소설인 『열여춘향수절가』에서는 '상단이'라고 써서 서민들이 말하는 방언을 통하여 소설에서 친근감을 갖게 했을 것이 분명하다. 방언을 통하여 서민들의 언어 생활은 물론 문학적 상상력을 고려하고 있는 것이다.

완판본 한글고전소설의 경우, 판소리 사설에서 유래한 『열여춘향수절가』, 『심청전』 등은 동편제 사설을 가지고 소설로 만들었으며, 『홍길동전』은 전라도 서쪽 지역의 방언을, 『장경전』과 같은 소설은 전라도 북부 지역의 방언을 반영하고 있어 매우 흥미롭다.3)

완판본 한글고전소설 『소대성전』과 합본으로 발간된 『용문전』에는 '괴벗다'의 예가 나온다. 물론 '괴벗다'는 '괴 벗다'로 표기할 수 있다.

---

3) 1898년경에 발간된 것으로 추정되는 완판본 『정슈경전』은 '성'을 '승'으로 표기하고, '없다'를 '읍셔, 읍스니'로, '엇지'를 '웃지'로 표기하는 것으로 보면 익산이나 완주와 같이 충청도에 가까운 곳에 사는 사람이 원고를 쓴 것으로 보인다.

    (6) 천지 요란ᄒ니 괴버슨 아희들은 상ᄒ 궁시로 범을 쏘ᄂ쏘다 〈용문전,
      11〉

  이 '괴벗다'는 전라방언 '꾀벗다'의 이전 형태로 보인다. 오늘날까지 많이 사용하는 '꾀벗다'의 이전 형태가 완판본 한글고전소설에서 쓰인 것이다. 이 소설에서 '괴벗다'는 '괴버슨 아희'로 쓰이고 있는데 아랫도리를 벗고 놀이를 하는 아이들을 연상할 수 있다. 여기서 '괴버슨 아희'는 '겁이 없는 철부지들'을 의미하고 있다. 철이 없는 어린 아이들이 '깨벗고 칼차고 호랑이한테 달려드는' 모습을 표현하고 있는 것이다.

  『용문전』을 읽는 독자들은 당시 본인들이 자주 사용하는 전라방언인 '괴벗다'를 소설에서 읽음으로써 말할 때 가졌던 자유로운 상상력의 세계를 경험하였을 것이다. 물론 이 소설의 예를 통하여 필자는 전라방언 '꾀벗다'가 갖는 어원의 세계에 좀더 가까이 접근할 수 있는 방언학적 상상력을 확보하게 되었다.

  '괴벗다'의 자료를 통하여 '괴벗다>꾀벗다'의 변화를 확인할 수 있다. (이기갑, 2007 : 50-51)[4] 그렇다면 '괴벗다, 괴를 벗다'의 '괴'는 무엇일까? 같은 소설을 찾아보면 '괴'는 완판본 소설에서 나오는 '고의'에서 축약된

---

4) 이기갑(2007 : 50-51)에서는 전라방언 '꾀벗다'의 변화에 대하여 다음과 같이 의견을
피력하고 있다. 이 견해는 매우 타당한 견해로 보인다.
  "전라도말 '꾀벗다'는 '벌거벗다'와는 전혀 어원을 달리한다. '꾀벗다'의 '꾀'는 우리말
'고의'에서 유래했기 때문이다. '고의'는 남자가 입는 여름 홑바지를 가리키는데, 이
'고의'는 때로 '괴'로 줄어들기도 한다. 예를 들어 고의의 허리를 접어서 여민 사이, 즉
고의와 속옷 사이를 의미하는 '고의춤'을 때로는 '괴춤'이라 줄여 부르는 것이 이를 뒷
받침한다. 벌거벗는 것은 사람의 부끄러운 부분을 드러내는 것을 의미한다고 할 때,
남자들은 아랫도리를 벗는 것만으로도 벌거벗었다고 할 수 있으므로, 고의를 벗는
것이 곧 벌거벗은 상태가 되는 것이다. 결국 전라도말 '꾀벗다'는 '고의벗다>괴벗다>
꾀벗다'와 같은 변화를 겪었으며 이 '꾀벗다'는 다시 '께벗다'처럼 변하여 쓰이기도 한
다." (이기갑, 2007 : 50-51 참조)

말임을 알 수 있다. 물론 이러한 추론은 소설에서 예를 찾지 않더라도 국어사 자료에서 충분히 입증할 수 있지만 '괴벗다'가 나오는 시대의 자료인 한글고전소설에서 찾는 것이 훨씬 바람직할 것이다.

(7) ㄱ. 입어 쩐 고의 혼삼을 버셔 글 두 귀를 쩌듀며 타일의 보사이다 〈유충, 다가27〉
    ㄴ. 시 집신의 한삼고의 산뜻 입고 육모 방치 녹피 끈을 손목의 거러 쥐고 〈춘향下, 37〉

완판본 한글고전소설처럼 19세기 초부터 20세기 초까지의 특정지역 방언 현상을 집중적으로 보여 주는 자료는 매우 드물다. 여기에 추가하여 그간 손으로 쓴 필사본 한글고전소설을 포함하면 그 양은 매우 방대한 양이 될 것이다. 또한 전라도에서 발생한 판소리 사설에 나타나는 생생한 전라방언은 판소리의 전성기인 18·9세기 언어를 보여 준다는 점에서 우리 문화유산인 음악과 소설과 전라방언과의 관계를 함께 다루어야 할 것이다.

## 2.3. 구비문학의 경우

옛날이야기를 말하는 화자의 말은 어려서부터 익혀온, 온갖 경험과 추억과 애환이 서려 있는 자기 지역의 방언이다. 그 말을 통해서만이 이야기를 매개체로 온갖 세상으로 넘나들 수 있을 것이다. 방언으로 행해지는 말은 사람의 생활세계에 매우 밀착해 있기 때문에 구체적이면서 현실 상황에 의존하는 경우가 많다. 따라서 말을 통해서 대상과 밀접하게 관여하여 감정이 전달되고, 서로 공유하면서 화자와 청자와 대상이 서로 일체가 된다. 이것은 오히려 청자들에게는 상상력을 증대시키는 효과를 가져온다.(이태영, 2004ㄷ 참조)

옛날이야기를 말할 때 쓰는 방언은 인용문이나 지문에서 사실감을 확보할 수 있기 때문에 마치 화자가 옛날에 경험한 것처럼 이야기를 하게 된다. 『한국구비문학대계』에서는 '꾀벗다'가 주로 전라도에서 사용되고 있음을 보여준다.5)

> (8) ㄱ. "어서 꾀를 벗으시오." 하고 옷을 나무 가지에 딱 걸어놓고 갓을 얹쳐놨단 이말여. 〈5-3, 전북부안군편, 433p〉
> ㄴ. 그 처자는 저그 집이 오도 안허고 거가 꾀벗고 앉었단 말여. 〈한국구비문학대계5-7, 전북정주시·정읍군편, 30p〉
> ㄷ. 옷 한나를 곰쳐분께는 인자 옷 없응께 꾀벗고 못 가고 둘이는 을라갔단 말이요. 〈6-5,전남해남군편, 168p〉
> ㄹ. 아 늙은 양반이 여름 돌아오면 마루 끄터리에다 문발을 딱 쳐 놓고는 더웁다고 꾀를 활딱 벗어. 마루에 앉어서 더웁다고 말여. 근디 문 앞에 가 공동 시암이 있었다네. 아 그런디 꾀를 활딱 벗고는 앉아서 "에이, 더워서 이거 바람 좀 쐬야겄다" 그러드래야. 〈뿌리깊은나무 민중자서전3, 임실, 013p〉
> ㅁ. 황 정승은 꾀벗고 이불 속으 가서 앉었고 〈뿌리깊은나무 민중자서전3, 임실, 088p〉

## 2.4. 현대소설의 경우

전라도 출신의 소설가들이 쓴 소설에는 '꾀를 벗다'와 '꾀벗다, 깨벗다'

---

5) 「2007 한민족언어정보화 통합검색프로그램」에서는 전라방언에서는 '깨벗다'가 쓰이고, 강원도에서는 '활딱벗다', 경상도 지역에서는 '빨개벗다'가 주로 쓰이는 것으로 조사되어 있다. 그러나 이러한 조사는 자세한 조사가 아니라 기존의 자료를 모은 조사이기 때문에 조사에 한계가 있다.

가 쓰여서 이 어휘가 전라방언임을 보여 주고 있다. 이들 소설에서 사용된 예를 통하여 우리는 '꾀벗다'의 의미가 비유적으로 쓰이는 예를 확인할 수 있다. 이러한 과정도 역시 문학을 통하여 언어적 상상력을 확대해 나가는 방법이라 할 수 있을 것이다.

(9) ㄱ. 정신이 옳어서 안직 몰르는갑는디 나도 깨벗고 있다는 것이나 알아두더라고. 〈조정래, 아리랑, 1995, 11, 243〉

ㄴ. 북풍 한설 허허벌판에 꾀벗을 일 생기는가 하면, 느닷없이 천길 낭떠러지에 까마득히 굴러 떨어지기도 하고, 〈최명희, 혼불, 1996, 5, 18〉

ㄷ. 세상 물정이라고는 귀털만큼도 모르는 내 새끼. 대명천지에 꾀벗고 맨발로 거꾸로 매달려 어떤 꼴을 당하면서 어떤 인생을 살아갈 것인지. 아이고, 불쌍헌 것. 〈최명희, 혼불, 1996, 9, 287〉

ㄹ. "아이고 그러냐? 그렇다면 나도 좀 데려가그라. 굶지만 않는다면 뭣을 못허겄냐? 굶지만 않는담사 깨벗고 꼽사춤이라도 추겠다. 그러니 지발 나도 좀 데리꼬 가그라." 〈문순태, 타오르는강, 1989, 223〉

ㅁ. 그거여. 헌디, 그곳 아이들은 여름엔 언제고 벌거숭이거든 꾀벗고 논다 이거여. 나도, 꾀벗고 동네 아이들을 쫓아다녔다고······ 〈이정환, 샛강, 1977, 225〉

아래의 예에서 보는 것처럼, '꾀벗고 달라들다'는 표현은 '무서울 것이 없이, 앞뒤를 가리지 않고 달려들다.'는 뜻을 가지고 쓰인다. "깨벗고 꼽사춤이라도 추겠다'는 표현은 '(가정컨대 일만 잘 된다면) 너무 좋아서 남들 눈을 의식하지 않고 기쁨을 표시한다.'는 의미를 갖는다. '꾀를 벗고 만나다'는 '아랫도리를 내놓고 만난다.'는 뜻인데 이는 곧 '어떠한 이유도 전제하지 않고, 순수하게 만난다.'는 의미로 사용되고 있다. 이러한 표현들은 다른 지역의 표현과는 상당히 다른 전라도 지역만이 갖는 아주 독특한 표현이라 볼 수 있다. 그런 독특한 표현은 바로 '꾀벗다'의 의미에 말미암는 것이다.

> (10) ㄱ. 그럴 때말고는, 밤이고 낮이고 거의 꾀를 벗다시피 벗어부친 채
>       로 쇳덩어리를 두드려대며, 시뻘겋게 이글이글한 불 속에 쇠를
>       달구었다가, 〈최명희, 혼불, 1996, 3, 260〉
>   ㄴ. 아이고, 설워라. 이래서 사나 지집은 꾀를 벗고 만나도 예(禮)
>       를 치뤄야여. 허다못해 찬물이라도 한 그륵 떠 놓고, 글 안허면
>       아무 쇠용이 없어. 〈최명희, 혼불, 1996, 4, 228〉
>   ㄷ. 내가 상놈 무선 본때를 뵈어 주마. 꾀벗고 달라들어 맞붙기로
>       허면, 니그는 잃을 것 많어서 무섭겠지만, 나는 잃을 것 없어서
>       무설 것도 없는 〈최명희, 혼불, 1996, 8, 63〉

## 3. 전라방언 '꾀벗다'의 어원과 변천과정

### 3.1. 전라방언 '꾀'의 어원

전라방언 '꾀벗다, 깨벗다'는 '꾀'와 '벗다'가 합해져 복합어가 된 것으로 보인다. 앞에서 본 것처럼 '괴벗다'의 예가 문헌에 나타나는 것으로 보면 '괴'는 '고의(袴衣, 袴子)'와 관련된 것이다.

문헌을 통해 조사해보면 이미 중세국어에서 '바지'란 뜻으로 '고의, 고외'가 쓰이고 있었다. 이와 관련된 한자어로는 '袴(바지 고, 사타구니 과), 裳(치마 상), 褌(잠방이/속옷 곤), 褲(바지 고), 裙(치마/속옷 군), 股(넓적다리 고)' 등이 쓰이고 있으며, 한글 표기로는 '고의, 츄마/치마, 바디/바지, 중의, 고장이, 속곳/속것/속옷' 등이 있다.

'袴(바지 고, 사타구니 과)'는 '고의, 바디/바지, 고장이, 속것'이란 어휘에

아주 광범위하게 쓰이고 있다. 이는 일반적으로 이 한자어가 현대국어의 '아랫도리의 옷'을 말하는 것을 알 수 있다. 『역어유해』에 '고의 벗다'가 보이는데 이런 표현이 이 시기에 상당히 많이 쓰였던 것으로 보인다. '고의'가 '남자의 여름 홑바지'를 말하는 반면에, '고장이'는 '여자 속옷의 하나'로 19세기에 주로 문헌에 나타나는데 현대국어에서는 '고쟁이'를 표준어로 삼고 있다. '고쟁이'는 문학작품에서 1930년대에 보이는데 이는 '고장이'가 움라우트 변화를 한 것이다.

(12) ㄱ. 袴 고의 고 〈1527훈몽자회(존경각본)中, 23a〉, 袴兒 고의 一
云 袴子, 衲袴兒 누비바디. 〈1690역어유해上, 45b〉, 袴子褪了
고의 벗다 〈1690역어유해上, 47a〉
ㄴ. 袴 바디 고 〈1576유합초, 上31a〉, 袴 바디 고 〈1605신증유합
(이수륜가판), 11a〉, 袴 바디 고 〈1711신증유합(중간본)上,
31a〉
ㄷ. 袴 바지 고 〈1916통학경편, 9b〉, 바지 袴衣 〈1895국한회어,
129〉, 袴 바지 〈18XX광재물보, 衣服, 3a〉
ㄹ. 고장이 袴衣 〈1880한불자전, 197〉, 고장이 女單袴 〈1895국한
회어, 27〉, 고장이 袴 (고의) 〈1897한영자전, 275〉
ㅁ. 속것 袴依 〈1897한영자전, 596〉, 속것 袴依 〈1897한영자전,
596〉, 簞袴 속것 〈18XX광재물보, 衣服, 3a〉

'裳(치마 상)'은 중세국어에서부터 '츄마, 치마'를 주로 쓰고 전라방언사
자료에는 '치매'가 주로 쓰인다. 그러나 '고외 상'이 보이는 것으로 보아
'치마'와 '고외'는 '아랫도리 옷'의 범주에 들어간다. '裩(잠방이 곤)'도 국어
사 자료에서 '고의 군'으로 표기된 것으로 보아 현대국어에서는 '잠방이'
로 해석되지만 역시 '고의'로 표기된 것으로 보아 '아랫도리 옷'을 의미
한다. '잠방이'는 '가랑이가 무릎까지 내려오도록 짧게 만든 남자의 홑바

지'를 말한다. '褲(바지 고)'는 '바지'로만 해석되고 있다. '裙(치마/속옷 군)'
은 '중의'로 해석되는데 '중의'는 '고의'와 같은 뜻이다.

> (13) 裳 치마 샹 裙 치마 군 〈1576신유합, 上, 31a〉, 裳 츄마 샹 〈1527
> 훈몽자, 중, 11b〉, 裳 고외 샹 〈1575년, 광주천자문, 5a〉, 褌 고의
> 군 〈1527훈몽자회(존경각본)中, 23a〉, 褲子 바지, 單褲 홋바지,
> 綿褲 소옴바지 〈1778방언유석酉, 23a〉, 裙 중의 군 〈1916통학경
> 편, 9b〉

'속곳'은 '바지 안에 입는 속옷'을 말하는데 방언에서는 '속것'으로 쓰
이고 있다. 아래 예에서 보는 것처럼 한자어로는 '底衣, 裡衣, 裏衣, 窮
袴, 卑袴'로 표기하고 있다.

> (14) 底衣 속옷 〈1775역어유해보, 29a〉, 속옷 裡衣 〈1880한불자전,
> 427〉, 속것 裡衣 〈1880한불자전, 427〉, 단속것 短裏衣 〈1880한불
> 자전, 456〉, 속옷 裏衣 〈1895국한회어, 184〉, 단속곳 單裡衣
> 〈1895국한회어, 68〉, 속곳 窮袴 卑袴 〈1895국한회어, 183〉

'고의'를 '股衣'로 표기한 예가 보이는데 이때 '股'는 '다리'를 의미하므
로 '고의'가 '아랫도리 옷'을 말하는 것을 알 수 있다.

> (15) 股衣 고의 〈18XX광재물보, 衣服, 3a〉, 股 다리 고 〈1527훈몽자회
> (존경각본)上, 27b〉, 다리 고(股) 〈1884정몽유어, 2a〉, 다리 고 股
> 〈1895국한회어, 66〉, 股 다리 고 〈1913부별천자문, 11a〉

위의 어휘들을 정리하면 다음과 같다.

| 고유어<br>한자 | ᄀ외/고외<br>/고의 | 츄마/치마<br>/치매 | 바디/바지 | 중의 | 고장이/고쟁<br>이 | 속곳/속것<br>/속옷 |
|---|---|---|---|---|---|---|
| 袴(바지 고) | ○ | | ○ | | ○ | ○ |
| 裳(치마 상) | ○ | ○ | | | | |
| 褌(속옷 곤) | ○ | | | | | |
| 褲(바지 고) | | | ○ | | | |
| 裙(치마 군) | | | | ○ | | |
| 股(넓적다리 고) | ○ | | | | | |

『鷄林類事』에서 중세국어의 '고의(袴)'는 '珂背'로, '고의(褌)'는 '安海珂背'로 표기하고 있다. 중세국어 '고의'는 '*ᄀ뵈>ᄀ외>고외>고의'의 변화를 겪었음을 확인할 수 있다. 유창돈(1964)에서도 'ᄀ외'를 '치마, 아랫도리'로 해석하고 있다.

현재 방언 자료와 문헌 자료를 가지고 확인할 수 있는 'ᄀ뵈(珂背)'의 변천과정은 다음과 같다.

첫째, 중앙어의 변천과정이다. 이는 문헌자료에서 볼 수 있는 것처럼 'ᄀ뵈>ᄀ외>고외>고의'의 변화과정을 확인할 수 있다.

(16) ㄱ. 袴曰珂背, 褌曰安海珂背 〈1103계림유사, 006b〉
    ㄴ. 풍류ᄒᆞᆫ 겨집둘히 니기 좀드러 옷 ᄀ외 헤디오고 추미며 더러
       본 거시 흐르게 ᄒᆞ야ᄃᆞ 〈1447석보상절3, 22b〉

둘째, 함경도 방언형에서 '가부, 가비'를 확인할 수 있는 바와 같이, 'ᄀ뵈>가븨>가뷔〔kabuj〕>가부, 가비'로 변화한 것으로 볼 수 있다.(곽충구, 2010 : 24) 다음 예에 나오는 '가부춤'은 표준어 '고의춤, 괴춤'의 함경도 방언이다.6)

(17) ㄱ. 새벽 내내 버스럭거리더니 웃방문이 열렸다. 가부춤에 손을 찌르고 마당 복판에 선 종섭은 동쪽 하늘에 우뚝 솟은 차일봉(遮日峰)을 향해 한바탕 기지개를 켜고 나서 각담에다 소변을 보았을까. 〈이정호, 감비천불붙이, 1994, 4〉

　　ㄴ. 속가비 〈함북〉〔학성, 길주, 명천, 경흥, 경원, 온성, 종성, 회령〕

셋째, 전라방언에서는 두 가지의 변화과정을 제시할 수 있다. 하나는 '바지'의 의미를 가진 '고의'로 '*ᄀ뵈>ᄀ외>고외>고의>고이>괴'의 변화를 제시할 수 있다. 다른 하나는 '주머니'의 의미를 가진 '고비, 괴비'이다. '바지'의 의미를 가진 '고의'와 '주머니'의 의미를 가진 '고비, 괴비'는 같은 어원에서 출발하고 있는 것으로 보인다. '주머니'의 의미를 가진 '고비, 괴비'는 '*ᄀ뵈>고븨>고뷔〔kabuj〕>고부, 고비'로 발달한 것이 전라도 방언에서 사용되고 있다. 방언형 '괴비, 게비, 개비'는 주로 전라남북도, 경상남도에서 쓰이는 것으로 보고되어 있다. 그리고 전라북도의 경우 『한국방언자료집』(전북편)에 따르면 '괴비' 형이 전라북도 동북부 지역인 '순창, 임실, 장수' 지역에서 사용되는 것으로 보고되어 있다. 따라서 전라방언의 '괴비, 개비' 형은 동남 방언의 영향일 가능성이 있는 것으로 해석된다.

전라방언에서 '주머니'의 방언형으로 '개비, 개침'이 쓰이는 것으로 보고되어 있다. '개침'은 '개찜, 개춤'으로도 발음하는데 이는 '고의춤'의 방

---

6) 표준어 '고의춤'에 대응되는 평안남도 방언이다. '옷괴침'은 '옷(衣)'과, '바지'를 뜻하는 '고의'가 줄어든 '괴', 그리고 '바지나 치마처럼 허리가 있는 옷의 허리 안쪽'을 가리키는 표준어 '춤'의 방언형 '침'이 결합한 합성어이다.(곽충구, 2010 : 282)
　　자릿기무을 북 끌어다가 양치를 울걱울걱 하고, 옷괴침을 허리띠로 가눈뒤에 담뱃대를 끌어 나무잿터리에 떵떵 울렸다. 〈김남천, 대하, 1939, 22〉

언형이다. 이렇게 볼 때, 같은 어원에서 '주머니'의 의미로 쓰이는 '고비, 괴비'로 발달한 것이 있고, '바지'의 의미로 발달한 '괴, 꽤'가 공존하고 있음을 볼 수 있다.

(18) ㄱ. 괴춤 「명」 '고의춤' 의 준말. 〈표준국어대사전〉
     ㄴ. 괴춤 「명」 = 고이춤. 〈조선말대사전〉


(19) ㄱ. 그래서 괴비(호주머니)에서 뿌시럭 뿌시럭 해갖고 허드니, 아 뭔 차용증을 하나 딱 내봐. 〈6-12, 전남보성군편, 21p〉
     ㄴ. 봉창에서 딱 뜯어서 딱 개비(호주머니)에다 돈을 담고, 요짝 개비에다 딱 개서 담고, 〈6-9, 전남화순군편, 463p〉
     ㄷ. 한동안 더운 숨을 쉬다가 광옥은 영호에게서 떨어져 앉더니 위스키잔에다 괴춤에서 꺼낸 하얀 가루약을 털어놓고 거기다 술을 부었다. 〈채만식, 염마, 1987, 576〉
     ㄹ. 주모의 손이 다시 대불이의 괴춤 속으로 파고들었다. 〈송기숙, 자랏골의비가20, 1974, 264〉
     ㅁ. "나는 못 가겠이니 너 이걸 갖다가 가다가 펴보지두 말구 누구 주지두 말구 호주머니 꼭 넣구 가서 느 아버지 잔치를 하구서 그 느 아버지 괴침에다가 꼭 넣어 디려라." 〈4-3, 충남아산군, 171p〉


　　전라방언과 국어사의 관점으로 보면, 전라방언의 '꾀'는 '*ᄀᆞ빗>ᄀᆞ외>고외>고의>고이>괴>꾀>깨'의 변화를 겪은 것으로 해석할 수 있다.


## 3.2. 전라방언 '꾀를 벗다'와 '활씬 벗다'

　　『한국구비문학대계』를 검색해 보면, '할딱/활딱 벗다', '할랑/활랑 벗다'는 주로 전남, 전북 방언에서 사용된다. '할씬 벗다, 활씬 벗다'는 전북에서 주로 사용된다. '홀딱 벗다'는 전국적으로 쓰이지만 주로 충남북, 경북, 강원, 경기 등에서 사용되고 있다. '홀랑 벗다'는 전국적으로 쓰이지만, 주로 충북, 경북, 강원, 경기, 전북 등에서 사용되고 있다. 특히 의성, 의태어가 많은 것은 이야기를 사실감 있게 하기 위해서 묘사를 실감나게 하다보면, 자연히 구체적인 소리와 모습을 표현해야 하기 때문이다.

(20) ㄱ. 꿰를 할딱 벗고 말이여. 〈6-8, 전남장성군편, 593p〉
　　ㄴ. 그 남자가 머슴이 옷을 할랑 벗고 인자 〈6-7, 전남신안군편, 793p〉
　　ㄷ. 문구먹을 엿본게 이놈이 꾀를 할씬 벗고 자거든. 〈5-5, 전북정주시・정읍군편, 297p〉
　　ㄹ. 두 오누이 물을 건너 갔는데 둘 다 홀딱 벗었지. 〈2-6, 강원횡성군, 207p〉
　　ㅁ. 저녁에 아주 집에서 웃도리를 홀랑 벗어놓구 빨간 몸뚱이로 갔다 〈1-9, 경기도용인군편, 581p〉

판소리 사설을 검토해 보면 '훨훨 벗다, 홀딱/활딱 벗다, 훨씬/활씬 벗다'가 주로 쓰인다. 『한국구비문학대계』와 크게 다르지 않은 것이 특징이다. 『교주본 적벽가』에서는 '훨훨 벗다'가 주로 쓰인다. '활씬 벗다'가 전북의 특징적인 표현임을 알 수 있는데 이는 완판본 『열여춘향수절가』에 '활신 벗다'가 쓰이는 것으로도 확인할 수 있다.

(21) ㄱ. 장삼을 훨훨훨 벗고 〈교주본 심청가 박동진 바디〉
　　ㄴ. 굴갓 장삼 훨훨 벗어 되는 대로 〈교주본 심청가 정응진 바디〉
　　ㄷ. 술 퍼먹고 활딱 벗고 정자 밑에서 낮잠 자기. 〈교주본 심청가 김연수 바디〉

ㄹ. 양반 보고 욕설허고, 홀딱 벗고 술 퍼 먹고 〈교주본 심청가 박
   동진 바디〉

ㅁ. "아이고, 나는 죽네. 훨씬 벗었으니, 디여서도 나는 죽고, 굶어
   서도 영영 죽네 〈교주본 심청가 박동진 바디〉

ㅂ. 나 어쩌다 훨씬 벗었소. 아이고, 이 일이 웬일이냐. 〈교주본 심
   청가 정응진 바디〉

ㅅ. 원컨대 토선생도 나를 따라 수궁을 들어가면 훨씬 벗인 저 풍
   골에 좋은 벼슬을 할 것이오. 〈교주본 수궁가 유성준 바디〉

ㅇ. 져고리 초미 바지 속것까지 활신 벅겨노니 춘향이 북그려워
   〈춘향上, 32*〉


'활씬 벗다'와 같이 '부사＋벗다'의 구조는 '벗다'의 의미를 강화하는 표현이긴 하지만 판소리 사설, 완판본 고전소설, 구비문학에 나타나는 많은 예는 단순한 강조 표현이라기보다는 '완전히 벗다'는 뜻을 가진 일반적인 표현임을 나타낸다. 따라서 '훨훨 벗다, 홀딱/활딱 벗다, 훨씬/활씬 벗다' 등은 '발가벗다, 벌거벗다'와 관련되었을 가능성이 있다.[7]

　다음에 보이는 예들은 '꾀를 활씬 벗다'를 보여 주는 전라방언의 예이다. 이 예들은 『한국구비문학대계』에서 전북과 전남에서만 나타난다. 우리는 이들 예에서 '꾀벗다'가 하나의 단어로 쓰이기도 하지만 여전히 '꾀'가 '바지' 또는 '옷'의 의미를 가지고 '꾀를 벗다'가 사용되는 것을 알 수 있다. 더욱이 '꾀를 활씬 벗다'의 예를 보면 '바지를 완전히 벗다' 또는 '옷을 완전히 벗다'의 의미를 가지기 때문에 '벌거벗다'와 관련이 있음을 볼 수 있다. 그러므로 표준어 '발가벗다'와 대응되는 전라방언은 '꾀벗다'가 아니라 '활씬 벗다'임을 알 수 있다.

---

7) '발가벗다'의 용법과 어원에 관한 구체적인 논의는 지면을 달리하여 수행하고자 한다.

(22) ㄱ. 아 이것들이 걍 꾀를 할딱 벗고 잘라고 〈5-5, 전북정주시·정
　　　　읍군편, 315p〉

　　ㄴ. 가만히 자는디 이녀석이 꾀를 할딱 벗었어. 벗고 〈5-4, 전북군
　　　　산시·옥구군편, 136p〉

　　ㄷ. 달은 훤허고 꾀를 할랑 벗고 이놈이 〈6-4, 전남승주군편, 800p〉

　　ㄹ. 꾀를 할신 벗고 시방 앉었지. 〈6-8, 전남장성군편, 444p〉

　　ㅁ. 본게 이놈이 꾀를 할씬 벗고 자거든. 〈5-5, 전북정주시·정읍
　　　　군편, 297p〉

　　ㅂ. 그 놓고는 이놈이 꾀를 할씬 벗고는 걍 〈5-5, 전북정주시·정
　　　　읍군편, 297p〉

　　ㅅ. 그 늙은이가 꾀를 활딱 벗고 그라고 있을 때는 〈6-1, 전남진도
　　　　편, 080p〉

　　ㅇ. 거리에가 꾀를 활딱 벗고 섰다 이 말이여, 〈6-1, 전남진도편,
　　　　080p〉

　　ㅈ. 헴 이놈이 꾀를 활딱 벗더이 〈6-1, 전남진도편, 150p〉

　　ㅊ. 아 가보닌게 역시 꾀를 활랑 벗어 버리고 〈5-7, 전북정주시·
　　　　정읍군편, 564p〉

　　ㅋ. 아버이가 꾀를 활신 벗고 나를 업고 동산을 한번 올라갔다
　　　　〈6-1, 전남진도편, 166p〉

　　ㅌ. 지 딸년이 그냥 꾀를 활씬 벗고는 깨곰 좇고 춘단 말여. 〈5-7,
　　　　전북정주시·정읍군편, 564p〉

　　ㅍ. 아 미쳐서 꾀를 활장 벗고는 깨곰을 좇고는 막 뛰니 말여.
　　　　〈5-7, 전북정주시·정읍군편, 564p〉

　　ㅎ. 가매문 가서 인자 꾀를 활짝 벗겨 죽어버렸어. 〈6-8, 전남장성
　　　　군편, 683p〉

　　가. 즈그 사둔이 꾀를 홀떡 벗고 멋을 들고 요라고 섰거든. 〈6-1,
　　　　전남진도편, 332p〉

　　나. 그래 즈그 장인이 꾀를 활신 벗고 사우 되는 잠자는 앞에서,
　　　　〈6-1, 전남진도편, 166p〉

　　다. 그라고 감시로 꾀를 훨씬 벗고 섰응께는 〈6-1, 전남진도편,
　　　　167p〉

라. 인자 이부자리나 피어놓고 인자사 그랑께 꾀를 훨씬 벗고는 잘
   잤던 모냥이제. 〈6-1, 전남진도편, 601p〉


## 3.3. ‘꾀복쟁이’의 형태와 의미

전라방언에서 ‘깨복쟁이/꾀복쟁이’는 죽마고우(竹馬故友)라는 한자어와 같은 뜻인데 ‘야는 내 깨복쟁이 친구여.’와 같이 널리 사용되고 있다. 이는 ‘꾀벗-’에 접미사 ‘-쟁이’가 연결되어 만들어진 것으로 보인다. 문학작품을 살펴보면, 전라방언 ‘꾀복쟁이’는 표준어 ‘벌거숭이’처럼 단순히 ‘옷을 벗는 사람’ 또는 ‘옷을 모두 벗은 사람’이란 뜻이 아니다. ‘꾀복쟁이’는 ‘고향 친구, 동네 친구, 또래 친구, 소꿉친구, 허물없는 친구’을 의미한다.

‘꾀복쟁이 친구’가 주는 의미는 ‘바지를 벗고 몸을 맞대고 살았던 아주 가까운 친구’를 의미하기 때문에 문학작품에서 어린 시절을 회상할 때 자주 등장하는 말이라 할 수 있다. 따라서 작가의 어린 시절에 대한 상상력은 이 ‘꾀복쟁이 친구’로부터 비롯된 것이 많다고 할 수 있다.

방언학적 관점에서도 ‘꾀복쟁이’와 더불어 ‘발가숭이, 벌거숭이, 빨개숭이’와 비교할 수 있는 상상력의 세계가 펼쳐져 있다. 남성의 경우는 어린 시절 친구들을 ‘꾀복쟁이 친구’라고 말하기가 쉽지만 여성의 경우는 쉽지 않다. 이 어휘는 남성 중심의 사회에서 만들어진 어휘로 생각할 수 있다.

(23) ㄱ. “그려, 고맙다. 근디 니가 꼭 꽤복쟁이 친구같이 느껴지는디!”
        〈이병천, 모래내모래톱, 1993, 54〉
    ㄴ. “얀마, 요 동네에 시방 교수가 누가 있냐? 내 눈엔 교수는 안
        뵈고 꾀복쟁이 붕알친구 지게미만 뵈는구만.” 〈윤흥길, 소라단

가는길, 2003, 53〉

ㄷ. 두 사람은 여자 문제로 한동안 어색하게 지낸 적은 있어도 어
렸을 적부터 부자지 맞잡고 꾀복쟁이 친구로 자라면서 키운 우
정만큼은 계속 변함이 없었지. 〈윤흥길, 낫, 2005, 338〉

ㄹ. 아, 인제 점심 때쯤 가니께, 고삿질(골목)에서 꽤복쟁이 놈들이
누어서 떡하니 놀아. 아 이놈들 봐라. 〈5-2, 전북전주시·완주
군편, 259〉

ㅁ. 박문수 박어사가 떡 하니 꽤복쟁이는 뒤에 가고, 한게 언제 어
느 고개를 한참 가다가 넘어 〈5-2, 전북전주시·완주군편, 259〉

ㅂ. 근게 서북쪽에 꾀복쟁이라고 허는 사람이 있어. 꾀복쟁이가,
〈5-4, 전북군산시·옥구군편, 315p〉

ㅅ. 즈그가 부친님을 생면을 헐라고 정처없이 꾀복장이 꾀벗은 바
람으로 나섰읍니다. 〈6-8, 전남장성군편, 704p〉

# 4. 결론

이 논문에서는 전라 문학을 중심으로 예문을 검토하면서 전라방언
'꾀벗다, 꾀를 벗다'의 구조와 의미를 밝히려고 노력하였다. 그 결과 판
소리에서 '꾀벗다, 꾀를 벗다'를 확인하였고, 또한 '꾀목불알, 꾀복불알'
의 예에서 '꾀복(꾀벗)'을 확인하였다. 완판본 한글고전소설에서 '괴벗다'
를 확인한 결과, '괴'가 역사적으로 '고의'에서 온 것임을 확인할 수 있었
다. 따라서 전라방언 '꾀를 벗다', '꾀벗다'는 '바지를 벗다'의 의미를 주
로 가지면서 '옷을 모두 벗다'의 의미로 확대된 것으로 이해된다.

'ᄀ뷔(珂背)'에서 출발한 '고의'는 '바지'의 의미로 전라방언에서는 '괴,
꽤'로 쓰이며 '*ᄀ뷔>ᄀ외>고외>고의>고이>괴>꾀>깨'의 변화를 겪은
것으로 해석할 수 있다. 한편 '주머니'의 의미로 쓰이는 '고비, 괴비'로

발달한 것이 있는데 이 '고비, 괴비'는 동남 방언의 영향으로 보인다.

　이 논문은 지역의 문학 작품의 많은 예문을 통하여 방언에서 말해지는 '꾀벗다, 꾀를 벗다'를 해석하고, '꾀벗다'보다는 전라방언 '활씬 벗다'가 표준어 '벌거벗다'와 의미적 관련성이 있음을 확인하였다. 중세국어에서부터 현대국어로 내려오면서 연구하는 귀납적 연구가 아니라 지역의 언어의 특성을 통하여 중세국어와 현대국어를 해석하는 연역적 방법을 시도하였다.

## 참고문헌

21세기 세종계획 국어사 말뭉치 통합 파일.

MBC(1995), 『한국민요대전』, 전라북도 민요 해설집.

강영봉·김동윤·김순자(2010), 『문학 속의 제주 방언』, 글누림.

곽충구·박진혁(2010), 『문학 속의 북한 방언』, 글누림.

국립국어원(2007ㄱ), 국어 어휘의 역사 검색 프로그램, 「한민족언어정보화 통합검색 프로그램」.

국립국어원(2007ㄴ), 문학작품에 사용된 방언 검색 프로그램, 「한민족언어정보화 통합검색프로그램」.

국립국어원(2007ㄷ), 한국 방언 검색 프로그램, 한민족언어정보화 통합검색프로그램.

박경래(2010), 『문학 속의 충청 방언』, 글누림.

신기남(구술)·김명곤(편집), 1992, "어떻게 허먼 똑똑헌 제자 한놈 두고 죽을꼬?", 『뿌리깊은나무 민중 자서전』 3, 임실 "설장구잽이" 신기남의 한평생, 뿌리깊은 나무.

유창돈(1964), 『이조어사전』, 연세대학교 출판부.

이기갑(2007), 「무더위와 우리말」, 『광주MBC 저널』(광주문화방송국 사보), 9월호(통권 94호), 51-52쪽.

이상규·신승용(2010), 『문학 속의 경상 방언』, 글누림.

이태영(2003), 「방언 말뭉치의 전산화와 활용」, 『한국어학』 21호, 65-104쪽.

이태영(2004ㄱ), 「『혼불』에 쓰인 방언의 기능과 등장 인물의 성격」, 『혼불의 언어세계』, 혼불학술총서2, 293-340쪽.

이태영(2004ㄴ), 「문학 작품과 방언 연구」, 『한국어학』 25호, 89-120쪽.

이태영(2004ㄷ), 「문학 작품에 나타난 방언의 기능」, 『어문론총』 41호, 21-55쪽.

이태영(2004ㄹ), 「지역 전통 문화의 기반 구축과 그 활용 방안」, 『민족문화논총』 30집(영남대), 273-304쪽.

이태영(2006ㄱ), 「방언 어휘의 자료 정리와 연구 방법—문학 작품의 어휘를 중심으로—」, 『방언학』 4집, 59-84쪽.

이태영(2007ㄴ), 「새로 소개하는 완판본 한글고전소설과 책판」, 『국어문학』 43집, 29-54쪽.

이태영(2010), 『문학 속의 전라방언』, 글누림.

최동현·최혜진(2005ㄱ) 『교주본 적벽가』, 판소리사설전집, 민속원.

최동현·최혜진(2005ㄴ)『교주본 흥보가』, 판소리사설전집, 민속원.
한국정신문화연구원, 『한국구비문학대계』(전체).
한국정신문화연구원, 『한국방언자료집』(전체).

# 제 5 장

# 전라방언 '솔찮다'의 어휘사

## 1. 서론

'솔찮다'는 전라방언에서 많이 쓰이는 대표적인 형용사이다. '솔찮다'의 부사형인 '솔찮이'는 전라도를 대표하는 부사라고 할 정도로 많이 사용된다. 표준어 '수월하다'의 부정형인 '수월하지 않다, 수월치 않다'는 '수월찮다'로 표기되면서 현대국어의 표준어로 사전에 등재되어 있다. 바로 이 표준어의 '수월찮다'가 전라방언에서는 '솔찬하다, 솔찮다'로 쓰이고 있다.

표준어 '수월하다'는 일반적으로 '쉽다'는 뜻이다. 그 부정형인 '수월하지 않다, 수월치 않다, 수월찮다'는 기본적으로 '쉽지 않다'는 뜻을 갖는다. 그러나 '수월하지 않다', '수월치 않다, '수월찮다'는 '쉽지 않다'는 기본적 의미 외에도 각각 또 다른 의미를 갖고 있다.

'수월하다'와 '수월찮다'는 역사적으로 오래된 어휘가 아니다. 1880년의 『韓佛字典』(437쪽)에 '수월ㅎ다'가 처음 보이고, 1938년의 『朝鮮語辭

典』(515쪽)에 '수월하다'가 나온다. '수월찮다'는 1930년대의 작품에서 주로 사용되고 있다. 이처럼 오래되지 않은 어휘가 의미 변화를 일으켜서 원래의 의미와는 다르게 전라방언에서 '솔찮다'로 굳어진 과정은 어휘의 의미 변화를 살필 수 있는 좋은 계기가 될 것이다.

이 논문에서는 『한국구비문학대계』의 자료와, 각종 문학작품 그리고 국어사 자료를 다루어서 짧은 시기 안에서 변하는 '수월하다'와 '수월하지 않다, 수월치 않다', '수월찮다'의 의미 변화, '수월찮이, 수월찮게'의 쓰임, 전라방언에서 '솔찮다, 솔찬하다', '솔찮이'의 쓰임과 그 의미 변화의 과정을 탐색하고자 한다.


## 2. '수월하지 않다'와 '수월찮다'의 의미 변화


### 2.1. '수월하다'와 '수월하지 않다'

1880년에 발행된 『韓佛字典』(437쪽)에 '수월ᄒ다'가 나오는 것으로 보아 '수월하다'가 만들어진 시기는 19세기 중반인 듯하다. '수월하다'는 '쉽다'와 접미사 '-얼하-'가 연결되어 파생된 것으로 보인다.[1] 『표준국어대사전』에서 '수월하다'의 의미를 찾으면 다음과 같다.

---

1) 「한민족언어정보화 국어통합검색프로그램」 안에 있는 '국어 어휘 역사 검색 프로그램'에서는 '만약 '수월하다'의 '수월'과 부사 '수월수월(모두 썩 수월하게)'의 '수월'이 같은 어원으로부터 출발하는 것이라면 '수월하다'의 '수월'은 '수월수월'에서 왔다고 보아야 할 것이고, '수월수월'의 '수월'을 김민수 편(1997 : 619)에서처럼 '쉽-〔易〕+-얼(접미사)'로 분석할 수 있다면 '수월하다'의 '수월'도 그와 같이 분석할 수 있을 것이다.'라는 견해를 보이고 있다.

수월하다 「형」 「1」 까다롭거나 힘들지 않아 하기가 쉽다. 「2」 말이나 태
　　도 따위가 아주 예사롭다.
수월히 「부」 「1」=>수월하다〔1〕. 「2」=>수월하다〔2〕.


　'수월하다'는 '쉽다, 예사롭다, 흔하다, 보통이다'[2] 등의 단어와 유사
한 의미를 갖는다. '수월하다'와 반대의 뜻을 가진 구성은 '수월하지 아
니하다, 수월하지 않다'일 것이다. 이는 '쉽지 않다, 예사롭지 않다, 흔
하지 않다, 보통이 아니다'의 의미를 갖는다.

　『표준국어대사전』과 고려대학교 말뭉치[3]의 예문에서 '수월하지 않다'
의 예를 추출하여 정리해 보면 '수월하지 않다'는 기본적으로 '쉽지 아니
하다'의 의미를 갖고 있는 것으로 판단된다.


　(1) ㄱ. 두 개의 채롱에다 모래나 자갈을… 담아서 평대로 메어 나르는
　　　　　 일도 결코 수월하지는 않았다. 〈손창섭, 낙서족〉
　　　ㄴ. 지금 이 순간에도 이사비용이라도 조달해볼까 하고 면소재지까
　　　　　 지 갔다오는 길이지만 수월치가 않았다. 〈공선옥, 멋진한세상,
　　　　　 문학과지성사, 2002〉


　흔히 '쉽다'의 반대말은 '어렵다'이고, '예사롭다, 흔하다'의 반대말은
'귀하다'이며, '보통이다'와 반대되는 표현은 '보통 이상이다'라고 생각한

---

2) '보통이다'는 사전에 등재되어 있지 않다. 그러나 일상생활에서 단어처럼 쓰이기 때문
　 에 여기에 단어로 제시하고자 한다.
3) 고려대학교 민족문화연구원에서 제공하는 SJ-RIKS Corpus(Sejong-Research Institute
　 of Korean Studies)는 21세기 세종계획에 의해 구축된 〈세종형태의미 분석 코퍼스〉
　 를 수정, 보완한 코퍼스로서 최초 구축 당시보다 약 250만 어절이 추가되어 약 1,500
　 만 어절에 달하는 대규모의 분석 코퍼스이다. 고려대학교 현대 국어 말뭉치는 다음
　 과 같이 검색할 수 있다. '고려대학교 민족문화연구원'(https://riks.korea.ac.kr/root/)
　 -'물결 21'-현대한국어 용례검색기-'SJ-RIKS Corpus'-검색기에서 검색.

다. 따라서 일반적으로 '수월하지 아니하다'는 '어렵다, 귀하다, 보통 이상이다'의 기본의미를 가진다고 말하기도 한다. 그러나 '쉽지 않다'를 곧바로 '어렵다'의 의미로 처리하는 태도는 바람직하지 않다. 왜냐하면 '쉽다-쉽지 않다-어렵다'에서 '쉽지 않다'가 보여주는 의미역은 단순히 '어렵다'의 의미만은 아니기 때문이다. 즉, '어렵다'도 '약간 어렵다, 꽤 어렵다, 아주 어렵다'가 있다면 '쉽지 않다'는 '약간 어렵다'에 해당하고, 실제 대화에서는 발화자의 의도에 따라 '꽤 어렵다'나 '아주 어렵다'도 선택이 가능하다.

## 2.2. '수월하지 않다'와 '수월치 않다'

'수월하다'의 부정형인 '수월하지 않다'는 '수월치 않다'로 축약되어 사용된다. 일반적으로 생각하면 '수월하지 않다'와 '수월치 않다'가 같은 의미로 사용될 것으로 예상되지만 실제 예문을 검토해 보면 '수월치 않다'는 새로운 의미를 갖고 사용되고 있다.

1940년대를 대표하는 작가인 채만식과 1990년대의 작가인 최명희의 작품에서 '수월치 않다'의 예를 제시해보기로 한다.

    (2) ㄱ. 부레풀을 만들기가 수월치 않은 집에서는 밀가루나 찹쌀로 풀을 쑤어도 좋다. 〈최명희, 혼불, 1996, 1, 61〉[4]

       ㄴ. 대나무 농사도 재산이어서 애지중지 아끼는 왕대를 낫으로 찍어 와야 하는 일은 수월치 않았다. 〈최명희, 혼불, 1996, 5, 132〉

---

4) 이 논문에서 이용한 말뭉치는 '세종계획 말뭉치', '고려대학교 말뭉치', '개인 말뭉치' 등 다양하기 때문에 출전의 표시가 다양하게 제시되고 있다. 이를 통일하는 것이 바람직한 듯하나, 해당 말뭉치의 특성을 고려하여 그대로 제시하기로 한다.

ㄷ. 그러나 이제는 그 나이 수얼치 않아 흰 머리가 더북한 택주는, 대대로 그 집에 나고 죽고 하면서 살아온 세습 칼잡이다. 〈최명희, 혼불, 1996, 3, 248〉

ㄹ. 임종에 동경 있는 준을 불러내다 앉히고, 너의 대까지만 외가 제사를 모시게 하라는 유언과 더불어 수월치 않은 재산 전부를 물려주었다. 〈채만식, 아름다운새벽, 1987, 18〉

위의 예에서 '수월치 않다'는 '만들기'나 '일'의 방법, 또는 '(물려주기) 수월치 않은 재산'이라는 방법이나 태도로 보면 '쉽지 않다'의 의미를 갖는다. 그러나 '수월치 않은 나이'와 '수월치 않은 재산'은 수나 양으로 보면 '쉽지 않다'는 뜻보다는 '예사롭지 않은 재산'이란 뜻으로 재해석되고, 이는 다시 '꽤 많다'의 의미로 확대된다.

다음의 예들은 염상섭, 이기영 등의 작가들이 쓴 작품에 나오는 '수월치 않다'의 용례들이다. 이들은 '쉽지 않다'보다는 '예사롭지 않다'로 해석하는 것이 바람직하다. 주로 염상섭의 작품에 많이 보인다.

(3) ㄱ. 동리집으로 물 구걸을 다니며 길어먹는 것까지 도맡아서 종일을 섰어야 하고 하루가 머다고 밀리는 빨래가 수월치 않은 것이다. 〈1957, 염상섭, 동서, 현대문학, 33〉

ㄴ. 따져보니 수월치 않은 액수인데 두 집에서 반반씩 물자니 희숙 이편에서는 엄두가 아니 났다. 〈1955, 염상섭, 젊은세대, 127〉

ㄷ. 이십 원 해서 어더 쓴 것이 수월치 안코 겨울 들어 설 때 쏘 백원 대서 외투니 구두니 하는 것을 작만하고 〈1936, 염상섭, 실직, 삼천리〉

ㄹ. 말이 二만 환 배당이지 밀린 약주 외상값이요 약값이요 …… 하고 뜯어다 쓰는 것이 수월치 않다. 〈1958, 염상섭, 법없어도사는 사람, 사상계, 61〉

ㅁ. 장인의 워낙 넓은 안면과 당신의 극성스러운 생활력 덕분에 그

수당이 수월치 않았다. 〈1983, 김원우, 人生工夫, 민음사〉

ㅂ. 먼저 두부 열 모 먹기를 내기해서 먹기를 시작하였는데 둘이 다 수월치 않은 대식가였던 모양이다. 〈1939, 이기영, 봄봄, 090〉

ㅅ. 마누라가 술을 팔아 모은 돈을 훔쳐다가 노름해 내버린 돈도 수월치 않다는 것이다. 〈1939, 이기영, 봄봄, 299〉

(3)의 작품에 나타나는 '수월치 않다'는 일부가 '쉽지 않다'로 해석된다. 그러나 대부분은 '예사롭지 않다' 정도로 해석하는 것이 가장 바람직할 것으로 보인다. 지금까지 나온 예를 해석한 결과를 종합해 보면 '수월치 않다'의 의미를 다음과 같이 정리할 수 있다.

1) '쉽지 않다'의 의미는 변하지 않고 그대로 쓰인다.

2) '예사롭지 않다'의 의미로도 쓰이고 있다.

3) '예사롭지 않다'는 '적지 않다, 작지 않다'의 의미와 유의어 관계이다. 여기서 '상당하다, 많다'의 의미가 파생된 것으로 보인다.

## 2.3. '수월치 않다'와 '수월찮다'

표준어 '수월찮다'는 '수월치 않다'의 축약형이다. '수월하다'는 '까다롭거나 힘들지 않아 하기가 쉽다'는 뜻이므로, 『표준국어대사전』에 표제어로 등재된 '수월찮다'는 그 반대의 의미인 '까다롭거나 힘들어서 하기가 쉽지 아니하다', '꽤 많다'라는 뜻을 가진다. 『연세한국어사전』에서는 '쉽지 아니하다', '상당하다, 적지 않다'의 의미로 풀이하고 있다.

수월찮다 「형」 「1」 까다롭거나 힘들어서 하기가 쉽지 아니하다. 「2」 꽤

많다. 〈표준국어대사전〉
수월찮다 「형」 『1』 쉽지 아니하다. 『2』 상당하다. 적지 않다. 〈연세한국
　　어사전〉


'수월찮다'는 채만식 소설의 지문에서 많이 보이고, 조정래와 송기숙
의 소설에서도 많이 보인다. 채만식의 소설에서 나타나는 '수월찮다'의
예들 중 '쉽지 않다'의 용례는 거의 없고 '예사롭지 않다'의 예가 조금 보
이고, 대부분은 '꽤 많다, 상당하다'로 해석해야 하는 용례이다.5)


(4) ㄱ. 아무려나 전자에 졸업감상을 쓰라고 하던 그 선배 부인기자더러
　　　　지날말같이 물어보았더니(눈치를 챘던지 웃으면서) 그 무내용한
　　　　품이라든지 불량성(不良性)의 속성(屬性)의 수월찮은 품이라든
　　　　지 고운 아가씨네의 가히 취할 직업이 아닐 뿐만 아니라 〈채만
　　　　식, 摸索, 1987, 482〉
　　ㄴ. 정말 일가뻘이나 되는 조카처럼 따르고 더러는 맛좋은 정종병도
　　　　들고 들어와서 적적한 밥상머리에 앉아 반주도 권해주고 하는
　　　　짓이 수월찮이 밉지 않게 굴었다. 〈채만식, 탁류, 1987, 100〉
　　ㄷ. 김씨는 생각이 나면 태수를 붙잡고 불평삼아, 탄식삼아 가끔 이
　　　　렇게 뇌살거린다. 그러나 일변 둘이 사이에 정은 수월찮이 물크
　　　　러졌다. 〈채만식, 탁류, 1987, 108〉
　　ㄹ. 김씨는 수월찮이 영리하기도 한 여자이었었다. 〈채만식, 탁류,
　　　　1987, 109〉
　　ㅁ. 이목의 부끄러움이 오래 오래 가시잖을 이 군산 바닥이 싫다. 더
　　　　구나 장가놈이 있어서 위험하다. 하는 눈치가 앞으로 수월찮이
　　　　성가실 것 같다. 〈채만식, 탁류, 1987, 247〉

---

5) 채만식의 작품에서 '솔찬하다'를 '수월찮다'로 표기한 것은 주로 1987년 창작과비평사
　에서 발간한 '채만식 전집'에서 나타난다. 이러한 특징은 당시 편집과정에서 편집장이
　방언형을 표준어로 고친 데 기인하는 것이다.

송기숙의 소설에는 '수월찮네, 수월찮습니다, 수월찮게' 등이 보인다. '쉽지 않다'의 의미와 '상당하다'의 의미로 쓰이고 있다. 조정래의 소설에서는 '수월찮다'의 활용형인 '수월찮은, 수월찮게, 수월찮을' 등이 보인다. '수월찮다'와 공기하는 어사는 '돈, 양, 비용, 수' 등이 대부분이어서 조정래의 소설에서 '수월찮다'는 '꽤 많다, 상당하다'의 의미를 가지는 것으로 해석된다.

(5) ㄱ. "아무리 미장전이기로서니, 나이 열여덟에 이만한 헌헌장부가 댕기꼬리를 늘어뜨리고 다닌대서야, 꼴도 꼴이려니와 우선 행세가 수월찮네."〈송기숙, 녹두장군1, 1989, 064〉
　ㄴ. "그런디 거그는 별동대 아이들이 지키고 있는 통에 가서 뵙기가 수월찮습니다."〈송기숙, 녹두장군6, 1989, 017〉
　ㄷ. "앞으로 너한테도 눈먼 돈이 수월찮게6) 들어올 것이다." 호방은 껄껄 웃으며 유월례를 껴안았다. 〈송기숙, 녹두장군8, 1989, 069〉
　ㄹ. 그런데 하루에 몇십 가마니가 아니고 수천 가마니씩 실어내다 보면 그 양도 수월찮은 것일 수밖에 없었다. 〈조정래, 아리랑4, 297〉
　ㅁ. "봉화를 올려대는 기세로 보아 군 병력이 다 뭉쳐진 것 같고, 그 수도 수월찮을 것 같습니다."〈조정래, 태백산맥, 2001, 4, 18〉

여러 문학 작품에서 '수월찮다'의 용례를 살펴보면 다양한 해석이 가능해진다. 아래 (6)에서처럼 '거둬들이기'와 같은 방법을 나타낼 때는 '쉽지 않다'의 뜻을 가진다. 그러나 (7)에서처럼 '사람의 수나 물건의

---

6) '수월찮게'와 같이 부사형어미가 연결된 어형이 자주 쓰이는 것은 '수월찮다'가 여전히 형용사로서 자주 쓰이고 있음을 보여준다. 상대적으로 전라방언에서 '솔찮다'가 '솔찮게'의 쓰임을 보이지 않는 것은 형용사로서의 기능이 약화되고 있음을 보여준다고 할 수 있다.

양, 돈, 거리' 등을 나타낼 때는 거의 '상당하다'의 뜻을 가지고 있다. 이 처럼 '수월찮다'는 '쉽지 않다'의 의미보다는 '상당하다'의 의미로 쓰이는 경우가 훨씬 많음을 알 수 있다.


(6) ㄱ. 이미 불빛을 따라 밖으로 나가 버린 관심을 도로 거둬들이기도 수월찮았던 것이다. 〈이문구, 장한몽〉

ㄴ. 앞서 한 말보다는 나았지만, 배교수의 말을 온전히 알아듣기에 는 경찰로서의 10년 가까운 세월이 여전히 수월찮은 장애로 남 아 있었다. 〈이문열, 사람의아들, 민음사, 1989〉

ㄷ. 방을 전세 낸 사람들은 건네는 셋돈의 금액과 날짜들이 들쑥날 쑥이어서 셈속 차리기가 수월찮다는 푸념이었다. 〈전상국, 소설 창작강의, 문학사상, 2004〉


(7) ㄱ. 층층시하에 시동생, 시누이, 조카, 머슴 등 거느려야 할 식구도 수월찮았다. 〈박완서, 가〉

ㄴ. 덕유산에서 함양까진 수월찮은 거리다. 〈이병주, 지리산〉

ㄷ. 대감은 이제 식구가 불어나 씀씀이가 수월찮을 테니 내 한 입이 라도 덜어 드려야 도리일 듯싶었다. 〈현기영, 변방에우짖는새〉

ㄹ. 일거리는 별로 들어오지 않는데도 유지비는 수월찮았다. 〈은희 경, 마이너리그, 창작과 비평사, 2001〉

ㅁ. 현감이 겉으로는 엄히 다스리는 체하였지만 최재걸로 하여 얻은 재물이 수월찮은지라 〈김주영, 객주5, 창작과비평사, 1982〉

ㅂ. 우리도 평강까지 오느라고 객비가 수월찮았소. 〈김주영, 객주5, 창작과비평사, 1982〉

ㅅ. 농경지조차 무차별 매입하여 대리농업인구도 수월찮다. 〈김원일, 삶의결살림의질, 세계사〉

ㅇ. 쌀농사에서 별 재미를 못 보게 된 농민들이 수입이 수월찮은 하 우스 채소를 가꾸는 일에 너도나도 몰렸다. 〈천규석, 이땅덩이와 밥상, 창작과비평사, 1993〉

## 2.4. '수월찮이'와 '수월찮게'

특이한 것은 '수월찮다'의 부사형 '수월찮이'는 『표준국어대사전』에서 '수월찮다 〔2〕'의 의미인 '꽤 많다'의 의미를 갖는다고 보고 있는 점이다. 이 점은 '수월하다'의 부사형 '수월히'가 '수월하다 〔1〕'의 의미와 '수월하다 〔2〕'의 의미를 둘 다 가지는 것과 다른 점이다.

> 수월찮이 「부」 =>수월찮다 〔2〕 . ¶그의 몫이자 집안의 경제를 지탱해 주고 있는 유일한 끈은 그런대로 {수월찮이} 남아 있는 전답이었다.≪최일남, 거룩한 응달≫/뻔질나게 국경을 넘나들려면 노자도 {수월찮이} 들 테니 보태 쓰게.≪박완서, 미망≫ 〈표준국어대사전〉

(8) ㄱ. 인자 아이가 공부를 헐만치 해가지고 인자 서울과거를 보러가게 됐어. 수월찮이 컸지. 한 열 대여섯살 먹었지. 〈전남장성군편, 황룡면, 426〉

ㄴ. 그런께 초직에도 급제를 했으니 장원을 했으니 수월찬히 요직에 있었든가 봅디다. 〈전남신안군1편, 팔금면, 793〉

ㄷ. "작년만 해도 귀환동포들이 미끈한 모피외투를 들고 나왔고 왜놈들 찌꺼기도 수월찮이 있었는데 이젠 바닥이 난 모양이야." 〈박경리, 1995, 시장과전장, 22, 한국소설문학대계〉

ㄹ. 재·정계에서 수월찮이 목을 돋우고 살아온 생애도 죽음 앞에는 아무 소용이 없었다. 〈구인환, 1996, 어떤 유언, 정통한국문학대계, 어문각〉

ㅁ. "제주도에 마련해둔 감귤농장세가 수월찮이 올라오고 있으니까 염려없어요." 〈오찬식, 1996, 덫, 정통한국문학대계, 어문각〉

ㅂ. "아지매 병수발하느라고 있는 살림 없는 살림 수월찮이 날리삐린 모양이던데요." 〈손영목, 1996, 잠수부의 잠, 정통한국문학대계, 어문각〉

ㅅ. 노인인데 부동산이 수월찮게 많나 봅디다. 있는 놈이 자린고비

ㅇ. 노릇은 더 한다니까. 〈한수산, 부초〉
ㅇ. 이렇게 암평아리만 사 오는 속에도 수놈이 수월찮이 섞여 있다면서요? 〈황순원, 나무들 비탈에 서다〉
ㅈ. 그래서 제물을 마련할 때는 수월찮게 돈이 든다. 〈김흥규,윤구병, 왜 사냐고 물으면, 한샘 미네르바문고2, 한샘출판사, 1993〉

'수월찮이'는 사전에 부사로 등재하고 있다. 사전에서는 '꽤 많이'의 의미로 사용하고 있다. 이는 '수월찮다'의 의미가 '상당하다'의 의미로 굳어지면서 차츰 부사인 '수월찮이'가 많이 쓰이고 있음을 보여주는 증거이다. 반면에, '수월찮게'는 이미 위의 예에서 본 것처럼, '수월치 않다'의 축약형이 부사형으로 쓰이고 있음을 알 수 있다. 따라서 이것은 굳어진 것이 아니라 여전히 '수월치 않다'의 의미를 포함하고 있는 것으로 보아야 한다. 따라서 '수월찮게'는 '예사롭지 않게, 쉽지 않게, 꽤 많이' 등의 의미를 포함하고 있는 것이다.


## 2.5. '시원하다'와 '시원치 않다', '센찮다/션찮다'

'수월찮다'와 같이 '-하지 아니하다'의 축약형인 '-찮다' 구조로 된 어휘의 예를 『표준국어대사전』에서 찾아보면 다음과 같다.

귀찮다, 낙낙찮다, 대단찮다, 당찮다, 가당찮다, 마땅찮다, 모똑찮다, 마뜩찮다, 조러찮다, 그렇잖다, 조련찮다, 만만찮다, 변변찮다, 별찮다, 심상찮다, 섭섭잖다, 션찮다(시원찮다), 아슴찮다, 심심찮다, 안심찮다, 우연찮다, 졸연찮다, 시원찮다, 수월찮다, 여의찮다, 괴이찮다, 짬질찮다, 짭짤찮다, 칠칠찮다, 신통찮다, 편찮다, 편편찮다, 하찮다, 흔찮다

위의 예들은 '-하지 아니하다'의 구조로 부정의 의미를 갖는다. 그러나 이들 중 '귀하다'는 '신분, 지위 따위가 높다', '존중할 만하다', '아주 보배롭고 소중하다'의 의미를 갖는다. '귀하다'와 반대되는 뜻은 '귀하지 않다'가 보여주는데 이 뜻은 일반적으로 '소중하지 않다'는 뜻이다. '귀하지 않다'의 축약형인 '귀찮다'는 의미 변화를 일으켜 '마음에 들지 아니하고 괴롭거나 성가시다'는 뜻으로 쓰인다. 소중하지 않기 때문에 '마음에 들지 않고 성가시다'는 의미를 갖게 된 것이다.

'시원하다'는 '속이 후련하다'와 '만족스럽다'는 의미가 있다. 그러나 반대말인 '시원찮다'는 '만족스럽지 못하다'의 의미를 갖는데 이 의미는 '(하는 일의 정도가) 약하다'로 의미가 변한 것이다. '시원치 않다'는 '시원하다'의 부정이므로 '속이 후련하지 않다'의 기본 의미를 갖고 있다. 이 말은 차츰 '만족스럽지 못하다'의 의미를 갖게 된다. 이러한 의미는 1930년대의 작품에 나타나고 있다.

(9) ㄱ. 이 검의가 사룸의 ᄀ죽 밋희로 고랑을 파고 들어가는 고로 사룸이 가려워셔 견딀 길이 업고 긁어 피가 나도 시원치가 아니 ᄒ는디 〈독닙신문, 1897년7월17일토요일제2권 제84호〉

　　ㄴ. 금분이 년을 ᄯᅳᆺ어 먹어도 시원치 안아 우리 못ᄒᆯ 노릇ᄒ는 것을 ᄉᆡᆼ각ᄒ면 〈1908, 빈상셜, 098〉

　　ㄷ. 농사가 시원치 않어서 그런 것 저런 것 경황이 없었다. 〈1933, 이기영, 고향, 358〉

　　ㄹ. "당신 정신이 있는 사람이요, 없는 사람이오? 그런 때려 죽여도 시원찮을 놈들한테 잔치판을 벌이다니 도대체 당신은 어떻게 생겨먹은 사람이오?" 〈송기숙, 녹두장군8, 1989, 279〉

　　ㅁ. 약이 시원찮은데다 날씨까지 더워 상처가 덧나고 있는 것이 분명했다. 〈조정래, 태백산맥, 2001, 7, 113〉

'시원찮다'는 '만족스럽지 못하다'는 의미와 '약하다'는 의미로 쓰이고 있다. '만족스럽지 못하다'라는 의미가 변화하여 '약하다'의 의미를 갖게 된 것이다. 따라서 '몸'과 관련된 부분이나, 물건과 함께 쓰일 때는 '약하다'의 의미가 사용되는 경우가 많다.

'시원치 않다'의 축약형인 '션찮다'는 주로 충청과 전라도에서 사용되는데 주로 '약하다, 보통 이하이다'의 의미로 사용되고 있다.

> (10) ㄱ. "장사가 션찮은개벼, 들낚이나 허구 뻘탕이나 밟구 댕기는 게"
> 〈1972, 이문구, 해벽, 374〉
> ㄴ. 몸도 션찮은 것이 나도 하필 빼빼 마른 봄에 애기를 낳는구나.
> 〈1989, 송기숙, 녹두장군, 231〉
> ㄷ. "니 참말로 장개는 원제 갈 것이다냐. 귀에 못 백히게 헌 말인디, 니 연장이 참말로 션찮은 것 아니여?"〈조정래, 태백산맥, 2001, 4, 66〉

이처럼 '동사'의 부정형인 '-지 아니하다/-치 아니하다'와 그 축약형인 '-찮다'가 연결된 어형의 경우에 의미변화가 일어나고 있음을 알 수 있다.


## 3. '솔찮다, 솔찬하다'와 '솔찮이'의 용법과 의미


### 3.1. '솔찮다'와 '솔찬하다'의 쓰임

표준어 '수월찮다'는 전라방언에서 '솔찮다, 솔찬하다'로 쓰인다. 전라방언에서 '솔찮다, 솔찬하다'는 '수월찮다'가 가지는 의미 중 '적지 않다' 또는 '꽤 많다, 상당하다'의 의미로만 사용되는 특징을 보인다.7) '솔찬하다'는 '솔찮다'의 어간 '솔찮-'에 형용사파생접미사 '-하'가 연결되어 어간재구조화가 된 것이다.8) '솔찬하다'는 연결어미와 종결어미가 다양하게 연결되어 활용하는 특징을 보인다. '솔찬하다'는 주로 전남지역에서 많이 쓰이고 있다.

> (11) ㄱ. 그래서 인자 치매에서 딱 돈을 빼갖고 본께 솔찬하거든. 〈전남 신안군1편, 암태면, 673〉
>
> ㄴ. 그 보살이 사람 보는 눈도 솔찬허구만요. 〈조정래, 아리랑, 1995, 2, 313〉
>
> ㄷ. "하먼이라. 진작에 중허다 싶은 질목얼 여럿 골라서 공얼 딜이고 있구만요. 그 공딜이는 비용도 솔찬허당게라." 〈조정래, 아리랑, 1995, 1, 95〉
>
> ㄹ. "걱정 말소. 골르고 골른 집잉게. 오갈 질이 솔찬헌디 그만 나서야제?" 지삼출이 곰방대를 털며 일어났다. 〈조정래, 아리랑, 1995, 7, 309〉
>
> ㅁ. 그녀의 얼굴에 드러나고 있는 그 묘한 색감, 염상구가 첫눈에 "잉, 솔찬허시" 하고 알아본 그 느낌을 그들도 영락없이 알아챘던 것이다. 〈조정래, 태백산맥, 2001, 9, 123〉
>
> ㅂ. "이, 동기도 소대장으로는 솔찬허제라. 그려도 지까징 것이 하대장 동무하고 비허자면 솔개 앞에 뼁아리요." 〈조정래, 태백산맥, 2001, 8, 300〉

그러나 전라방언 '솔찮다'에는 관형형어미 '-은, -을', 연결어미, 부사

---

7) 전라방언 '솔찬하다, 솔찮다'는 '꽤 많다'의 의미로 쓰이지만 '솔찬하지 않다'는 쓰이지 않는다. 이러한 현상은 '솔찮다'가 '수월하지 않다'에서 왔기 때문이기도 하지만, '솔찮다'의 의미역이 애매하기 때문에 부정의 표현이 없는 것으로 해석된다.

8) 전라방언에서 '하얗다, 노랗다, 빨갛다'는 '하얀하다, 노란하다, 빨간하다'로 쓰고 있다. 이러한 현상은 형용사의 어간 '하얗-, 노랗-, 빨갛-'에 형용사파생접미사 '-하'를 연결하여 다시 형용사를 만든 것이다.

형어미, 일부의 종결어미만 연결되는 특징을 보이고 있다. 이것으로 보면 전라방언의 '솔찬하다'는 '솔찮다'에서 파생된 형용사로 자리잡아 활용이 매우 자유로운 반면에, '솔찮다'는 '수월찮다'에서 온 것으로 이미 '상당하다'의 의미만을 가지면서 굳어진 것으로 보인다. 다음 (12)의 예는 문학작품에 쓰이는 '솔찮다'에 관형형어미, 종결어미 연결어미, 부사형어미 등이 연결된 예이다. 그러나 실제 자연발화에서는 다양한 활용을 보이지 못하고 있는 것으로 해석된다.

(12) ㄱ. 매달 솔찮은 납부금까장 꼬박꼬박 태와주시는 귀인이 시상천지 우리 장로님말고 누가 또 있겠습니까요. 〈윤흥길, 빛가운데로 걸어가면, 1997, 2, 9〉

　　ㄴ. "말만이라도 고맙네. 자네 집 살림 내 뻔히 아는디, 지금꺼정 축낸 양식도 솔찮을 것이네."〈조정래, 태백산맥, 2001, 1, 271〉

　　ㄷ. 그런 자취생들이 주인집 장독대며 연탄창고며를 풀방구리 드나들듯 하며 솔개솔개 빼내먹은 '주인 거'가 아마 솔찮지요? 〈공선옥, 멋진한세상, 문학과지성사, 2002〉

　　ㄹ. 그나마 지금 들어가 있는 보증금도 거의 절반은 이자도 솔찮게9) 먹히는 남의 생돈인데. 〈김소진, 열린사회와그적들, 솔, 1993〉

　　ㅁ. 노가다 뛰며 꼬불친 돈두 솔찮고. 〈김소진, 열린사회와그적들, 솔, 1993〉

'솔찬하다'는 여전히 활용어미가 연결되어 쓰이고 있으며 부사형으로

---

9) '솔찮다'에 부사형어미가 연결된 '솔찮게'는 『한국구비문학대계』에서는 사용되지 않고 있다. 이러한 이유는 전라방언의 형용사 '솔찮다'가 형용사로서 그 쓰이는 빈도가 매우 약화되어 있음을 보여준다고 말할 수 있다. 이 작품에 보이는 것은 '수월찮게'에 익숙한 작가들이 유추에 의해 '솔찮게'를 만든 것으로 보인다. 이미 전라방언에서는 '솔찮이'로 굳어져 쓰이고 있어서 '솔찮게'는 찾아보기 어렵다.

는 '솔찬히'가 많이 사용되고 있다.10) '솔찮다'의 경우에는 활용어미의
연결 빈도가 매우 적고 대체로 '솔찮이'로 굳어져 가는 경향을 보이고
있다. 40년대 시인인 신석정의 작품에 아주 자연스럽게 나타나는 것으
로 보아 이 당시에도 이미 굳어져 쓰인 것으로 보인다.

(13) ㄱ. 연조로 봐서는 백살이 넘었으니까 에 솔찬히 오래된 얘기여.
　　　〈5-5, 전북정주시·정읍군편, 232p〉

　　 ㄴ. 참 그분이 참 솔찬히 훌륭헌 분이여. 〈5-7, 전북정주시·정읍
　　　군편, 535p〉

　　 ㄷ. 아 애기들도 솔찬이 커갖고 있더라요. 〈6-5, 전남해남군편,
　　　169p〉

　　 ㄹ. 방금 黃海를 건너왔다는 바람이/ 솔차니 머언길에 지친다리를
　　　멈추고/ 나의 작은 寢室의문을 조심히 흔들고 잇습니다 〈신석
　　　정, 나의 寢室의문을 흔드는 者는 누구냐?〉

　　 ㅁ. 오늘은 잔칫집이 많아서 솔찮이 걱정혔는디 말여. 〈이병천, 모
　　　래내모래톱, 1993, 22〉

　　 ㅂ. 나이는 솔찮이 먹고. 〈최명희, 혼불, 1996, 5, 206〉

　　 ㅅ. 지난참에 본게 이 사람이 솔찮이 똑똑합디다. 〈송기숙, 녹두장
　　　군5, 1989, 207〉

　　 ㅇ. 물이 솔찮이 차웁겄지? 〈윤흥길, 빛가운데로걸어가면, 1997,
　　　1, 8〉

---

10) 전라방언의 특징상 '솔찬하다'의 경우는 부사형이 '솔찬허니'가 나와야 하는데 그러
　　한 예는 아주 드물게 나타난다. 이렇게 '솔찬허니'가 거의 보이지 않는 이유는 '솔찮
　　다'의 부사형 '솔찮이'가 이미 자리를 잡고 있었기 때문에 '솔찬하다'의 부사형도 역
　　시 '솔찬히'로 사용한 것으로 보인다.
　　　허기년 요분참에 아랫것덜 대가리에 전보담 뻴건 물이 더 진허게 들고, 맘보
　　도 솔찬허니 변혔을 것이요. 〈조정래, 태백산맥, 2001, 7, 225〉

## 3.2. '솔찬하다/솔찮다'의 의미역

'솔찬하다, 솔찮다'는 '많다'의 의미를 포함하고 있지만 어느 정도 많은 것을 나타내는지 매우 애매하다. 여기서는 전라방언에서 사용되는 '솔찬하다, 솔찮다'와 그 부사형 '솔찬히, 솔찮이'가 가지는 의미역을 해석해 보기로 한다.

표준어 '수월하다'는 일의 방법이나 태도로 보면 '쉽다'의 의미를 가지지만, 일의 수나 양으로 보면 '적다'의 뜻을 가질 수 있다.

> (14) ㄱ. 일이 수월하다. (일이 하기가 쉽다, 일의 양이 적다)
> ㄴ. 빨래가 수월하다. (빨래 하기가 쉽다, 빨래의 양이 적다)

위의 예를 보면 '일이 수월하다, 빨래가 수월하다'는 일반적으로는 일과 빨래하는 일의 방법을 나타내지만, 일과 빨래의 양으로 보아서 수월하다면 일과 빨래가 적음을 의미한다. 자동으로 하는 기계가 없던 시절을 생각하면 '수월하다'의 의미에서 양을 생각하지 않을 수 없을 것이다.

이미 2장에서 언급한 바와 같이, '수월하다'의 유의어로 '쉽다, 예사롭다, 보통이다, 흔하다'를 들 수 있다. '수월하지 않다'의 유의 구성으로는 '쉽지 않다, 적지 않다, 예사롭지 않다, 보통이 아니다, 흔하지 않다'를 들 수 있을 것이다. 그렇다면 이 유의적 구성들의 의미역은 어디까지인가?

> (15) ㄱ. 쉽다−쉽지 않다−어렵다.
> ㄴ. 적다−적지 않다−많다.
> ㄷ. 예사롭다−예사롭지 않다−귀하다.
> ㄹ. 흔하다−흔하지 않다−귀하다.

ㅁ. 보통이다-보통이 아니다-뛰어나다.

우리는 대체로 '쉽다'의 반의 표현으로 '쉽지 않다'가 쓰이면 바로 '어렵다'의 의미를 갖는 것으로 해석하는 경향이 있다. 또한 '적다'의 반의 표현으로 '적지 않다'가 쓰이면 바로 '많다'의 의미로 해석하는 것이다. 그러나 위의 (15)의 예에서 보는 바와 같이 '쉽다'와 '어렵다'는 반의어이지만 '쉽다'와 '쉽지 않다'는 반의 표현이라고 보기 어렵다. '쉽지 않다'가 가지는 구성처럼 '쉽지 않다'는 '쉽다'와 '어렵다'의 중간에서 그 의미역을 담당하고 있는 것이다. 그렇다면 '쉽지 않다'는 '쉬운 것보다 어렵다'는 뜻이지 바로 '어렵다'로 해석하기는 곤란하다. 위의 예는 다음과 같이 그 의미를 해석할 수 있다.

(16) ㄱ. 쉽지 않다 : 쉬운 것보다는 어렵다
     ㄴ. 적지 않다 : 적은 것보다는 많다
     ㄷ. 예사롭지 않다 : 흔한 것보다는 귀하다.
     ㄹ. 흔하지 않다 : 흔한 것보다는 귀하다
     ㅁ. 보통이 아니다 : 보통보다는 뛰어나다

'수월찮다'가 수나 양으로 쓰일 때 대부분 '꽤 많다, 상당하다'로 교체를 하고 있다. 그러나 '꽤 많다'의 의미역은 어디까지이며, '상당하다'의 의미역은 어디까지인지 불분명하다.

전라방언의 형용사 '솔찮다, 솔찬하다'와 그 부사형인 '솔찬히, 솔찮이'는 수나 양을 가리킬 때 쓰는 어휘인데, 그 의미는 '상당하다, 꽤 많다, 적지 않다'의 의미를 가지는 것이 분명하다. 이 형용사가 '많다' 쪽에 기울어진 것이 사실이라 하더라도 '적은 것보다는 많다'의 의미이기 때문에 '약간 많다, 조금 많다, 꽤 많다' 등의 의미를 가질 수 있는 것이다.

　　(17) 솔찬히 궁금하네요.

　(17)의 뜻은 '약간 궁금하다'는 뜻에서부터 '꽤 궁금하다'는 뜻까지 포함하고 있다. 사실 위에서 쓰인 '솔찬하다, 솔찬히'가 쓰인 모든 문장은 문맥에 따라서 '약간 많다'와 '꽤 많다'까지 쓰일 수 있는 것이다. 이렇듯 '솔찬히'가 정확한 의미역을 제시하기 어렵기 때문에 '어지간히 많다, 적지 아니하다'의 의미를 가지는 '상당하다, 상당히'와 같은 애매한 어휘로 대체할 수 있는 것이며, 실제로 전라방언의 '솔찬히'는 표준어 '상당히'로 대체되고 있는 실정이다.

　결국 '수월하다'와 '어렵다'의 사이에 존재하는 다양한 의미역을 '수월치 않다, 수월찮다, 솔찮다'가 담당하게 된 것이다. 부사 '솔찬히' 뒤에 오는 형용사는 대체로 '크다, 멀다, 길다, 많다, 풍부하다, 훌륭하다, 오래되다' 등 예상보다 훨씬 나은 것을 제시하게 된다. 따라서 '*솔찬히 작다, *솔찬히 가깝다, *솔찬히 짧다, *솔찬히 적다'와 같은 표현은 사용하지 않는다. 이것은 이미 '솔찬히'에 '상당하다'는 의미가 있어서 그렇게 사용하는 것이다.

　전라방언 '솔찬하다'의 의미역은 다음과 같이 도표로 그릴 수 있다.

| | | | | | |
|---|---|---|---|---|---|
| | 센찮다 | | | 솔찮다 | 겁나다11) |
| 아주 적다 ──────── 적다 ──── | | (−+) ──── 많다 | ──────── 아주 많다 |
| | | (기준점) | | 상당하다 | 굉장하다 |

────────────
11) '겁나다'와 함께 '허벌나다, 징하다, 되다(되게)'가 쓰이고 있다.

‘상당히’라는 의미로 굳어져 쓰이는 부사 ‘솔찬히, 솔찮이’는 주로 전남과 전북에서 사용된다. 『한국구비문학대계』를 검색해 보면 특이하게도 전라북도 부안, 고창, 정읍, 군산에서만 발견되고 있다. 물론 문학작품에서는 전주, 남원 지역어에서도 쓰이고 있다. 형용사 ‘솔찬하다’와 ‘솔찬히’는 전남 지역에서 훨씬 다양한 쓰임을 보이고 있으며, 전북 지역에서는 ‘솔찮다’와 그 부사형 ‘솔찮이’가 훨씬 많이 쓰이는 것으로 해석된다.[12)]

## 3.3. ‘솔찮이’와 ‘상당히’의 관계

전라북도에서는 갈수록 ‘솔찮이’ 대신 중앙어이면서 문어체라 할 수 있는 ‘상당히’를 많이 쓰고 있다. 이는 대중매체의 영향으로 ‘상당히’를 훨씬 많이 쓰고 있어서 ‘솔찮이’의 사용이 차츰 줄어들고 있다.

> 상당하다 「형」 & 「1」【…에】「1」어느 정도에 가깝거나 알맞다. §&「2」
> 「1」 꽤 대단하다. §「2」 어지간히 많다. 또는 적지 아니하다.

‘상당하다’가 가지는 ‘어느 정도에 가깝거나 알맞다’의 의미에서 ‘어느

---

12) 한편, 다음의 예에서는 ‘겁나게, 굉장히’의 예문이 ‘솔찬히’로 교체될 수 있음을 보여준다. 물론 ‘솔찬히’와 ‘겁나게, 굉장히’가 의미역이 다른 것을 확인할 수 있다.
  각시가 겁나게 싸납드래 〈남원군편, 268〉
  농사를 짓고 집에 와서 본개 밥을 겁나게 해서 놔 그런디 사람은 없어〈전주시완주군편, 전주시, 166〉
  아 음식 겅장히 많이 장만해 가지고 참 어디인지도 알지 〈전주시완주군편, 삼례읍, 718〉
  그 여자가 대청 마루를 떡 나서더니 그 들판이 굉장히 너른디 여기가 삥 둘러 가믄서 내 재산이오 〈전주시완주군편, 운주면, 331〉

정도'가 낮지 않은 비교적 높은 수를 말하였기 때문에 '상당하다'의 기본 의미를 벗어나 '꽤 많다'의 의미를 갖게 된 것으로 보인다.

   (18) ㄱ. 갑 샹당ᄒ다 〈1779한청문감10, 16b〉
       ㄴ. 샹당ᄒ다 相當 〈1880한불자전, 383〉
       ㄷ. 갑도 샹당ᄒ고 품슈는 죠션 안에 뎨일일 터이니 모도 독립신문
          샤로 와셔 박아 가시오 〈독닙신문, 1897년 7월 17일 토요일 제
          2권 제84호〉

  '상당하다'와 '수월찮다'는 '꽤 많다, 적지 않다'라는 의미로 비슷한 시기에 유사한 의미를 갖고 쓰였다. '상당하다'는 전국적으로 사용 범위를 넓혀 가고, '수월찮다'의 방언형인 '솔찮다'는 전라도와 충청남도 일부에서만 사용되게 된다. 그러다가 '솔찮다'의 형용사로서의 기능이 약화되어 부사인 '솔찮이'로 굳어지면서 차츰 지역의 언어사용자들은 형용사와 부사가 잘 발달된 '상당하다'와 '상당히'를 선호하게 되자, '솔찮다'는 그 기능이 약화되면서 부사인 '솔찮이'로 굳어지고 있음을 볼 수 있다.

## 4. 결론

  표준어 '수월하다'는 일반적으로 '쉽다'는 뜻이고, 그 부정형인 '수월하지 않다, 수월치 않다, 수월찮다'는 기본적으로 '쉽지 않다'는 뜻을 갖는다. '수월하지 않다'는 '수월하다'의 부정이므로 '쉽지 아니하다'의 의미를 갖는다. '수월치 않다'는 '쉽지 않다'는 기본 의미와 함께 '예사롭지 않다'는 의미로도 많이 쓰이고, '상당하다, 많다'의 의미로 파생되어 쓰이고

있다.

‘수월찮다’는 태도나 방법을 나타낼 때는 ‘쉽지 않다’의 뜻을 가지지만, 수나 양을 나타낼 때는 대체로 ‘상당하다’의 뜻을 가지고 있다. ‘수월찮다’는 ‘쉽지 않다’보다는 ‘상당하다’의 의미로 훨씬 많이 쓰이고 있다. 국어사전에서 ‘수월찮다’의 부사형 ‘수월찮이’는 ‘수월찮다 [2]’의 의미인 ‘꽤 많다’의 의미를 갖는다고 보고 있는 점으로 보면 ‘수월찮다’가 변하고 있는 것을 확연히 알 수 있다. 그러나 ‘수월찮다’의 부사형인 ‘수월찮게’는 여전히 ‘예사롭지 않게, 쉽지 않게, 꽤 많이’ 등의 의미를 갖고 있다.

‘-하지 아니하다’가 축약된 ‘-찮다’가 연결된 어휘로, ‘시원하다’는 ‘속이 후련하다’와 ‘만족스럽다’는 의미가 있다. 그러나 반대말인 ‘시원찮다’는 ‘만족스럽지 못하다’의 의미를 갖는데 이 의미는 ‘(하는 일의 정도가) 약하다’의 의미로 의미변화를 일으킨 것이다. ‘시원치 않다’의 축약형인 ‘션찮다’는 주로 충청과 전라도에서 사용되는데 주로 ‘약하다, 보통 이하이다’의 의미로 사용되고 있다.

전라방언에서 ‘솔찮다, 솔찬하다’는 ‘적지 않다’ 또는 ‘꽤 많다, 상당하다’의 의미로만 사용된다. ‘솔찬하다’는 여전히 활용어미가 연결되어 쓰이고 있으나, ‘솔찮다’의 경우에는 거의 활용어미의 연결 빈도가 매우 적고 점차 부사인 ‘솔찮이’로 굳어져 가고 있다.

전라방언 ‘솔찮다, 솔찬하다’와 그 부사인 ‘솔찬히, 솔찮이’는 수나 양을 가리킬 때 쓰는 어휘인데 그 의미는 ‘상당하다, 꽤 많다, 적지 않다’의 의미를 가진다. 그러나 ‘적은 것보다는 많다’의 의미이기 때문에 ‘약간 많다, 조금 많다, 꽤 많다’ 등의 의미를 가질 수 있다. ‘솔찮다’가 형용사로서의 기능이 약화되어 부사인 ‘솔찮이’로 굳어지자, 차츰 지역의 언어사용자들은 형용사와 부사가 잘 발달된 ‘상당하다’와 ‘상당히’를 선호하게 되었다.

결국 '수월하다'와 '어렵다'의 사이에 존재하는 다양한 의미역을 '수월하지 않다, 수월치 않다, 수월찮다'가 담당하게 되었고, '수월찮다'가 전라방언에서 '솔찮다'로 사용되면서 '상당하다'의 의미만을 갖게 된 것이다.

## 참고문헌


국립국어원(1999), 『표준국어대사전』, 두산 동아.
국립국어원(2007), 21세기 세종계획 한민족언어정보화 통합검색 프로그램.
리  델(1880), 『韓佛字典』.
문세영(1938), 『朝鮮語辭典』.
연세대학교 언어정보개발연구원(2008), 『연세 한국어사전』, 두산 동아.
유창돈(1964), 『이조어사전』, 연세대학교 출판부.
이태영(2010), 『문학 속의 전라방언』, 글누림.
한국정신문화연구원, 『한국구비문학대계』.
한유석(2010), 『일한 분류어휘비교』, 한국문화사.

# 제 2 부
# 문법사 연구

# 제6장

# 근대국어 {-끠셔}, {-겨셔}의 변천과정 재론

## 1. 서론

이 연구는 중세·근대국어에 나타나는 {-끠셔}의 변천과정과 {-겨셔}와의 관계를 살펴 현대국어의 {-께서, -께오서, -께옵서}의 형성과정을 밝히는 것을 목적으로 한다.

이제까지 소위 존칭 주격조사를 다룬 견해를 보면 근대국어의 문헌인 『捷解新語』에서 주어에 연결되는 '끠셔'를 존칭 주격조사로 해석하는 견해가 대부분이었고 똑같은 형태를 가지고 있는 중세국어의 '끠셔'는 소위 '이탈'의 의미를 가지는 탈격으로 해석하여 왔다. 한편 근대국어의 '끠셔'를 '에셔'와 그 기능이 같은 것으로 보아 '행위의 출발점'으로 해석하고, '겨오셔'는 '자격'을 나타내는 것으로 보려는 견해(홍윤표, 1990)가 있었다.

현대국어의 존칭 주격조사로는 '께서, 께오서, 께옵서'가 있는데, 이 형태소가 단일한 형태소인지 아니면 복합 형태소인지에 대하여는 이견이 있어 왔다. 대체로 단일한 형태소로 보는 것이 일반적인 견해인 데 비하여, 박양규(1972, 1975), 이윤하(1988, 1989)는 단일한 형태소로 보지 않는 견해를 보이고 있다. 후자의 견해에서는 '께서'의 '서'를 따로 떼어 '있다'의 의미 내지는 '경험'의 의미로 해석하고 있음이 특징적이다. 아무튼 현대국어 연구에 있어서 전혀 나누어지지 않을 것으로 생각된 존칭 주격조사가 '께+서'로 분리되어 해석되고 있다는 사실은 우리에게 존칭 주격조사가 역사적으로 어떻게 형성되었는가 하는 점에 관심을 갖게 한다.

현대국어의 '께서'에 대한 논의가 부분적으로 새로운 시각으로 접근되고 있음에도 불구하고 그 논의가 부각되지 않고 있는 것은 역사적 변천과정이 제대로 밝혀지지 않고 있으면서 추론되고 있기 때문이다. 이처럼 변천과정을 다루지 않은 이유는 이 형태소가 통시적으로 복잡한 과정을 거치지 않고 단순히 '끠셔'와 '겨셔'가 '께서'로 변했으리라고 추측한 것에 기인한다. 유정체언에 연결되기 때문에 소위 존칭 주격조사로 지칭되었던 {-끠셔}가 근대국어 초기에 나타나는 점을 고려할 때, 중세국어에서 소위 '탈격'의 기능을 하던 형태소의 출현에 대한 원인, 조건, 과정 등이 좀 더 면밀히 분석되었어야 했을 것이다. 이 문제를 해석하기 위하여는 해당 형태소의 변천과정뿐만 아니라 경어법과의 관련, 해당 문헌의 성격, '셔'의 의미 등 여러 문법현상과 관련지어야 할 것으로 보인다.

이제까지 문헌을 통하여 나타난 소위 존칭 주격조사로 인정해왔던 자료는 근대국어 자료인 『捷解新語』에 나타난 '끠셔'와 '겨셔'를 말한다.[1]

---

1) 『捷解新語』의 이본으로는 원간주자본(1676년), 원간목판본(1700년), 개수1차본(1748년), 개수2차본(부전), 개수중간본(1781년) 등이 있는데, 원간목판본은 원간주자본을 복각한 것으로 몇 군데를 제외하고는 거의 차이가 없다. 개수2차본은 현재 발견되지 않고 있으며, 개수중간본은 개수2차본을 저본으로 하여 수정한 것이다. 본고에서는

그러나 이 문헌에 나타나는 '끠셔'와 '겨셔'는 존칭 주격조사로 해석하기 곤란한 많은 의문을 가지고 있다.

첫째, 이 문헌에 나타나는 '끠셔'와 '겨셔'가 둘 다 존칭 주격조사라면 왜 동일한 기능을 두 형태소가 담당하는가 하는 의문이 생긴다. 둘째, 이 문헌에 나타나는 형태소 '-가'는 주격조사의 이전단계를 보여주는 것으로 해석되고 있는데(홍윤표, 1975), 동사 '겨시다'에서 문법화하는 '겨셔'와 여격 '끠'에 '셔'가 연결된 '끠셔'를 곧바로 존칭 주격조사로 해석할 수 있을까 하는 의문이 남는다. 셋째, 『捷解新語』 원간본에서 주격조사 'ㅣ, 가' 등이 개수본에서 '끠셔'로는 교체되지 않고 '겨셔'로만 교체되고 있는데 그렇다면 '겨셔'와 '끠셔'의 기능이 다른 것이 아닌가 하는 의문이 생긴다.(예문 (15) 참조) 넷째, 원간본에 나타나는 '끠셔'가 존칭 주격조사라면 이본에서 '겨셔'와 교체되는 예가 있을 법한데 '로셔'나 '끠로셔'로만 교체되는 이유는 무엇인가?(예문 (9) 참조) 다섯째, '겨셔'가 '겨시다'에서 문법화하여 존칭 주격조사로 쓰이는 것이라면 그 이후의 여러 문헌에서 나타나는 '겨오셔, 겨옵셔'는 어떻게 해석해야 하는가? 즉, '겨셔'가 문법화하여 쓰이는 것이라면, 문법화한 '-겨셔'에 어떻게 겸양의 선어말어미인 '-오-, -옵-' 등이 들어갈 수 있는가 하는 의문이 생긴다. 여섯째, 다른 주격조사에는 특수조사가 연결되는 것이 어려운데 왜 이 '끠셔'와 '겨셔'의 뒤에는 특수조사의 연결이 자유로운가? 말을 바꾸어 이 형태소들이 존칭 주격조사라면 그 뒤에 특수조사로 '-는, -도, -만' 등이 연결되는 사실은 어떻게 설명되어야 하는가? 일곱째, '존칭 주격조사'에서 '존칭'이란 말은 선행체언의 의미자질을 말하는 것이다. 그렇다면 존칭을

---

원간주자본, 개수1차본, 개수중간본만을 사용한다.

나타내는 '끠셔'와 '겨셔'는 소위 '주체존대'의 선어말어미 '-시-'와는 어떤 관계에 있는가? 둘 다 주체존대를 표시하는 것이라면 동일한 문법범주의 중복현상이 아닌가? 여덟째, '겨셔'가 관여하는 문장과는 달리 '끠셔'가 관여하는 문장은 왜 거의 대부분 타동사인가?

이러한 몇 가지의 의문점과 특징을 해결할 수 있다면 그때 우리는 '끠셔'와 '겨셔'의 정체를 파악할 수가 있을 것이다. 이제 중세·근대국어의 자료를 가지고 이 형태소들의 기능을 살펴보기로 한다.


## 2. {-셔}의 유형과 그 기능


### 2.1. {-셔}의 해석

'끠셔'를 '끠+셔'로 나누는 우리의 논의를 전개하기 위하여 먼저 '-셔'가 중세국어와 근대국어에서 어떠한 모습을 보이고 있는지를 살펴보기로 한다.

중세·근대국어에서 주어에 연결되는 '셔'에 대해서는 많은 이견이 있어 왔다. 다음의 예가 논의의 주된 것이었다.

> (1) ㄱ. 殘廢ᄒᆞᆫ ᄀᆞ올ᅢᆫ 여슷 술기셔 말ᄒᆞ고 뷘 ᄆᆞ술ᄒᆞᆫ 버미셔 ᄃᆞ토놋다 〈杜初23, 4ㄴ〉
> ㄴ. ᄀᆞᄅᆞ맷 나ᄇᆞᆫ 당당이 ᄒᆞ오ᅀᅡ셔 이프리로다(江遠應獨吟) 〈杜初 15, 17ㄴ〉
> ㄷ. 우리도 ᄒᆞ나 둘히셔 되디 못홀 거시니 〈原刊捷解4, 27ㄱ〉
> ㄹ. 우리도 ᄒᆞ나 둘히셔ᄂᆞᆫ 되지 몯홀 쩌시니 〈1次捷解4, 38ㄱ〉

(1)에서 ㄱ은 중세국어에서 주어에 '셔'가 연결되는 예인데, 이때의 '셔'는 몇 가지로 해석할 수 있다. 첫째는 '숧, 범+주격조사 '이'+'시다'의 부동사형 '셔''이고, 둘째는 '숧, 범+접미사 '이'+조사 '셔''로 보는 견해이다. 둘째의 견해에서도 격조사로 볼 것인지 아니면 특수조사로 볼 것인지가 문제인데, 우리는 이때의 '셔'를 특수조사로 해석하고자 한다. 셋째로 동사를 '이시다'로 보고 '숧, 범+'이시다'의 부동사형 '이셔''로 볼 수 있고, 넷째로 '숧, 범+조사 '이셔''로 보는 견해이다. 우리는 두번째의 견해를 취해 논의를 전개시키고자 한다. ㄴ에서 볼 수 있는 바와 같이 'ㅎ오ᅀᅡ셔'에서 '셔'는 그것이 동사 '시다'의 부동사형 '셔'에서 왔다고 할지라도 이미 문법화하는 과정에 있는 것으로 간주할 수밖에 없기 때문이다. 『杜詩諺解』에서는 '시다' 동사가 아주 많이 쓰이는 것으로 보아서 '셔'가 문법화하는 단계에 있는 것으로 보는 것이 좋을 듯하다. 이 '셔'를 특수조사로 볼 때, 우리는 동사적 성격과 아울러 '존재를 전제'하는 의미를 가지는 형태로 보고자 한다.

ㄷ에서 '셔'는 소위 人數詞에 붙어 주격조사로 기능하는 것으로 해석하는 경향이 있으나 이 연구에서는 특수조사로 처리한다. 그것은 ㄹ의 '둘히셔ᄂᆞᆫ'에서 '셔' 뒤에 'ᄂᆞᆫ'이라는 특수조사가 붙기 때문이다. 특수조사끼리는 연결이 자유롭지만 격조사 특히 주격조사 뒤에는 특수조사의 연결이 부자유한 것이 국어의 특징이다.

이제 주어에 연결되는 '셔'의 정체를 알아 보기 위하여 『捷解新語』의 예를 검토해 보기로 한다.

(2) ㄱ. 그러커니와 게셔 힘뼈 이런 道理를 東萊끠 엿ᄌᆞ와 너일 브디 홀
    양으로 ᄒᆞᆸ소 〈原刊捷解1, 32ㄴ〉

ㄴ. 게셔 멀니 슈고ᄒ여 계시니 〈1次捷解8, 37ㄱ〉

ㄷ. 아모리커나 게셔 됴흘 대로 ᄒ쇼셔 〈重刊捷解6, 31ㄴ〉

(3) ㄱ. 게겨셔ᄂ 무ᄉ히 ᄂ려오시니 아람다와 ᄒᆞᆸ니 〈1次捷解10上, 3ㄴ〉

ㄴ. 게계셔도 멀니 슈고ᄒ여시니 〈重刊捷解8, 21ㄴ〉(cf. 자네도 멀리 슈고ᄒ야겨시니 〈原刊捷解8, 25ㄱ〉)

(2)에서 '게셔'는 '2인칭 대명사 '게'('거기'의 축약형)+특수조사 '셔'로 분석된다. 여기서 '게셔'가 처소를 나타내는 대명사에 처격조사인 '에셔'가 연결된 것으로 보이지만 실제로는 그렇지 않다. 그 근거는 다음의 예에서 볼 수 있다.

(4) ㄱ. 우리ᄂ 이제 나올 ᄶᅥ시니 게 일을 수이 출히ᄋᆸ소 〈原刊2, 19ㄴ〉

(4)에서 쓰인 '게'는 2인칭 대명사로서 '당신(자네)'의 뜻을 갖는다. (3,ㄱ)에서 '게'가 한자로 '貴'로 나타나는 것으로 보아서도 '게'가 2인칭 대명사임을 알 수 있다.[2]

이 '게셔'는 (3)에서처럼 1차본에서는 '게겨셔'로, 중간본에서는 '게계셔'로 나타난다. 이것은 '게셔'의 '셔'가 '겨셔'로 교체되었음을 말하는 것인데, 결국 '셔'가 단독으로 기능하는 형태소임을 입증하고 있다. 여기서 '셔'가 주어에 연결되어 쓰이기 때문에 마치 주격조사인 것으로 생각할

---

2) 2인칭 대명사 '게'는 19세기 후기 자료인 완판본 『열여춘향슈절가』에서도 볼 수 있다.
　ㄱ. 상사불견 늬의 심정 게 뉘라셔 아러주리 〈춘향下, 1ㄱ〉
　ㄴ. 게라는 듸듸 힝수며 너라야 듸듸 춘향인가 〈춘향下, 8ㄴ〉
　ㄷ. 져 농부 열을 늬여 게가 어듸 삽나 〈춘향下, 27ㄱ〉
　ㄹ. 아무듸 사든지란이 게난 눈콩알 귀콩알리 업나 〈춘향下, 27ㄱ〉

수 있으나, '셔'가 '겨셔'로 교체가 가능하다는 점으로 미루어 보면 '셔'는 '존재를 전제'하는 의미를 가진 특수조사로 처리할 수밖에 없을 것이다.

여기서 우리는 중요한 사실을 발견하게 된다. 그 하나는 『捷解新語』에서 처소를 나타내는 대명사는 대체로 '거긔'가 쓰인 반면에 인칭대명사로 쓰일 때에는 '게'가 쓰인다는 사실인데, 이것으로 보면 '게셔'의 '셔'는 (1)에서 논의한 소위 인수표시어에 연결되는 '셔'와 전혀 다름이 없다는 점이다. 좀더 자세히 말하면 중세국어와 근대국어에 나타나는 '셔'는 인수표시어에도, 대명사에도 그리고 명사에도 연결되는 동일한 기능을 하는 형태소라는 점이다. 다른 하나는 선행체언이 존칭일 때 '셔'가 '겨셔'로 교체가 가능하다는 점은 '셔'가 현대국어에서 말하는 특수조사의 개념과는 약간 다른 기능을 하고 있다는 사실을 말해준다.3)

대체로 현대국어에서 특수조사라 하는 것은 문장에서 선행체언에 의

3) 동사 '이시다(시다)'의 활용형 '셔'와 동사 '겨시다'의 활용형 '겨셔'가 문법화하여 특수조사로 쓰인다는 사실은 주지의 사실이다. 그러나 문법화의 초기 단계에 있어 '셔'나 '겨셔'를 특수조사로 해석하는 것은 무리가 있다. 예를 들어 '셔'가 존칭체언에서 '겨셔'로 교체가 가능하다는 것은 적어도 화자가 '이시다'의 존칭이 '겨시다'임을 인식하고 있기 때문에 이러한 문법화가 일어날 수 있는 것으로 본다면 문법화의 초기 단계에 있어서 해당 형태소의 자격은 동사적 성격과 특수조사적 성격을 아울러 갖는 것임을 깨닫게 된다. 이렇게 볼 때, 중세국어에 나타나는 '셔'는 문법화의 초기 단계에 있는 형태소로 동사적인 성격과 특수조사적 성격을 아울러 갖는 형태소로 해석할 수밖에 없는 것이다.

이 '셔'는 18세기와 19세기 자료에서도 나타난다.

　ㄱ. 누구셔 漁翁의 ᄒ는 일이 閑暇ᄒ다 ᄒ든이 〈海東歌謠, 68쪽〉
　ㄴ. 누구셔 天上도 人間ᄀᆺ다 ᄒ이 〈海東歌謠, 87쪽〉
　ㄷ. ᄉ군과 숙시셔 그러티 아냐 이제 보리라 ᄒ시되 〈意幽堂日記〉
　ㄹ. 샤공셔 오늘 일츌이 유명ᄒ리란다 ᄒ거늘 〈意幽堂日記〉

18, 19세기에 보이는 '셔'는 주격조사로 보기보다는 '존재를 전제'하는 특수조사로 해석된다. 위의 예 중 ㄷ에서 'ᄉ군과 숙시'는 '-시-'와 호응하는 것으로 보아 화자의 존대자로 생각되는데 '끠셔'나 '겨셔'가 쓰이지 않고 '셔'가 쓰이고 있음이 주목된다.

미를 첨가하거나 한정해주는 기능을 갖는다. (2)와 (3)에서 '셔'가 '겨셔'로 교체될 수 있다는 점에서 동사로 해석할 가능성이 있으나 이러한 해석은 '셔'나 '겨셔' 뒤에 특수조사가 오기 때문에 부정된다. 따라서 『捷解新語』에 나타나는 '겨셔'는 동사의 활용형인 경우가 있고 다른 하나는 특수조사로 쓰이는 경우가 있는 셈이다.


## 2.2. 중세 · 근대국어의 '끠셔'

'끠셔'는 이미 중세국어인 15세기에서부터 쓰이고 있었는데, 이때는 '에게서, 로부터'의 뜻으로 이탈의 의미를 가지는 소위 탈격의 기능을 하던 것이었다.


   (5) ㄱ. 父母끠 傳受ᄒ야 〈眞言, 12ㄱ〉
       ㄴ. 부텻긔셔 十二部經이 나고 〈月釋14, 64ㄱ〉
       ㄷ. 부텨끠셔 十二部經이 나시고 〈法華5, 155ㄱ〉 (cf. 부텨끠셔 十
          二部經을 내시고)
       ㄹ. 南印ᄋᆫ 惟忠禪師ㅣ니 神會ㅅ 弟子 法如의 印을 傳ᄒ니 南宗六
          祖끠셔 날신 南印이라 ᄒ니라(出南能宗下故曰) 〈圓覺序, 7ㄴ〉
       ㅁ. 이제 ᄯᅩ 니르건내ᄂᆫ 同居ᄒ니 ᄒᆫ 가지로 曾祖끠셔 나시면 문득
          從兄第과 믿 再從兄弟 이실 거시니 〈家禮1, 17ㄴ〉
       ㅂ. 쇠게셔 졋 나고 〈法華5, 155ㄱ〉


그러나 '끠' 단독으로도 이미 탈격의 기능을 수행하고 있었다. 그러다가 '에셔'의 '셔'에 견인되어 여격의 기능을 나누려는 경향 때문에 '끠셔'가 형성된 것으로 보인다.

탈격의 '끠셔'는 '에게'의 존칭인 '끠'에 이탈의 의미를 갖는 '셔'가 연결

된 것으로 '끠셔'가 단일 형태소가 아니고 두 개의 형태소로 이루어진 것이었다. 이 '끠+셔'는 근대국어 문헌인 『捷解新語』에서도 탈격의 기능을 갖고 쓰였다. 이런 기능은 19세기 자료인 『셩경직희』 등에서도 나타난다.

그런데 중세국어에서 소위 '탈격'이라고 설정한 격에는 약간의 문제가 있었다. 이것은 '에서'나 '에게서'가 갖는 의미로부터 나오는 것 때문에 붙여진 이름인데 '이탈'을 의미하는 것은 '셔'의 기능이지, '에셔, 에게셔'의 구성이 아니다. 또한 '이탈'의 의미는 선행체언이 여격성분일 때에 갖는 의미인데, 이 의미는 동사에 견인된 의미일 뿐 사실상은 '출발점'을 나타낸다. 근대국어에서 주어성분에 연결될 때도 '출발점'을 나타내는 기능을 하게 된다. 한편 자격을 나타내는 '로셔'와 방향을 나타내는 '로셔'도 사실상 '로'만으로도 '자격'을 나타낼 수 있기 때문에 '로셔'의 '셔'는 그것이 주어성분에 붙건 처소성분에 붙건 둘 다 '출발점'을 표시한다고 보아야 할 것이다. 결국 '탈격'의 '끠셔'나 주어에 연결되는 '끠셔'는 동일한 기능을 나타내는 것으로 해석된다.

(5, ㄷ)은 탈격의 예이고 괄호 안의 예는 'NP끠셔'가 주어로 기능하는 예를 만들어 본 것인데, ㄷ에서 객어인 '부텨'가 의미상으로는 행위자인 셈이다. 따라서 ㄷ의 문장과 괄호 안의 문장은 동일한 의미를 갖게 된다. 다만 문법적으로 괄호 안의 문장이 능동문임에 비하여 ㄷ은 피동표현을 나타내고 있다. 따라서 '끠셔'가 연결되는 선행체언이 사람을 나타내는 존칭체언일 경우 그 체언이 의미상으로 행위자를 나타내기 때문에 '끠셔'가 능동문에서 주어에 연결된 것으로 보인다.4) 이렇게 본다면 근

---

4) 현대국어에서도 이런 예를 찾을 수 있는데 그 예는 다음과 같다.

ㄱ. 학장님으로부터(-한테서, 께로부터) 소개받은 아무개입니다.(학장님께서 소

대국어에 나타나는 '셔'는 '존재 전제 또는 행위의 출발점'을 나타내는 특수조사로 볼 수 있을 것이다.

『捷解新語』의 특징 중의 하나는 중세국어에서는 소위 탈격의 기능을 보여주던 '끠셔'와 '에게셔'가 주어에 연결되고 있다는 것이다. 이미 앞에서 살펴본 예문 (5)에서 본 탈격의 기능은『捷解新語』에서도 그대로 유지되는 경우가 있다.

(6) 對馬島主끠셔 使ㅣ 즉시 와셔〈重刊5, 20ㄱ〉

(7) ㄱ. 또 送使다히셔는 엇디 녀길디 ᄆᆞ음의 걸리오니〈原刊1, 5ㄱ〉
    ㄴ. 또 送使들의게셔는 엇지 너길지 ᄆᆞ음의 걸리오니〈1次1, 7ㄱ〉
    ㄷ. 또 送使들의게셔는 엇지 너길지 ᄆᆞ음 걸니오니〈重刊1, 6ㄱ〉

(8) ㄱ. 正官끠 나도 사ᄅᆞᆷ을 보내올 거시니〈原刊1, 23ㄴ〉
    ㄴ. 正官끠 내게셔도 사ᄅᆞᆷ 부리올 거시니〈1次1, 34ㄴ〉
    ㄷ. 正官끠 내게셔도 사ᄅᆞᆷ 부리올 꺼시니〈重刊1, 28ㄱ〉

(5)의 예문에서 '탈격'을 나타내는 '끠셔'와 '에게셔'는 '끠+셔', '에게+셔'로 구성되어 있기 때문에 '셔'를 하나의 형태소로 분리할 수 있다. (7)에서도 '의게셔'가 '의게+셔'의 구성을 이루고 있음을 알 수 있다. ㄱ

---

개한 아무개입니다.)
  ㄴ. 학장님으로부터 인사말씀이 계시겠습니다.(학장님께서 인사말씀을 하시겠
     습니다.)
  ㄷ. 형님으로부터(-한테서, 께로부터) 사람이 왔다.(형님께서 사람을 보내셨다.)
  ㄹ. 나는 돈을 아버님한테서(에게서) 받았다.(아버님께서 나에게 돈을 주셨다.)

여기서 '학장님, 형님, 아버님'은 의미상으로 행위자인데 문장표현이 피동표현인 관계로 객어로 기능하고 있다. 그러나 괄호 안의 예는 능동표현이므로 주어이면서 행위자로 기능하고 있음을 볼 수 있다.

의 '送使다히셔눈'에서는 '다히'는 '편, 쪽'의 의미로 사용되기 때문에 결국 이 어구는 '송사편(쪽)에서는'으로 해석된다.(홍윤표, 1985 : 93) 이때 '다히셔'에서도 '셔'가 분리되는 것은 명확하다. 결국 '셔'는 주격이 아님을 알 수 있다. ㄴ, ㄷ에서 '의게셔'는 그것이 주어에 연결되어 있기는 하지만 ㄱ과의 관계를 고려해 보면 '의게+셔'의 구성을 이루고 있음을 알 수 있다.

이러한 사실은 (8)에서도 살펴볼 수 있는데 원간본의 '나도'가 1차본에서부터는 '내게셔도'로 교체되고 있다. 이것은 (7)에서와 같이 '내편에서도'의 의미를 갖는다. 이때의 '내게셔도'에서도 역시 '셔'를 분리할 수 있다. 한편 (8)에서 '에게셔'는 '로부터'로 교체가 가능하다. 따라서 이때의 '에게셔' 역시 '출발점'을 나타내는 '셔'의 분리가 가능함을 알 수 있다.

'끠셔'가 주어에 연결되어 소위 주격조사의 기능을 한다면, (7)에서 보는 것처럼 '의게셔'도 주격조사의 기능을 한다고 보아야만 할 것인데 실은 그렇게 해석할 수 없다. 『捷解新語』에서 주어에 연결되어 동일한 기능을 보여주던 이 두 유형이 현대국어에서 '에게셔'는 주어에 연결되지 않고, 왜 '끠셔'의 변천형만이 연결되는가? 이것은 원래 '셔'가 출발점 표시의 특수조사로서 '끠'나 '에게' 또는 '에'에 연결되었는 바, 존칭표지로 기능한 '끠'는 'NP끠셔'의 구성을 이루어 쓰이다가 '겨셔'와 혼태되어 '께셔'로 쓰이었고, 주어에 연결된 '에게셔'는 선행체언이 평칭일 경우에만 연결되어 '출발점'을 나타내다가 선행체언이 평칭이라는 표지로 '에게'를 써야 하는 유표적 기능이 필요없게 되자 자연히 그 구성이 소멸되게 된 것이다. 이것은 '끠셔'와 '에게셔'가 여격의 존칭과 평칭을 나타내는 구성에서 그 기능이 바뀌었음을 의미하는 것이다. 한편 객어에 연결된 '에게셔'는 그래도 그 기능을 유지하여 '출발점'을 표시하면서 현대국

어에서도 쓰이고 있다.5)

## 2.3. '끠셔'와 '끠로셔'

『捷解新語』 원간본과 개수본 사이에는 그 문헌들이 갖는 특징들이 국어학적으로 현저하게 나타난다. 특히 개수1차본은 원간본과 개수중간본 사이의 문헌으로서 음운론적으로나 통사론적으로 원간본과 중간본의 언어현상들이 혼합되어 나타나는 경향이 짙다.(이태영, 1990 참조) 이러한 문헌상의 특징을 고려하면서 다음의 예를 살펴보기로 한다.

(9) ㄱ. 쉬여 出船ᄒ실 양으로 大君끠셔 닐너 왓다 ᄒ고 〈原刊8, 10ㄱ〉
    ㄴ. 쉬여 出船ᄒ실 양으로 關伯끠로셔 닐너 왇다 ᄒ고 〈1次8, 14ㄴ〉
    ㄷ. 쉬여 出船ᄒ실 양으로 東武로셔 닐너 왇다 ᄒ고 〈重刊8, 11ㄴ〉

(10) ㄱ. 격기ᄒ는 분네게로셔도 극진흔 일이옵도쇠 〈原刊6, 15ㄴ〉
    ㄴ. 우리게로셔 몬져 선믈을 ᄒ올디 넘녀ᄒ시니 도로혀 민망ᄒ여이다 〈1次10상, 18ㄱ〉
    ㄷ. 江戶 모든 太守게로셔 구ᄒ신 거술 뎍어 왇ᄉ오니 닉일 일즉이 館의 오시믈 기ᄃ리닉이다 〈1次10중, 26ㄴ〉

(11) ㄱ. 九部로셔 方等이 나고 〈月釋14, 64ㄴ〉
    ㄴ. 九部에셔 方等이 나고 〈法華5, 155ㄱ〉

---

5) 현대국어에서는 선행체언이 객어일 경우는 '께서'가 쓰이지 못한다. '에게서'에 비추어 존칭일 경우에는 '께서'가 연결되는 것이 이론상으로는 가능한데 실제로는 쓰이지 않고 있다. 이것은 이미 근대국어에서 '끠셔'의 문법적 기능이 부분적으로 변화하였음을 증명하는 것이다.

   ㄱ. 어머님에게서(-한테서, -으로부터, -께로부터) 돈이 왔다.
   ㄴ. * 어머님께서 돈이 왔다.

   (12) ㄱ. 이에로셔 無量無邊 百千萬億阿僧祇 世界를 디나가 〈釋詳19,
        40ㄴ〉

      ㄴ. 이에셔 無量無邊 百千萬阿僧祇 世界 디나 〈月釋18, 8ㄱ〉


  (11, 12)에서와 같이 중세국어에서 '에셔'는 '로셔'와 교체가 가능한 것을 볼 수 있고, 또한 '로셔'는 '에로셔'의 구성에서도 쓰이고 있음을 볼 수 있다. 따라서 '에셔 : 에로셔 : 로셔'의 관계를 형성한다. 여격의 '끠'도 선행체언이 유정체언이라는 것을 제외하고는 처격의 '에'와 그 기능이 같다고 본다면, 원간본에서의 '끠셔'가 개수본에서 '끠로셔', '로셔'와 교체되고 있는 것은 이들이 '끠셔 : 끠로셔 : 로셔'의 관계를 형성하고 있음을 증명하는 것이다. 따라서 '끠셔'를 '끠+셔'로 분석하고 있는 본고에서는 '끠로셔'는 하나의 형태소가 아니고 'NP끠+로+셔'로 분석되는 것이다. '끠로셔'의 '끠'는 '끠셔'의 '끠'와 마찬가지로 선행체언이 존칭임을 표시하는 단순한 표지에 지나지 않는 것이다.6)

  이러한 해석은 (10)에 의해 입증되는데 '에게로셔'도 역시 평칭의 선행체언에 연결되는 것으로 'NP에게+로+셔'로 분석되는 구성이다.


  (13) ㄱ. 나ㅣ 임의 셩부끠셔 나와 셰샹에 들어왓더니 이제 다시 셰샹을
        떠나 부끠로 나아가노라 〈직희5, 69ㄱ〉
      ㄴ. 됴흔 곳은 도모지 텬쥬끠로셔조차 오는 줄을 안지라 〈직희1,
        32ㄱ〉
      ㄷ. 뎌의 말ㅎ난 바난 몬져 내게로셔 밧아 후에 네게 주리라 〈광익
        6상, 66ㄴ〉〉
      ㄹ. 다시 그 녯젹의 텬쥬의게로셔 나샤(나오샤) 〈광익4, 37ㄱ〉

---

6) 물론 선행체언이 존칭임을 표시할 때 항상 '끠'가 존칭표지로서 연결된 것은 아니었다. 왜냐하면 『捷解新語』 개수1차본에서 '關伯으로셔(7, 22ㄴ)'에서는 '끠'가 없음에도 불구하고 일본어로 '사마요리'로 표기되어 있기 때문이다.

ㅁ. 내가 텬쥬ᄢᅴ로브터 나심을 인ᄒᆞᆷ이라 〈광익6상, 74ㄱ〉
ㅂ. 싱ᄉᆞ의 권이 텬쥬ᄢᅴ로셔 말ᄆᆡ암으나 〈광익6상, 9ㄴ〉
ㅅ. 또ᄒᆞᆫ 나ㅣ 텬쥬끠로셔 나옴을 밋ᄂᆞᆫ 연괴라 〈직희5, 69ㄱ〉
ㅇ. 우리들이 실노 네가 텬쥬끠로셔 나오심을 밋ᄂᆞ이다 〈직희5, 69ㄴ〉

소위 탈격의 '끠셔'가 근대국어 후기 문헌인 『셩경직희』에 나오는데, 같은 기능을 하는 것으로 '끠로셔'가 보인다. 위의 예로 보면 『셩격직희』와 『셩격직희광익』에 나오는 '끠셔'와 '끠로셔'는 둘 다 '-로부터'의 의미로 쓰임이 확실하다. ㅁ의 예에 이미 'ᄢᅴ로브터'가 나오기 때문이다.

그러나 『捷解新語』에 나오는 'ᄢᅴ셔'와 'ᄢᅴ로셔'의 경우는 『셩경직희』의 예와는 약간 다른 면을 보여주고 있다. 그것은 이 형태들이 주어성분에 연결된다는 점이다. 이 형태들이 주어에 연결되기 때문에 주격조사인 것처럼 보이지만 사실은 이때의 'ᄢᅴ셔'나 'ᄢᅴ로셔'도 역시 '행위의 출발점'을 나타낼 뿐이다. 'ᄢᅴ셔'나 'ᄢᅴ로셔'를 나타내는 일본어로 '요리'가 쓰이는 바, 이것 역시 '-로부터'의 뜻으로 출발점을 나타내는 것이다. 『捷解新語文釋』에서 이 사실을 확인할 수 있다.

(14) ㄱ. 奉行ᄢᅴ로셔 온 거슬 〈原刊8, 20ㄴ〉
ㄴ. 奉行ᄢᅴ로셔 보낸 거술 〈1次8, 30ㄱ〉

(14ㄴ)에서는 'ᄢᅴ로셔'가 주어가 연결되어 자격을 나타내는 것으로 보이지만 (14ㄱ)은 '로부터'로밖에 해석이 되지 않는다. 이러한 예를 통하여 해석해 보면 『捷解新語』에서 나타나는 모든 주어에 연결되는 'ᄢᅴ셔'와 'ᄢᅴ로셔'는 주격조사가 아니라 '셔'가 출발점을 나타내는 특수조사임을 알 수 있다. 다만 '셔'가 '행위의 출발점'을 나타내기 때문에 이것이

주어성분에 연결될 때는 마치 주격조사나 '자격'의 의미를 나타내는 기능을 하는 것으로 해석되었을 것이다. 여기서도 역시 ㄱ에서 '奉行'은 객어성분이며 따라서 문장은 피동표현이고, ㄴ에서는 주어이자 행위자이면서 능동표현임을 알 수 있다. 결국 ㄱ의 문장이 ㄴ의 문장으로 바뀌었음을 알 수 있다.


## 2.4. '끠셔'와 '겨셔'

『捷解新語』를 살펴보면서 우리는 왜 소위 존칭체언에 서로 상당히 이질적인 '끠셔'와 '겨셔'가 공존하고 있는가 하는 의문을 갖게 된다. 이 두 형태소는 일견 동일한 기능을 수행하는 것처럼 보인다. 다음의 예를 통하여 두 형태소의 차이점을 밝혀보기로 한다.

    (15) ㄱ. 東萊가 요ᄉ이 편티 아냐 ᄒ시더니 〈原刊1, 26ㄴ〉
        ㄴ. 東萊가 요ᄉ이ᄂᆫ 病드러 계시더니 〈1次1, 39ㄴ〉
        ㄷ. 東萊계셔 요ᄉ이ᄂᆫ 病드러 계시더니 〈重刊2, 1ㄴ〉

    (16) ㄱ. 大君도 거르기 喜悅이 ᄀᆞ이 업습고 〈原刊7, 21ㄴ〉
        ㄴ. 關伯도 거르기 긷거ᄒ시기에 〈1次7, 32ㄱ〉
        ㄷ. 關伯계셔도 거르기 긷거ᄒ시기에 〈重刊7, 19〉


위의 예에서 보는 바와 같이 원간본에서 주어에 연결되는 'ㅣ'나 '가'가 1차본이나 중간본에서는 반드시 '계셔'로만 교체될 뿐, '끠셔'로는 교체되지 않는다. 이러한 현상은 문헌상의 한 특징이라고 단순히 생각할 문제가 아니라, '끠셔'와 '겨셔'의 기능이 다름을 나타내는 증거로 보는 것이 타당할 듯하다.

둘째, 원간본의 '끠셔'는 그 이후의 이본들에서 '끠로셔'와 '로셔'로만 교체가 가능할 뿐, 절대로 '겨셔'와 교체되는 일이 없다. (9)와 (17)의 예에서 그러한 사실을 확인할 수 있다.

> (17) ㄱ. 奉行끠셔 이 樣子롤 술오라코 닐러 왓던디 〈原刊8, 5ㄱ〉
> ㄴ. 奉行네끠로셔 이 뜻을 술오라고 닐너 왇던디 〈1次8, 6ㄱ〉
> ㄷ. 奉行네끠로셔 이 뜻을 술오라 ᄒᆞ신 일이온디 〈重刊8, 6ㄱ〉

셋째, '겨셔'가 연결되는 문장에서는 선어말어미 '-시-'가 공기하지만, '끠셔'가 연결되는 문장에서는 '-시-'가 연결되지 않는 경우가 있다. 이 현상도 두 형태소가 다르다는 것을 보여주는 증거가 된다.

넷째, 원간본과 개수본의 일본어를 비교해 보면, '끠셔'는 '요리'로만 쓰이고 있는데 비하여 '겨셔'와 '겨오셔'는 원간본과 개수1차본에서는 '요리'로 쓰이지만 중간본에서는 '사마요리'로 쓰이고 있음을 볼 수 있다. 『捷解新語文釋』을 보면 '요리'의 뜻을 '부터'로 해석해 놓고 있는데 결국 '끠셔'가 '동작이 시작되는 기점'을 나타내는 형태소로 해석된다. 다만 '겨셔'의 경우 '사마요리'로 쓰이는 데 이때의 '사마'는 일본어에서는 존칭의 체언에 붙이는 어사이므로 이러한 차이로 보아도 두 형태소가 서로 다른 기능을 하는 형태소임을 알 수 있다.

따라서 '겨셔'가 주어성분에 연결될 때는 '셔'의 존칭을 나타내는 것이 분명하다. 그렇다면 '셔'는 주격조사가 아니고 특수조사이며, '겨셔' 역시 '셔'에 대한 존칭이기 때문에 '존대자의 존재를 전제하거나 존대자의 행위의 출발점'을 나타내는 특수조사일 뿐이다. 한편 여기서 '끠셔'를 '끠＋셔'로 볼 때, '셔' 대신 '겨셔'로 교체된 '끠겨셔'가 구성상으로는 가능한데 이중 존칭이 되기 때문에 실제로 사용되지 않고 있다. 이것이 의미하는

바는 '끠셔'는 존칭 여격 형태인 '끠'와 밀접한 관련이 있다는 것이다. 이
것은 이미 앞에서 살펴 본 바 같이 원래 여격성분인 체언이 의미상으로
행위자를 나타내기 때문에 주어성분에 연결되면서 '행위의 출발점'을 나
타내게 된 것이다.

결국 '끠셔'는 선행체언이 존칭체언일 때 '끠'를 존칭 여격표지로 붙이
고 그 뒤에 '출발점'을 나타내는 '셔(동사 '시다'의 부동사형 '셔'가 문법화한
것)'가 연결되어 객어성분에 연결되던 것이 능동표현을 하는 경우에 주
어성분에 연결되게 된 것이고 '겨셔'는 주어성분인 'NP셔'의 존칭으로
쓰인 것이다. 따라서 '겨셔'가 연결되는 문장은 원래부터 주체를 존대하
는 문장이었기 때문에 '-시-'와 공기하게 되었고, '끠셔'는 객어로부터 온
것이기 때문에 '-시-'와 공기하지 않는 예가 있는 것이다. 이러한 차이는
앞에서 언급한 바와 같이 '끠셔'는 '끠로셔, 로셔'와 교체가 되고 있는 반
면에 '겨셔'와는 교체가 되지 않고 있다는 사실과 주격조사 'ㅣ'와 '가'는
'겨셔'로는 교체가 가능하지만 '끠셔'로는 교체가 되지 않고 있다는 사실
을 통하여 알 수 있는 것이다.

그러나 『捷解新語』 원간본에서는 '겨셔'가 하나의 예만이 발견되는 데
비하여 개수본과 중간본에서는 다량으로 쓰이고 있다는 점을 통하여 보
면, 주체존대를 표현하는 특수조사로 '겨셔'가 쓰이고 있지만 '끠셔'도 주
어성분에 연결되어 쓰이고 있었기 때문에 이 두 형태가 유사하거나 또
는 동일한 기능을 하는 것으로 화자들에게 인식되어 혼태현상을 보이게
된 것으로 해석된다.

(18) ㄱ. 信使끠셔도 최촉ᄒ셔 〈原刊5, 16ㄴ〉
     ㄴ. 三使쎠셔도 催促ᄒ셔 〈1次5, 24ㄱ〉
     ㄷ. 三使겨셔도 催促ᄒ셔 〈重刊5, 16ㄴ〉

그러한 예를 우리는 (18)에서 보게 된다. 일반적으로 '끠셔'는 '끠셔>쎄셔>께셔'의 변화를 보여주고 '겨셔'는 '겨셔>계셔>께셔'의 변화를 보여주는데 (18)에서는 '끠셔>쎠셔>꺼셔'의 변화를 보여주고 있다. 이러한 현상은 후대로 갈수록 화자들이 '끠셔'와 '겨셔'가 주어성분에 연결될 때 동일한 기능을 수행한다고 인식한 결과에 말미암는다.7)


## 2.5. '으로셔'와 '으로 겨오셔'

앞의 (2)와 (3)의 예문에서 '계셔'의 '셔'가 '겨셔'로 교체되는 것을 통하여 본 바와 같이 현대국어의 관점으로는 분리가 되지 않을 듯한 구성이 근대국어에서는 완전 분리가 가능함을 보았다. 이러한 관점으로 보면 현대국어에서 소위 '자격'을 나타낸다고 보는 '로셔'는 근대국어에서는 '로+셔'로 분리가 가능하다.

    (19) ㄱ. 天尊으로 겨샤 侍病ᄒ샤〈月釋10, 15ㄱ〉
        ㄴ. 나그내로 밥 머구믄〈杜初7, 12〉

    (20) ㄱ. 우흐론 ᄌ뎐으로 겨오셔 겨오시고 아래로……〈명성황후언간,
        1662년〉

---

7) 홍윤표(1985 : 91)에 의하면 『捷解新語』를 제외하고는 대체로 '끠셔'가 나오는 문헌에서는 '겨셔'가 나오지 않으며, '겨셔'가 나오는 문헌에서는 '끠셔'가 나오지 않는다고 보고 있는데 이러한 현상은 18세기 일본어 학습서인 『隣語大方』에서도 확인할 수 있다. 이 자료에서는 '계셔'와 '계셔'만이 쓰이고 있는데, '계셔'의 '계'가 경음화할 음운론적인 환경이 없기 때문에 이 현상은 '끠셔>끠셔'의 된소리에 영향받았다고 해석할 수밖에 없을 것이다. 더욱이 이 문헌의 내용 중에는 『捷解新語』와 관련된 내용이 나오는 바, 그 영향을 받았음을 짐작할 수 있는데에도 불구하고 '끠셔'가 전혀 쓰이지 않고 있음이 특징적이다. 이러한 현상은 '끠셔'가 '셔'의 변형된 존대표지임에 비하여 '겨셔'는 '셔'의 원칙적인 존대표지였기 때문에 '겨셔'를 선택한 것으로 보인다.

ㄴ. 주뎐으로 겨오셔 엇디 넘녀를 ᄒᆞ오시ᄂᆞᆫ가 너기옵시ᄂᆞ닝잇가
  〈상동〉

이러한 해석은 (19)에서처럼 중세국어에서는 '로'가 단독으로 자격을 나타내고 있었다는 사실과 근대국어에 들어와서는 '으로 겨오셔'의 구성이 보임으로써 '셔'가 '겨오셔'로 교체된다는 사실을 통하여 보면 아직도 '겨셔'나 '겨오셔'가 문법화가 완전히 일어나지 않았다는 사실을 알 수 있다. '겨시다'에 겸양의 '-오-'가 들어갈 수 있다고 하는 것은 '겨셔'나 '겨오셔'에 아직 동사적 성격이 남아 있음을 보여주는 것이라고 말할 수 있다. 이러한 사실로 미루어 유정체언에 연결되는 '으로셔'는 『捷解新語』 등 근대국어 문헌에서 '으로＋셔'의 구성을 이루고 있음을 나타낸다고 하겠다.

이제까지 살펴본 구성들을 요약해 보면 다음과 같다.

| | 평칭 : 존칭 |
|---|---|
| '겨셔'계열 | 셔 : 겨셔<br>로＋셔 : 로＋겨오셔 |
| '끠셔'계열 | 에게＋셔 : 끠＋셔(*끠＋겨셔)<br>에게＋로＋셔 : 끠＋로＋셔(*끠＋로＋겨오셔)<br>로＋셔 : 끠＋로＋셔(*끠＋로＋겨오셔) |

## 2.6. {-끠셔}, {-겨셔}의 변천과정

현대국어에서 존칭주격조사라고 하면 {-께서, -께오서, -께옵서}를 들고 있다. 그러나 이미 살펴본 바와 같이 이 부류에는 두 종류가 존재하였는데 하나는 동사 '겨시다'에서 문법화한 '겨셔, 겨오셔, 겨옵셔' 등

이고 다른 하나는 '끠셔'계통이다. '끠셔'가 '께셔(께서)'의 형태로 쓰이는 것은 대개 1910년경 이후로 해석되기 때문에 별 문제가 없으나, 왜 현대국어에서는 '계시다'에서 문법화한 '계셔'가 쓰이지 않느냐 하는 것이 문제가 된다.

현대국어의 '께오서, 께옵서'를 있는 그대로 분석해 본다면 '존칭여격 '께'+겸양의 선어말어미 '오'+서(?)'로 분석해야 하는데 이때 이 구성을 문법적으로 설명하기가 어렵다. 근대국어에 보이던 '겨오셔, 겨옵셔'는 각각 '겨시다' 동사에 겸양의 '-오(옵)-'이 들어가 '-오시-'의 구성으로 극존칭을 나타내는 '겨오시다, 겨옵시다'가 문법화한 것이다. 그런데 이것이 주어에 연결되면서 그 기능이 {-끠셔}와 비슷하다고 인식되어 혼태현상이 일어나 {-끠셔}의 '끠'와 '겨오셔' 등이 혼합되어 '끠오셔'가 되었던 것이다. 마찬가지로 현대국어의 '께서'는 '끠셔>끠셔>께서'로 변하였지만, 다른 하나의 변화는 '겨셔>계셔>께셔>께서'로 변하였음을 알 수 있다.(이태영, 1988 : 45 참조) 이처럼 '끠셔'와 '겨셔'가 '께서'로 통합되는 이유로는 '끠셔'가 하나의 기능을 하는 형태가 아니고 선행체언이 존칭체언임을 나타내는 '끠'와 '존재 전제 내지는 행위의 출발점'을 나타내는 '셔'로 구성되어 있고 이때의 '셔'가 '겨셔'와는 동일한 기능을 하는 것으로 해석되기 때문에 통합될 수 있었던 것으로 보인다.


## 3. {-끠셔}, {-겨셔}와 경어법


근대국어에서 '끠셔'가 관여하는 문장은 대부분 타동사문이다. 만일 '끠셔'가 주격조사라면 문장의 종류에 제약이 있어서는 안될 것이다. 그런데 이 형태가 관여하는 문장이 대부분 타동사라는 사실은 이 '끠셔'가 여격조사 '끠'와 밀접히 관련되어 있음을 시사한다. 이제 원간본『捷解新語』가 보여주는 '끠셔'의 문장과 '끠'가 관여하는 문장을 살펴 이 두 형태 간의 관련성을 살펴보기로 한다.


(21) ㄱ. 信使끠셔도 최촉ᄒ셔 이제 비롤 내ᄋᆸᄂ〈5, 16ㄴ〉

ㄴ. 信使끠셔 격기에 나믄 雜物 두실 적의 가지가지 ᄉ양ᄒ오완마ᄂᆞᆫ〈8, 1ㄴ〉

ㄷ. 봉행끠셔 이 樣子롤 술오라코 닐러왓던디〈8, 5ㄱ〉

ㄹ. 信使끠셔 거스려 니르셔도〈8, 5ㄴ〉

ㅁ. 兩人끠셔 예셔 四五日이나 무그셔〈8, 9ㄴ〉

ㅂ. 두 분끠셔 권ᄒ야 니르오니〈8, 10ㄴ〉

ㅅ. 大君끠셔 信使끠 뵈고 노르실 양으로〈8, 11ㄱ〉

ㅇ. 信使끠셔 구틔여 말리ᄂᆫ 故로〈8, 31ㄱ〉


(21)은『捷解新語』원간본에 나오는 '끠셔'가 관여하는 문장인데, 이 문장에 나타나는 동사로는 '최촉하다, 두다, 니르다, 숪다, 묵다, 권ᄒ다, 보이다, 말리다' 등 타동사이다. (22)의 예문에서 타동사 구문에 나오는 '끠'를 '끠셔'로 교체해 보면 몇몇의 어휘 선택의 문제를 제외하고는 성립이 가능한 문장이 된다.


(22) ㄱ. 送使끠 對面ᄒ면 奇特이 너기믄 아ᄂᆫ 앏ᄑ이니〈1, 7ㄴ〉

ㄴ. 代官네끠 書簡을 ᄡᅥ 니름은〈1, 9ㄴ〉

ㄷ. 正官끠 나도 사ᄅᆷ을 보내올 거시니〈1, 23ㄴ〉

ㄹ. 게셔 힘ᄡᅥ 이런 道理롤 東萊끠 엿ᄌᆞ와〈1, 32ㄴ〉

ㅁ. 가 正官끠 니르오면〈2, 5ㄴ〉

ㅂ. 三使끠 엳ᄌᆞ오니 三使 니르시믄 극진히 넘녀ᄒ심 滿足ᄒ여이다〈5, 28ㄴ〉

ㅅ. 信使끠 숩디 아닌 젼의 〈6, 17ㄴ〉

ㅇ. 信使끠 아모 일도 업시 예섄지 브트시니 아롬다와 ᄒᆞ니이다
〈7, 15ㄴ〉

ㅈ. 信使끠 뵈올 양을 친히 가 긔별을 술오라 혼 일이로소이다 〈7,
18ㄴ〉


(22)에서 타동사를 살펴보면 '대면하다, 쓰다, 보내다, 엿줍다, 니르다, 숩다, 보이다, 논의하다' 등이다. 예문 (21, 22)를 통하여 우리는 여격성분이었던 '三使, 信使, 奉行, 大君' 등이 주어성분에 쓰일 때 '셔'가 연결됨을 볼 수 있다. 이것은 한번 앞에서 언급된 객어성분으로 쓰인 존칭체언 즉 'NP끠'가 주어성분으로 나올 때는 그 존재를 전제하면서 출발점을 표시하는 방법으로 'NP끠'에 '셔'를 연결한 것으로 해석된다. 그런데 중세국어에서는 선행체언이 존칭임을 표시하는 방법으로는 속격의 'ㅅ'과 여격의 '끠'밖에 없었기 때문에 화자들의 인식이 후대로 가면서 주어성분이 존칭일 경우에 여격의 '끠'를 단순한 존칭표지로 사용한 것으로 해석된다.[8]

---

8) 윤용선(1986)에 의하면 중세국어에서 속격의 'ㅅ'과 여격의 '끠'가 경어법상 체언에 연결될 수 없음에도 불구하고 체언에 연결되고 있는 현상은 그 체언이 본래부터 가지고 있는 존칭성 때문이라고 설명하고 그 예로 다음을 들고 있다.

ㄱ. (大王이) 太子끠 가시니 ᄒᆞ마 命終ᄒᆞ거늘 …… 어마니미 太子ㅅ 우희 업더디여(月釋21, 219ㄱ)

ㄴ. 阿育王ㅅ 功德 그지 업수미 이러ᄒᆞ더라(釋詳24, 48ㄴ)

그는 ㄱ에서 주어가 객어의 인물보다 상위자이고 객어인 '太子'는 화자의 존대대상도 아닌 만큼 이때의 '끠'는 '太子'란 체언이 본래부터 지닌 존칭성 때문이라 설명할 수밖에 없다고 설명하고 'ㅅ'이 결합된 체언들 즉 '왕, 태자, 부모, 마왕'이 모두 한자어인 동시에 일반적으로 존귀한 인물을 지칭하는 명사들인데, 이 체언들은 화자의 존대의향에 무관하게 어김없이 'ㅅ'을 취한다고 해석하면서 이것은 이들 체언이 담화상의 원인에 의해 존칭성을 부여받는 것이 아니라 자체적으로 존칭성을 지니는, 즉 형태 자

근대국어 문헌인 『捷解新語』에서 이러한 조사에 의한 경어법이 시작되는 시기에 전체 경어법에도 큰 변화가 일어난다. 예를 들면 겸양의 선어말어미인 '-습-'이 '-옵-', '-오-'로 쓰이면서 '-습-'의 고유한 기능인 겸양을 나타내기도 하지만 때로는 '-시-'에 선행하여 '-습시-'로 결합하여 극존칭을 나타내기도 하고 공손법의 기능을 수행하는 선어말어미로 변화한 모습을 보이기도 한다.

이러한 근대국어의 경어법의 변화에 말미암아 객체에 대한 화자의 존칭을 나타내던 '-끠'가 문장에서 객어에만 연결되지 않고 주어에도 연결되는 현상이 나타나게 된 것으로 생각할 수 있지만 경어법의 변화가 이 '끠셔'와 '겨셔'의 변화에 어떻게 영향을 끼쳤는지는 좀더 고찰해 보아야 할 것이다.

## 4. 현대국어 '께서'의 해석상의 문제점

현대국어에서 소위 존칭 주격조사로 쓰이는 형태로는 '께서'와 극존칭의 형태인 '께오서, 께옵서'가 있다. '끠셔'만을 두고 해석한다면 일견 '여격의 '께'+'셔''로 보는 견해와 '께서'를 주격조사로 보는 견해를 둘 다 인정할 수 있을 것이다. 그러나 전자의 견해에 서서 살펴볼 때 '께오서, 께옵서'에서 '오, 옵'을 어떻게 해석할 것이냐 하는 문제가 대두된다. 이 때의 '-오-, -옵-'은 선어말어미로서 근대국어에서는 '-오(옵)시-'의 구성으로 극존칭을 나타내는 기능을 하던 것이었다. 만일 '께서'가 '께+서'의

---

체가 존칭성을 내재하고 있는 체언이라 가정할 수 있다고 설명하고 있다.(윤용선, 1986 : 68)

구성이라면 어떻게 선어말어미가 이 사이로 끼어들어갈 수 있는지를 설명해내기가 어렵다. 근대국어에서는 '겨오시다, 겨읍시다'의 활용형인 '겨오셔, 겨읍셔'가 존칭체언인 주어를 존대하는 특수조사로 쓰였기 때문에 더욱 그러하다.

한편 '께서'를 하나의 구성으로 보아 존칭 주격조사로 처리할 때 이것을 '께+서'의 구성으로 보아야 하는지 아니면 근대국어에서 '끠셔'보다 훨씬 많이 쓰이던 '겨셔'의 구성으로 보아야 하는지가 문제가 된다. 이제까지 앞에서 살펴본 바에 의하면 현대국어의 '께서'는 '겨셔'의 계열에 서 있다. 그것은 '께오서, 께옵서'를 '께서'와 같은 존칭 주격조사로 볼 때 더욱 확실하다. '께서'는 '끠셔'가 후대로 오면서 화자들에게 '존칭표지 '끠'+행위의 출발점 '셔''로 인식되면서 쓰이다가 '셔'의 존칭인 '겨셔'와 혼태를 일으키면서 생성된 것이다.[9]

결국 우리는 현대국어의 '께서'의 기원을 몇 가지로 가정해 볼 수 있다.

첫째는 '여격조사 '께'+조사 '셔'', 둘째로 문법화한 '겨셔'의 '겨'가 된소리화한 것, 셋째로 중세국어에서 피동문이 능동문으로 변할 때 주어

---

9) 혼태(blending) 현상은 방언에서도 많이 발견된다. 예를 살펴보면 단어끼리의 혼태가 있고, 문법형태소끼리의 혼태가 있다. 단어에서 일어나는 경우로는 부사와 동사의 경우가 많은데 예를 들면, '같다 : 다르다, 맞다 : 틀리다'의 의미대립 관계에 있어서 화자들이 '같다 : 틀리다'의 관계를 형성하게 되자, '다르다'를 '달부다'로 쓰는 방언에서는 '틀리다'를 '틀부다'로 쓰는 현상이 나타나게 된다.(이승재, 1983 참조)
문법형태소의 경우로 예를 들면 '보다'에서 온 여격격표지 '-보고'와 '드리다'에서 온 여격표지 '-더러'가 방언에서 쓰이는데 이 둘이 혼태되면 '-보로(보러)'가 된다. 여기서 알 수 있는 사실은 혼태되는 두 형태소가 동일하거나 유사한 기능이나 의미를 갖는 경우에만 혼태가 가능하다는 것을 알 수 있다.
따라서 문법형태소의 예에서 보는 바와 같이 '끠셔'와 '겨셔'가 혼태를 일으킨 것은 화자들이 두 형태소가 동일하거나 또는 유사한 기능을 하는 것으로 인식했기 때문에 가능한 것이었다. 여기서 혼태형인 '-보러'의 기원을 동사라고 말할 수 없는 것처럼, '께서'의 기원을 '끠셔'나 '겨셔'의 둘 중 하나로 설명할 수는 없다. 왜냐하면 '께서'는 이미 기원의 영역을 넘어서는 새로운 형태소로 볼 수밖에 없기 때문이다.

에 연결된 '끠셔'의 잔존형, 넷째로 '끠셔'의 '끠'가 단순 존칭표지로 바뀌면서 '겨셔'와 혼태를 일으킨 형태 등으로 가정할 수 있을 것이다. 여기서 우리가 가장 신빙성을 갖을 수 있는 것은 셋째와 넷째의 견해인데 셋째를 따로 하나 설정하게 되면 공시적으로 '께서'가 두 종류로 나뉘어야 하기 때문에 통시적으로 피동표현이 능동문으로 바뀌는 타동사문일 경우는 '끠+셔'로 나뉠 가능성이 있다고 하더라도 공식적인 입장에서는 그 기능이 통합된 것으로 해석해야 할 것이다.


## 5. 결론


근대국어 일본어 학습서인 『捷解新語』의 이본인 원간본과 개수1차본, 개수중간본을 중심으로 비교하여 검토한 결과를 가지고 근대국어에서 '끠셔'와 '겨셔'가 어떠한 변천과정을 거쳤는가를 살펴본 결과 우리는 다음과 같은 결론을 얻었다.

첫째, 중세국어에 나타났던 '범이셔, 삶이셔'의 '셔'는 동사 '시다'의 부동사형 '셔'가 문법화를 일으켜 특수조사로 쓰이는 것으로 그와 같은 형태가 수사 뒤에서도, 대명사에도 연결되어서도 쓰였는데 그 기능은 '행위의 출발점'이다. 한편 대명사에 연결된 '셔'는 '겨셔'로 교체되는 것으로 보아서 아직 완전한 문법화가 일어나지 않은, 즉 조사와 동사의 성격을 아울러 갖는 문법화 초기 단계에 있는 것이었다.

둘째, 중세국어의 소위 탈격이라 불리웠던 '끠셔'와 『捷解新語』에 나타나는 '끠셔'를 그 환경이 다르다고 하여 달리 해석해 왔으나 본고에서는 동일한 기능을 하는 형태로 해석한다. 곧 여격성분에 연결되어 '이탈'

의 의미를 가지던 '끠셔'는 그 문장이 피동표현이지만 여격성분이 의미상으로는 행위자이기 때문에 능동문으로 바뀌면서 '끠셔'는 초기 단계에서는 '행위의 출발점'을 표시하는 형태로 인식되다가 후대로 가면서 '존칭표지 '끠'+행위의 출발점 표지 '셔"로 인식되었다. 여격성분에 연결되어 '출발점'을 나타내던 '셔'가 연결된 '끠셔'는 그것이 주어성분에 연결되어 쓰이면서 화자들의 인식이 '끠'는 단순한 존칭표지에 불과하고 '존재 전제 및 행위의 출발점'의 기능은 '셔'가 하는 것으로 바뀌었다. 이러한 '끠셔'는 '셔'의 존칭으로 쓰였던 '겨셔'와 혼태를 일으키게 되었다.

셋째, 중세국어에서 '에셔 : 에로셔 : 로셔'가 서로 아주 유사한 기능을 한 것처럼, 근대국어에서도 '끠셔 : 끠로셔 : 로셔'가 서로 교체되는 현상을 그대로 보여주고 있는데, '끠로셔'는 '존칭표지 '끠'+자격의 '로'+행위의 출발점 표지 '셔'로 분석된다. 한편 '로셔'의 존칭으로 '로겨오셔'가 쓰이는 것으로 보아 '셔'는 그것이 '끠셔, 끠로셔, 로셔' 등에 연결되어 '존재 전제 및 행위의 출발점'을 표시하였다.

넷째, 동사 '겨시다'의 활용형 '겨셔'는 '끠셔'보다는 약간 늦게 발달하였지만 갈수록 많이 쓰이게 되어, 근대국어에서는 존칭의 주어성분에 연결되어 '끠셔'와는 비교가 되지 않을 정도로 널리 쓰이게 되었다. 이 이유는 '끠셔'가 '셔'의 변형된 존대표지였다면 '겨셔'는 '셔'의 원칙적인 존대표지이었기 때문이었다. 흥미로운 것은 극존칭을 나타내기 위하여 '겨오셔, 겨읍셔' 등의 형태를 쓰고 있는데, 이것은 '겨오시다, 겨읍시다'의 활용형이 문법화하면서 쓰이게 된 것이다.

다섯째, 후대로 내려가면서 '겨셔'가 우세한 주어성분의 존대표지의 조사로 쓰이고 있을 때 '끠셔'도 '끠로셔' 등과 함께 여격성분과 주어성분에 연결되면서 그 역할을 얼마간 수행하고 있었다. 이 과정에서 화자들의 인식에 변화가 일어나는데 그것은 '겨셔'와 '끠셔'의 기능이 동일하다고 인식하기에 이르렀다. 이 시점에서 '끠셔'와 '겨셔'는 혼태를 일으키게 된다. 그리하여 선행하는 존대표지인 '끠'에 영향을 받아 '께서'를 생성하게 된다.

여섯째, 현대국어에서 '께서'를 '께+서'로 나누어 해석하려는 경향이 있으나 그것은 '께오서, 께옵서' 등의 형태 때문에 나누기가 곤란하다. '께서'를 '께+서'로 나눌 수 있는 경우는 중세국어의 피동표현이 근대국어에서 능동문으로 바뀔 때 이루어진 타동사문의 경우에서만 가능할 뿐이다. 그러나 이러한 가능성은 동일한 형태소를 공시적으로 단일하게 보지 않고 통시적으로 해석하는 불합리한 면을 가지게 된다. 따라서 현대국어의 '께서, 께오서, 께옵서'는 근대국어의 '겨셔'의 계열에 오히려 가깝지만 그것이 혼태되어 나타나기 때문에 형태적으로는 단일한 형태소로 해석하고자 한다.

마지막으로 '께서, 께오서, 께옵서'를 현대국어에서 존칭 주격조사로 보아야 하는지 아니면 동사에서 문법화된 특수조사로 보아야 하는지는 현대국어의 면밀한 검토를 통하여 공시적인 해석이 내려져야 하기 때문에 이 글에서는 다루지 못하였다. 이 점은 차후의 과제로 삼고자 한다.

## 참고문헌

고영근(1968), 「주격조사의 한 종류에 대하여」, 『이숭녕박사송수기념논총』.

김승곤(1978), 『한국어 조사의 통시적 연구』, 대제각.

박양규(1972), 「국어의 처격에 대한 연구」, 『국어연구』 27.

박양규(1975), 「존칭체언의 통사론적 특징」, 『진단학보』 40.

서정목(1984), 「후치사 '-서'의 의미에 대하여」, 『언어』 9-1.

서종학(1983), 「15세기 국어의 후치사 연구」, 『국어연구』 53.

안명철(1985), 「보조조사 '-서'의 의미」, 『국어학』 14.

안병희(1967), 『문법사』(한국문화사대계 5-한국어발달사 중), 고대민족문화연구소.

유구상(1970), 「주격 '께서'고」, 『새국어교육』 14·15 합병호.

윤용선(1986), 「중세국어의 존경법 연구」, 『국어연구』 71.

이기문(1972), 『개정 국어사 개설』, 민중서관.

이숭녕(1976), 「15세기 국어의 쌍형어 '잇다·시다'의 발달에 대하여」, 『국어학』 4.

이숭녕(1983), 『중세국어문법』(개정증보판), 을유문화사.

이승재(1983), 「혼효형 형성에 대한 문법론적 고찰」, 『어학연구』(서울대) 19-1.

이윤하(1988), 「경험표현의 {-서}에 대한 연구」, 『국어연구』 81.

이윤하(1989), 「{-께서} 문법」, 『제효이용주박사회갑기념논문집』.

이익섭·임홍빈(1983), 『국어문법론』, 학연사.

이태영(1988), 『국어 동사의 문법화 연구』, 한신문화사.

이태영(1990), 「〈捷解新語〉 개수1차본의 국어학적 고찰」, 『어학』(전북대) 17.

임홍빈(1982), 「기술보다는 설명을 중시하는 형태론의 기능정립을 위하여」, 『한국학
    보』 26.

임홍빈(1985), 「국어의 '통사적인' 공범주에 대하여」, 『어학연구』 21-3.

임홍빈(1986), 「{-시-}와 경험주 상정의 시점」, 『국어학』 14.

주경미(1990), 「근대국어의 선어말어미에 대한 연구」, 석사학위논문(단국대).

허  웅(1975), 『우리 옛말본』, 샘문화사.

홍윤표(1975), 「주격어미 '-가'에 대하여」, 『국어학』 3.

홍윤표(1981), 「근대국어의 처소표시와 방향표시의 격」, 『동양학』(단국대) 11.

홍윤표(1985), 「조사에 의한 경어법 표시의 변천」, 『국어학』 14.

홍윤표(1990), 근대국어 강의초.

Anttila, R.(1973) An introduction to historical and comparative linguistics,

　　　　Macmillan.

Hock, H. H.(1986), Principles of historical linguistics, Mouton.

Radford, A.(1981), Transformational syntax, Cambridge university press.

Samuels, M. L.(1972), Linguistics Evolution, Cambridge university press.

# 제7장

# '與'자의 번역과 관련된 문법화 연구

## 1. 서론

본 연구는 국어사 자료에 나타나는 구결문 '與NP로'와 한문 원문의 '與'자의 번역과 관련하여 나타나는, 동반과 비교의 대상을 표시하는 기능(또는 의미)을 가지는 형태 '-와, -로, -와로' 및 그 뒤에 연결되는 '더브러, 드려, 다뭇, ㅎ야' 등의 기능과 역사적 변천 과정을 해명하려는 데 목적이 있다.

본 연구에서 다루고자 하는 허사 '與'자의 번역에서 사용되는 형태소 및 구성은 '-와, -와로, -와 다뭇, -로 다뭇, -와로 다뭇, -와 다뭇ㅎ야, -로 다뭇ㅎ야, -롤 다뭇ㅎ야, -와 더브러, -로 더브러, -와로 더브러, -롤 더브러, -와 ㅎ야, -로 드려' 등이다.1)

---

1) 이 형태소 및 구성들은 대체로 공동격의 기능을 수행하고 있어, '동반', '비교의 대상 표시'의 기능을 주로 가지고 있으나, 열거의 기능을 보이는 형태들도 있다. 본 연구에서 다루는 형태소 및 구성들이 대체로 '동반'과 '비교의 대상 표시'의 기능을 하는 것들이기 때문에 '열거'의 기능을 하는 경우는 주된 논의에서 제외하기로 한다.

이 형태소 및 구성들은 동반과 비교의 기능을 가진 형태임에는 분명하나, 기존의 논의에서는 동사의 문법화 또는 한문의 번역 차용에서 이루어진 轉移語(transitional word)로 보기도 하고, 하나의 문법 구성으로 처리하기도 하는 등 아주 다양한 견해를 보이는 요소들이다.

동일한 한자인 '與'자가 이처럼 국어의 다양한 형태소 및 구성으로 번역되고 있다는 사실은 아주 흥미로운 일이다. 왜냐하면 한문 번역의 영향으로 인하여 국어에 특이한 통사적 구성체가 만들어지고 있음을 알 수 있기 때문이다. 따라서 이를 체계화하여 한문 문법의 영향을 밝혀내야 할 것이다.

그간 언해문을 중심으로 논의된 문법화에 관한 연구는 문헌 번역시 나타나는 직역과 의역의 차이, 한문 문법의 영향 등이 지적되어 왔음에도 불구하고, 언해문에 나와있는 모든 형태소들을 국어의 내적 구성인 것으로 처리하고 규칙을 잡아왔다. 그러다 보니 비슷한 기능을 하는 형태소가 여러 개 나타나는 언어의 비경제적인 사용을 대수롭지 않게 생각하고 지나쳐왔다. 번역자가 이 형태소를 허사로 번역했는지, 실사로 번역한 것인지를 밝히지 않는다면 우리는 문법화의 연구에 허점을 드러낼 수밖에 없을 것이다.

그러므로 본 연구에서는 한문 원문을 번역하는 과정에서 나타나는 특이한 형태소 및 구성들의 번역 과정을 살펴봄으로써 구결문과 언해문의 특성을 밝히는 동시에, 그간 문법화의 연구에서 드러난 문제점을 제시하고 그 문제점을 해결하는 한 방안을 제시하고자 한다. 최종적으로 이들 형태소 및 구성들의 역사적 변천과정을 체계화하고자 한다.

## 2. 문제의 제기

기존의 문법화 연구는 너무 변화의 결과에 치중되어 기술해 왔기 때문에, 대개는 '어떠한 동사가 어떠한 문법 형태소로 변했다.'는 결과적인 서술이 대부분이다. 즉, 변화의 원인과 조건 그리고 과정에 대한 설명이 부족하다는 점을 지적할 수 있다.

국어 동사의 문법화를 논하기 위하여 우리는 그간의 연구를 바탕으로 제기할 수 있는 몇 가지 구체적인 문제를 먼저 생각해 보아야 할 것이다.

예를 들면, '더블다'라는 동사가 어째서 '-을 더브러, -로 더브러, -와 더브러' 등으로 다양하게 쓰이는가? 이러한 쓰임이 국어의 내적 변화에 말미암는 것인가? '-로 더브러', '-로 드려', '-로 드못ᄒ야' 등의 구성은 한문 문법의 영향으로 이해된다.

이 의문점과 관련하여 국어 동사의 문법화가 왜 타동사에 주로 치우쳐서 일어나고 있는가 하는 문제도 함께 생각해야 할 것이다. 주어와 밀접하게 연결되는 자동사와 목적어와 밀접하게 연결되는 타동사 중 타동사가 문법화하는 예가 압도적으로 많은 이유는 무엇일까? 이는 한문 문법의 번역과정에서 목적어 앞에 놓인 허사가 번역되어 우리 국어에 영향을 미친 결과로 이해된다.

또한 국어에서는 동사가 조사로 변하는 문법화가 상당히 많다. 의미 분화의 차원을 넘어서, 동사가 문법적 기능을 하는 허사로 바뀌는 현상이 중세국어에서부터 현대국어에 이르기까지 상당수가 된다는 사실은 국어사에서 매우 특징적인 것으로 볼 수 있을 것이다. 이러한 이유는 일반적인 국어 내적인 언어변화에 말미암는 것도 있지만, 한문 문법의 번역과정에서 생성된 형태가 많았기 때문이었다.

국어 동사가 조사로 기능하는 문법화에 대한 연구는 관점의 차이에 따라 '문법화(안병희 : 1967, 고영진 : 1997)', '허사화(유창돈 : 1975, 이승욱 : 1981, 안효팔 : 1983)', '후치사화(이숭녕 : 1983, 홍윤표 : 1982, 서종학 : 1983)' 등으로 불리면서 연구되어 왔다.

그러나 몇몇 어사의 경우 한문 문법의 영향에 의해 파생된 것으로 보는 견해가 있었다. 한문의 '여(與), 이(以), 사(使), 급(及)' 등이 '다뭇, 뻐, 히여(히여곰), 밋' 등으로 직역되어 국어에서 일반화가 되었다는 점은 이희승(1947 : 192)과 이기문(1972 : 180)에서 지적된 바 있다. 안병희(1973)에서는 '뻐, 시러곰'을 '전후의 문맥을 분명하게 하여 주는 단어'로 보고, 한문의 번역차용에서 이루어진 '轉移語(transitional word)'로 처리하고 있다. 이태영(1988)은 '닥다(把, 將, 拿),[2] 이시다·시다(有, 在)' 등의 동사를 다루면서 조사 '다가'와 '셔'의 기원이 한어 문법에서 介詞의 번역과정에서 파생한 현상임을 밝히고 있다. 정제한(1993)은 언해문에 나타난 한문 허사의 번역 양상에 관해 논하면서, '-로뻐, -로브터'에서 '뻐, 브터'는 준자립형식으로 쓰이다가 '-로써, -로부터'로 '화석화'되는 것으로 설명하고 있다.

한문 문법의 영향을 받아 문법화되는 동사들을 제시하면 타동사로는 '좇다(조차), 닥다(다가), 더블다(더브러), 드리다(드려),[3] ᄒᆞ다(ᄒᆞ야), 쓰다(뻐)' 등을 들 수 있고, 자동사로는 '븥다(브터), 이시다·시다(이셔, 셔)' 등을 들 수 있다.

이제 한문 문법의 영향으로 우리 국어에 들어온 것으로 보이는 형태

---

2) 김문웅(1982)은 조사 '다가'의 기원은 '닥다(把)'에서 유래한다고 보고, 조사 '다가'는 필수적 요소가 아닌 수의적 요소로 해석하고 있다.

3) '-드려'는 여격의 '-드려'와 공동격의 '-로 드려'의 구성을 들 수 있는데, 한문 문법의 영향으로 문법화되는 경우는 '-로 드려'만 해당된다.

소들이 어떻게 번역되고 있는지를 구체적으로 살펴보기로 한다.


## 3. '與'의 번역 양상

언해된 중세국어의 문헌들은 한문 원문을 바탕으로 구결문을 작성한 뒤에 우리말로 언해한 것이 대부분이다. 이때 한문 원문과 구결문 그리고 언해문 사이에는 국어의 문법과 한문 문법이 뒤섞이는 현상이 생기게 된다.

여기서는 한문 문법의 허사 '與'자와 구결문 구성인 '與NP로'의 번역에서 나타나는 대응 형태소 및 구성을 중심으로 그 상관성과 변천과정을 검토하기로 한다.


### 3.1. 구결문 '與NP로'의 용법

구결에 나타나는 조격 조사 '-로'는 명사구에 붙어서 뒤에 오는 동사구를 여러 가지 의미로 한정하는 기능을 한다.(김문웅, 1986 : 39) 그런데 구결에 나타나는 조격 조사는 대개 한문의 일정한 허사들과 호응하여 붙는 특징을 보이는데, 이에 해당하는 허사로는 '以, 使, 令, 與, 故, 自' 등을 들 수 있다.(남풍현, 1973)

'與'자는 허사로 쓰일 경우 대체로 동작행위의 동반자를 표시하거나, 비교하는 대상을 표시하기 때문에 그 구절은 부사어로 쓰이면서 조격 조사의 구결이 붙는다.

중세국어의 '-와로'의 구성은 두 종류가 있다. 첫째는 '與NP로'의 번역에서 나타나는 동반 내지 비교의 대상을 나타내는 '-와로'이고, 다른 하나는 열거의 '-와'가 마지막 체언 뒤에 연결되면서 조격의 '로'가 연결된 '-와로'이다.4) 이 연구에서는 동반 내지 비교의 기능을 보여주는 '-와로'만을 다루고자 한다.

홍윤표(1969)에 의하면 '-와로'는 동반과 비교의 대상만을 나타내는 경우에만 사용되고 있음을 지적하고 『金剛經三家解』에 보이는 다음의 예를 들고 있다. 이것은 '與NP로'의 용법을 확인할 수 있는 중요한 지적으로 보인다.

(1) ㄱ. 能과 所왜 다 괴외ㅎ야ᅀᅡ 비르서 實際와로 서르 應ㅎ리라(能所 ㅣ 俱寂ㅎ야ᅀᅡ 方與實際로 相應去在ㅎ리라)〈金三4, 3a〉

ㄴ. 오ᄂᆞᆳ나래 그듸와로 다 버혀 그츠니(今日에 與君都割斷ㅎ니)〈金三4, 24b〉

ㄷ. 노ᄑᆞ며 ᄂᆞᆺ가온 ᄠᅳ디 나니 道와로 벙을오(高下情生ㅎ니 與道로 疎ㅎ고)〈金三5, 5b〉

ㄹ. 부텨와로 달옴 업슨둘 뵈여 나토시니라(示現 ── 與佛無殊也 ㅣ시니라)〈金三4, 25b〉

이 연구에서 다루는 '與NP로'의 번역 방법은 다음과 같이 『楞嚴經諺解』의 구결문과 언해문을 살펴보면 그 과정을 짐작할 수 있다.(김문웅, 1986 : 41 참조)

(2) ㄱ. 四天宮이 與日月로 齊ㅎ니라 (四天宮이 日月와 ᄀᆞ죽ㅎ니라)〈楞解2, 41a〉

---

4) 다음의 예가 '열거'의 기능을 가진 예이다.
옷과 뵈와로 佛像올 ᄭᅮ미ᅀᆞᇦ도 〈釋詳13, 52〉
깁과 소옴과로 褥 ᄆᆡᆼ글오 〈法華2, 140〉

ㄴ. 卽是此見妙性이 現在我前ᄒᆞ야 與身心과로 異矣로다 (곧 이 보
　　미 微妙ᄒᆞᆫ 性이 번드기 내 알픠 이셔 몸과 ᄆᆞᅀᆞᆷ과로 다ᄅᆞ도다)
　　〈楞解2, 46a〉
ㄷ. 且今에 與汝와로 坐祇陁林ᄒᆞ야 (쏘 이제 너와로 祇陁林에 안
　　자)〈楞解2, 48a〉
ㄹ. 與其同倫五十二菩薩와로 卽從座起ᄒᆞ샤 (大勢至法王子ㅣ ᄀᆞᆮᄒᆞᆫ
　　類옛 五十二 菩薩와 곧 座로셔 니르샤)〈楞解5, 85a〉
ㅁ. 與諸衆生과로 同一悲仰ᄒᆞ이다 (모돈 衆生과 悲仰이 ᄒᆞᆫ 가지로
　　이다)〈楞解6, 6a〉
ㅂ. 與衆生과 共ᄒᆞ며 (衆生과 어우러 ᄒᆞ며)〈楞解6, 107b〉
　(cf. 與衆生과로 共ᄒᆞ면 = 즁싱과 어우러 ᄒᆞ면〈楞解6, 108a〉)


　『楞嚴經諺解』의 구결문을 살펴 보면, '與NP로'와 '與NP와로'가 나타나
는 것을 알 수 있다. 김문웅(1986 : 42)에 의하면, '-와로'의 경우 기능부
담량으로 볼 때 '-와/과'가 훨씬 크고, '-로'는 극히 미약하다고 보고 있
다. 그리하여 변천과정에서 '-로'가 삭제되고, '-와/과'로만으로도 '與NP
로'의 기능을 나타낸다고 해석하고 있다.

　위의 예문에서 보는 바와 같이, 중세국어로 언해하는 과정에서 '與NP
로'를 'NP와로, NP와'로 언해하고 있다. 'NP와로'는 'NP와'로 번역하는
것이 오히려 일반적인 국어의 현상에 합당한 번역이 되었을 것이다. 그
런데 당시의 한문에 구결을 다는 습관이 '與NP로'이었기 때문에 이러한
환경에서 벗어나기가 쉽지 않았을 것으로 보인다. 이러한 과정에서 'NP
와로'와 같은 평면적인 격조사의 복합형태가 나타나게 된 것이다.

　위의 예문에서 볼 수 있듯이, 『楞嚴經諺解』에서는 '與NP로, 與NP와
로'가 언해문에서는 'NP와'로 언해되고 있고, 구결문에서도 '與NP과'가
나타나는 것을 볼 수 있는데, 이것은 '與'자를 번역할 때 '與'자가 동반과

비교의 대상을 표시하는 기능이 있음을 분명히 인식하여 '-와'를 사용하고 있는 것으로 보인다.5) 이처럼 '與NP로'가 번역문에서 'NP와로, NP와'로 번역되는 것은 그 당시 국어의 현상을 반영한 번역으로 보인다.

언해문에 나타나는 복합격 형태의 '-와로/과로'가 문헌에서 나타나는 경향을 보면, 주로 15세기 국어의 자료에서 많이 나타난다. 이 형태가 나타나는 문헌은『訓民正音諺解』에서 나타나기 시작하여『釋譜詳節』,『月印釋譜』,『楞嚴經諺解』,『杜詩諺解初刊本』에서 주로 나타나고 이중에서도 특히『楞嚴經諺解』에서 제일 많이 쓰이고 있다. 그 외에는『禪宗永嘉集諺解』,『救急簡易方諺解』,『六祖法寶壇經諺解』,『觀音經諺解』등에서 몇 예가 나타난다.

16세기 자료에서는『續三綱行實圖』,『飜譯小學』,『二倫行實圖』,『蒙山和尙六道普說諺解』,『呂氏鄕約諺解』등 주로 16세기 초 자료에서 쓰이고 있다.6) 17세기부터는『杜詩諺解重刊本』에 주로 쓰이고 있고,『勸念要錄』,『新傳煮取焰焇方諺解』,『火砲式諺解』등에 몇몇 예가 보인다. 18세기에서는『伍倫全備諺解』,『女四書諺解』,『地藏經諺解』등에 한 두 예가 보일 뿐이다. 19세기에서는 쓰이지 않고 있다. 예를 보이면 다음과 같다.

> (3) ㄱ. 즈믄 化佛와로 ᄒᆞᄢᅵ 소놀 심기시리니〈月釋8, 51a〉
> ㄴ. 阿彌陀佛이 眷屬과로 金色光올 펴시고〈月釋8, 57b〉
> ㄷ. 네 어미와로 내 어버이롤 효양호ᄃᆡ〈飜小七, 47b〉
> ㄹ. 져믄 제 양공과로 사괴더니〈二倫初, 35a〉
> ㅁ. 왕이 후비와로 친히 손소 바볼 힝ᄒᆞ며〈勸念, 18a〉

---

5) 김문웅(1986 : 42)에서는 '與NP로'가 번역문에서 'NP와'로 교체된 사실은 이미 그 당시 현실국어에서는 '與'와 관련해서 '-와/과'만 쓰이고, '-로'는 문어에서만 그 명맥을 유지할 뿐이라고 설명하고 있는데, 필자 역시 이 점에 동의한다.
6)『小學諺解』에서는 '-와로 더브러'가 쓰이고 있다.

    ㅂ. 走火筒은 中神機筒과로 ᄀ토니라〈火砲, 24a〉
    ㅅ. 네 姆姆과로 母親을 伏事ᄒ쇼셔〈伍倫4, 33a〉

이를 종합해보면 언해문에 나타나는 '-와로'는 그 생명력이 주로 15, 16세기에 국한된 것으로 보아서 구결문의 번역과정에서 파생된 형태임을 알 수 있다.

## 3.2. '與'자의 번역과정

이제 '與'자의 다양한 번역을 논의하기 위하여 남풍현(1972)에서 제시된 『杜詩諺解』의 예를 통하여 검토하기로 한다. 『杜詩諺解初刊本』에서 '與NP로'에 대한 번역은 매우 다양하게 나타난다.

『杜詩諺解初刊本』에서 '與'자는 '-와', '-와 다믓, -와 다믓ᄒ야, (-와)를 다믓ᄒ야', '-로 다믓, -로 다믓ᄒ야',7) '-와로, -와로 다믓' 등으로 번역되고 있다.

  (4) ㄱ. 그듸와 긴 바믹 말홈 어두믈 깃노라(喜得與子長夜語)〈杜初25, 43b〉
      ㄴ. 龍이 삿기는 스싀로 샹넷 사ᄅᆞᆷ과 다믓 다ᄅᆞ니라(龍種自與常人殊)〈杜初8, 2a〉
      ㄷ. 너와 다믓ᄒ야 山林에 사로믈 서르 일티 마락(與汝林居未相失)〈杜初8, 33b〉

---

7) '與'자가 連詞로 쓰일 때도 '다믓'이 함께 쓰인 예가 『論語諺解』에서 발견된다.(정제한, 1993 : 56)
    由與求也는=由와 다믓 求는〈季氏, 107〉
    若聖與仁은 則吾豈敢이리오 = 만일 聖과 다믓 仁은 내 엇디 敢ᄒ리오〈述而, 45〉

   ㄹ.  赤岸ㅅ므리  銀河로  <u>다뭇</u>  通ᄒ니(赤岸水與銀河通) 〈杜初16, 31b〉

   ㅁ.  齊梁ㅅ사ᄅᆞ로  <u>다뭇</u>ᄒ야도  뒤헷 드트리 ᄃᆞ욀가 전노라(恐與齊梁作後塵)〈杜初16, 12b〉

   ㅂ.  時世롤  <u>다뭇</u>ᄒ야  反側홀  사ᄅᆞ물  便安케  ᄒ요문(與時安反側)〈杜初23, 5a〉

   ㅅ.  사ᄅᆞᆷ<u>과로</u> ᄒᆞᆫ ᄢᅴ 살며 ᄯᅩ ᄒᆞᆫ ᄢᅴ 주그리라(與人同生亦同死)〈杜初16, 42a〉

   ㅇ.  다시  暮春<u>과로</u>  <u>다뭇</u>  期約호라(再與暮春期)〈杜初7, 14a〉

『杜詩諺解』에서 이처럼 다양하게 번역이 되는 이유는, 한문 원문을 번역할 때 같은 허사인 '與'자도 문맥에 따라서 여러 유형으로 번역해야 하기 때문이었다. 즉 '-와'만을 사용하여 번역할 수 있는 문장이 있고, 꼭 '다뭇'이라는 부사를 써야만 문맥이 통하는 경우도 있으며, '다뭇ᄒ야'와 같은 동사적인 의미를 함께 써야 하는 경우도 있었기 때문에 '다뭇, 다뭇ᄒ야'가 함께 번역된 것이다. '다뭇ᄒ야'가 쓰인 것은 '與'자가 介詞로 쓰였기 때문에 그 동사적인 특성을 함께 나타내기 위하여 번역과정에서 동사를 번역하는 식으로 번역했기 때문이다.[8]

중국어의 介詞란 명사 또는 대명사를 중개하여 동사 혹은 형용사 위에 두어 그것들의 시간, 지위, 방법, 원인 등의 관계를 표시하는 것이다. 중국어의 개사 '把'의 경우, 마치 격조사를 표시하는 것처럼 보이나 사실 그 의의는 비교적 구체적이다. '把'는 무조건 목적어를 나타내고 있는 것이 아니라 일정한 목적어와 동사의 관계 위에서만 쓰이고 있는 것이다.(정헌철, 1986 : 29)

---

8) 한문과 중국어의 개사는 그 기능이 동사적인 성질과 허사적인 성질을 아울러 갖는 것이다. 따라서 번역자에 따라서는 동사와 허사로 번역이 가능했던 것이다.

이태영(1988 : 28)에 의하면 중국어 개사 '把(將, 拿)'는 번역이 되지 않는 경우가 있고, 번역이 될 때는 '다가'로 번역하여 '-를다가, -로다가, -에다가'의 구성을 보인다. 예를 들면 다음과 같다.

(5) ㄱ. (捕盜官)이 그 도즈글 훈 산ㅅ고래 에워 ᄯ자바 도라오니(把那賊圍在一箇山谷裏)〈飜老上, 30b〉

　　ㄴ. 다른 사ᄅ미 우리를다가 므슴 사ᄅ믈 사마 보리오(別人將咱們做甚麼人看)〈飜老上, 5b〉

　　ㄷ. 免帖내여 히야 ᄇ리고 아리 외와 免帖타잇던 공오로 이번 몯외 온 죄를 마초와 티기를 면ᄒ거니와(將出免帖來毁了 使將功折過免了打)〈飜老上, 4b〉

　　ㄹ. (一等人이) 다시 눈으로다가 보디 아니ᄒ니(再不把眼看)〈伍倫全3, 11b〉

　　ㅁ. 그 도즈기 그 나그내의 등의 훈 사를 ᄡ니(那賊 將那客人脊背上 射了一箭)〈飜老上, 29a〉

　　ㅂ. 取燈에다가 불을 혀 안을 향ᄒ여 비최여(把取燈點上火往裏照)〈朴通新2, 41a〉

'把'가 번역이 되지 않을 때는 '-를, -로, -에'로 언해된다. 곧 '把'가 언해되지 않고 대격, 조격, 처격 성분 앞에 쓰인다. 그러나 '把'가 직역될 때는 '-를, -로, -에' 뒤에 '-다가'가 언해된다. 이 두 구성은 '주어＋把＋목적어＋동사'의 구성을 가지고 있기 때문에 '把'는 우리 국어로 보면 특수조사에 해당한다. 중국어의 개사가 문법적인 기능과 아울러 동사적인 성질도 가지고 있는 것처럼, 동사에서 문법화한 우리 국어의 특수조사도 그 변화의 초기 단계에서는 문법적인 기능과 아울러 동사적인 성질도 가지고 있었다.

'與'자에 대한 번역은 문헌에 따라 다르게 나타난다. 반드시 『杜詩諺解』

식의 번역만이 이루어진 것은 아니었다. 이미 예문 (2)에서 본 바와 같이 『楞嚴經諺解』의 구결에서는 '與'자가 쓰이면 거의 대부분 한글 구결 '-와로'가 연결되고 있는데 번역과정에서 '-로'가 삭제되고, '-와'만 나타나는 경우가 흔히 있다.(2. ㄱ, ㄹ, ㅁ) '與'자가 '-와'와만 나타나는 곳이 여러 곳 있다.(2. ㅂ) '與'자가 '-로'와 호응을 이룬 예는 하나가 보인다. 『楞嚴經諺解』의 번역문은 대체로 그 당시 일반적인 국어의 구문에 충실한 번역으로 보인다. '與NP와로'로 구결을 단 것도 그렇고, 언해문에서도 '-와'로 번역하려고 노력한 흔적이 역력하다.

위에서 논의한 자료를 바탕으로 '與'자의 용법을 정리해 보면 구결문에서는 '與NP로, 與NP와로, 與NP와'가 나타나고, '與NP로/와로/와'가 번역문에서는 '-와', '-와 다못', '-와 다못ᄒᆞ야', '(-와)롤 다못ᄒᆞ야', '-로 다못', '-로 다못ᄒᆞ야', '-와로', '-와로 다못' 등으로 나타난다.

결론적으로 '與NP와'는 '與'자의 기능이 공동격인 '-와'의 기능인 바, 직역을 하는 관계로 '與'자를 번역하면서 '다못, 다못ᄒᆞ야, 더브러'를 첨가한 것이다. '與NP로'는 한글 구결문인 '與NP로'의 구성을 그대로 번역하여 '-와, -로 다못, -로 다못ᄒᆞ야, -로 더브러'로 번역한 것이다. '與NP와로'는 '與'를 '동반'과 '비교의 대상'을 표시하는 조사로 인식하여, '-와'와 '與NP로'의 두 구성이 섞여서 이루어진 구결문으로, 언해문에서는 '-와, -와로, -와로 다못, -와로 더브러' 등으로 번역한 것이다. '롤 다못ᄒᆞ야, 롤 더브러'로 직역한 경우는 '與'자의 기능을 동사로 인식하여 번역한 결과로 해석된다.

여기서 특징적인 것은 '與NP로'의 번역에 있어서 언해문이 'NP로'만으로는 번역되지 않는 특징을 보인다. 이것은 '-로'의 기능으로는 동반과 비교의 대상을 표시하는 기능을 수행키 어려웠기 때문에 반드시 그 뒤에 '다몯, 더브러, ᄃᆞ려' 등의 공동의 의미를 가진 어사를 동반한 것이다.

앞에서 살핀 『杜詩諺解』 및 『楞嚴經諺解』에서의 '與'자의 번역 결과와 중세·근대국어 전반에 걸친 '與'자의 번역 결과는 매우 유사하다. 이것을 종합하여 제시하면 다음과 같다.

〈'與'자 번역 종합표〉

| 구결문 ＼ 언해문 | -와 | -와로 | 다몯 | 다몯ᄒᆞ야 | ᄒᆞ야 | ᄃᆞ려 | 더브러 |
|---|---|---|---|---|---|---|---|
| 與NP와 | 와 | | 와 다몯 | 와 다몯ᄒᆞ야 | 와 ᄒᆞ야 | | 와 더브러 |
| 與NP로 | 와 | 와로 | 로 다몯 | 로 다몯ᄒᆞ야 | | 로 ᄃᆞ려 | 로 더브러 |
| 與NP와로 | 와 | 와로 | 와로 다몯 | | | | 와로 더브러 |
| 與NPx | | | | 롤 다몯ᄒᆞ야 | | | 롤 더브러 |

## 3.3. '더브러, ᄃᆞ려, ᄒᆞ야, 다몯'의 변천 과정

### 3.3.1. '더브러'의 변천 과정

이제 언해문에서 '-와, -로, -와로'의 뒤에 연결되는 '더브러'의 실체를 파악하기 위하여, 중세·근대국어의 문헌에서 '더블다'가 어떻게 쓰이고 있는지를 검토하기로 한다.

첫째, 15세기국어에서 '더블다'는 동사로 쓰여 'ᄃᆞ리다(率, 將)'의 의미를 갖는다.

(6) ㄱ. (耶輸ㅣ) 羅睺羅 <u>더브러</u> 노폰 樓우희 오르시고 (將羅睺登上高樓) 〈釋詳6, 2b〉

   ㄴ. 大愛道ㅣ 五百靑衣 <u>더브르시고</u> 耶輸씌 가아 (將從五百靑衣) 〈釋詳6, 6b〉

ㄷ. 이제 내 너를 <u>더브러</u> 보는 中에 골히노니 (今晉ㅣ 將汝ᄒ야 擇
於見中ᄒ노니) 〈楞解2, 33b〉


둘째, 15세기 국어에서 'NP더브러 VP'에서 VP에 '묻다, 말하다, 니르다' 등의 동사가 나오면 대부분 여격으로 쓰어 '드려'와 같은 기능을 한다. 이 구문에서 쓰일 경우에는 '-더브러'에 대응하는 한자가 거의 나타나지 않는 특징을 갖는다. 이는 '더브러'가 이미 문법화를 일으켜 문법 형태소로 기능하고 있음을 보이는 것이다. 동사 '드리다'와 '더블다'가 중세국어에서 유의어 관계에 있음을 보여준다.(예문 (11) 참조)

16세기의 자료에서는 'NP더브러 VP'에서 VP에 '묻다, 말하다, 니르다' 등의 동사가 나올 때, '於'자가 쓰여서 '-더브러'가 여격 기능을 하면서 쓰이고 있음을 알 수 있다.9)


(7) ㄱ. 須達이 舍利弗 <u>더브러</u> 무로디 〈釋詳6, 23a〉
    ㄴ. 부톄 羅刹女돌 <u>더브러</u> 니르샤디 〈釋詳21, 31b〉
    ㄷ. 나룰 爲ᄒ야 賈公 <u>더브러</u> 致謝호디 〈杜初22, 48b〉
    ㄹ. 黑子ㅣ 著作郎 高允 <u>더브러</u> 의론호디 (黑子ㅣ 謀於著作郎高允
       日) 〈飜小九, 43a〉
    ㅁ. 太子ㅣ 高允 <u>더브러</u> 닐오디 (太子ㅣ 謂允 日) 〈飜小九, 44a〉


셋째, 16세기부터 '-와 더브러, -로 더브러, -와로 더브러'의 구성이 '與'자의 번역으로 나타나면서 공동격의 기능으로 쓰이고 있다. 16세기부터 주로 『飜譯小學』, 『小學諺解』 등에서 '더브러, 더블어'로 쓰이면서

---

9) 한문 문법을 참고하면 '더브러'와 관련되는 한자는 '與, 於' 등이 있다. 한문 문법에서 '與'자는 동사로 쓰일 때는 '주다, 참여하다'의 뜻으로 많이 쓰이고, 허사로 쓰일 때는 '-와 함께, -와 더불어'의 뜻과 '-에게'의 뜻을 갖는다. '於'자는 허사로 쓰여서 '-에, -에게'의 뜻을 가진다.(홍인표, 1976 : 208-217 참조)

'-와 더브러, -로 더브러, -와로 더브러'의 구성이 보이기 시작한다.10) 이 '더브러'가 쓰이는 문헌은 주로 문어체의 한문 번역서에 해당된다.

(8) ㄱ. ᄆᆞᅀᆞᆷ과로 더브러 이러 (化與心成ᄒᆞ야) 〈小學書, 02a〉
    ㄴ. 벋과 더브러 사괴요디 (與朋友交호디) 〈小學1, 15b〉
    ㄷ. 믈읫 얼운 사름으로 더브러 말ᄉᆞᆷ홈애 (凡與大人言에) 〈小學2, 14b〉


넷째, 17세기 문헌에서도 '-롤 더브러, -로 더브러, -와 더브리'는 '與'자의 번역으로 공동격의 기능으로 쓰이고 있다. 이때 쓰이는 '-롤 더브러'는 중세국어의 동사 '더블다'와는 다른 것이다. 여기서 '-롤 더브러'는 介詞 '與'자의 번역 과정에서 동사적으로 번역한 것에 불과하다.

(9) ㄱ. 듕히 나히 열서레 어미롤 더브러 수플 아래 수머 업더여셔 (重海年十歲與母竄伏林下) 〈東新孝1, 51b〉


19세기까지 '-로 더브러'가 가장 많이 쓰이고 '-롤 더브러', '-와 더브러'도 쓰이고 있다. '-로 더브러'가 빈도상으로 가장 많이 쓰이고 있는 현상은 구결문 '與NP로'의 영향이 계속되고 있었음을 보여준다고 할 수 있다.

(10) ㄱ. 원컨대 늘근 어미로 더브러 주근 아븨 곁틔셔 홈끠 주그리라

---

10) '-와 더브러, -로 더브러'의 '더브러'를 부사로 처리하는 경향이 있으나, 이는 한문 문법의 개사인 '與'자의 번역과정에서 파생된 형태이므로 부사로 처리하는 것은 옳지 않다. '-와 더브러, -로 더브러'의 구성으로 동반의 기능을 나타내는 허사로 기능하기 때문이다. 특히 한문의 개사는 허사의 기능과 동사적인 성격을 아울러 갖는 것이기 때문에 일반적인 국어의 구문으로 처리하여 부사로 보는 것은 타당치 않은 것으로 보인다. '더브러'가 단독으로 쓰일 경우에만 부사로 처리가 가능하다고 할 수 있다.

(願與老母同死亡父之側)〈東新孝3, 39b〉
ㄴ. 승쟝 녕규와 더브러 금산 도적글 티다가 (與僧將靈珪討錦山賊)〈東新忠1, 36b〉


'더브러'는 『東國新續三綱行實圖』, 『家禮諺解』, 『重刊警民編諺解』, 『馬經抄集諺解』 등에서 '룰 더브러, -로 더브러, -와 더브러'의 구성으로 많이 나타난다. 이들 문헌 역시 주로 문어체의 한문 번역서에 해당된다.

18세기에는 『三譯總解』, 『伍倫全備諺解』, 『女四書諺解』, 『內訓』, 『論語栗谷先生諺解』, 『孟子栗谷先生諺解』, 『闡義昭鑑諺解』, 『種德新編諺解』, 『御製警世問答諺解』, 『御製警世問答續錄諺解』, 『祖訓諺解』, 『十九史略諺解』, 『明義錄諺解』, 『續明義錄諺解』, 『五倫行實圖』 및 綸音諺解 등 주로 한문 번역서에 수없이 보인다.

19세기에는 『셩교졀요』, 『쥬년쳠례광익』, 『치명일긔』, 『주교요지』, 『太上感應篇圖說諺解』, 『南宮桂籍』, 『三聖訓經』, 『筦君靈蹟誌』, 『明聖經諺解』 및 讀本類 등에 보인다.

'-와로'의 형태와는 달리 '-로 더브러, -와 더브러'는 19세기 후기까지 생산성을 가지고 지속되고 있음을 볼 수 있다. 이는 '與'자의 번역 관습이 굳어져 19세기까지 이어진 것으로 해석된다.

이상 중세국어 및 근대국어에서 사용되는 虛辭 '與'자는 '룰 더브러, -로 더브러, -와 더브러, -와로 더브러' 등으로 번역되었다.


### 3.3.2. '-로 드려, -와 ᄒ야'의 변천 과정

동사 '드리다'는 '더블다'와 유의어의 관계를 가지면서 다음과 같이 쓰이고 있었다.11)

첫째, 중세국어에서 '드리다'는 여러 활용형으로 쓰이면서 '率, 携, 將' 등의 의미를 가지고 동사로 쓰였다.

(11) ㄱ. 太子ㅣ 童男 童女 드리시고 〈釋詳3, 7b〉
　　 ㄴ. 天王이 眷屬과 無量百千天衆 드리고 다 그 고대 가 供養ᄒ며 〈月釋9, 39b〉
　　 ㄷ. 慈母ㅣ 나를 드려 耆婆天을 뵈ᅀᆞᆸ 제 (慈母ㅣ 携我ᄒ야 謁耆 婆天홀제) 〈楞解2, 8b〉
　　 ㄹ. 닐오맨 長壽天神이니 아들 드려 뵈ᅀᆞ오문 長壽를 求호미라 (耆婆ᄂᆞᆫ 此云長壽天神이니 携子謁之호문) 〈楞解2, 9a〉
　　 ㅁ. ᄒᆞᆫ 商主ㅣ 여러 商人 드려 重寶 가져 嶮ᄒᆞᆫ 길헤 디날 쩨 (將諸 商人ᄒ야) 〈法華7, 58b〉

둘째, 'NP드려 VP'에서 VP에 '묻다, 말하다, 니르다' 등의 동사가 나오면 대부분 여격으로 쓰인다. 이 경우에 '드려'에 해당하는 한자가 원문에 나타나지 않는다. 이것도 '더브러'의 경우와 마찬가지로 '드려'가 이미 문법화하였음을 보이는 것이다.

(12) ㄱ. 王이 臣下ᄃᆞᆯ드려 무르샤ᄃᆡ 〈釋詳3, 18a〉
　　 ㄴ. 부톄 阿難드려 니르샤ᄃᆡ (佛告阿難ᄒ샤ᄃᆡ) 〈楞解2, 13a〉

셋째, '-로 드려'의 구성으로 허사 '與'자를 번역하여 공동격의 기능으로 쓰이고 있다. 이 '-로 드려'는 '-로 더브러'와 같은 기능을 가진다. '-로 드려'의 구성은 17세기부터 나타난다. 동사 '더블다'와 '드리다'가 유의어 관계에 있었음을 알 수 있다.

---

11) '더브러'에 대한 어휘론적인 관찰은 전재호(1988), 민현식(1989)을 참조할 것.

(13) ㄱ. 임진왜난의 그 어미<u>로</u> <u>드려</u> 도적을 피ᄒ더니 (與母避賊)〈東新
　　　烈7, 40b〉

　　ㄴ. 그 지아비<u>로</u> <u>드려</u> 왜적을 뫼골의 피ᄒ더니 (與其父避倭賊)〈東
　　　新烈7, 59b〉

　　ㄷ. 네 妻子一家 老少<u>로</u> <u>드려</u> 먹어 溫飽ᄒ여 즐기고 (與你妻子一
　　　家老少喫得溫飽快活)〈伍倫5, 12a〉

　　ㄹ. 날로 ᄒ여곰 뒤히 가 뎔<u>로</u> <u>드려</u> 말ᄒ쟈 ᄒ면 (使我去背地與他
　　　說話)〈伍倫1, 39a〉

넷째, '-을 드려'의 구성으로도 공동격의 기능을 수행하고 있었다.

(14) 願컨대 兒孫<u>을</u> <u>드려</u> 기리 主ㅣ 되야 (願與兒孫長作主)〈伍倫4,
　　17b〉

'-로 드려' 구성은 '드리다'가 '더블다'와 유의어의 관계에 있었기 때문
에 17세기에 주로 쓰이다가 그 이후에는 거의 쓰이지 않게 되었다. 이
것은 공동격의 '동반'과 '비교의 대상'을 표시하는 기능을 '-로 더브러'가
주로 담당했기 때문으로 해석된다.

'ᄒ다' 동사의 활용형 'ᄒ야'는 대동사로서 쓰이면서 '더브러'와 같은
기능을 보이고 있다. 대동사 'ᄒ다'는 주로 'ᄒ야'의 형태로 '-와 ᄒ야'의
구성에 쓰여 '-와 더브러'의 기능과 같은 공동격 기능을 하고 있다. 다른
구문과는 달리 '-로 ᄒ야', '-와로 ᄒ야'의 구문은 보이지 않는다.

(15) ㄱ. 부톄 大衆<u>과</u> <u>ᄒ샤</u> 그 香나모 ᄊᆞᄒ시고〈月釋10, 13b〉

　　ㄴ. 즉자히 文殊<u>와</u> <u>ᄒ샤</u> 世尊끠 오나시ᄂᆞᆯ〈月釋21, 7a〉

　　ㄷ. 내 부텨<u>와</u> <u>ᄒ야</u> 母子 드왼 後로〈釋詳11, 2b〉

　　ㄹ. 王<u>과</u> <u>ᄒ야</u> 舍衛國祇洹精舍애 가〈釋詳24, 37b〉

　　ㅁ. 졔ᄉᆞ를 가례대로 ᄒ며 겨집<u>과</u> <u>ᄒ야</u> 친히 밍ᄀ라 졔ᄒ더니 (與

　　其妻)〈續三綱孝子圖, 23b〉 (cf. 계집으로 더브러 친히 밍ㄱ
　　라〈重刊本續三綱孝子圖, 26a〉
　ㅂ. ㅎᄒᆫ 벋과 ᄒᆞ야 몬져 가(我和一箇火伴先去)〈飜老上, 66a〉


『杜詩諺解初刊本』에서 '-로 다못ᄒᆞ야'가 『杜詩諺解重刊本』에서는 '-와
ᄒᆞ야'로 번역되고 있다. 원문은 '與'자로 나타난다.


(16) ㄱ. 眞實로 世로 다못ᄒᆞ야 어그릇도다 (眞與世相違)〈杜初11, 20b〉
　　　ㄴ. 眞實로 世와 ᄒᆞ야 서르 어그릇도다〈杜重11, 20b〉


'-와 ᄒᆞ야' 구성은 중세국어와 근대국어 초기에만 부분적으로 쓰이다
가 18세기부터는 쓰이지 않고 있다. 이러한 현상은 'ᄒᆞ다'가 대동사적인
성격을 가지는 것이어서, 보다 의미가 분명한 형태인 '더브러, 다못' 등
을 선택하였기 때문에 근대국어 중기부터는 쓰이지 않은 것으로 보인
다.12)


### 3.3.3. '다못'의 변천 과정

15세기 국어에서 '다못'은 『杜詩諺解初刊本』에서만 나타난다. '與'자의
번역과 관련되어 '다못, -와 다못, -와 다못ᄒᆞ야, -로 다못, -로 다못ᄒᆞ
야, -와로 다못, (-와)ᄅᆞᆯ 다못ᄒᆞ야, -와 ᄒᆞ야 다못' 등과 같이 나타난다.
『杜詩諺解初刊本』에 나타나는 '다못'은 '共, 與'자의 번역으로 나타난
다. 千字文類에서는 '與, 竝'의 새김으로 나타난다. 『光州千字文』(1575년)

---

12) '-와 ᄒᆞ야' 구성은 현대국어의 구어체에서 공동격 조사로 쓰이는 '-하고'와 관련성을
　　갖는 것으로 보인다. 그러나 공동격의 '-하고'를 보여주는 국어사의 문헌이 드물기
　　때문에 이의 변천과정을 해석하기는 쉽지 않다. 17세기 초기의 구어체를 보이고 있
　　는 『현풍곽씨언간』에는 공동격의 '-하고'가 보인다.

에서는 '與 다못 여 〈光千, 11a〉', '竝 다못 병 〈光千, 40a〉' 등이 쓰이고 있고, 『新增類合』(1576년)에 '與 다못 여 더브러 여 〈類合下, 63a〉', 『石峰 千字文』(1583년)에서는 '與 더블 여 〈石千, 11a〉'로 쓰이는 것으로 보아서 '다못'은 '더브러'와 같은 뜻으로 쓰인 것이다.

(17) ㄱ. 나그내 南縣으로브터 와 浩蕩ᄒ야 다못 갈 ᄃᆡ 업수라 (客從南縣來浩蕩無與適) 〈杜初07, 23a〉

ㄴ. 勢ᄂᆞᆫ 關羽 張飛와 다못[13] ᄀᆞᆯ오니 功은 耿弇 鄧禹의게 臨하야 親近하도다(勢與關張並 功臨耿鄧親) 〈杜初06, 31a〉

ㄷ. 兄과 다못ᄒ야 行年ᄋᆞᆯ ᄒᆞᆫ ᄒᆡᄅᆞᆯ 혜리로소니 어디닌 이 兄 이오 어린 거슨 이 앗이로다(與兄行年校一歲賢者是兄愚者弟) 〈杜初08, 27a〉

ㄹ. 巴陵洞庭日本ㅅ 東과 赤岸ㅅ므리 銀河로 다못 通ᄒ니 그 가온ᄃᆡ 구룺 氣運이 ᄂᆞᄂᆞᆫ 龍ᄋᆞᆯ 조초 잇도다(巴陵洞庭日本東赤岸水與銀河通中有雲氣隨飛龍) 〈杜初16, 31b〉

ㅁ. ᄀᆞ장 술 머거 사ᄅᆞ미 모다 ᄇᆞ료ᄆᆞᆯ 오래 ᄇᆞ리고 朝會호ᄆᆞᆯ 게을이 ᄒᆞ니 眞實로 世로 다못ᄒ야 어그릇도다(縱飮久拼人共棄懶朝眞與世相違) -拼은 棄也ㅣ라 甫ㅣ 性이 放誕ᄒ야 與世相杵故로 縱飮懶朝ᄒ야 甘爲人의 所棄而無顧惜也ㅣ라 〈杜初11, 20b〉

ㅂ. 오래 슬노라 세 峽엣 나그내 다시 暮春과로 다못 期約호라(久嗟三峽客再與暮春期) 〈杜初07, 14a〉

ㅅ. 時世ᄅᆞᆯ 다못ᄒ야 反側홀 사ᄅᆞᄆᆞᆯ 便安케 ᄒᆞ요ᄆᆞᆫ 녜로브터 經綸 홀 지죄 잇ᄂᆞ니라 (與時安反側自昔有經綸) 〈杜初23, 05a〉

ㅇ. 쉬ᄂᆞᆫ 나래 時節ᄋᆞᆯ 조차 술 먹노소니 오ᄂᆞᆫ ᄒᆡ엔 내 크와 ᄒᆞ야 다못 길리로다 (假日從時飮明年共我長) 〈杜初08, 50a〉

---

13) 이현희 외(1997)에서는 이 예문에서 '다못'은 '與'를 직역한 결과 나타난 부사로 보고, 이 '與'의 기능이 이미 조사 '-와'에 반영되어 있기 때문에 '다못'은 잉여적인 것으로 보고 있다.

'다못'의 쓰임이 특징적인 것은 '더브러'와 '드려' 등이 대체로 '동반'과 '비교'의 기능을 하는 데 비하여, '다못'은 중세국어에서는 '동반, 비교, 열거' 등에서 모두 사용되는 특징을 보이다가 근대국어에서는 주로 '열거'의 기능에만 사용된다. 이러한 특징 때문에 '다못'은 근대국어 후기에서는 '밋'과 관련된다.

'다못'은 16세기 문헌인 『小學諺解』와 『中庸諺解』에서 '다못'이 나타나고, 『杜詩諺解重刊本』에 '다못ᄒ야'가 보이며, 18세기 문헌에서 '다못'이 많이 쓰이고 있다. 『杜詩諺解』 초간본과 중간본 이외에는 '다못ᄒ다'가 보이지 않는다.

(18) ㄱ. 반ᄃ시 몬져 그 사회와 다못 며ᄂ리의 텬셩과 힝실과 〈小學5, 064a〉

　　　ㄴ. 詩예 닐오디 내 明德의 聲과 다못 色을 크게 아니홈을 懷ᄒ노라 〈中庸, 54b〉

　　　ㄷ. 뵈와 다못 ᄆᆞᄅᄂ는 法이라 〈家禮6, 8a〉

　　　ㄹ. 好事를 다 純과 다못 直에 輪홀디니 〈伍倫8, 6a〉

　　　ㅁ. 뉘 能히 公子와 다못ᄒ야 어으르매 홈끠 도라가고 〈杜重15, 6b〉

이제 근대국어 문헌인 『闡義昭鑑諺解』와[14] 『增修無冤錄諺解』에 나타나는 '다못'의 쓰임을 검토해 보기로 한다.

『闡義昭鑑諺解』에서는 '다못'이 열거의 기능일 때만 쓰인다. (19, ㄱ)에서는 한문 원문에 나타나는 '與'자가 언해문에서는 번역되지 않고 있는데 비해, (19, ㄴ)에서는 '다못'으로 번역되고 있음을 보이고 있다.

---

14) 『闡義昭鑑諺解』에서는 '與'자의 번역이 '동반'의 의미일 때는 거의 대부분 '-로 더브러'로 나타나고, '열거'의 기능일 때는 '-와 다못'으로 나타난다.

(19) ㄱ. 이러트시 글아샤더 효종대왕 혈믹과 션대왕 골육이 다만(闡義
　　　1, 4b) 쥬샹과 연셩군 ᄯᄅᆷ이니(若曰敎宗大王血脈先大王骨肉
　　　只有主上與延礽君而)〈闡義1, 5a〉
　　ㄴ. 효종대왕 혈믹과 션대왕 골육이 다만 나와 다못 연셩군이 이시
　　　니(孝宗大王血脉先大王骨肉只有予與延礽君)〈闡義1, 12a〉


　　『增修無冤錄諺解』에서는 ‘與’자가 ‘다못’으로 번역되는 경우에 ‘다못’이
비교의 대상에도 쓰이지만, 주로 열거의 기능에 나타난다.(20, ㄱ, ㄴ)
‘幷’자가 ‘다못’으로 번역되어 열거의 구문에서 쓰이고 있다.(20, ㅁ) 이
문헌에서는 ‘及’이 ‘밋’으로 번역되어 나타나는데, ‘及’이 ‘다못’으로 번역
되는 경우도 있다.(20, ㄹ) ‘다못’이 ‘열거’의 기능으로 ‘밋’과 관련됨을 보
이는 예이다.


(20) ㄱ. 初春과 다못 冬月은 초롤 ᄭᅳᆯ히며 술 지강 복기롤 덥게 ᄒᆞ라(初
　　　春與冬月은 煮醋炒糟롤 令熟ᄒᆞ라)〈無冤錄1, 19b〉
　　ㄴ. 脂肉이 꺼져시며 다못 꺼디디 아니홈과 (脂肉이 陷與不陷과)
　　　〈無冤錄1, 24a〉
　　ㄷ. 다른 더 盪혼 바로 다못 ᄀᆞᆺ디 아니ᄒᆞ니라 (與他所盪으로 不同
　　　이니라)〈無冤錄3, 49b〉
　　ㄹ. 검험혼 문장과 다못 元告人의 指執과 (憑准檢狀及元告人指執
　　　과)〈無冤錄1, 3b〉
　　ㅁ. 그 顖門 骨과 다못 架骨이 (其顖門骨幷架骨이)〈無冤錄1,
　　　26b〉


　　따라서 ‘다못’은 중세국어에서는 ‘동반’과 ‘비교’ 및 ‘열거’의 기능으로
쓰이고 있었으나, 근대국어에서는 차츰 열거의 기능에서만 쓰이고 있
다. 이 이유는 ‘-로 더브러’가 강력한 생산성을 가지면서 공동격의 기능

을 담당했기 때문이었다. 이런 현상 때문에 근대국어에서 '다믓'은 열거의 기능을 가진 '밋'과 긴밀한 관계를 갖게 된다. 이 글에서는 열거를 나타내는 '밋'에 대한 논의는 하지 않기로 한다.

이제까지 언급한 '與'자와 관련된 공동격 기능의 형태 목록을 종합하여 도표로 제시하면 다음과 같다.

〈'與'자와 관련된 공동격 기능의 형태 목록〉

| 형태별 \ 세기별 | | 15세기 | 16세기 | 17세기 | 18세기 | 19세기 | 20세기 | 비고 |
|---|---|---|---|---|---|---|---|---|
| 와로 | | — | —⟩ | | | | | |
| 와 ᄒ야 | | — | — | —⟩ | | | | |
| 로 ᄃ려 | | | | —⟩ | | | | |
| 더브러 | 와 더브러 | | — | — | — | — | —⟩ | |
| | 로 더브러 | | — | — | — | —⟩ | | |
| | 와로 더브러 | | —⟩ | | | | | |
| 더블다 | 롤 더브러 | | | — | — | —⟩ | | |
| 다믓 | 와 다믓 | — | — | — | —⟩ | | | |
| | 로 다믓 | —⟩ | | | | | | |
| | 와로 다믓 | —⟩ | | | | | | |
| | 와 ᄒ야 다믓 | —⟩ | | | | | | |
| 다믓ᄒ다 | 와 다믓ᄒ야 | —⟩ | | | | | | |
| | 로 다믓ᄒ야 | —⟩ | | | | | | |
| | 롤 다믓ᄒ야 | —⟩ | | | | | | |

## 3.4. 구결문 '與NP로'의 번역문 처리 방법

이제 우리가 다루어야 할 문제는 '與'자의 번역에서 나타나는 '다믓, 더브러, ᄃ려, ᄒ야' 등을 어떻게 취급할 것이냐 하는 문제이다. 이에 대해서는 그간 여러 가지로 해석되어 왔다. 일단 이를 해석할 수 있는 방법을 제시해 보기로 한다.

　첫째, 동반의 의미를 나타내는 형식인 '-을 더브러, -을 다뭇ᄒ야'를 동사로 인정하는 방법이다. 공동격의 기능을 가지는 '-을 더브러'의 경우, '與NP로'의 구성을 동사로 해석한 것이기 때문에 비록 의미는 동반의 의미를 갖고 공동격의 기능을 수행하고 있지만, 일반적인 국어의 문장으로 볼 수 있을 것이다.

　둘째, '-로 더브러, -와 더브러, -로 드려'의 '더브러'를 부사 및 동사로 인정하는 방법이 있을 수 있다. 『杜詩諺解』의 번역문에서 '-로 다뭇, -로 다뭇ᄒ야'가 쓰이고 있는 것으로 미루어, 이때의 '더브러'는 부사와 동사로 해석이 가능할 것이다. 그러나 문제는 이 구성들이 '與NP로'의 번역에서 나온 것이어서 일반적인 국어의 현상과는 상당히 다른 점을 보인다. '-로 더브러'에서 '더브러'가 부사라면 '-로 함께'가 되어야 하는데, '-로 함께'는 일반적인 국어 표현은 아니다. '-와 함께'가 일반적인 국어 표현인 것이다. 또한 '-로 더브러'에서 '더브러'가 동사라고 한다면 '-을 더브러, -와 더브러'가 되어야지, '-로 더브러'의 구성으로는 일반적인 국어라고 말하기 어렵다. 따라서 '-로 더브러'는 한문 문법에서 차용된 전이어로 처리해야 한다.

　셋째로, '-로드려, -로더브러, -와더브러'를 하나의 문법 기능 단위로 인정하는 방법이 있다. 한문 문법의 영향으로 파생된 구성체로는 '-로써, -로ᄒ여금, -로브터' 등이 있다. 이것들은 일반적인 국어의 현상이라고 보기 어렵기 때문에 하나의 문법 기능 단위로 처리하고 있을 뿐이다. 따라서 '與NP로'의 번역에서 파생된 '-로드려, -로더브러, -와더브러'를 하나의 문법 기능 단위로 처리하는 방법이 합리적일 것으로 보인다.15)

이렇게 처리하고도 남는 문제는 '-로ᄃ려, -로더브러', '-와더브러, -와ᄒ야'의 구성체를 동사의 문법화로 볼 것인가, 아니면 전이어로서 굳어진 것으로 처리할 것인가 하는 점이다. 이 글에서는 그 과정은 한문의 번역과정에서 파생된 전이어이지만, 국어의 동사인 'ᄃ리다, 더블다' 등이 관여하고 있는 점을 고려하여 문법화에서 다루는 것이 타당하다고 생각한다.


## 4. 결론


본 연구는 한문 문법에서 소위 허사로 쓰이는 '與'자가 관여하는 구문을 통하여 한문 원문에 토를 단 구결문과 한문 원문 및 구결문의 번역에서 나타나는 유사한 형태를 검토해 왔다. 그리하여 '동반'과 '비교의 대상' 및 '열거'의 기능을 보여주는 '-와, -와로, -와 다못, -로 다못, -와로 다못, -와 다못ᄒ야, -로 다못ᄒ야, -롤 다못ᄒ야, -와 더브러, -로 더브러, -와로 더브러, -롤 더브러, -와 ᄒ야, -로 ᄃ려' 등에 대한 기능과 상호 관련성 및 역사적 변천과정을 논의해 왔다.

그 결과 다음과 같은 몇 가지 중요한 사항을 발견하게 되었다. 이제 그 요지를 요약하면서 결론을 맺고자 한다.

첫째, 구결문에서 보이는 '與NP로'는 번역문에서 '-와, -와로'로 번역되는데, 이때 '-와'로 번역되는 것은 일반적인 국어의 번역이고, '-와로'로 번역되는 것은 '-와'에 구결문에서 쓰이는 '-로'가 결합되어 번역된 형

---

15) 홍윤표(1982)에서는 '-로ᄃ려, -로더브러'를 후치사로 처리하고 있다.

태이다. 따라서 이 '-와로'의 형태는 중세국어에서 '동반'과 '비교의 대상'을 표시하는 기능에서 주로 쓰이다가 근대국어에서는 거의 쓰이지 않는 특징을 보인다.

한편, 구결문 '與NP로'는 'NP로'만으로는 번역되는 일이 없다. 이것은 '-로'의 기능이 조격 조사였기 때문에 불가능했던 것이다. 따라서 그 뒤에 반드시 '더브러, 다믓, ᄃ려' 등을 붙이게 된 것이다.

둘째, 구결문 '與NP로'는 그 구조에 경도되어 한문의 허사인 '與'자가 '다믓, 더브러, ᄃ려, 다믓ᄒ야' 등으로 번역되면서 '-와/로/와로 더브러, -와/로/와로 다믓, -와/로 다믓ᄒ야' 등의 구조를 갖게 되고, 또한 동사로 번역이 되어 '-ᄅ롤 더브러, -롤 다믓ᄒ야' 등의 구성으로도 동반의 기능을 갖게 되었다.

셋째, 이 구성들 중 '-로, -와로'가 연결된 구성들은 그 구조가 구결문 '與NP로'에 근거하고 있었기 때문에 일반적인 국어의 현상이 아닌 관계로 그 생명력이 길지 못했으나, '-로 더브러'만이 구결문인 '與NP로'의 생명력과 함께 오랫동안 쓰여왔음을 알 수 있다.

그러나 결국은 '-로 더브러'도 19세기까지만 쓰이게 되고, '-와 더불어'가 현대국어에서도 쓰이게 되었다.

넷째, '동반'과 '비교의 대상'을 표시하는 '다믓'은 주로 중세국어의 『杜詩諺解』에서만 쓰이고 있는데, '-와 다믓'만이 18세기까지 쓰이다가 '밋'에 그 자리를 내어주고 사라지게 된다. '다믓'은 근대 후기에는 주로 '열거'의 기능으로 쓰이면서 '밋'과 관련을 맺다가 '밋'에 그 기능을 넘겨주게 된다.

이러한 사실들은 일반적인 국어의 공동격 기능이 '-와'이었고, 나머지들은 모두 한문 문법의 허사와 관련되어 차용된 전이된 형태였음을 보여주고 있다.

　다섯째, 그러나 이처럼 전이된 형태라 하더라도 이미 우리 국어에 깊숙히 들어와서 오랜 세월동안 생명력을 가지고 쓰였기 때문에 우리 국어의 유형에서 제외할 수는 없다. 따라서 본 연구에서는 국어 동사가 보여주는 문법화의 한 유형으로 분류하여 다루었다.

## 참고문헌


고영진(1997), 『한국어의 문법화 과정』-풀이씨의 경우-, 국학자료원.

김문웅(1986), 『15세기 언해서의 구결연구』, 형설출판사.

남풍현(1971), 「15세기 문헌에 나타난 중국어의 문법적 영향과 호응관계 형성에 대한 고찰」, 『한양대 논문집』 5.

남풍현(1972), 「『杜詩諺解』 주석문의 '-로'에 대한 고찰」, 『단국대 논문집』 3.

남풍현(1973), 「『杜詩諺解』 주석문의 문법적 고찰」, 『동양학』 3.

민현식(1989), 「'더브러' 관련 유의어에 대하여」, 『국어학』 18.

서종학(1983), 「15세기 국어의 후치사 연구」, 『국어연구』 53.

안병희(1967), 『문법사』(한국문화사대계 5-한국어발달사 중), 고대민족문화연구소.

안효팔(1983), 「허사화의 연구」-후기 중세국어를 중심으로, 석사논문(경남대).

유창돈(1975), 『이조국어사 연구』, 이우출판사.

이기문(1972), 『국어사 개설』(개정판), 탑출판사.

이숭녕(1983), 『중세국어문법』(개정증보판), 을유문화사.

이승욱(1981), 「부동사의 허사화」-주격접미사 {가}의 발달에 대하여, 『진단학보』 51.

이태영(1984), 「동사 '가다'의 문법화에 대하여」, 『국어국문학』 92.

이태영(1988), 『국어 동사의 문법화 연구』, 한신문화사.

이태영(1997), 『역주 捷解新語』, 태학사.

이태영(1997), 「국어 동사의 문법화 유형-'가지고', '더브러, 드려, 흥야를 중심으로-」, 제4회 서울 국제 언어학 학술대회 발표 논문.

이현희(1994), 『중세국어 구문 연구』, 신구문화사.

이희승(1947), 『조선어학논고』, 을유문화사.

전재호(1988), 「'더블다' 관련 어휘의 의미에 관한 통시적 고찰」, 『국어학』 17.

정제한(1993), 「언해문의 한문 허사 번역에 관한 연구」-〈논어언해〉를 중심으로-, 『국어연구』 113.

홍윤표(1969), 「15세기 국어의 격 연구」, 『국어연구』 21.

홍윤표(1981), 「근대국어의 처소표시와 방향표시의 격」, 『동양학』 11.

홍윤표(1982), 「근대국어의 '-로드려'와 '-로더브러'에 대하여」, 『백영정병욱선생환갑기념논총』.

홍윤표(1984), 「현대국어의 후치사 {가지고}」, 『동양학』(단국대) 14.

홍윤표(1994), 『근대국어 연구(1)』, 태학사.

홍인표(1976), 『한문 문법』, 신아사.

Anttila, R.(1973), *An Introduction to Historical and Comparative Linguistics*, Macmillan.

Heine, B. & Claudi, U. & Hunnemeyer, F.(1991), *Grammaticalization*, The University of Chicago Press.

Hopper, P. J. & Traugott, E. C.(1933), *Grammaticalization*, Cambridge University Press.

Lin, H. T.(1984), *Essential Grammar for Modern Chinese*, Cheng & Tsui Company, Inc, boston.

Pagliuca, W. ed.(1994), *Perspectives On Grammaticalization*, John Benjamins Publishing Company.

Traugott, E. C. & Heine, B. ed.(1988), *Approaches To Grammaticalization( I, II)*, John Benjamins Publishing Company.

# 제8장

# 19세기 『루갈다 옥중편지』에 나타난 '호읍'체의 변천과정

## 1. 서론

　필사본 『루갈다 옥중편지』는, 1801년 신유박해 때 전주에서 천주교의 탄압으로 인하여 순교한, '이순이(루갈다)'와 '유중철(요안)' 동정부부의 순교에 관한 이야기가 담긴 한글 필사본 편지이다. 이 편지는 '이순이'와 이순이의 오빠인 '이경도'가 쓴 편지, 이순이의 동생 '이경언'이 쓴 옥중기록으로 총 46장(91쪽)으로 이루어졌다.

　「루갈다 옥중편지」는 필사본으로 현재 전주교구에서 운영하는 호남교회사연구소에 소장되어 있다. 이 편지는 1868년 8월 울산 장대에서 순교한 대구교구의 순교자 김종륜(金宗倫, 루가)이 필사하여 소장하였던 것이다. 따라서 19세기 중엽의 문헌으로 추정할 수 있다.

　유중철(요안)은 조선시대 천주교 지도자이자 순교자인 유항검(柳恒儉, 1756-1801)의 아들로 1797년(정조21)에 이루갈다와 혼인을 하였는데 첫

날밤부터 동정부부가 되기로 다짐하였다. 유중철은 1802년(순조2)에 전주 형옥에서 20살의 나이로 교수형을 받아 순교하였고, 이루갈다는 관비(官婢)로 가라는 선고를 거부하다가 숲정이 형장에서 처형되었다.

이 편지들은, 이순이와 그의 가족이 순교하기 직전, 어머니와 올케들에게 쓴 편지인 바, 매우 사실적인 경어법을 구사하고 있어서, 당시의 경어법 연구에 큰 도움을 받을 수 있는 자료이다. 언간(諺簡) 자료는 구어체의 생활 국어를 보여준다는 점에서 우리의 언어 사실을 비교적 정확하게 보여주는 자료로 평가된다. 그간 많지 않은 언간 자료 중 특히 이 자료는 전라북도에서 발생한 천주교 박해 사건의 내용이 들어 있어서 역사학, 사회학 연구 등 다른 학문 영역에도 크게 도움이 되리라 생각한다.

이 글은 필사본 『루갈다 옥중편지』에 나타나는 'ᄒᆞᆸ'형을 중심으로 그 변천과정을 살피고, 문말에 나타나는 '-ᄋᆸ'의 기능을 밝히는 데 목적이 있다. 'ᄒᆞᆸ'으로 끝나는 구성은 이미 『청주 북일면 순천김씨묘 출토 언간』, 『현풍 곽씨 언간』, 『추사 김정희 언간』 등에서 아주 많이 쓰이고 있음을 확인한 바 있다. 따라서 본 연구에서는 이들 언간 및 근대국어 구어체의 문헌으로 알려진 『捷解新語』와 같은 문헌을 참고하여 논의를 전개하기로 한다.

필자가 다루려는 'ᄒᆞᆸ'류 종결형은 '-ᄋᆸ 종결형, ᄒᆞᆸ류 종결형, -습 종결형'이란 이름으로 불리면서 연구되어 왔다. 대체로 '-ᄋᆸᄂᆞ이다, -ᄋᆸᄂᆞᆺ가, -ᄋᆸ쇼셔'에서 '-ᄂᆞ이다, -ᄂᆞᆺ가, -쇼셔'가 절단되었거나 또는 생략되면서 생긴 형태로 보고 있다. 그러나 한편으로는 '-습'으로 쓰인 예가 모두 종결형이 아니라 비종결형도 있다는 견해를 보인 논문도 있다.

황문환(1999)는 근대국어 문헌 자료의 'ᄒᆞᆸ'류는 '-ᄉᆞᆸ-'을 포함한 'ᄒᆞ쇼서'체 종결형에서 '-습-' 뒤의 형태가 생략되어 형성되었을 것으로 추정하고 있다. 그리하여 '호쇼셔'체와 '호옵소'체를 왕래하는 대우 성격으로 파악하고 있다.

이태영(1998)에서는 '-어이다' 구성을 검토하면서 공손법의 선어말어미인 '-이-'의 분리 가능성을 언급한 바 있으며, 이태영(1999)에서는 '호옵니'와 같이 축약된 종결어미들이 공손법의 선어말어미인 '-이-'와 관련되어 있음을 연구한 바 있다. 이때 '-옵-'의 기능이 상대경어법으로 변화했다고 보는 견해에 대하여 상대경어법으로 변화한 것이 아니라 '-이-'의 변화로 말미암아 화자가 상대를 높이기 위하여 자기를 최대한 겸양하는 방법으로 '-옵-'을 쓰면서 결과적으로 '간접적 상대경어법'을 구사하고 있음을 밝혔다.

필자는 선어말어미 '-옵-'과 '-이-' 등이 경어법의 위계 변화를 일으키며, 이들이 '-니, -데, -시, -쇠' 등과 같은 축약된 종결어미와도 밀접한 관련을 가지면서 변화하여 결국은 '-옵'과 같은 종결형으로 사용되고 있는 것으로 보았다. 따라서 선어말어미와 종결어미와의 관련성을 다각도로 분석해야만 '-옵'의 기능을 찾을 수 있을 것으로 판단된다.


## 2. 『루갈다 옥중편지』의 해제, 번역과 주석

### 2.1. 해제(解題)

『루갈다 옥중편지』는 다음과 같이 네 편으로 구성되어 있다.

1) 이루갈다의 오라버니 이경도(李景陶) 가롤로가 옥중에서 어머니에

게 보낸 편지

2) 이루갈다가 어머니에게 보낸 편지

3) 이루갈다가 두 올케 언니에게 보낸 편지

4) 이루갈다의 동생 이경언(李景彦) 바오로가 쓴 옥중기록

이 편지를 필사한 순교자 김종륜(金宗倫, 루가)은 어떻게 이 편지를 필사하였을까? 그 과거사를 자세히 알기는 어렵지만 편지에 나타난 여러 가지 특징을 통해서 살펴볼 수 있다.

1868년 8월 울산 장대에서 순교한 대구교구의 김종륜이 루갈다 편지의 원문을 보고 공식적인 어투로 고친 것으로 추정된다. 루갈다와 루갈다의 오빠가 쓴 편지, 루갈다의 동생이 쓴 일기인데도 어휘나 문투가 거의 같은 유형으로 되어 있는 것으로 볼 때, 편지의 원문을 그대로 베껴 적은 것이 아니라 김종륜이 나름대로 정서한 것으로 볼 수밖에 없을 것이다.

이 편지는 19세기에 쓰인 것이 분명하다. 일단 필사자가 19세기에 살던 순교자이고, 편지에 나타난 언어 현상을 살펴 보면 19세기에 사용된 표기법과 어휘가 많이 보이기 때문이다. 그 특징을 제시하면 다음과 같다.

1) 대체로 존칭주격조사로 ‘-끠셔’를 쓰는데 여기서는 ‘-끼셔’도 사용하고 있다. ‘시’이 ‘끼’으로 바뀌어 표기된 것으로 보아 편지가 쓰여진 시기가 19세기임을 알 수 있다.

2) 유기음을 말음으로 가지는 어간 뒤에 모음으로 시작하는 조사가 올 때는 ‘묻히, 얇희’가 쓰이고, 어미가 올 때에는 ‘붙허, 깁히’가 쓰이고

있다. 이러한 표기법은 유기음 계열을 'ㅎ'과 'ㄱ, ㄷ, ㅂ, ㅈ'이 결합된 것으로 보고 분리 표기가 이루어진 것으로, 소위 재음소화에 의한 표기이다. 이러한 표기는 16세기부터 보이다가 18세기 말에 일반화하여 쓰이게 된다.(곽충구 : 1980, 홍윤표 : 1986)

(1) 갑흠 〈1ㄱ〉16) 압흘 〈22ㄴ〉 놉흔 〈43ㄱ〉 밋히 〈37ㄱ〉 씃히 〈41ㄴ〉

3) 다음 어휘는 19세기에 주로 출현하는 어휘들이다.

(2) ㄱ. 뫼쏙닥이〈43ㄱ〉 : 쏙닥이 上 〈1880한불자전, 185〉 쏙닥이 上頭 〈1895국한회어, 033〉 燉臺 봉화 드는 뫼 쏙닥이 〈19세기광재물보, 지도, 002b〉
   ㄴ. 거븨엽고〈44ㄴ〉 : 면지 가븨얍고 더우며 쏘흔 집의 잇는 비어눌 굿ㅎ여 소음을 스려 ㅎ느뇨〈1852태상감응편도설언해, 5, 011b〉
   ㄷ. 아모됴록〈26ㄴ〉 : 너는 아모됴록 몸을 보젼ㅎ야 고향에 도라가라.〈18XX소운던, 023〉
   ㄹ. 어리양〈26ㄴ〉 : 어린양ㅎ다〈1880한불자전, 022〉

이순이와 그의 남매인 이경도, 이경언은 전주 이씨 가문 출생으로, 그들이 쓴 『루갈다 옥중편지』는 당시 사대부 가문의 구어체를 엿볼 수 있는 편지라고 할 수 있다. 이 편지에는 방언이 거의 없고17) 특히 문헌에 나오는 역사적인 어휘가 그대로 구사되고 있어서 당시의 서울의 표준적인 어법이 구사된 것으로 해석된다. 그 특징을 제시하면 다음과 같다.

---

16) 『루갈다 옥중편지』의 출전은 쪽수만 표시하기로 한다.
17) '강습(講習)'을 '강십'으로 발음하는 예가 하나 보인다.

1) 한문으로 된 사자성어가 많이 쓰인다. 일부만 제시하면 다음과 같다.

> (3) 감샤쥬은(感謝主恩), 견여금셕(堅如金石), 결발오년(結髮五年), 경향표교(京鄕捕校), 고당편친(姑堂片親), 관비뎡쇽(官婢定屬), 관회억제(寬懷抑制), 구ᄉ션죵(求思善終), 금셰영결(今世永訣), 극악죄인(極惡罪人), 노심노력(勞心勞力), 대군대부(大君大父), 대죄악인(大罪惡人), 동거ᄉ년(同居四年), 동긔지졍(同氣之情)

2) 중세국어부터 써온 어휘가 그대로 쓰이고 있다.

3) 존대법이 잘 지켜지고 있다. 존칭을 나타내는 의문형 종결어미로 '-잇가, -잇고'가 쓰이고, 평서법 종결어미로 '-ᄂ이다, -소이다, -와이다'가 쓰이며, 청유형 종결어미로 '-쇼셔'가 쓰이고 있다. 또한 존칭주격조사로는 '-끠셔, -끠셔, -계셔' 등이 쓰이고, 존칭여격조사로 '-끠'가 쓰인다. 존칭의 복수 접미사로는 '-네, -내'가 쓰이고 있다.

4) 편지이기 때문에 종결어미 '-옵'이 많이 쓰이고 있다.

## 2.2. 번역과 주석의 방법

필자는 1994년 5월 무렵 호남교회사연구소 김진소 신부의 권유로 유종국 교수와 함께 『루갈다 옥중편지』를 현대어로 번역한 바 있다. 그때는 단순히 현대어 번역만을 생각하여 글자의 뜻을 정확히 찾아보지 못한 채 번역을 하였다. 그러나 그 뒤에 두고 읽어보니 틀린 곳도 발견되었고, 당시에는 생각이 짧아 미처 자세하게 생각하지 못한 곳도 많았다.

이번에 전체적으로 다시 살피면서 국어국문학 연구와 역사 연구에 도움이 될까 해서 유종국 교수와 함께 주석과 번역을 하고 교정하였다.

편지의 원본이 국문 필사본이어서 당시의 국어 표기법을 확인해야 하는데, 필자가 국어의 역사를 전공하고 있기 때문에 당시의 표기법을 참고하여 교정하고 정리하였다. 주석에는 필자들이 복원한 한자가 제시되어 있는데 이는 고전문학과 한문학을 전공한 유종국 교수가 주로 담당하였다.

주석본은 한자를 최대한 복원하여 읽는 사람들에게 그 의미를 정확히 알 수 있도록 하였다. 물론 어휘에 따라서 한자에 대한 의견을 달리할 수 있을 것이다. 또한 어휘와 문맥의 의미를 정확히 이해할 수 있도록 비교적 자세하게 의미를 제시하였다. 다만 문법 형태소에 대해서는 전공자들은 쉽게 아는 것이기 때문에 자세한 설명을 생략하였다.

현대어 번역본은 직역보다는 의역을 하였다. 문장이 너무나 길고 복잡하여 직역을 할 경우에는 쉽게 알아보기 힘든 문장이 많았다. 따라서 문장을 짧게 잘라서 이해하기 쉽게 번역하였다.

『루갈다 옥중편지』의 주석을 하면서, 첫째, 원문의 띄어쓰기를 하고 어휘의 한자를 복원하였다. 둘째, 국어사에 나타나는 어휘의 뜻, 문법형태소의 기능을 정확히 찾으려 노력하였다. 셋째, 주석하려는 책을 입력하여 동일한 어휘가 전체적으로 어떻게 쓰이고 있는지를 검색하였다.[18] 넷째, 역사적 사실과 가톨릭 신앙의 관점을 이해하려고 노력하였다.

현대어로 번역을 할 때도, 첫째, 문장이 너무나 길어서 일단 의미 중심으로 끊어 말이 되게 하였다. 둘째, 직역을 해 보았다. 셋째, 한자성

---

18) 어절별 정렬(sort)을 통하여 동일 어휘의 표기 확인, 오표기의 확인, 문체적 특징의 확인, 표기법의 일관성 확인 등을 점검하였다.

어의 경우 글자 그대로의 뜻보다는 글 전체에서 주는 의미를 찾고자 노력하였다. 넷째, 현대적인 어법에 맞게 의역을 하였다.

이러한 과정을 거쳐 다음과 같이 원문을 확정하고, 원문의 한자를 복원하였으며, 거기에 주석을 달았다.

## 1) 확정된 원문의 예

〈루갈다편지, 1ㄴ〉

무한인즈롤 싱각ᄒ오나 엇지 붓그럽지 아니ᄒ오며 엄벌이 두렵지 아니ᄒ오리잇고 다만 싱각하오면 즈의 죄악도 무한ᄒ오나 인즈도 쏘ᄒᆫ 무한ᄒ오니 즈비ᄒ오신 손으로 잇그ᄅ시면 만번 죽은들 무슴 앗가옴이 잇시며 무슴 고련홀 거시 잇스오리잇가 죄악이 열약ᄒ와 용단을 못ᄒ고 잇스오나 만일 특은으로 면치

## 2) 한자를 복원한 원문의 예

〈루갈다편지, 1ㄴ〉

무한인즈(無限仁慈)롤 싱각ᄒ오나 엇지 붓그럽지 아니ᄒ오며 엄벌(嚴罰)이 두렵지 아니ᄒ오리잇고. 다만 싱각하오면 즈(子)의 죄악(罪惡)도 무한(無限)ᄒ오나 인즈(仁慈)도 쏘ᄒᆫ 무한(無限)ᄒ오니 즈비(慈悲)ᄒ오신 손으로 잇그ᄅ시면 만 번 죽은들 무슴 앗가옴이 잇시며 무슴 고련(顧戀)홀 거시 잇스오리잇가. 죄악(罪惡)이 열약(劣弱)ᄒ와 용단(勇斷)을 못 ᄒ고 잇스오나 만일 특은(特恩)으로 면(免)치

## 3) 주석본의 예

〈루갈다편지, 1ㄴ〉

무한인즈(無限仁慈)롤[1] 싱각ᄒ오나 엇지[2] 붓그럽지[3] 아니ᄒ오며 엄벌(嚴

罰)이[4] 두렵지 아니ᄒᆞ오리잇고. 다만 싱각ᄒᆞ오면 즈(子)의[5] 죄악(罪惡)도[6] 무한(無限)ᄒᆞ오나[7] 인즈(仁慈)도[8] ᄯᅩᄒᆞᆫ 무한(無限)ᄒᆞ오니 즈비(慈悲)ᄒᆞ오신[9] 손으로 잇그르시면[10] 만 번 죽은들 무슴[11] 앗가옴이[12] 잇시며 무슴[13] 고련(顧戀)ᄒᆞᆯ[14] 거시 잇ᄉᆞ오리잇가. 죄악(罪惡)이 열약(劣弱)ᄒᆞ와[15] 용단(勇斷)을[16] 못 ᄒᆞ고 잇ᄉᆞ오나 만일 특은(特恩)으로[17] 면(免)치

## 4) 주석본의 주석의 예

1) 무한인즈(無限仁慈) : 무한한 인자로움. 2) 엇지 : 圐 어찌. 3) 붓그럽다 : 圐 부끄럽다. 4) 엄벌(嚴罰) : 엄한 벌. 5) 즈(子) : 자식. 6) 죄악(罪惡) : 중죄가 될만한 악행. 7) 무한(無限) : 끝이 없음. 8) 인즈(仁慈) : 어질고 자애로움. 9) 즈비(慈悲)ᄒᆞ오신 : 자비로우신. 10) 잇글다 : 圐 이끌다. 11) 무슴 : 圐 무슨. 12) 앗갑다 : 圐 아깝다. 13) 무슴 : 圐 무슨. 14) 고련(顧戀) : 뒤돌아보며 그리워하고 아쉬워 함. 15) 열약(劣弱) : 열등하고 약하다. 〈순교자〉 책에서는 '열악'(劣惡)으로 보고 있다. 그러나 원문에 '열약'으로 되어 있다. 글쓴이 이경도(가를로)는 자신의 죄질(罪質)의 수준이 열등하다는 것을 고백하고, 또 마음이 약해서 주님을 위해 죽어야 하는데 용기를 내어 죽을 결심을 하지 못하고 있음을 고백하고 있다. 이러한 정황과 문맥으로 보아 '열등하고 약하여'라고 풀이함이 옳을 듯하다. 16) 용단(勇斷) : 용기 있는 결단. 17) 특은(特恩) : 특별한 은총, 특별한 은혜.

# 3. '호옵'의 유형과 그 특징

## 3.1. 4편의 글에 나타난 경어법과 '호옵'의 특징

첫째 편지는, 이루갈다의 오라버니 이경도(李景陶, 가롤로)가 순교하기 전날, 옥중에서 어머니에게 보내는 편지이다. 아들이 어머니에게 보내는 이 편지에서는 전체적으로 '합쇼'체를 구사하고 있다. 그러나 몇 군

데에서 '호옵'체를 쓰고 있다. 아들이 어머니에게 직접 하는 말에서 나타나고, 나머지 두 군데는 누님과 조카를 이를 때 사용하고 있다. 전체적으로 이 편지에서 '호옵'체는 어머니, 누님, 조카와 같이 매우 친근한 사람들에게 사용하고 있다.

둘째 편지는, 이루갈다가 어머니에게 보내는 편지이다. 이 편지는 딸이 어머니에게 쓴 편지인데 전체적으로 '합쇼체'를 많이 사용하고 있다. 그러나 어머니와 올케에게 말하는 일부 내용에서 '호옵'이 쓰이고 있다.

셋째 편지는, 이루갈다가 두 올케 언니에게 보낸 편지이다. 이 편지는 시누이가 오빠의 부인인 올케에게 보낸 편지이다. 아들이 어머니에게 보낸 편지와, 딸이 어머니에게 보내는 편지와는 달리 '호옵체'가 아주 많이 사용되고 있다. 이러한 현상으로 보면 '호옵체'는 격식을 갖추지 않은 아주 가까운 사이에서 많이 사용되는 '하오체'임을 알 수 있다.

이 편지에서는 시누이가 올케에게 '업니'(지필을 밧드오니 알외올 말이 전혀 업니)와 같이 하게체를 쓰고 있는 것을 볼 수 있다. 이는 매우 가까운 사이임을 나타내는 문법형태소로 '호옵'형을 쓰는 이유를 짐작할 수 있게 한다.

넷째 자료는, 정해년, 이경언(바오로)이의 일기이다. 1827년 전주에서 옥사한 이순이의 둘째 동생 이경언이 어머니에게 쓴 편지이다. 이 편지에서는 '호옵체'가 전혀 보이지 않는 특징을 보인다. 이러한 현상은 이 글이 대화를 상정한 편지가 아니고 개인이 기록으로 남긴 글이기 때문일 것으로 판단된다. 이를 통해 '호옵체'는 대화체에서만 나타나는 어투임을 알 수 있다. 이 편지에서는 '호옵마는'만 보인다.

## 3.2. 평서문의 '-호옵'

자식이 어머니에게, 시누이가 올케에게 쓴 편지에 나타난 '-호옵'은 공손법의 선어말어미가 포함되어 '합쇼체'의 어미인 '-ㄴ이다'가 생략되면서 생성된 것이다. 따라서 얼마든지 복원이 가능하다. 그러나 이처럼 '-ㄴ이다'의 생략이 가능한 이유는 가까운 사람에게는 공손법의 '-이-'의 사용보다는 화자겸양의 '-옵-'이 훨씬 자연스럽게 사용되고 발전하였기 때문이다.

(4) ㄱ. 귀비를 못 잇겟습(귀비를 못 있겠습니다.) 〈1, 3ㄴ〉[19]

　　ㄴ. 내 셰샹의 살앗심이 진실노 덧덧지 아닌 주식이옵(제가 지금 세상에 살아 있는 것은, 진실로 떳떳치 못한 일입니다.) 〈2, 4ㄱ〉

　　ㄷ. 모주 형뎨 남미 부부 영셰의 즐기면 엇덜가 시부옵(모자·형제·남매·부부가 영원한 세상에서 즐기면 어떨까 싶습니다.) 〈2 ,6ㄱ〉

　　ㄹ. 즁간의 유감을 닙어 근 십여추를 닙어 거의 거의 홀 일 업더니 셩혈공노를 닐크라 능히 유감을 면호엿습(도중에 십여 차례의 유혹에 빠질 뻔하다가, 주님의 고통의 신비를 묵상하여 능히 유혹을 물리쳤습니다) 〈2, 6ㄴ〉

　　ㅁ. 우리 형뎨 명년을 긔약훈 니별수년이 되옵은 몽매즁의도 의외라 일노 보면〈17ㄱ〉 셰샹일을 미리 말홀 비옵(우리 형제 내년이면, 형제와 자매로 약속한 지가 4년이 되는데, 치명은 꿈속에서도 바란 바이지만, 매우 뜻밖이라. 이것으로 보면, 세상일을 미리 말할 수 있겠습니다.) 〈3, 17ㄴ〉

　　ㅂ. 훈 째도 피추의 뜻 밧고아 본 일이 업고 집안 사롬과 서로 슬희여 호여 본 째가 업습(한 시도 서로의 뜻을 바꾸어 본 일이 없고, 집안 사람과 서로 싫어하여 본 적이 없습니다.) 〈3, 23ㄴ〉

---

19) 출전의 맨 앞에 있는 숫자는 앞에서 제시한 편지의 종류를 참고로 제시한 것이다.

### 3.3. 청유문의 '-ᄒᆞᆸ'

청유문에서 쓰이는 '-ᄒᆞᆸ'은 뒤에 명령의 합쇼체 어미인 '-쇼셔'나, 청유의 합쇼체 어미인 '-ᄉᆞ이다'를 복원할 수 있다. 일반적으로 '-쇼셔'가 해당된다. 실제로 '-쇼셔'의 사용이 많이 보인다. 그러나 친근한 어머니에게 극존칭인 '합쇼체'의 '-쇼셔'보다는 화자겸양으로 상대를 존대하는 '-ᄋᆞᆸ'이 훨씬 자연스럽고, 더욱이 대상이 올케인 경우에는 합쇼체를 쓰는 일이 자연스럽지 못하다. 따라서 올케에게 쓰고 있는 편지에서 '-ᄒᆞᆸ'이 훨씬 많이 보이고 있다.

(5) ㄱ. 미형끠셔와 누의님그셔  계시옵(매형과 누님께서도 잘 계십시오.) 〈1, 3ㄱ〉

ㄴ. 비록 식이 죽는 디경의 니르러도 과도히 샹심ᄒᆞ옵(비록 이 딸자식이 죽는 지경에 이르러도, 너무 상심마옵소서.) 〈2, 4ㄱ〉

ㄷ. 츙쥬딕을 아모됴록 수이 다려다가 혼 가지로 지내시옵(아무쪼록, 충주댁을 빨리 데려다가 함께 지내시기 바랍니다.) 〈2, 5ㄴ〉

ㄹ. 형님 너므 셜워마옵(언니! 너무 설워 마십시오.) 〈2, 6ㄱ〉

ㅁ. 나 업슨 후라도 젼쥬 셩식을 끈치 말고 나 잇실 째와 곳치 ᄒᆞ옵(제가 죽은 후에라도 전주(全州)에 소식이나 발길을 끊지 말고, 내가 있던 때처럼 하십시오. ) 〈2, 6ㄱ〉

ㅂ. 즈연 말이 만하 횡셜슈셜ᄒᆞ게 잠간 알외ᄂᆞ니 날 그리온 졍이어든 날 본다시 펴보시옵(자연히 말이 많아져 횡설수설하게 됩니다. 나를 그리는 정이 있거든 나를 보는 듯이 펴보소서.) 〈3, 17ㄱ〉

ㅅ. 안심진졍ᄒᆞ시리니 넘녀를 부리오나 형님내끠 넘이 가면 오히려 권권ᄒᆞ야 무익히 분심ᄒᆞ지 마옵(마음을 진정하실 것이지만, 쓸데 없이 염려됩니다. 혹시 형님들이 괴로운 생각이 드시거든 오히려 느긋하게 지내시고, 무익하게 분심을 갖지 마십시오.) 〈3, 17ㄴ〉

ㅇ. 형님내 심스야 오죽호옵마는 만일 치명의 은혜를 닙으면 셜워홀
   거시 업스니 셜워들 말으시고 경하호시옵(언니들 심정이야 오죽
   한스럽겠습니까마는, 만일 치명의 은혜를 입는다면, 서러워할
   일이 없을 것이니, 서러워하지 마시고 즐거워하시기 바랍니다.)
   〈3, 18ㄱ〉

ㅈ. 어마님 형님내 이통호실 일 싱각고 이 즁의도 춤아 닛지 못호야
   유언을 끼치오니 제의 림종유언을〈18ㄱ〉 져ㅂ리지 마옵(어머님
   과 언니들께서 애통하실 일을 생각하는 중에도, 차마 잊지 못하
   여 유언을 남기오니, 이 아우의 임종 유언을 저버리지 마소서.)
   〈3, 18ㄴ〉

ㅊ. 발분면려호고 용력긔진호야 오라바님 뒤흘 조차 쏠오기를 힘써
   시옵(전교하는 일에 몸과 마음을 다하여 힘쓰셔서, 오라버니 뒤
   를 좇아 따르도록 노력하십시오.) 〈3, 22ㄱ〉

ㅋ. 죄 아닌 명이어든 됴흘 디로 쯧을 밧아 화묵이나 일치 마옵(죄
   가 아닌 주님의 뜻이라면 좋을 대로 그 뜻을 따라 화목하게 지
   내십시오.) 〈3, 23ㄴ〉


## 3.4. 의문문의 '-호옵'

이 편지에서는 의문형으로 '호옵ᄂ니잇가' 또는 '호옵ᄂ잇가'와 같이
화자겸양의 '-옵-'과 공손법의 '-이-'가 함께 쓰이는 예가 보이지 않는다.
이러한 현상은 의문문에서는 화자겸양의 '-옵-'과 공손법의 '-이-'가 경
어법 체계에서 충돌을 일으키기 때문에 공손법어미를 쓰지 않고 화자겸
양의 '-옵'으로 종결을 삼고 있다고 해석할 수 있다.

(6) ㄱ. 필경의 원을 일워주시니 이 아니 긔은이오 무어시옵(마침내 이
       소원을 이루어주시니, 이것이 특별한 은혜가 아니고 그 무엇이
       겠습니까?) 〈1, 2ㄱ〉

ㄴ. 즁도 싱각 눈심이야 형용홀 말이 어이 잇습(그간 괴로운 마음이
야 어찌 말로 형용할 수 있겠습니까?) 〈3, 8ㄱ〉

ㄷ. 텬디대군의 춍이ᄒ시ᄂ 즈식을 두면 이 엇지 경하홀 일이옵(하
물며 천지대군이신 주님께서 사랑하시는 자식을 두었다면, 이
어찌 즐거워할 일이 아니겠습니까?) 〈3, 19ㄱ〉

ㄹ. 님금끠 춍 밧침은 다토아 구ᄒᄂ니 구ᄒ지 아닌 춍은을 닙으면
쯧밧긔 은혜 아니옵(임금의 은혜를 받고자 하여 서로 다투는데,
구하지도 아니한 은총을 입는다면, 이 어찌 분에 넘치는 은혜라
고 말하지 않을 수가 있겠습니까?) 〈3, 19ㄱ〉

ㅁ. 만일 이쳐로 쯧츨 못츠 치명을〈19ㄱ〉 ᄒ게 되면 일시의 죄명을
다 벗고 만복으로 가리니 엇지 셜워홀 일이옵(만일 이처럼 끝을
마치어 치명을 하게 되면, 일시에 죄명을 다 벗고 만복을 얻을
것이니, 이 어찌 서러워할 일이겠습니까?) 〈3, 20ㄱ〉

ㅂ. 관비의 형이라 홈과 치명쟈의 형이라 말이 피츠의 엇더ᄒ옵 어
마님도 치명쟈의 모친이라 ᄒ오면 이 일홈이 어딜가 시부옵 내
감히 치명을 ᄒ면 그 긔이홈은 어ᄂ 치명의 비ᄒ겟습(관비의 언
니, 치명자의 언니라는 말이 어떻습니까? 어머님께서도 치명자
의 모친이라 한다면, 이 이름이 어떨까 싶습니까? 제가 감히 치명
을 한다면, 그 기묘함을 어느 치명에 견주겠습니까?) 〈3, 20ㄱ〉

ㅅ. 다른 셩인들은 응당홀 일이언이와 감히 우러러 볼 일을 이 잔싱
의게도 〈3, 19ㄴ〉 허락ᄒ시면 그런 황숑호 일이?습(다른 성인들
은 마땅한 일이겠습니다만, 감히 우러러보아야 할 치명을 보잘
것 없는 이 몸에게도 허락하신다면, 그런 황송한 일이 어디 있겠
습니까?) 〈3, 20ㄱ〉

ㅇ. 쥬춍을 엇고 공 셰울 긔회의 무익히 샹심ᄒ야 득죄어쥬를 ᄒ면
져런 일이 잇습(이렇게 주님의 은총을 얻고도, 공 세울 기회에
무익하게 상심하여 주님께 죄를 짓는다면, 어찌 그런 일이 있을
수 있겠습니까?) 〈3, 20ㄴ〉

ㅈ. 형뎨 모녀 〈21ㄱ〉 이러구러 쉬이 맛나면 아니 됴켓습(형제 모녀 이
럭저럭 쉬이 만나게 되면, 이 어찌 좋지 않겠습니까?) 〈3, 21ㄴ〉

ㅊ. 형님내ᄂ ᄉ랑ᄒᄂ 쏠이 되시면 아니 됴켓습(언니들은 사랑하는

딸이 되시면, 얼마나 좋겠습니까?) 〈3, 21ㄴ〉
ㅋ. 아ᄌᆞ바님끠도 요ᄉᆞ이 엇더ᄒᆞ시옵(아주버님께서는 요사이 어떠하
십니까?) 〈3, 23ㄱ〉
ㅌ. 오라바님도 그러ᄒᆞ시면 두 ᄌᆞ식이 압흘 셧시니 혈마 아니 인도
ᄒᆞ옵(오라버님도 그러하시면, 두 자식이 앞장을 섰으니 설마 아
니 인도하시겠습니까?) 〈3, 24ㄱ〉

## 3.5. '-옵마ᄂᆞᆫ'

현대국어의 '-마는'은 종결 어미 '-다, -냐, -자, -지' 따위의 뒤에 붙어
앞의 사실을 인정을 하면서도 그에 대한 의문이나 그와 어긋나는 상황
따위를 나타내는 보조사이다. 그런데 이 편지에서는 '-ᄒᆞ옵' 뒤에 연결
되는 특징을 보인다. 이것은 이미 '-ᄒᆞ옵'이 종결로서 굳어져 기능하고
있기 때문에 가능한 것이다. 이 편지에서도 '엇지 아니 어려오리오마ᄂᆞᆫ'
의 예에서와 같이 정상적인 '하오체'의 종결어미 뒤에 연결된 예가 발견
된다.

(7) ㄱ. 모녀 샹니 ᄉᆞ년의 이 디경이 되여 ᄉᆞ년 회포를 폐지 못ᄒᆞ오니 망
극ᄒᆞᆫ 정이야 오죽 ᄒᆞ옵마ᄂᆞᆫ 도시 명이라 우리를 주심도 명이오
아ᄉᆞ심도 명이니 관념ᄒᆞᄂᆞᆫ 거시 도로혀 우ᄉᆞ온 일이오니이다(모
녀 서로 이별한 지 4년만에 이 지경이 되어 그간의 회포를 풀지
못하니, 망극한 정이야 오죽하겠습니까마는, 이것도 오직 주님의
뜻입니다. 우리에게 생명을 주심도 주님의 뜻이오, 목숨을 거두
심도 주님의 뜻이니, 이런 일에 관심을 갖는 것은 오히려 우스운
일입니다.) 〈5ㄴ〉
ㄴ. 형님내 심ᄉᆞ야 오죽 ᄒᆞ옵마ᄂᆞᆫ 만일 치명의 은혜를 닙으면 셜워
홀 거시 업ᄉᆞ니 셜워들 말으시고 경하ᄒᆞ시옵(언니들 심정이야
오죽 한스럽겠습니까마는, 만일 치명의 은혜를 입는다면, 서러

위할 일이 없을 것이니, 서러워하지 마시고 즐거워하시기 바랍
니다.) 〈18ㄱ〉

ㄷ. 부탁 부탁ᄒᄂ니 어련ᄒ시옵마ᄂ 제의 부탁을 싱각ᄒ야 두 벌노
ᄒ야 더욱 〈27ㄱ〉 잘 ᄒ시옵(거듭 부탁하오니, 어련히 하시겠습
니까마는 이 아우의 부탁을 생각하여 제 몫까지 더욱 잘 하십시
오.) 〈27ㄴ〉

ㄹ. 셰샹의 뉘 아니 항복되옵마ᄂ 웃듬으로 심복ᄒ고 됴화ᄒᄂ 바ㅣ
그 오라바님이오 녀ᄌ의ᄂ 아가더러이다(세상에서 누가 순명하
지 않겠습니까마는, 제가 누구보다도 으뜸으로 따르고 좋아하는
분이 바로 그 오라버님이요, 여자로는 아가다입니다.) 〈28ㄱ〉

ㅁ. 만지쟝셜 허다셜화ㅣ ᄌ긔ᄂ 션치 못ᄒ며 늡은 션ᄒ라 권ᄒ오니
진실노 노방쟝승이 지로인ᄒ고 미ᄌ귀옵마ᄂ 인지쟝스의 긔언이
션이라 ᄒ니 쟝스ᄒ 사ᄅ의 말인즉 그ᄅ지 아니ᄒ니 눌너보시옵
(길가에 장승은 길 가는 나그네에게 길을 안내하고 길 잃은 사람
을 돌아오게 하는 것처럼, 사람이 장차 죽을 때는 그 말이 선하
다고 하니, 죽을 사람의 말인즉 그르지는 아니하니, 잘 살펴 이
해하시기 바랍니다.) 〈31ㄱ〉

ㅂ. 져런 사ᄅ들은 샹해 공부와 덕ᄒᆼ이 엇더ᄒ겟습마ᄂ〈45ㄱ〉 져리
된다 ᄒᄂ디 날 ᄀᆺᄒ 거ᄉ 무슴 공노ㅣ 잇서 이러케 되ᄂ고 아직
도 모르니 칼 맛기 젼은 쾌담을 못ᄒ겟습마ᄂ 아직ᄭ지ᄂ 세샹
의ᄂ ᄒ나힌 듯 젼신이 다 입이라도 감샤ᄒ 슈 잇ᄂ가(저런 사
람들은 항상 공부와 덕행이 있었기에 저렇게 된다고 하는데, 나
와 같은 사람은 무슨 공이 있어서 이렇게 되는가? 아직도 모르
니 칼 맞기 전에는 장담을 못하겠지마는, 아직까지 세상에서는
유일한 듯하니, 온몸이 다 입이라고 해도 어떻게 다 감사할 수가
있겠는가?) 〈45ㄴ〉

ㅅ. 식경이 못ᄒ야 앏흠이 긋치오니 오늘ᄭ지 사흘이 되디 쟝쳐가
과히 앏ᄒ든 아니ᄒ나 다리ᄅ 쓰지 못ᄒ고 무거온 칼이 누르니
엇지 아니 어려오리오마ᄂ 음식이 여샹ᄒ고 ᄆ음은 틴연ᄒ니 쥬
모의 춍우 곳 아니면 엇지 ᄌ긔힘으로ᄒ 이러ᄒ 슈 잇시리오(갈
수록 은총인지 한 나절이 못되어 아픔이 그치니, 오늘까지 사흘

이 지났는데, 매맞은 상처가 별로 아프지는 아니하나, 다리를 쓰
지 못하고 무거운 칼이 몸을 누르니, 어찌 견디기 어렵지 않겠습
니까마는, 음식맛이 여전하고 마음은 태연하니, 성모님의 도우
심이 아니면, 어찌 자기의 힘으로야 이렇게 할 수가 있으리오?)
〈43ㄴ〉


## 4. 종결어미 '-옵'과 그 변천 과정

　19세기 언간인 『루갈다 옥중편지』에는 '호옵'형의 문장이 평서문, 의
문문, 청유문 등에서 쓰이고 있다. 대체로 '-옵, -습, -옵'의 형태가 쓰인
다. '호옵'체의 문장은 주로 일본어학습서인 『隣語大方』, 『交隣須知』 등
에서도 나타나며 세기를 달리하는 17, 18세기의 언간에서도 일반적으
로 나타난다. 19세기에는 신문이나 신소설 등에 많이 나타나는데 '호옵'
체는 화자와 청자가 상정되는 대화체에서 주로 쓰이고 있다.

(8)　ㄱ. 완〃이 호여 못호올 거시니 금월이롤 말고 향월이롤 보내옵
　　　　　〈1620, 현풍곽씨언간, 107〉
　　ㄴ. 좀든 시도 닛줍디 몯호오더 졍 호옵시믈 지금 사롬 몯 보내와
　　　　　밤낫 그로 근심호올 뿐이옵 〈1620, 현풍곽씨언간, 145〉
　　ㄷ. 彩畫논 대단치 아니호매 水墨 그림을 求호여 주시되 아모커나
　　　　　내 이실 스이의 느려 오게 호여 주옵 〈1790, 인어대방9, 2a〉
　　ㄹ. 이 둘 念間의 어더 주셔야 미츠 쓰게 호엳스오니 어런치 아니케
　　　　　긔별호여 주옵 〈1790, 인어대방10, 3b〉
　　ㅁ. 나논 모옴이 심히 셥셥호옵 〈추사편지1〉
　　ㅂ. 새로 출판호논 대한 황셩 신문은 샹무에 미우 유익호 말이 만코
　　　　　쏘호 매미 홀째에 더욱 요긴호니 만히 사셔보시옵 〈1898, 매일
　　　　　신문413, 4〉

ㅅ. 써느신지 삼삭이 못 되얏스느 평양에 게시던 일은 전셩일 갓습
〈1907, 혈의누, 082〉

ㅇ. 유모 로파는 도로 보닉 엿다ᄒ오니 엇진 연고인지 아지 못ᄒ오
나 실로 섭섭ᄒ 일이 올시다 혹 편이 잇습거든 닉 말로 안부ᄒ
야 주시ᄋ 〈1912, 두견셩上, 53〉


위의 예에서 보는 바와 같이 'ᄒᄋ'은 이미 대화체에서는 17세기자료
에서부터 보이기 시작하여 20세기 초의 자료에까지 두루 쓰이고 있음을
볼 수 있다. 'ᄒᄋ'이 형성된 과정을 추적해 보면 다음과 같다.


(9) ㄱ. 귀비를 못 잇겟습느이다 (귀비를 못 잊겠습니다.)
ㄴ. 귀비를 못 잇겟습닉 (귀비를 못 잊겠소)
ㄷ. 귀비를 못 잇겟습 〈루갈다편지3ㄴ〉


먼저 (9, ㄷ)의 '잇겟습'이 '잇겟습느이다'에서 '-느이다'가 일시적으로
생략된 것인지, 아니면 '잇겟습'이 종결문을 구성하고 있는지를 확인해
야 할 것이다. 다른 많은 예를 검토해 보면 '-느이다'와 같이 뒤에 연결
된 것을 생략하면서 'ᄒᄋ'형이 단독으로 사용되고 있음을 볼 수 있다.
따라서 '-느이다'의 복원이 가능하기도 하고 생략이 가능하기도 한 유형
이 만들어진 것이다. '잇겟습느이다'의 경우는 여전히 사용되는데 이는
극존칭으로 화자겸양과 함께 공손법이 그대로 유지되고 있는 경우이다.
'하게체'인 'ᄒ닉'로는 손윗사람에게 종결로 사용할 수가 없다. 'ᄒᄋ닉'
형은 '하오체'로서 이미 『捷解新語』에서 본 것처럼 비교적 동등한 사이
에 격식을 갖추어 겸양을 하는 유형이다. 조선통신사들이 일본인을 만
났을 때 주로 사용한 '하오체'가 바로 'ᄒᄋ닉' 문장이다. (9, ㄴ)은 가능
한 종결형태이긴 하지만 주로 일본어 학습서에서 나타난다는 점에서 이

편지에서는 쓰고 있지 않다.

『捷解新語』에서는 축약된 종결어미로 '-니(네), -데, -시(새), -쇠' 등이 나타나서 '하게체'의 어미로서 기능을 하고, '호읍니'의 구성으로 '하오체'의 기능을 하고 있었다.

> (10) ㄱ. 슈괴 허일이 될가 이러틋시 구읍니 〈原刊5, 28ㄱ〉
> ㄴ. 잘 흐더라 기리시니 우리 듯기도 더옥 깃브읍데 〈原刊3, 27ㄴ〉
> ㄷ. 書契를 내셔둔 보읍새 〈原刊1, 16ㄱ〉
> ㄹ. ㄱ장 섭섭홀 뜻호오니 헛튼 안쥬로 디졉호시미 됴홀까 시프외
> 〈原刊7, 11ㄴ〉

『루갈다 옥중편지』에서는 친근함을 나타내는 비격식적인 대화에서 '호읍'을 사용하고 있다. (9, ㄷ)에서 종결어미로 쓰인 '습'은 어미 '-소(오)'와 대응되기 때문에 '-소(오)'의 이전 단계로 보인다. 따라서 상대 경어법의 위계는 '하오체'로 볼 수 있다.

이러한 문법적 현상이 가능한 것인가? 가능하다면 왜 이러한 문법적 현상이 특수한 문헌인 편지와 회화 학습서에서 주로 일어나게 된 것일까? 기존의 일부 견해에서는 겸양의 선어말어미인 '-읍-'이 상대 경어법 기능으로 바뀌었다고 말하였는데, 과연 '-읍-'이 상대경어법의 기능을 갖게 되면서 종결어미로 기능하게 된 것일까? 그렇다면 그 이유는 무엇일까?

필자는 이 연구에서 선어말어미 '-읍-'과 종결어미로 쓰인 '-읍'이 쓰인 예문과 축약된 종결어미의 예문을 함께 검토하여, 선어말어미이면서 문말(文末)에 쓰이는 '-읍'의 변천과정을 해석하고자 한다.

(11) ㄱ. ᄒᆞ옵ᄂᆞ이다, ᄒᆞ옵ᄉᆞ이다, ᄒᆞ옵ᄂᆞ니잇가, ᄒᆞ옵쇼셔
     ㄴ. ᄒᆞ옵ᄂᆡ, ᄒᆞ옵데, ᄒᆞ옵새, ᄒᆞ옵도쇠
     ㄷ. ᄒᆞ옵
     ㄹ. ᄒᆞᄂᆞ이다, ᄒᆞᄉᆞ이다
     ㅁ. ᄒᆞᄂᆡ

이미 이태영(1998, 1999)에서는 화자겸양의 '-옵-'과 공손법의 '-이-'가 서로 교체되면서 '하오체'의 기능을 하고 있음을 설명한 바 있다. 따라서 'ᄒᆞ옵ᄂᆞ이다'는 중세국어부터 쓰이던 극존칭이고, 'ᄒᆞ옵ᄂᆡ'는 공손법의 '-이-'의 기능 약화로 인해 만들어진 축약형 종결어미의 유형으로 '하오체'이다. 이는 'ᄒᆞ데, 하ᄂᆡ'의 구성으로 'ᄒᆞ게체'인데 여기에 화자겸양의 선어말어미 '-옵-'이 들어가면서 '하오체'가 되는 것이다. 'ᄒᆞᄂᆞ이다'의 경우에서도 'ᄒᆞ옵ᄂᆞ이다'도 쓰이지만 'ᄒᆞᄂᆞ이다'와 'ᄒᆞ옵ᄂᆡ'가 서로 동일한 위계로 사용되고 있었다. 이러다가 공손법의 '-이-'가 그 기능이 줄어들면서 '-옵-'이 그 기능을 간접적으로 대신하게 되었고, 자연스럽게 'ᄒᆞ옵'으로도 '하오체'의 기능을 하게 된 것이다.

이 편지에서는 다음과 같은 유형이 나타나고 있는데 상당히 흥미로운 현상을 보여주고 있다.

(12) ㄱ. 마옵 : 형님 너모 셜워 마옵 〈루갈다편지, 6ㄱ〉
     ㄴ. 마ᄅᆞ시옵 : 주근형님도 오라바님 죽어계시거든 육정만 싱각ᄒᆞ고
        셜워 마ᄅᆞ시옵 〈루갈다편지, 24ㄴ〉
     ㄷ. 마옵쇼셔 : 나 죽엇다 쇼문 드ᄅᆞ시고 쳔만 번 ᄇᆞ라ᄂᆞ니 과도히
        들 이상치 마옵쇼셔 〈루갈다편지, 18ㄴ〉
     ㄹ. 마ᄉᆞ이다 : 피츠의 닛지 마ᄉᆞ이다 〈루갈다편지, 12ㄱ〉
     ㅁ. 말으쇼셔 : 경이 형뎨와 형님 형뎨를 의탁ᄒᆞ야 우리 남미를 싱
        각지 말으쇼셔 〈루갈다편지, 5ㄱ〉

'말으쇼셔'와 '마옵쇼셔'는 '합쇼체'의 어법을 구사하고 있는 것이다. 이루갈다가 올케들에게도 극존칭을 구사하고 있으나 이 편지에서는 '호옵'도 많이 쓰고 있다. '마옵. 마르시옵'도 역시 올케들에게 하는 편지에서 사용하고 있다. '마스이다'는 남편에게 하는 것으로 보아 청유형의 '-스이다'를 선택하였다. '마스이다'는 '마옵'과 같은 '하오체'의 구성이다. 그 이유는 공손법의 선어말어미 '-이-'와 화자겸양의 선어말어미였던 '-옵'을 '하오체'에서 선택적으로 사용하고 있는 것이기 때문이다.

(13) ㄱ. 말으쇼셔 : 마옵쇼셔
     ㄴ. 마옵, 마르시옵 : 마스이다

중세국어에서부터 극존칭의 어미로 분류되고 있는 '-쇼셔'는 앞에 '-옵-'을 선행시키지 않았다. 그러다가 17세기 국어인 『捷解新語초간본』에서부터 '-옵쇼셔' 구조가 나타나게 된다. 이는 주로 구어체의 문헌에서 나타나게 된 것이다. 『현풍곽씨언간』에서는 빈도가 현저히 많아진다. 『개수捷解新語』와 『천의소감언해』, 『속명의록언해』, 『인어대방』, 『경신록언석』, 『선조행장』, 『염불보권문(동화사판)』, 『염불보권문(고대본)』, 『훈ᄋ진언』, 『긔희일긔』, 『구마검』, 『경세종』 등의 자료에도 나타난다. 주로 언간에서 아주 많이 쓰이는 특징을 보이고, 대화체의 문헌에서 많이 나타나는 특징을 보인다.

구어체 문헌에서 '-옵쇼셔' 연결체가 나타나는 이유는 무엇일까? 그것은 구어체 문헌에서는 청자가 상정되기 때문에 '-옵-'이 연결된 것으로 보는 게 타당할 것이다. 상대높임을 나타내는 어미로는 '-쇼셔'가 있기 때문에 '-옵-'은 화자 겸양의 기능을 수행하는 것으로 보인다.

‘마쇼셔, 말으쇼셔’와 ‘마옵쇼셔’의 차이는 화자겸양의 선어말어미 ‘-옵
-’의 유무에 있다. 화자겸양으로 상대존대를 더욱 강하게 하는 것이다.
‘마옵쇼셔’에서 ‘-쇼셔’가 탈락하면 ‘마옵’은 ‘하오체’가 되며 ‘-옵’은 화자
겸양의 선어말어미에서 출발하여 간접적 상대존대의 기능을 갖게 되면
서 종결어미로 기능하게 된다.

‘마옵, 마르시옵’과 ‘마스이다’의 경우를 보면 화자겸양의 선어말어미
에서 출발한 ‘-옵’과 공손법의 ‘-이-’가 서로 ‘하오체’를 나타내면서 동일
한 기능을 하고 있음을 보여준다. 근대국어에서 ‘마스이다’가 극존칭으
로 쓰이려면 ‘마옵스이다’가 되어야 할 것이다.


## 5. ‘-옵’의 기능


『捷解新語』의 ‘ᄒᆞ옵늬’ 구성은 18세기 구어체에서 사용된 매우 격식이
있는 ‘하오체’ 형식이었다. 이 구성은 이미 이태영(1999)에서 언급한 바
와 같이 ‘ᄒᆞ옵ᄂᆞ이다’의 구성에서 ‘ᄒᆞ옵늬, ᄒᆞ옵늬이다’의 구성들이 쓰이
면서 ‘-ᄂᆞ이-’의 축약형으로 해석한 바 있다.

그렇다면 왜 『루갈다 옥중편지』에서는 ‘ᄒᆞ옵늬’가 쓰이지 않고 ‘ᄒᆞ옵’
이 쓰이고 있는 것인가? 그것은 ‘ᄒᆞ늬’의 ‘늬’가 이미 하게체의 어미로 굳
어져 쓰이고 있었기 때문에 19세기 중반에 ‘ᄒᆞ옵늬’를 가지고 하오체를
표현하기가 어려웠기 때문으로 보인다. 따라서 하게체인 ‘늬’를 떼어버
리고 ‘ᄒᆞ옵’을 가지고 종결문을 만든 것이다.

이때 ‘-옵’은 원래 화자겸양을 나타내던 선어말어미였으나 『捷解新語』
와 같은 구어체 문헌에서 ‘-옵-’이 간접적 상대경어법의 기능을 띄기 시

작하였고, 그 결과 '-이-'가 소멸하면서 '힝읍ᄂ이다'의 구성에서는 화자
겸양을, '힝읍'의 구성에서는 간접적 상대경어법을 나타내는 형태소로
자리하게 된 것으로 이해된다.

　따라서 '힝읍'은 아주 격식이 있는 경우에는 사용하기 어렵고, 자식과
어머니, 아내와 남편, 시누이와 올케와 같이 비교적 친근한 사이에서
많이 쓰이고 있는 것으로 보아서 비격식적 '하오체'로 해석할 수 있을
것이다.

## 참고문헌

곽충구(1980), 「18세기 국어의 음운론적 연구」, 국어연구43.

김일근(1991), 삼정판(三訂版)『언간의 연구』, 건국대학교 출판부.

노순자(1991), 『누이여 천국에서 만나자』, 성바오로.

박양규(1991), 「국어 경어법의 변천」, 『새국어생활』 1-3.

백두현(2004), 『현풍곽씨언간 주해』, 태학사.

안귀남(1999), 「언간의 경어법 연구」－16-20세기 언간 자료를 중심으로－, 경북대 박
    사학위논문.

이태영(1997), 『역주 捷解新語』, 태학사.

이태영(1998), 「근대국어 ‘-어이다’ 구성의 통사적 특성에 대하여」, 『언어학』 6.

이태영(1999), 「근대국어 ‘-네’형 종결어미의 변화과정과 ‘-이-’의 상관성」, 『한국언어
    문학』 43.

이현희(1982), 「국어 종결어미의 발달에 대한 관견」, 『국어학』 11.

이현희(1994), 『중세국어 구문연구』, 신구문화사.

임홍빈(1985), 「현대의 {-삽-}과 예사높임의 ‘-오-’에 대하여」, 『선오당김형기선생팔질
    기념국어학논총』.

장경희(1977), 「17세기 국어의 종결어미 연구」, 『사대논총』(서울대 사대) 16.

조항범(1998), 『주해 순천김씨묘출토간찰』, 태학사.

황문환(1993), 「晉州河氏墓 한글 편지에 나타난 敬語法」, 『성균어문연구』 29.

황문환(1997), 「16, 17세기 언간의 상대경어법 연구」, 정문연 박사학위논문.

황문환(1999), 「근대국어 문헌 자료의 ‘ᄒᆞᆸ’류 종결형에 대하여」, 『배달말』 25.

# 제 9 장

# 전라방언 융합형 '-ㄴ고니'의 문법과 화용적 특성

## 1. 서론

전라방언에서 자주 사용하는 '뭔고니, 누군고니' 등은 '무엇인고 하니, 누구인고 하니'의 구성에서 출발한다. '이것이 뭔고니'의 경우 '이것이 무엇인고 하니'로 분석이 되는데 '무엇인고'의 '-ㄴ고'는 중세국어에서 간접의문을 나타내는 어미인 '-ㄴ고'가 현대방언에서 계속 쓰이고 있고, 잦은 빈도를 갖다보니 뒤에 나오는 상위문 동사의 활용형 '하니'와 연결되어 쓰이다가 '-ㄴ고니'와 같은 융합형 어미를 이루게 되었다. 이 융합형 어미는 의문사와 직접 연결이 될 때는 '뭔고니, 누군고니, 어딘고니, 왠고니, 언젠고니'와 같이 쓰이고, 의문사가 있는 의문문에서 쓰일 때는 '누가 했는고니, 언제 갔는고니'와 같이 쓰인다. 더욱이 '-ㄴ고니'가 의문사에 연결된 '뭔고니'류는 독립되어 쓰이면서 화용적 표지로 발달하여 기능하고 있음을 알 수 있다.

방언에서는 여전히 '-ㄴ고 하니'와 '-ㄴ고니'가 함께 사용되고 있고, 유사한 기능으로 '-ㄴ고 하면'('*-ㄴ고면'), '-ㄴ가 하면'('*-ㄴ가면)', '-ㄴ가 하니'와 '-ㄴ가니', '-냐 하면'과 '-냐면' 등이 쓰이고 있어서 이들의 변천 과정과 방언 분포를 통하여 이 구성들의 특징을 살펴보고자 한다. '뭔고 니'가 '뭔고 하니'로도 쓰이는 방언 현실에서 '-ㄴ고 하니'의 구성과 융합 형 '-ㄴ고니'가 어떠한 기능을 하는지 검토해야 한다. '-ㄴ고니'와 '-냐면' 이 거의 같은 환경에서 교체되고 있어 이 두 융합형의 기능을 살펴야 할 필요가 있다.[1]

이기갑(2002)에서는 『서울 토박이말 자료집(1)』의 예문을 중심으로 현대국어의 '-느냐 하면', '-는고 하니'를 '의문 제기 형식'으로 규정하고 통사적 특징을 살피고 있다. 또한 이 연구에서는 '뭐냐하면/뭐냐면, 왜냐 하면/왜냐면'이 문법화된 경우에 이 형태의 담화적 특징을 살피고 있다.

이 글은 인용구성 '-ㄴ고 하니'와 인용구성의 융합형 '-ㄴ고니'류의 역 사적 변천 과정과 방언의 전국적인 지리적 분포를 통하여 문법적, 화용 적 기능을 검토하려고 한다.

## 2. '-ㄴ고니'와 관련된 유형과 그 쓰임

### 2.1. 중세국어의 간접의문

중세국어의 의문법에서 판정 의문문은 종결어미 '-가'가 담당하고,

---

[1] 이필영(1993 : 117)에서는 인용문 구성에서의 융합을 '내포절의 종결어미와 상위동사 '하-X'가 축약되는 것'이라고 정의하고 있고, 안명철(1996 : 30)에서는 융합을 '연결형 에서 완전한 단어에 음절수 줄이기가 일어나 의존요소로 재구조화되는 현상'이라고 정의하고 있다.

'누, 므슴/므스/므슥, 엇뎨, 엇던, 몃, 어느'와 같은 의문사에 대한 설명을 요구하는 설명 의문문의 경우에는 종결어미 '-고'가 담당하였다.(안병희·이광호, 1993 : 242) 설명 의문문은 의문사가 사용되는 질문으로서, 단순히 '예, 아니오'로 대답하는 것이 아니라 의문사가 가리키는 미지항에 대하여 그 내용을 설명해 주기를 요구하는 의문문이다.

중세국어의 의문문은 크게 직접의문과 간접의문으로 나뉜다. 직접의문은 질문이라고 하는 것으로 화자가 직접 청자에게 대답을 요구하는 의문이고, 간접의문은 화자가 원칙적으로 청자를 전제하지 않거나 적극적으로 고려하지 않는 의문을 말한다.(이현희, 1982 : 3-5) 그러므로 간접의문은 화자의 회의, 의심, 의구 등의 내적 사유 내용이나 그러한 내용의 독백 등이 포함된다. 중세국어의 간접의문 중 판정의문은 '-ㄴ가, -ㄹ가'가 담당하고, 설명의문은 '-ㄴ고, -ㄹ고'가 담당한다. (1 ㄷ)과 같이 의문 보조사 '-고'에 의해 간접의문이 표시될 수도 있다.(장윤희, 2002 : 195-8)

(1)[2] ㄱ. 龍王이 듣줍고 울며 술ᄫᅩ디 부텨하 엇더 나를 ᄇᆞ리고 가시ᄂᆞᆫ고 내 부텨를 몯 보ᅀᆞᄫᆞ면 당다이 모딘 罪를 지ᅀᅮ려이다 〈1459월인석보7, 55ㄱ〉
　　ㄴ. 그저긔 ᄒᆞᆫ 憂婆吉이 諸王ᄭᅴ 닐오디 …… 엇뎨 兵馬 니르ᄫᅡ다 서르 싸홈호려 ᄒᆞ시ᄂᆞᆫ고 ᄒᆞ야늘 〈1447석보상절23, 54ㄴ〉
　　ㄷ. 王이 荒唐히 너기샤 니르샤디 이 엇던 光明고 諸天ㅅ 光明인가 히 둜 光明인가 내 아ᄃᆞᆯ 悉達이 오ᄂᆞᆫ딘댄 몬져 光明 뵈요미 이 샹녯 祥瑞라 〈1459월인석보10, 7ㄴ〉

---

2) 이 논문에서 제시하는 국어사 자료는 21세기 세종계획 '국어 어휘의 역사 검색 프로그램'에서 구축한 국어사 말뭉치를 이용하여 검색한 결과이다.

『한국구비문학대계』를 살펴보면 현대 방언에서 의문을 나타내는 어미 '-ㄴ고'가 많이 사용된다. 현대문학 작품인 시와 소설에서도 최근 작품에 이르기까지 많이 사용되고 있다. 중세국어의 많은 어휘가 방언에서 그대로 전해져 쓰이는 것처럼 중세국어의 의문형 어미가 현대까지 전해 내려온 것이어서 방언의 구어적 특징을 그대로 보여주고 있다. 중세국어의 의문형어미 '-ㄴ고'는 간접의문에서 출발한 것이지만 방언에서는 (2)에서처럼 직접의문도 나타낸다. '-ㄴ고'는 해라체이긴 하지만 예스러운 표현이고, 근엄하거나 감탄적인 어감을 주기 때문에 구어에서 더 많이 사용된 것으로 보인다. 실제 언어 사용 현장에서 '-ㄴ고'는 '해라체'라기보다는 '하게체'처럼 쓰이는 경우가 많은 것도 이를 선호하게 된 요인이라 할 수 있다. (2)에서 '자네, 그대'가 함께 쓰이는 것으로 '하게체'적 성격의 일면을 보여주고 있다.

(2 ㄱ, ㄴ)에 보이는 '자네는 누구신고?, 그대는 누군고?'의 의문문은 구술체에서 직접의문으로 발화된 문장이다. (3)에 나타나는 의문문은 자문(自問)에 해당하기 때문에 완전히 간접의문이라 할 수 있다.

(2) ㄱ. 아하 자네는 누구신고? 저 여자의 남자올시다. 그럼 어쩐 일로 칼을 들고 왔는고? 〈전주시완주군편, 전주시, 259〉

ㄴ. 판서 따님이 보니 머시매가 들어오거든 초면이지 그대는 누군고? 예 저는 시골사는 참봉의 자식인디 〈고창군편, 공음면, 529〉[3]

ㄷ. "모른디. 언지 그랬는고?" 지삼출은 놀라면서 되물었다. 〈조정래, 아리랑, 1995, 1, 252〉

(3) ㄱ. 물을 피할려고 올라오는데 아 어떻게 저렇게 피하는고? 싶어서 소금짐을 떡 바쳐놓고는 기다렸어 〈부안군편, 부안읍, 162〉

---

3) 전북 고창군편은 1993년 고창군청에서 편찬한 『고창군구비문학대계』를 참고한 것이다.

ㄴ. 그런게로 이 그놈의 자식이 어쩌게 돼서 외약손을 안피고 다니
는고 가만히 잘 적에 손을 딱 피고 본게로 대국 주천자라고 거
기가 써 있어 〈전남장성군편, 삼계면, 613〉


## 2.2. '-ㄴ고 하니'와 '-ㄴ고니'

중세국어에서 사용하던 간접의문의 어미 '-ㄴ고'에 연결되는 상위동사
'ᄒ-'에는 '-니' 이외에도 '- 거눌, -게드면, -여, -야, -고, -나, -며, -더
니' 등의 많은 연결어미가 연결되고 있다.


(4) ㄱ. 므슴 願을 ᄒ시는고 ᄒ고 즉재 帝釋의 모미 드외어늘 〈1459월인
석보20, 85a〉
ㄴ. 부텨 滅度ᄒ샤미 엇뎨 ᄲᆞᄅ신고 ᄒ더니 〈1463법화경언해1, 1
22a〉
ㄷ. 엇던 젼추로 이리 니ᄅ시는고 ᄒ며 〈1463법화경언해1, 163b〉
ㄹ. 쁘든 엇뎌ᄒ고 ᄒ야 〈1535몽산화상법어약록언해(빙발암판), 3a〉
ㅁ. 셔방니믈 동당 최시훈가 언제 오논고 ᄒ노라 〈15xx순천김씨언간
150, 9〉
ㅂ. 이 무슴 약인고 ᄒ나 쏘 감히 뭇디 못ᄒ더라 〈17xx완월회맹연권
39, 32b〉
ㅅ. 그 즁에 ᄲᅡ히 니 뉜고 ᄒ여 〈1763노걸대신석언해상, 005a〉
ㅇ. 셔귀(敍九ㅣ) 쏘흔 변식ᄒ여 왈 이 므슴 말인고 ᄒ거눌 〈17xx사
문대의록권2, 6a〉
ㅈ. 엇지 그러ᄒ고 ᄒ게드면 〈1899제국신문, 0119〉


이처럼 상위동사 'ᄒ-'에 많은 연결어미가 연결됨에도 불구하고 '-ㄴ
고 하니'는 다른 연결어미가 연결된 경우와는 다르게 융합형 '-는고니'로
발전하게 된다. 형식동사인 상위문 동사 'ᄒ-'의 의미는 후행하는 어미

가 나타내는 의미에 따라 정해지게 마련이다.(이필영, 1993 : 51) 따라서 '설명'의 연결어미 '-니'가 연결된 'ᄒ니'는 선행하는 간접의문을 설명으로 이어주는 역할을 하는 것이다. 결과적으로 선행문인 자문(自問)과 같은 간접의문에 대한 설명이 후행문에 답으로 나오게 되어 있는 문장이다. 그러므로 형식동사인 'ᄒ-'가 생략되어 연결어미가 바로 인용문의 어미와 연결이 되어도 전라방언의 화자 입장에서는 전혀 낯설지 않고 오히려 전라방언의 특성을 보여주는 예문이라 할 수 있다.4) 아래 (5)는 비록 역사적인 예문이긴 하지만 '-는고니'로 교체가 가능하다.

(5) ㄱ. 므서시 블샹인고 ᄒ니 힝혀 사ᄅ미 누네 주검이며 샤괴로온 거술 보면 누니 브졍호모로 닐온 블샹이니 우황과 진쥬와 광명 사롤 ᄀ장 ᄀ눌에 ᄀ라 ᄭ레 므라 아히 므슴미 뎡케 머기면 블샹ᄒ 이롤 잘 면ᄒᄂ니이다 〈15xx장수경, 44b〉 (cf. 므서시 블샹인고니)

  ㄴ. 고요히 안자 겨샤 칼과 죠희롤 가지고 므스 일을 ᄒ시ᄂ고 ᄒ니 붓그려 잠잠ᄒ엿더라 〈16xx계축일기上, 9a〉 (cf. 므스 일을 ᄒ시ᄂ고니)

  ㄷ. 시방 외임의 이시니 무슴 복녁인고 ᄒ니 샹뇌 지희의게 혼 편지 ᄉ연이라 〈1777명의록언해, 2, 19a〉 (cf. 무슴 복녁인고니)

  ㄹ. 이 부인은 누구인고 ᄒ니 이왕 영의졍 지낸 홍슌목씨의 손녀요 〈독립신문 1897년 6월 10일 목요일 제2권 제68호〉 (cf. 이 부인은 누구인고니)

이기갑(2002 : 126)에서는 현대국어의 입말에서 '-는고 하니'가 관용 형식으로 굳어진 것으로 보고 '의문 제기 형식'으로 명명하고 있다. 이 '-ㄴ

---

4) 간접인용은 원발화의 형식을 그대로 옮기는 것이 아니라 원발화자의 중심적 생각을 언어로써 표현한 것을 옮긴 것이다. 이때의 인용절은 원발화의 내용을 중심으로 하되, 원발화의 형식을 인용화자가 임의로 변개하여 나타낸 것이다.(이필영, 1993 : 15-6)

고 하니'의 구성은 중세국어 문헌에서부터 일반화된 현상이며, 선행문의 의문에 대해 후행문에서 계속적인 설명을 하는 가장 일반적인 접속구문으로 발달하였기 때문에 방언에서도 강원도, 경기도, 충청도, 전라도를 비롯하여 전국적으로 쓰이고 있다.5)

> (6) ㄱ. 때는 어느 땐고 하니 이 맘 때야 아주 봄철에 꽂은 피어 만발하고 잎은 피어 느러지고 할 땐데, 〈2-2강원춘천시편, 056〉
> ㄴ. 그래 행객주집은 지금은 뭔고 하니, 무언고 하니 저 물품 중개(物品仲介) 같은 그런 것 하고 있는 것 아니겠어요. 〈1-5경기도수원시편, 047〉
> ㄷ. 장태라는 것이 뭔고 하니 닭을 키우는 둥저린데요. 대로 만들어가지고 길쭉하니 〈5-2, 전북전주시·완주군편, 250〉
> ㄹ. "이게 무슨 술인고 허니 점잖은 선비가 머리깎구서 군검 댕긴 벌주닝개 그리 알구서 먹소오?" 〈채만식, 巡公있는日曜日, 1987, 538〉

'-ㄴ고 하니'의 융합형 '-ㄴ고니'는 전라도에서 주로 나타나고, 충청 이북에서는 융합되지 않은 '-ㄴ고 하니'가 주로 나타난다.6) '-ㄴ고니'가 의문사에 직접 연결되면 '뭔고니, 누군고니'와 같이 쓰인다. 의문사가 문장에서 쓰일 때는 '갔는고니, 먹었는고니'와 같이 선행문의 의문형어미와 연결어미가 결합한 형식으로 쓰인다.7)

---

5) 전라방언을 포함한 문학작품에서는 '먼고 허니, 먼고 하니'의 구성으로 나타나는 게 대부분이다. 이는 작가의 언어의식을 반영한 구성인 것으로 보인다.
6) 문장에 의문사가 없는 경우에는 '있고 허니'가 '있고니'로는 쓰일 수 없다.
　　또 필녀 기운 쓰는 것이야 딴사람덜허고도 달르고. 그런디다 선상님 말씀도 있고 허니 보내야제 어찌겠능가. 〈조정래, 아리랑, 1995, 10, 164〉
7) '의문대명사'에는 '무엇, 누구, 얼마, 몇, 언제, 어디', '의문관형사'에는 '무슨, 어느, 몇, 웬', '의문 부사'에는 '왜, 언제, 어디' 등이 있다.

(7) ㄱ. 지가 아랫묵 딱 가운데 앉으갖고는 어머니 아버지 오셨는디 웃묵
　　　 으 앉이고 허는 말이 뭣고니 오늘부텀은 나이는 즉도 나 허라는
　　　 대로 히야만 우리집 재산이 늘지 글안이믄 지 말 안들으믄 이것
　　　 이 허사가 됩니다 이거여 〈군산시옥구군편, 나포면, 1006〉
　　 ㄴ. 근디 그 사람은 누군고니 구돌팽이란 사람여 〈고창군편, 신림면,
　　　 1267〉
　　 ㄷ. 근게 저그 아들이 나이가 몇 살 먹었는고니 한 열두 살이나 먹었
　　　 단 말여 〈정주시1편, 정주1, 171〉


## 2.3. '-ㄴ고 하면'과 '*-ㄴ고면'

'-ㄴ고 하면'의 구성은 16세기 말 자료인 『孟子諺解』에서 나타나 20세
기에도 왕성하게 쓰이고 있다. 의문에 대한 불확실하거나 아직 이루어
지지 않은 사실을 가정하는 구성으로 쓰이고 있다.


(8) ㄱ. 엇디 뻐 能히 田獵을 ㅎ시ᄂ고 ㅎ면 이ᄂ 他ㅣ 업슨 디라 民으
　　　 로 더블어 ᄒᆞᆫ가지로 樂혼이니이다 〈1590맹자언해2, 6a〉
　　 ㄴ. 피타 호리니 뎨 만일에 굴오디 뉘 피히 뻐 殺홀고 ㅎ면 곧 쟝춧
　　　 應ㅎ야 굴오디 士師ㅣ 된 則 피히 뻐 殺ᄒ리라 ᄒ리라 〈1590맹
　　　 자언해4, 22a〉
　　 ㄷ. 이런 문명의 근본이라 홀 만ᄒ 귀즁ᄒᆫ 셕탄은 엇지ᄒ여 싱긴 거
　　　 신고 ᄒ면 이ᄂ 보통 지식 잇ᄂ 쟈ᄂ 누구던지 아ᄂ 바니 샹고에
　　　 왕셩ᄒ던 식물이 ᄯᅡᆼ속에 뭇치여 수쳔만년 동안을 눌니어 돌이
　　　 된 거시 곳 오늘날 셕탄이라 〈1904대한매일신보, 01〉


'-ㄴ고 하면'은 남한의 전 지역에서 나타나나, '*-ㄴ고면'과 같은 융합
형은 거의 쓰이지 않는다. '*누군고면, *어딘고면'과 같이 의문사와 직접
결합하는 경우나 '*가는고면, *보는고면'과 같이 용언과 결합하는 경우

도 거의 이루어지지 않는다.

(9) ㄱ. 그런데 맹씨는 어떻게 했는고 하면, "아 난 서울에 살기 싫으니
　　　깐 도로 우리 고향에 가서 살게 해달라."고. 그래, 〈경기도여주
　　　군, 217〉
　　ㄴ. 그 사람들이 어데 사람들인고 하면 저 충청도 서산 사람들이라.
　　　〈경북경주시·월성군03, 52〉
　　ㄷ. 그래 가지고서 시집을 가기를 어디로 갔는고 하면 홍문안(洪門
　　　中) 대가집으로 갔어, 〈전북남원편, 114〉

'-ㄴ고 하니'가 관여하는 문장은 이미 화자가 알고 있는 사실을 말하기 위하여 간접의문으로 자문하며 후행문에 의문에 대한 답을 제시하는 구문이다. 따라서 자문의 형식인 간접의문의 '-ㄴ고'와 설명의 '-니'는 동일 화자의 내적 상태를 말하는 것이어서 융합이 가능한 것으로 보인다. 그러나 '-ㄴ고 하면'은 '-ㄴ고 하니'의 구성이 이미 많이 쓰이고 있고 또 '-ㄴ고니'의 융합이 이루어질 정도로 구어에서 많이 사용되었기 때문에 '*-ㄴ고면'의 융합은 이루어지지 않은 것으로 보인다. (9)의 예들도 모두 '-ㄴ고 하니'와 '-ㄴ고니'로 대체가 가능하다.

## 2.4. '-ㄴ가 하면'과 '*-ㄴ가면'

'-ㄴ가'는 자기 스스로에게 묻는 물음이나 추측을 나타내는 종결 어미이다. 이 어미는 중세국어에서 간접의문의 판정의문문에 쓰이다가 직접의문을 표시하는 것으로 그 기능이 변화하였다.(장윤희, 2002 : 290) 이 의문형어미는 간접의문의 설명의문문에 '-ㄴ고'를 대신해 쓰이기도 하였다. 그것은 '-ㄴ고 하면'에서 '-ㄴ고'가 '-ㄴ가'로 바뀐 것으로 보인다. 이

것은 후대에 표준적인 '-ㄴ가'가 많이 사용되면서 자연스럽게 일어난 변화에 말미암는다. 따라서 '-ㄴ가 ㅎ면'의 구성은 역사적으로는 20세기 초에 일반화된 현상이다.

> (10) 우리가 이런 말슴을 홉은 무슴 연고인가 ㅎ면 곳 과호 거시나 불급혼 거시 모다 나라에 해가 되는 ㅼ닭이로다 〈1904대한매일신보, 01〉

'-ㄴ가 하면'은 경남을 제외하고는 거의 전국적으로 많이 쓰이는 구성인데 '*머신가면, *먼가면' 등 융합된 '*-ㄴ가면'은 거의 보이지 않는다. 문헌에서는 역사적으로 20세기에 쓰이던 구성이기 때문에 역사적으로 오래되지 않았고 또한 '-냐 하면/-냐면'에 밀린 것으로 보인다.

> (11) 김경천이가 누군가 하면 전봉준이 밑에서 비서를 든 사람여. 〈전북 부안군편, 524〉

## 2.5. '-ㄴ가 ㅎ니'와 '-ㄴ가니'

'-ㄴ가 하니'는 '무엇인가 하니'와 같이 강원, 경기, 충북, 전라, 경북 등에서만 나타난다. 그러나 '머신가니, 먼가니' 등은 전라방언에서만 아주 조금 나타난다. 이러한 현상은 '-ㄴ가 ㅎ니'의 구성이 17세기부터 쓰이긴 하지만 직접의문에 많이 쓰이고, 간접의문에서는 빈도가 많은 구성이 아니었기 때문에 융합이 활발하게 일어나지 않은 것으로 보인다.[8]

---

8) 이기갑(2002 : 127)에서는 내포문에서 '-는가 하니'가 쓰이는 현상을 '-는고 하니'의 구성에서 '-는고'의 자리를 '-는가'가 잠식한 현상으로 보고 있다.

(12) ㄱ. 蔡氏兄弟 主호야 松脂룰 쓰더니 일즉 무로디 밀과 기룜을 쁜가
　　　아닌가 호니 쯉호여 닐오디 기룜과 밀을 쓰면 松脂 시러곰 그
　　　性을 온슨티 못호리라 호니 〈1632가례언해5, 7b〉
　　ㄴ. 太白이 술 실너 가셔 둘 지도록 아니 온다/오는 비 건가 호니
　　　고기 잡는 小舡이로다/아희야 盞 씨셔 노하라 하마 올가 호노
　　　라 〈1713악학습령, 662〉
　　ㄷ. 그 친구의 말이 즈녀간 몃치나 되는가 호니 디답호디 쑬이 오형
　　　제오 계집스희가 오형데오 〈1911요지경, 018〉

(13) ㄱ. 헌데 이, 저, 계집이 가만히 생각하니까 기골 남자거던. 인제
　　　그때 그 저 ,남자가 누군가 하니 중국에 그 돌아 당기는 국사
　　　에 통역관이예요. 〈1-5경기도수원시편, 160〉
　　ㄴ. 아내는 언제나 그 장 속에서 자기의 옷을 꺼내주고 개켜 넣었
　　　는데, 일조에 임자를 잃은지라 인제는 남의 손을 빌게 되었는
　　　가 하니 문득 가슴을 뭉클하게 무엇이 치밀어 오른다. 〈1939봄
　　　봄(이기영), 044〉


(13ㄱ)의 '누군가 하니'는 이미 많이 쓰이고 있던 '누군고 하니'로 교체가 가능하다. '누군가 하니'의 경우, '누군가니'와 같은 융합형이 활발하게 쓰이지 않는다.

전라방언에서 아주 많이 쓰이는 '먼고니'와 일부만 쓰이는 '먼가니'는 상당히 다른 양상을 보인다. '먼고니'는 '먼고 하니'의 융합형으로 굳어져 쓰이지만 '먼가니'는 여전히 '먼가 하니'와 같이 인식되는데 아직까지도 덜 굳어진 것으로 인식된다. '먼가 하니'가 주로 쓰이면서 '먼고니'에 유추되어 '먼가니'가 일부 쓰이는 것으로 판단된다. 위의 예에서도 '먼가 하니'는 '먼고 하니'로 교체가 가능하다는 것이 그 사실을 보여준다. '먼가 하니'는 표준적인 의문형 '-ㄴ가'가 '-ㄴ고'를 대신하여 방언에서 사용되는 것으로 보인다.

(14) ㄱ. 그랬는데 첫째는, 무엇인가니 이 아들네들 삼형제가 있는데 이
　　　아들네들 삼형제가 모도 어 검판사세. 〈전남신안군편, 441〉
　　ㄴ. 이날 올터이니, 니그들은 거기다 가서, 괄목 큰 놈을 비어서 말
　　　여 잉, 거기다가 글씨를 솜씨랑 뭐라고 하는가니, 저 방현사라,
　　　나무 아래서 방현이가 죽을 거시다고 〈전남화순군편, 578〉


## 2.6. '-냐 하면'과 '-냐면'

의문형어미 '-냐'는 '해라할 자리에 쓰여, 물음을 나타내는 종결 어미'
이다. '-냐'는 중세국어에서 직접의문을 나타내는 설명의문문을 이루었
다. '-냐 ᄒ면'의 구성은 18세기에 보이다가 20세기에 와서 일반화된다.

(15) ㄱ. 졔 쟝촛 굴오딕 네 나라히 이시면 아니 쓰고 대국의 드러와 쓰
　　　ᄂ냐 ᄒ면 므슴 말노 딕답ᄒ리오 〈17xx무오연행록권3, 31a〉
　　ㄴ. 글셰요 아시ᄂᆞᆫ 텬쥬가 누구시냐 ᄒ면 곳 셩부ㅣ시라 ᄒ니
　　　〈1906경향보감, 3, 381〉 (cf. 텬쥬가 누구시냐면 곳 셩부ㅣ시
　　　라)
　　ㄷ. 셰상에 시원ᄒ고 상쾌ᄒᆫ 일이 무엇이냐 ᄒ면 지리ᄒ게 알턴 니
　　　ᄲᅡ진 것이라 〈1908빈상셜, 105〉 (cf. 상쾌ᄒᆫ 일이 무엇이냐면
　　　지리ᄒ게 알턴 니 ᄲᅡ진 것이라)


이기갑(2002 : 124)에서 관용 형식으로 굳어진 것으로 보고 '의문 제기
형식'으로 명명된 '-냐 하면'의 구성은 전국적으로 사용된다. '무엇이냐
하면'의 축약형 '뭐냐면'은 경남을 제외한 전 지역에서 사용되고 있다.
'무엇이냐 하면, 머냐 허면, 머냐면'은 '뭔고니' 구성과 매우 유사한 기능
을 하고 있다. '-냐 하면'의 구성은 직접의문을 가정하는 구성이지만 인
용되었기 때문에 간접의문으로 바뀌게 된다. 따라서 융합형 '-냐면'은

자문과 같은 간접의문으로 바뀌게 되기 때문에 (15 ㄴ, ㄷ)에서 '누구시냐 ᄒ면, 무엇이냐 ᄒ면'은 '누구시냐면, 무엇이냐면'으로 융합이 가능하다. '누구냐면, 어디냐면' 등은 전국에서 쓰이긴 하지만 많이 쓰이지는 않는다. 표준적인 어법인 '-냐 하면'의 융합이고 20세기에 와서 활성화된 것이기 때문에 방언에서는 많이 쓰이지 않고 있는 것으로 이해된다.

(16) ㄱ. 물건을 딱 넣었다 말여. 물건이 바로 무엇이냐 하면 계란여. 계란. 〈전남화순군편, 306〉

ㄴ. 쏘, 쏘터, 쏘터가 무엇이냐 하면, 방주, 큰 숫불는, 쏘, 쏘, 방주, 쏘란 무엇이냐, 큰 방주라 그것이여. 〈전남화순군편, 564〉

ㄷ. 그 사람이 뭐냐먼 활빈당이여. 〈전북정주시·정읍군편, 80〉

ㄹ. 또 한없이 한없이 저녁내 간 것이 어느때 쯤 도착했냐면 자정여. 말하자면 12시지. 〈전북부안군편, 495〉

그런데 (16)의 예에서와 같이 '무엇이냐 하면'의 융합형 '뭐냐면'은 전국적으로 상당히 많이 쓰이고 있다. (16 ㄷ)과 같은 문장에서 '그 사람이 뭐냐'는 여전히 직접의문에서 출발하여 인용되고 있기 때문에 전체적으로 주격조사를 갖고 있는 것으로 보인다. 그럼에도 불구하고 융합형 '뭐냐면'은 문장에서 생략이 가능한데 이는 '뭔고니'가 방언에서 확대되어 쓰인 것인 반면에, '뭐냐면'은 표준적인 어법에서 주로 중부지방을 중심으로 발달하여 여러 지역에서 쓰인 것으로 보인다. 그리하여 전라방언에서도 '뭔고니' 대신 부분적으로 '뭐냐면'을 쓰는 경향을 보이는데, 이러한 현상은 방언 화자들이 표준어를 습득하여 이중 언어를 구사하는 경우도 있고, 젊은 세대는 표준적인 어법인 '뭐냐면'을 쓰는 경향이 강하기 때문에 나타나는 것이다.

## 2.7. 융합형 어미 '-ㄴ고니'와 '-냐면'의 기능

　융합형 어미 '-냐면'이 연결된 문장은 의미상으로 자문과 같은 간접의
문으로 완전히 바뀌기 때문에 그것이 의문사에 연결되든, 아니면 용언
에 연결되든 모두 융합형으로 굳어진 것이 확실하다. 그런데 이 '-냐면'
은 전라방언에 많이 쓰이는 '-ㄴ고니'와 아주 유사한 기능을 하고 있어
그 기능이 비교되어야 할 것이다.9)

　　(17) ㄱ. 그것이 먼고니# 사과여. (cf. 그것이 먼고니, (그것은) 사과여.)
　　　　 ㄴ. 그것은# 먼고니# 사과여.
　　　　 ㄷ. 그것이 머냐면# 사과여.
　　　　 ㄹ. 그것은# 머냐면# 사과여.

　(17 ㄱ, ㄴ)의 '그것이 뭔고니 사과여, 그것은 뭔고니 사과여'는 전라
방언에서 매우 자연스런 문장이다. 마찬가지로 중앙어의 영향에서 온
(17 ㄷ, ㄹ)의 '그것이 뭐냐면 사과여, 그것은 뭐냐면 사과여'도 자연스
럽게 쓰이고 있다. 이 두 유형은 거의 같은 기능을 보이는 것으로 이해
된다.

　이미 앞에서 살펴본 바와 같이 '뭔고니'가 전라방언에서 주로 쓰이는

---

9) '무엇이냐 하니'와 같은 '-냐 하니(까)' 구성은 주로 중부 방언에서 많이 사용된다. 다
　른 방언에서는 아주 적게 쓰인다. 그러나 '-냐 하니'가 융합된 형태는 쓰이지 않는다.
　예를 들면 '머시냐니까, 머냐니까'는 가능하지만 '*머시냐니, *머냐니' 등은 사용되지
　않는다. 이러한 현상은 '-냐 하니'가 직접의문으로 역사적으로는 20세기에 일반화된
　현상이고 주로 중부 방언을 중심으로 사용되었기 때문에 방언에서 변화할 기제가 마
　련되어 있지 않은 것으로 해석된다.
　　그래 인제 주인드러 부탁을 하니 인제 이걸 뮈꾸어 놓은 것은 얼마 않되나 그
　　림 어디서 왔느냐 하니, 사실대로 얘기 하니까, 소금을 가지고 가라 했거든, 그
　　래 이 사람이 기분이 좋았거든.〈2-1강원강릉시, 277〉

반면에, '뭐냐면'은 표준적인 어법에서 주로 중부지방을 중심으로 발달하여 여러 지역에서 사용되고 있다. 이것은 역사적인 배경이 다르기 때문이다. '-ㄴ고니'는 중세국어 의문형어미 '-ㄴ고'가 관여하면서 이 잔존형이 방언에서 발달한 것이고, '-냐면'은 의문형어미 '-냐'가 비록 중세국어에서 직접의문을 나타내는 설명의문문으로 쓰였지만 '-냐 ᄒ면' 구성이 20세기에 와서 일반화된 것이기 때문에 이 둘은 역사적인 배경과 시대가 상당히 차이가 있다.10)

'누군고니'는 전라방언에서, '누구냐면'은 중앙어를 중심으로 구어에서 많이 사용하고 있다.11) '누구냐면'의 경우 선행하는 문장의 주어가 주로 주격조사를 많이 취하고 있는데 비하여, '누군고니'는 주격조사나 주제의 보조사를 취하고 있다. 이러한 현상은 역사적인 변화과정에 말미암는다. 곧 (18 ㄱ)의 '황진이가 누구냐면 멋이냐 시인 여잔디'의 경우, '황진이가 누구냐'와 같은 직접의문의 의문문이 인용문에서 사용되면서 '-냐면'이 융합되기 때문에 여전히 주격조사 구문을 취하는 형식이 많다고 할 수 있다. 그러나 '누군고니'의 경우, (18 ㄴ)의 '그때 뱃사람은 누군고니'와 같이 주제의 보조사도 허용하고 있다. '누구'와 호응하기 위해서는 주어가 신정보여야 되고 따라서 주어에는 주격조사가 연결되어야 하는데, 구정보를 나타내는 보조사 '-은'이 연결될 수 있는 특징을 보인

---

10) 다음 문장은 문학작품에 나타난 예인데 '뭐냐면'의 기능을 확인할 수 있는 예문이다.
　　근데 도깨비가 그 뭐냐면 도깨비들은 자기 힘으로 하는데 보면은 염력 있죠?
　　염력? 손 안 대고 물건을 띄우고 움직이고 맘대로 그래요. 〈1-8인천시용진군,
　　366p〉
11) 이기갑(2002 : 137)에서는 '뭐냐하면'만이 메움말로 문법화될 수 있었던 이유로 말할
　　이가 자신의 머리 속에서 찾으려고 했던 표현은 '무엇'으로 지시될 수 있는 사물의
　　성격을 갖기 때문에 이 형태가 부연 설명의 기능에서 메움말의 기능으로 전환되는
　　것으로 보았다. 메움말은 말할이가 뒷말을 생각하는 동안 발화가 끊기는 것을 막기
　　위해 도입되는 담화의 한 장치로 보고 있다.

다. 이러한 사실은 '뱃사람은 누군고니'의 경우, 이미 화자가 '뱃사람'에 대해 알고 묻는 것이기 때문에 '뱃사람은'이 가능한 것이다. 그러므로 '뱃사람이 누군고니, 뱃사람은 누군고니'의 문장은 '뱃사람'을 주제화하는 문장으로 발전하였고, '누군고니'는 서술어적 성분이긴 하지만 문장에 따라서 잉여적인 요소나 화용적인 요소로 해석되는 경우가 많다.

> (18) ㄱ. 불교를 깨뜨릴 사람이 누구냐 한다 치면 뭣이냐 황진이란 말에. 황진이가 누구냐면 멋이냐 시인 여잔디. 여잔디 뭐시냐 응 누구냐 여자여, 그 사람이 아니나 달라. 그 여자가 그래서 그 황진이는 또 누구냐면 자기 제자여. 〈전남장성군편, 741〉
>
> ㄴ. 배를 크나큰 배를, 대기 사난 배를 댔단 말이여. 그 때 뱃사람은 누군고니는 저그 저 가련이 수천씨 아들 정기라고 있어. 그 사람허고 둘이 오는디. 〈전남신안군편, 206〉

## 3. '-ㄴ고 하니'와 '-ㄴ고니'의 문법적, 화용적 특징

'-ㄴ고 하니'와 '-ㄴ고니'가 연결되는 구성은 두 가지가 있다. 첫째는 (19)에서처럼 '어딘고 하니'와 같이 의문사에 의문형어미가 직접 연결되어 이 자문이 인용되는 구조이고, 둘째는 (20)에서처럼 '그가 어디로 갔는고 하니'와 같이 의문사를 포함하는 문장의 본동사에 연결되는 구조이다. '갔는고 하니'의 경우에는 '갔는고니'로도 쓰이는데 '-ㄴ고 하니'의 구성이 '-ㄴ고니'로 융합되어 하나의 기능을 보여주는 형태소로 굳어진 것이다. 본 연구에서는 의문사에 직접 연결된 '무엇인고 하니, 무엇인고니'의 경우를 주로 다루고자 한다.

(19) ㄱ. 그가 간 곳이 어딘고 하니, 서울이여.

ㄴ. 그가 간 곳이 어딘고니 서울이여. (cf. 그가 간 곳은 서울이여.)

(20) ㄱ. 그가 어디로 갔는고 하니, 서울로 갔어.

ㄴ. 그가 어디로 갔는고니 서울로 갔어. (cf. 그가 어디로 갔는고 하니, 그는 서울로 갔어.)


## 3.1. '-ㄴ고 하니'의 구조와 기능

'-ㄴ고 하니'가 관여하는 문장의 구조는 다음과 같다. (21)의 문장 중 선행문은 '인용절(설명 의문문)＋상위문 동사＋연결어미'로 이루어져 있고, 후행문은 '주어＋서술어'로 이루어진 구문이다. 선행절의 의문에 대하여 그 답을 후행문이 하는 형식의 문장이다.

(21) ㄱ. 〔〔주어＋(목적어)＋서술어＋-의문형 어미〕＋모문 동사＋어미〕
s1 〔(주어)＋(목적어)＋서술어〕s2

ㄴ. 그것이 무엇인고 하니 사과여.

ㄷ. 그것이 무엇인고 하니 (그것은) 사과여


'그것이 무엇인고?'라는 의문문은 상대방에게 직접 설명을 요구하는 설명의문문이 될 수도 있지만, 위의 문장 구성에서는 인용되어 쓰이고 있기 때문에 자기가 의문하는 자문에 해당하면서 간접의문의 형식을 띠고 있다. 연결어미 '-니'는 '어떤 사실을 먼저 진술하고 이와 관련된 다른 사실을 이어서 설명할 때 쓰는 연결 어미.'로 쓰이고 있다.

따라서 '-ㄴ고 하니'가 보여주는 기능은 의문의 간접인용문을 먼저 진술하고 이와 관련된 다른 사실을 이어서 설명할 때 쓰는 연결 어미의 구성체로 화자가 '무엇인고'의 내용을 이미 알고 있거나 어느 정도 추측이 가능한 내용을 말하는 간접의문이라 할 수 있다.

(21 ㄴ)의 '그것이 무엇인고 하니 사과여.'의 문장은 (21 ㄷ)의 '그것이 무엇인고 하니 그것은 사과여.'로 복원할 수 있다. 왜냐하면 '그것이 무엇인고?'의 직접의문문에서는 '그것'이 신정보이기 때문에 일반적으로 주격조사 '-이'가 연결되고 있다. 그러나 '그것이 무엇인고 하니'와 같이 인용구문에서는 화자가 이미 '그것'에 대한 정보를 알고 말하는 간접의 문이기 때문에 후행문에는 화자가 알고 말하는 '사과'가 답으로 나오게 된다. 따라서 선행문의 신정보인 '그것이'는 후행문에서 화자가 이미 알고 있는 구정보인 '그것은'으로 복원될 수 있다. 그렇다면 '그것이 무엇인고 하니'의 구성은 '그것은'으로 대체될 수 있을 것이다. 따라서 '그것이 무엇인고 하니'의 구성은 화자가 이미 알고 있는 사항을 의문으로 제시하는 것이기 때문에 화자에게 있어서 그 주어는 이미 알고 있는 구정보이므로 이 문장 구성은 주제화를 나타내기 위한 기능으로 해석된다.12)

## 3.2. '-ㄴ고니'의 구조와 기능

(22) ㄱ. 〔주어+〔(목적어)+서술어+'의문형 어미, 모문동사의 어미'의
　　　　융합형〕〕s1+〔(주어)+(목적어)+서술어〕s2
　　ㄴ. 〔주어+〔(목적어)+서술어+'의문형 어미, 모문동사의 어미'의
　　　　융합형〕+(목적어)+서술어〕s1

---

12) 이기갑(2002 : 132)에서는 '의문 제기 형식'인 '-는고 하니'와 '-느냐 하면'이 담화론적 기능을 가지는데 '물음말의 미지항에 해당하는 새 정보가 두드러지게 느껴지는 효과가 있다.'고 보고 있다. 이 말은 본고의 주제화와 유사한 기능으로 해석된다.

ㄷ. 그것이 먼고니# 사과여. (cf. 그것이 먼고니, (그것은) 사과여.)
ㄹ. 그것은# 먼고니# 사과여.


'-ㄴ고 하니'의 구성이 굳어지면서 융합형 '-ㄴ고니'가 되는데 '-ㄴ고니'는 완전히 자문의 형식을 취하게 된다. '먼고니'는 (22 ㄷ)에서처럼 '그것이 먼고니'의 구문을 이루고 있어서 '그것이 먼고니 (그것은) 사과여.'와 같은 구문을 이루고 있다. 이 구문에서 '그것이 먼고니'는 주제화를 실현시키기 위한 기능으로 해석된다. 한편 (22 ㄹ)에서 '그것은 먼고니 사과여'의 구문은 '먼고니'의 앞과 뒤의 성분 다음에 휴지가 개입이 되면서 '먼고니'가 완전히 독립되어 화용적으로 쓰이고 있음을 보여준다.

결국 전라방언에서 융합형 '-ㄴ고니'는 의문을 포함한 연결어미로서 '의문되는 내용을 진술하고 이와 관련된 다른 사실을 이어서 설명'할 때 쓰는 융합형 연결어미이다. 이미 알고 있거나 어느 정도 추측이 가능한 내용을 자문하며 설명할 때 쓰인다. 대체로 자기 자신에게 묻거나(자문), 상대방에게 물으면서 확인하는 설명의문문으로 이미 어느 정도 물음에 대한 답을 가지고 있는 상태로 쓰는 어미이다. 의문사의 의문을 설명하기 위한 '자문'으로, 선행문의 의문에 대한 답을 후행문에서 해설한다.

그런데 방언자료와 문학작품의 자료에서 우리는 '-ㄴ고 하니'의 구문이 특이하게 쓰이는 경우를 발견하게 된다. 그것은 '-ㄴ고 하니'의 뒤에 '말이요, 말씀입니다, 말이야'와 같은 어휘가 연결되어 선행절 뒤에 연결된다는 점이다. 이 '말이요, 말이야' 등은 '앞에서 언급한 내용을 강조'하거나 '어감을 고르게 할 때 쓰는 군말'로 기능하는데 여기서는 주제화와 관련하여 '앞에서 언급한 내용을 강조'하는 기능을 보이는 것으로 볼 수 있다.

> (23) ㄱ. 그런데 그 여자는 누군고 하니 말이여. 그전에 그 집의 종의 딸
>       이여. 〈경기도안성군편, 480〉
>    ㄴ. "아 그리굴랑 얼굴은 어떤고 허니 말야…… 횟박 쓴 거매니루
>       허옇게 분을 바르굴람 이마에다 볼때기에다 턱에다 딜입다 시
>       뻘겋게 연지 찍구 곤지 찍구…… 무섭지? 준아?" 〈채만식, 아름
>       다운새벽, 112〉
>    ㄷ. 가서는 그 뭐라고 허는고니 말이지. 이 백목을 거그다 나무다
>       걸쳐 놓고서는 타고 둘이 넘어갔어. 〈전북군산시·옥구군편,
>       915〉

## 3.3. '뭔고니'류의 화용적 특징

의문사 '무엇'에 융합형 어미인 '-ㄴ고니'가 연결된 '뭔고니'가 자주 쓰이게 되면서 잉여적 요소로 인식하기 때문에 '군말'로 해석된다. '언제인고니, 누군고니, 왠고니, 어떤고니, 뭔고니, 얼만고니, 몇인고니, 어딘고니, 어느 놈인고니' 등과 같이 의문사와 직접 연결되면 이 구성이 독립할 가능성이 높아진다.[13]

> (24) ㄱ. '주어＋군말＋서술어'
>    ㄴ. 그것은 #뭔고니# 사과여 (cf. 그것은 사과여)

'-ㄴ고 하니'에서 '-ㄴ고니'를 거쳐 화용적인 특징을 갖기까지의 변화 과정을 서술하면 다음과 같다.

---

13) 의문관형사 '어느'에는 직접 연결되지 않는다.

(25) ㄱ. 〔〔주어+(목적어)+서술어+-의문형 어미〕+모문 동사+어미〕
　　　 s1〔(주어)+(목적어)+서술어〕s2
　　ㄴ. 〔주어+〔(목적어)+서술어+'의문형 어미, 모문동사의 어미'의
　　　 융합형〕〕s1+〔(주어)+(목적어)+서술어〕s2
　　ㄷ. 〔주어+〔(목적어)+서술어+'의문형 어미, 모문동사의 어미'의
　　　 융합형〕+(목적어)+서술어〕s1
　　ㄹ. '주어+군말+서술어'

(26)의 예문에서 '뭔고니'는 의미상으로는 불필요한 말이다. 그러나 이러한 문장이 아주 많이 쓰이고 있다. 이것은 '뭔고니'가 생산적으로 쓰이면서 화용적인 기능으로 굳어져 기능하는 것으로 해석할 수 있다. 어떤 내용을 구체적으로 말하기에 앞서 뜸을 들이는 군말이나 화용표지라고 할 수 있을 것이다. 그리하여 이 '뭔고니'류의 군말은 실제 발화에서 말을 시작하기 전에 하면서 뜸을 들이거나, 또는 문장의 여러 성분 뒤에서 자연스럽게 궁금증을 유발하는 화용표지로 사용되고 있다.

(26) 어머니 혼자 심심해 오다가 무슨 아이 일곱살 먹은 아이를 데리고
　　 왔네요 긍께로 아이고 참 잘했다 가 데릭고 오니라 데리고 와서는
　　 뭔고니 어머니라고 절하고 너하고 나하고 결형제 맺자 그렇게 한
　　 다음 〈전주시완주군편, 고산면, 562〉


## 4. 결론

전라방언의 '-ㄴ고 하니'와 그 융합형 '-ㄴ고니'의 변화과정은 중세국어에서부터 쓰이던 구성이 방언에서 화용적 기능을 가진 형태소로 변하는 구어적 특징을 자세히 보여주고 있다. 이제 앞에서 살핀 내용을 요

약하여 결론으로 삼고자 한다.

첫째, 의문형어미 '-ㄴ고'는 중세국어에서 간접의문으로 출발한 것이지만 방언에서는 직접의문도 나타낸다. 어미 '-ㄴ고'는 해라체이긴 하지만 예스러운 표현이고, 근엄하거나 감탄적인 어감을 주기 때문에 구어에서 더 많이 사용된 것으로 보인다.

둘째, '-ㄴ고 하니'의 융합형 '-ㄴ고니'는 전라도에서 주로 나타나고 충청 이북에서는 융합되지 않은 '-ㄴ고 하니'가 주로 나타난다. '-ㄴ고 하니'가 관여하는 문장은 이미 화자가 알고 있는 사실을 말하기 위하여 간접의문으로 자문하며 후행문에 의문에 대한 답을 제시하는 구문이다. 따라서 자문의 형식인 간접의문의 '-ㄴ고'와 설명의 '-니'는 동일 화자의 내적 상태를 말하는 것이어서 융합이 가능한 것으로 보인다.

셋째, '-ㄴ고 하면'이 관여하는 '뭔고 하면'은 불확실하거나 아직 이루어지지 않은 사실을 가정하는 구문인데 '*뭔고면'은 이루어지지 않는다. '-ㄴ가 하면'은 '-ㄴ고 하면'에서 자주 쓰이던 '-ㄴ고'가 '-ㄴ가'로 바뀐 것으로 보인다. 이것은 후대에 표준적인 의문형 어미 '-ㄴ가'가 많이 사용되면서 자연스럽게 일어난 변화에 말미암는다. 따라서 '-ㄴ가 하면'의 구성은 역사적으로는 20세기 초에 일반화된 현상이다. 그런 결과로 '*-ㄴ가면'은 이루어지지 않는다. '-ㄴ가'는 직접의문에 많이 쓰이고, 간접의문에서는 빈도가 많은 구성이 아니었기 때문에 '-ㄴ가 하니'의 구성은 융합이 활발하게 일어나지 않은 것으로 보인다.

넷째, '-ㄴ고 하니'가 보여주는 기능은 의문의 간접인용의 내용을 먼저 진술하고 이와 관련된 다른 사실을 이어서 설명할 때 쓰는 연결 어미의 구성체로 화자가 '무엇인고'의 내용을 이미 알고 있거나 어느 정도 추측이 가능한 내용을 말하는 간접의문이라 할 수 있다. '그것이 무엇인고 하니'의 구성은 화자가 이미 알고 있는 사항을 의문으로 제시하는 것이기 때문에 화자에게 있어서 그 주어는 이미 알고 있는 구정보이므로 이 문장 구성은 주제화를 나타내기 위한 기능으로 해석된다.

결국 전라방언에서 융합형 '-ㄴ고니'는 의문을 포함한 연결어미로서 '의문되는 내용을 진술하고 이와 관련된 다른 사실을 이어서 설명'할 때 쓰는 융합형 연결어미이다. 즉 이미 알고 있거나 어느 정도 추측이 가능한 내용을 자문하며 설명할 때 쓰는 연결어미이다. 대체로 자기 자신에게 묻거나(자문), 상대방에게 물으면서 확인하는 설명의문문으로 이미 어느 정도 물음에 대한 답을 가지고 있는 상태로 쓰는 어미이다. 의문사의 의문을 설명하기 위한 '자문'으로, 선행문의 의문에 대한 답을 후행문에서 해설한다.

다섯째, '뭔고니'가 전라방언에서 주로 쓰이는 반면에, '뭐냐면'은 표준적인 어법으로 주로 중부지방을 중심으로 발달하여 여러 지역에서 사용되고 있다. '-ㄴ고니'는 중세국어 의문형어미 '-ㄴ고'가 관여하면서 이 잔존형이 방언에서 발달한 것이고, '-냐면'은 의문형어미 '-냐'가 비록 중세국어에서 직접의문을 나타내는 설명의문문으로 쓰였지만 '-냐 ㅎ면' 구성이 20세기에 와서 일반화되었기 때문에 역사적인 배경과 시대가 상당히 차이가 있다.

'-냐면'의 경우 선행하는 문장의 주어가 주격조사를 많이 취하고 있는데 비하여, '-ㄴ고니'의 경우는 주격조사나 주제의 보조사를 모두 취하고 있다. 이러한 현상은 역사적인 변화과정에 말미암는다. 곧 의문형어미 '-냐'가 직접적인 설명의문문의 형식으로 쓰이다가 인용되면서 '-냐면'으로 융합되었기 때문에 여전히 주격조사 구문을 취하는 형식이 많다고 할 수 있다.

여섯째, '뭔고니'가 생산적으로 쓰이면서 어떤 내용을 구체적으로 말하기에 앞서 뜸을 들이는 군말이나 화용표지로 쓰인다. 그리하여 이 '뭔고니'류의 군말은 실제 발화에서 말을 시작하기 전에 하면서 뜸을 들이거나, 또는 문장의 여러 성분 뒤에서 자연스럽게 궁금증을 유발하는 화용표지로 사용되고 있다.

## 참고문헌

강정희(1981), 「제주방언의 인용문 연구―피인용문의 문장어미를 중심으로―」, 『이화
       어문논집』 4, 이화어문학회, 5-33.
국립국어원(2007), 21세기 세종계획 국어사 말뭉치 파일.
안명철(1996) 『국어의 융합 현상』, 국어학총서 22, 국어학회.
안병희·이광호(1993), 『중세국어문법론』, 학연사.
안주호(2003), 「인용문과 인용표지의 문법화에 대한 연구」, 『담화와 인지』 10-1, 145-
       165.
이금희(2006), 「인용문 형식의 문법화―문법화 과정과 문법화 정도에 대하여」, 『국어
       학』 48, 233-403.
이기갑(2002), 「국어 입말 담화의 의문 제기 형식」, 『담화와 인지』 제9권 2호, 121-
       145.
이정애(2002), 『국어 화용표지의 연구』, 도서출판 월인.
이필영(1993), 『국어의 인용구문 연구』, 탑출판사.
이현희(1982) 「국어 의문법에 대한 통시적 연구」, 국어연구52.
장윤희(2002), 『중세국어 종결어미 연구』, 국어학회.
조정래(1995), 『아리랑』(1~12권), 해냄.
채만식(1987), 『채만식 전집』(1~10권), 창작과비평사.
한국정신문화연구원, 『한국구비문학대계』.

# 제3부
# 『捷解新語』 연구

# 近代國語의 '日本語 學習書'에 나타난 漢字語 研究

## 1. 서론

이 연구는 근대국어 시기의 '일본어 학습서'에 나타나는 한자어의 어휘의미에 대한 고찰로 주로 일본 한자어의 어휘의미를 밝히고자 하는 데 목적이 있다.

이 글에서 다루려고 하는『捷解新語』는 근대국어의 연구에서 매우 중요한 위치를 차지하는 문헌이다. 이 문헌이 중요한 이유는 17세기 일본어의 학습서인 관계로 구어체의 문장으로 되어 있는 점과 중세국어에서 근대국어로 넘어가는 문법변화를 가장 잘 대변하고 있는 문헌이기 때문이다. 이미 알려진 바와 같이 이 문헌에서 가장 두드러진 문법적 특징은 {-가}와 {-끠셔, -거셔, -셔, -끠로셔} 등의 출현과 종결어미의 축약된 형태의 출현, 경어법의 쓰임 등이다.

이 문헌에 대한 국어학적 연구는 대체로 표기법과 음운현상 그리고 문법현상의 일부가 다루어진 바 있다. 그러나 이 문헌의 어휘에 대한 연구는 심도있게 논의된 바가 없고, 다만 유창돈(1964)의 『이조어사전』에 의지하고 있는 실정이다. 그러나 이 문헌의 한자어에 대해서는 유창돈(1964)에서 거의 언급이 없다. 이 문헌은 일본어를 습득시킬 목적으로 쓰인 책으로 그 당시 일본 한자어가 아주 많이 쓰이고 있어 문헌의 내용을 이해하는 데 상당한 어려움을 주고 있으나 특별히 다룬 논문이 없어서 문헌을 강독하거나 이해하는 데 매우 어려운 실정이다.1)

이 연구에서는 이 문헌자료 중 〈原刊鑄字本, 1676년〉, 〈改修1次本, 1748년〉, 〈改修重刊本, 1781년〉에 나오는 한자어를 중심으로 하여 그 뜻과 쓰임을 살피는 것을 목적으로 한다.2) 보조적인 자료로 『隣語大方』(1790년)과 『訂正隣語大方』(1882년), 『交隣須知』(1881년)와 『再刊交隣須知』(1883년), 『校訂交隣須知』(1904년) 그리고 『倭語類解』(18세기 초) 등을 원용하고자 한다.3)

---

1) 일본 한자어의 유입을 대개 최근세로 잡고 현대국어에서 주로 쓰는 일본 한자어에 관심을 쏟고 있으나 사실은 이미 중세 · 근대에 이미 일본어를 학습하기 위하여 일본 한자어를 습득하고 있었기 때문에 일본 한자어의 유입은 중세 · 근대에 이루어진 것으로 보는 것이 옳을 것이다.

2) 『捷解新語』는 이본이 있는데, 〈原刊鑄字本〉, 〈원간복각본〉, 〈改修1次本〉, 〈개수2차본(不傳)〉, 〈改修重刊本〉이 있다. 〈原刊鑄字本〉은 '서울대 규장각본'과 '대마도 종가문고본'이 있는데 본고에서는 '서울대 규장각본'을 사용한다. 〈원간복각본〉은 '고려대 만송문고본'과 '이겸노옹 산기문고본'이 있는데 본고에서는 '원간목판본'을 사용하지 않는다. 〈改修1次本〉은 '파리동양어학교 도서관장본'으로 1987년 일본의 경도대학에서 영인 · 간행한 것이고, 〈改修重刊本〉은 '서울대 규장각본'을 사용한다. 『捷解新語』의 서지학적인 사항에 대하여는 정광(1990)과 정승혜(1991) 참조, 『捷解新語』에 관한 논문 목록은 홍윤표(1993)참조.

3) 기타 조선통신사에 관한 역사적 내용은 김용선(1982), 이원식(1991)을 참고한다.

## 2. 내용별 한자어의 종류

### 2.1. '官名 및 官職' 또는 '사람'을 나타내는 漢字語.

'代官'은 日本官名으로 '강호시대 막부 직할지를 지배하고, 연공(年貢) 수납 등을 맡아보던 지방관'으로 무역을 총괄하던 사람을 말한다. 〈倭語 類解下, 51ㄱ〉에 '디관(代官)'이 보인다. '送使'는 日本官名으로 대마도에서 조선에 정기적으로 파견한 '八送使'를 말한다. 〈倭語類解下, 50ㄴ〉에 '송亽(送使)'가 보인다. '特送'은 日本官名으로 '特送使'를 말한다. 〈倭語類解下, 51ㄴ〉에 '특송(特送)'이 보인다. 개수본에서는 '特送'을 '特送使'로 번역하고 있다. '正官'은 日本官名으로 통신사 중 수석 사신인 '正使'를 말한다. 〈倭語類解下, 51ㄱ〉에 '정관(正官)'이 보인다.

　　네 代官의 가 내 말로 그적긔 여긔 느려와 〈原刊鑄字本1, 1ㄱ〉
　　또 送使다히셔는 엇디 녀길디 ㅁ옴의 걸리오니 〈原刊鑄字本1, 5ㄱ〉
　　우리는 一番特送이오니 (14ㄱ) 몬져 보심이 올티 아니ㅎ온가 〈原刊鑄字
　　本2, 14ㄴ〉
　　正官은 뉘시온고 〈原刊鑄字本1, 15ㄱ〉

'都船'은 日本官名으로 '都船主'를 말한다. 〈倭語類解下, 51ㄱ〉에 '도션쥬(都船主)'가 보인다. '都船主도 요亽이 됴히 겨시던가(原刊鑄字本3, 4ㄴ)'에 '都船主'가 보인다. '二船'은 日本官名으로 '二船主'를 말한다. 〈倭語類解下, 51ㄴ〉에 '이션쥬(二船主)'가 보인다. '封進'은 日本官名으로 '封進物을 다루는 사람'을 말한다. 〈倭語類解下, 51ㄱ〉에 '봉진(封進)'이 보인다.4)

---

4) 이 '封進'은 官營貿易으로 원래 進上이라 해서 쓰시마에서 조선국왕에게 물품을 헌납하는 것을 의미했으며 후일에 회사(回賜)라 해서 답례품을 보냈다.

나는 都船 이는 二船 뎌는 封進이옵도쇠 (原刊鑄字本1, 15ㄴ)


'太守'는 '地方長官'으로 州·府·郡·縣의 행정 책임을 맡았던 으뜸 벼슬인데, 여기서는 日本官名을 나타낸다. 〈倭語類解下, 50ㄴ〉에 '태슈(太守)'가 보인다. 다음의 예에서 '筑前太守'는 筑前州의 太守를 말하고, '對馬太守'는 對馬島의 太守를 말한다.

　太守도 일뎡 깃비 너기시올쇠 〈原刊鑄字本5, 11ㄱ〉
　筑前 太守로셔 예씟지 無事히 오시다 ᄒ셔 〈原刊鑄字本7, 1ㄱ〉
　對馬太守끠 니ᄅ심은 〈改修重刊本8, 3ㄴ〉


'筑前殿'은 일본 筑前州의 島主를 말한다. 여기서 '殿'은 일본어에서 '남자분, 나리' 등과 같이 '여자가 남자를 지칭하는 높임말'이나, 또는 '主君, 귀인을 지칭하는 높임말'로 쓰이고 있다. 〈原刊鑄字本10, 35ㄱ〉에 '殿樣5) 島主之謂'라고 되어 있어 '筑前殿'의 뜻을 알 수 있고, '西海道의는 筑前州는 十五郡 筑後州는 十郡 (原刊鑄字本9, 27ㄱ)'에 '筑前州'가 보이며, 〈倭語類解下, 51ㄴ〉의 '信行所經地名'란에 '축전쥬(筑前州)'가 보인다.

　筑前殿 地界 두 참이도록 거르기 격기ᄒ신더 〈原刊鑄字本7, 2ㄱ〉
　자네 ᄉ셜ᄒᄂ는 배 낟낟치 筑前殿의 그지 업ᄉ신 道理로소이다 〈原刊鑄字本7, 7ㄱ〉


'關白'은 日本官名으로 '平安시대 이후 天皇을 보좌하여 정무를 맡던 최고위의 大臣'으로, 천황이 내리는 직위이며, 首相에 해당한다. 〈倭語類

---

封進宴을 수이 ᄒ올 ᄊ셔시니 그 저긔 아니 보올까 〈原刊鑄字本2, 5ㄴ〉
5) '殿樣'은 일본어에서 '主君, 귀인에 대한 높임말'이다.

解下, 50ㄴ〉에 '관빅(關白)'이 보인다. '奉行'은 '웃어른이 시키는 대로 받들어 행한다'는 뜻인데, 여기서는 日本官名으로 '町奉行, 寺社奉行'처럼 '鎌倉시대 이후의 무사의 직명'을 가리킨다. 〈倭語類解下, 50ㄴ〉에는 '봉힝(奉行)'이 보인다. '執政'은 '奉行'과 같은 뜻의 日本官名으로 改修重刊本에서만 나타난다. 〈倭語類解下, 50ㄴ〉에 '집정(執政)'이 보인다.

> 關白으로서 奉行으로 뻐 信使끠 (15ㄱ) 아모 일도 업시 예꼬지 브트시니 아롬다와 ᄒᆞ닉이다 〈原刊鑄字本7, 15ㄴ〉
> 關白겨오셔 執政으로뻐 信使 事故업시 옏ᄀᆞ지 오시니 〈改修重刊本7, 13ㄱ〉

'大君'은 官職으로 일본 국왕을 말한다. 〈倭語類解上, 35ㄱ〉에 '대군(大君)'이 보인다. '留守'는 日本官名으로 여기서는 '大坂'을 맡은 일본관리를 말한다. 〈倭語類解下, 50ㄴ〉에 '류슈(留守)'가 보인다. '裁判'은 日本官名이다. 〈倭語類解下, 50ㄴ〉에 '지판(裁判)'이 보인다. '格軍'은 배에서 허드렛일을 맡아 하는 하급 선원으로 개수본에서는 '水夫'로 되어 있다. 〈倭語類解下, 18ㄴ〉에 '격군(格軍)'이 보인다.

> 大君도 거르기 喜悅이 ᄀᆞ이 업습고 〈原刊鑄字本7, 21ㄴ〉
> 大坂 留守 아므가히 아므가히 兩人끠셔 예셔 四五日이나 무그셔 〈原刊鑄字本8, 9ㄴ〉
> 今度는 御裁判을 뻐 彼此 首尾 됴히 못줍고 〈原刊鑄字本8, 32ㄱ〉
> 큰 비예 격군도 격고 비예 연장도 브딜ᄒᆞ여 뻐덧스오니 〈原刊鑄字本1, 13ㄴ〉
> 大船에 水夫도 격고 비예 연쟝도 〈改修1次本1, 19ㄱ〉

'遠見'은 일본 漢字語로 '망을 보는 사람'의 뜻이다. 〈原刊鑄字本1, 33ㄴ〉에서는 '遠見 條望軍之稱'으로 되어 있어 '眺望軍'으로 해석하고 있으나 '개수본'에서는 문맥상 '眺望臺'로 해석해야 한다. '봉군(烽軍, 遠見)들이 실료(失瞭)ᄒ야〈訂正隣語大方2, 2ㄱ〉'에서는 '봉군'을 한자어로 '烽軍'과 '遠見'으로 쓰고 있다. '烽軍'은 봉화를 올리던 일을 맡아 보던 군사로 '烽燧軍'의 준말이다.

> 多分 비가 올 거시니 遠見의 무러 보옵소〈原刊鑄字本1, 8ㄴ〉
> 일정 비가 올 거시니 遠見의 올나 보옵소〈改修1次本1, 12ㄱ〉
> 즉금 烽軍 案內예 日本 비 두 칙 온다 ᄒ고 니ᄅ오니〈改修1次本10중, 16ㄱ〉

'下口'는 '술을 잘 못 먹는 사람'이란 뜻으로 '개수본'에서는 '下戶'라고 쓰고 있다. '上口'는 '술을 잘 먹는 사람'이란 뜻으로 '개수본'에서는 '上戶'라고 쓰고 있다. '下戶'는 원래는 '가난한 백성'이란 뜻이나, 여기서는 '쇼인네는 본디 못 먹습건마는〈原刊鑄字本2, 6ㄴ〉'에서처럼 '술 못 먹는 사람'이란 뜻이다. '上戶'는 煙戶法의 등급의 하나로 '서울에서는 戶主가 1품이나 2품의 지위에 있는 집. 시골에서는 식구가 15인 이상 되는 집'이란 뜻이 있으나, 여기서는 '술 잘 먹는 사람'이란 뜻이다.

> 下口ㅣ오니 마ᄅ쇼셔〈原刊鑄字本1, 18ㄱ〉
> 자녀는 上口ㅣ신 줄 聞及ᄒ엿ᄉ오니 斟酌 마옵소〈原刊鑄字本1, 18ㄴ〉
> 우리은 본디 下戶연마는〈改修1次本2, 9ㄱ〉
> 下戶ㅣ오니 마ᄅ쇼셔〈改修1次本1, 26ㄴ〉
> 對馬島셔도 자녀는 上戶라 聞及ᄒ엳습더니 斟酌 마옵소〈改修1次本1, 27ㄱ〉

'亭主'는 '主人'이란 뜻으로 일본 漢字語이다.〈原刊鑄字本1, 33ㄴ〉에 '亭主 主人也'로 되어 있고, '우리 쥬인(主人, 亭主)에 집이 ᄀ장 경측ᄒ야

〈訂正隣語大方2, 10ㄱ〉'에서도 '쥬인(主人)'을 일본 漢字語인 '亭主'로도 쓰고 있다.

　　　客人이 와야 亭主ㅣ 보디 아니ㅎ옵는가〈原刊鑄字本1, 32ㄱ〉

　'通事'는 官職으로 譯官을 말하는데, 통사에는 上通使, 次上通使, 押物通使가 있다.〈倭語類解上, 36ㄱ〉에 '통亽(通事)'가 보인다. 조선의 通事는 '判事'로 되어 있다. '안히 잇亽오니(2ㄱ) 判事네도 同道ㅎ야 오쇼셔〈原刊鑄字本1, 2ㄴ〉'에 쓰인다. '飛脚'은 信使가 거느린 사람으로 '소식을 전하는 파발꾼, 집배원'을 가리킨다.〈倭語類解上, 15ㄱ〉에는 '人品'을 나타내는 항목에 '비각(飛脚)'이 나타남을 볼 수 있다. '路引'은 '길을 안내하는 사람'이란 뜻으로〈原刊鑄字本10, 35ㄱ〉에서는 '水書 路引也'로 풀이하고 있고, 改修1次本에서는 '吹噓'를 '路引'으로 쓰고 있는데 이 뜻은 '사람을 추천함'이란 뜻이어서 '추천한 사람'을 말하고 있다.

　　　자니도 小通事룰 몬져 보내어 보고 가옵소〈原刊鑄字本1, 23ㄴ〉
　　　東萊끠 엿주와 飛脚을 셸 양으로 ㅎ옵새〈原刊鑄字本5, 5ㄴ〉
　　　다룬 공간이 업습거든 로인을 이놈의게 보내옵소〈改修1次本10중, 22ㄴ〉

　'商賈'는 商人, 장사(商賣)을 뜻하는 말로 改修重刊本에 '商賈'가 쓰이고 있다.〈倭語類解上, 56ㄴ〉에 '샹고(商賈)'가 보이고 '商賈 샹고들이 요亽이는 괴이히 되엿습데〈交隣須知1, 29ㄱ〉'에도 보인다. '軍官'은 上官에 속하는 통신사의 일행으로 궁술에 뛰어난 사람을 포함한다.〈倭語類解上, 36ㄱ〉에 '군관(軍官)'이 보인다. '信使'는 일본과 조선의 통신사의 명칭으로 조선의 통신사는 韓使라고도 했다.〈倭語類解上, 35ㄴ〉의 '官職'란에

'신수(信使)'가 보인다. '若衆'은 '젊은 사람들'을 가리키는 말이다. 〈原刊鑄字本6, 6ㄱ〉에 '져믄 것들흘'이 나오는데 이것이 바로 '若衆'을 말하는 것이다. '어룬이 서루 말솜 허실 적에 절믄 사룸이 범졉허여 말ᄒᆞ는 거슨 〈訂正隣語大方1, 4ㄴ〉'에서는 '절믄 사룸'을 '若人'으로 쓰고 있다. '僉官'은 '僉正'으로 조선시대 종4품의 벼슬인데 여기서는 '司譯院'의 벼슬을 말한다.

상고들의게 모도 너일 보낼 양으로 드러스오니 〈改修1次本10하, 2ㄴ〉
그 나믄 五六十 저울 商賈들의게 보내게 ᄒᆞ엳ᄂᆞ이다 〈改修重刊本10하, 6ㄱ〉
쏘 軍官도 보내시더니 왓습던가 〈原刊鑄字本1, 22ㄱ〉
信使 마즈라 온 御使 비옵도쇠 〈原刊鑄字本5, 1ㄱ〉
若衆들의 연고롤 읏듬으로 니르시니 〈原刊鑄字本9, 9ㄴ〉
니즌 스이 업시 僉官들끠 니르고 잇습ᄂᆡ이다 〈原刊鑄字本2, 17ㄱ〉

## 2.2. 地名을 나타내는 漢字語

'豊崎'는 통신사들이 가거나 경유한 일본의 지명이다. 〈倭語類解下, 51ㄴ〉의 '信行所經地名'란에 '풍긔(豊崎)'가 보인다. '府中'은 통신사가 다녀간 '대마도 부중(=嚴原)'을 말하기도 하고, '읍늬(邑內)'는 부중(府中)을 니른 말이라 〈再刊交隣須知2, 38ㄴ〉'에서처럼 '邑內'를 가리키기도 한다. '藍島'는 釜山에서 大坂까지 가는 海路의 한 지점이다. 〈倭語類解下, 51ㄴ〉의 '信行所經地名'란에 '람도(藍島)'가 보인다. '一岐島'는 釜山에서 大坂까지 가는 海路의 한 지점이다. 〈倭語類解下, 51ㄴ〉의 '信行所經地名'란에 '일기도(一岐島)'가 보인다. '江戶'는 지금의 東京으로 통신사들이 다녔던 곳을 말한다. 〈倭語類解下, 54ㄱ〉의 '信行所經地名'란에 '강호(江戶)'가 보인다.

先度中 歸船便의 二番特送이 豊崎셔 日吉利를 기다리더라 〈原刊鑄字本
1, 8ㄱ〉
府中도 無事ᄒ온가 〈原刊鑄字本5, 2ㄱ〉
ᄂᆡ일은 구룸 브트미 됴쓰오니 藍島ᄭ지ᄂᆞᆫ 브트실가 〈原刊鑄字本6, 13ㄱ〉
一岐島ᄭ지ᄂᆞᆫ (18ㄴ) 가실가 아롬다이 너기ᄂᆞ이다 〈改修1次本6, 19ㄱ〉
一岐島ᄂᆞᆫ 二郡 (27ㄴ) 對馬島ᄂᆞᆫ 二郡 〈原刊鑄字本9, 28ㄱ〉
江戶로셔 (17ㄴ) 信使 겨실 디도 극진이 ᄒ고 〈原刊鑄字本6, 18ㄱ〉


'筑前'은 신사들이 다니던 일본의 '筑前州'라는 행정구역 이름이다. 〈原
刊鑄字本9, 27ㄱ〉에 '筑前州'가 보이며, 〈倭語類解下, 51ㄴ〉의 '信行所經
地名'란에 '츅젼쥬(筑前州)'가 보인다. '吉田'은 신사들이 다니던 日本國內
陸路의 한 지점이다. 〈倭語類解下, 53ㄴ〉의 '信行所經地名'란에 '길뎐(吉
田)'이 보인다. '三島'는 신사들이 다니던 日本國內 陸路의 한 지점이다.
〈倭語類解下, 54ㄱ〉의 '信行所經地名'란에 '삼도(三島)'가 보인다.


筑前 太守로셔 예ᄭ지 無事히 오시다 ᄒ셔 〈原刊鑄字本7, 1ㄱ〉
信使 ㅣ 吉田에 留ᄒᆞᆯ 제 〈原刊鑄字本7, 9ㄱ〉
官員 二人이 (9ㄴ) 三島ᄭ지 와 기도른다 〈原刊鑄字本7, 10ㄱ〉


## 2.3. '날'과 시간을 나타내는 漢字語[6]

'明朝'는 일본 漢字語로 '내일 아침'을 나타낸다. 〈原刊鑄字本1, 20ㄱ〉

---

[6] 이 이외에도 '지나간 적(=曾往)'을 의미하는 '在前', '앞날'이라는 뜻의 '前頭'가 쓰이고
있고, '시방, 지금, 이제'란 뜻의 '唯今', '이튿날'의 뜻인 '翌日' 등이 쓰이고 있다.
　在前브터 代官들의게도 申含ᄒᆞ여 〈原刊鑄字本4, 4ㄱ〉
　젼두의 홀시 一年 二年은 아니오 〈原刊鑄字本4, 26ㄱ〉
　어지 늣게야 釜山 와셔 시방 御代官의 〈改修1次本10상, 5ㄴ〉 곳에 왇ᄉ오니
　당쳣 茶禮 이튿날노 닷새ᄭ지 〈改修1次本10상, 9ㄱ〉 早飯ᄒᆞ올 거시니

에 '닉일 아춤'이 쓰인다. '明日'은 '내일(來日)'을 말한다. 〈交隣須知〉에서는 '明日 닉일은 국긔(國忌)니 못나올쇠 〈交隣須知1, 12ㄴ〉'와 같은 예가 보인다. '明後日'은 '모레'를 말한다. '明明日 모러(明後日)는 관의 일 드러 가셔 종용히 말슴ㅎ옵새 〈交隣須知1, 12ㄴ〉'에서는 '明明日, 明後日'을 쓰고 있으며, '再明日 모레는 비가 오더래도 오리다 〈校訂交隣須知, 21〉'에서는 '모레'를 '再明日'로 쓰고 있다.7) '昨日'은 '어제'란 뜻이다.8) '昨日 어제는 나오마 ㅎ시고 아니 오시니 긔 어닌 일이던고 〈交隣須知1, 13ㄱ〉'란 예가 보인다. '昨晚'은 '어젯밤'이란 뜻이다.

내 이제 釜山에 술와 註進ㅎ고 明朝는 東萊 올나가 〈改修1次本1, 30ㄱ〉
明日이나 明後日이나 연고 업슨 날의 封進物을 바들 꺼시니 〈改修重刊本2, 22ㄴ〉
昨日은 〈改修1次本1, 32ㄱ〉日吉利도 사오나온더
正官 昨晚브터 병드럿스오니 〈原刊鑄字本1, 30ㄴ〉


## 3. 품사별 한자어의 종류


### 3.1. 副詞로 쓰이는 漢字語

'多分'은 '아마, 대개, 거의'의 뜻으로 〈原刊鑄字本1, 33ㄴ〉에 '多分 거

---

7) '글피'는 〈交隣須知〉에서는 '明明後日'로 쓰이고 있고, 〈校訂交隣須知〉에서는 '再再明日'로 쓰이고 있다.
　　明明後日 글피는 연향히니 그리 아옵소 〈交隣須知1, 13ㄱ〉
　　再再明日 글피는 잔치를 홀 터이니 부디 오시오 〈校訂交隣須知, 21〉
8) '그제'는 〈交隣須知〉 이본들에서 모두 '再昨日'로 쓰이고 있다.
　　再昨日 긔적긔는 귀혼 거슬 만히 주시니 안심치 아니ㅎ옵데 〈交隣須知1, 13ㄱ〉
　　再昨日 그격게는 귀혼 거슬 주셔셔 다 혼 가지로 잘 먹엇습니다 〈校訂交隣須知, 21〉

의란 말이라'의 예가 나오고 있다. 그러나 〈改修1次本10중, 19ㄴ〉에서는 '多分'을 '분명이'로 번역하고 있으며, 원간본의 '多分'을 '개수본'에서는 '일정(一定)'으로 번역하고 있다. 〈捷解新語〉의 많은 예와 'ㅁ 입이 크니 일정(一定) 힘이 세오리 〈交隣須知1, 49ㄴ〉'의 예에서와 같이 '一定'은 '분명히'란 뜻의 부사이다. '卒度'는 '잠깐, 잠시'라는 뜻의 부사이다. 〈原刊鑄字本1, 33ㄴ〉에 '卒度 暫刻也'라는 풀이가 있고, 개수본에서는 '暫時'로 되어 있다. '折節'은 '때마침, 때때로, 가끔'이란 뜻의 부사이다. '오늘은 나도 맛츰 한가ᄒ오니 〈訂正隣語大方3, 4ㄱ〉'에서는 '맛츰'을 '折節'로 표기하고 있다.

    多分 비가 올 거시니 遠見의 무러 보옵소 〈原刊鑄字本1, 8ㄴ〉
    일정 비가 올 거시니 遠見의 올나 보옵소 〈改修1次本1, 12ㄱ〉
    이 비는 분명이 환티션인가 시브외다 〈改修1次本10중, 19ㄴ〉
    正官이 병 드르실 ᄯᅡ라도 茶禮는 卒度之間이오니 〈原刊鑄字本1, 29ㄴ〉
    茶禮는 暫時之間이오니 〈改修1次本1, 44ㄴ〉
    오늘은 折節 天氣도 됴하 (3ㄴ) 죠용히 말ᄉᆞᆷᄒ니 깃거ᄒ옵ᄂᆡ 〈原刊鑄字本2, 4ㄱ〉

  '先度'는 '지난번, 먼저번에, 앞서'라는 뜻의 부사이다. '今度'는 '이번에'라는 뜻의 부사이다. '구채를 이번에 다 졔ᄒ야 바드려 허시면 〈訂正隣語大方2, 11ㄱ〉'에서도 '이번에'를 '今度'로 쓰고 있다.9) '隨分'은 '몹시, 가장, 매우, 무척, 부디, 각별히'란 뜻의 부사이다. 〈原刊鑄字本10, 35ㄱ〉에는 '隨分'을 'ᄀᆞ장'으로 번역하고 있고, 〈改修1次本〉에서는 '브디'로

---

9) '지난 번'의 뜻으로 '거번(去番)'이란 어휘가 '거번 비의 온 동쳘을 너일 긔시에(2ㄱ) 샹고들의게 모도 너일 보낼 양으로 드러스오니 〈改修1次本10하, 2ㄴ〉에서 쓰이고 있다. '쏠족하가 거번(去度)의 와 보고 가오니 든든ᄒ옵데 〈交隣須知1, 42ㄱ〉'에서는 '지난 번'의 뜻으로 '去度'가 쓰이고 있다.

번역하고 있다. '爰元'은 '여기'란 뜻의 부사이다. '여긔 수정이 극키 어려워 뵈니 〈訂正隣語大方2, 4ㄱ〉, 이런 물화라두 예서 쳐치허는 거시 아니라 〈訂正隣語大方6, 1ㄱ〉'에서는 '여긔, 예셔'를 한자어로 '爰'이나 '爰元'으로 쓰고 있다.

　先度中 歸船便의 二番特送이 豊崎셔 日吉利롤 기다리더라 〈原刊鑄字本1, 8ㄱ〉
　今度는 膳敷器皿 以下ㅣ 조촐ㅎ고 〈原刊鑄字本2, 8ㄱ〉
　代官들의게도 申含ㅎ여 隨分 念入ㅎ여 잘 드라 건넬 양으로 〈原刊鑄字本4, 4ㄱ〉
　브디 됴리ㅎ쇼셔(隨分御養性可被成候) 〈改修1次本10상, 14ㄴ〉
　爰元 出船 이둘 十五日이라 ㅎ니 일뎡 그러ㅎ온가 〈原刊鑄字本6, 11ㄱ〉
　여긔 上船은 今月 十五日이라 니르니 〈改修重刊本6, 14ㄱ〉 일정 그러ㅎ온가 〈改修重刊本6, 14ㄴ〉


'草草'는 '간략한 모양, 갑작스러워 대접이 소홀한 모양, 변변치 못함'의 뜻을 가진 말이다. '草草이'는 '초라하게, 어설프게'란 뜻의 부사이다. '초초ㅎ다'란 형용사는 '갖추지 못하여 초라하거나 간략하다, 어설프고 총총하다'는 뜻이다. '終始'는 '시종, 종내'란 뜻의 부사이다. '어제는 나오마 허시고 종시(終始) 아니 오시니 〈再刊交隣須知1, 13ㄴ〉'에서도 이 어휘가 보인다. '弊로이'는 '弊롭게'란 뜻의 부사이다. '束의셔 쿨힐쟉시면 언디 이대도록 苦惱히 솗수올가 〈改修重刊本4, 28ㄴ〉'에서는 '苦惱히'로 번역하고 있다. '爲先'은 '우선'이란 뜻의 부사이다. '常時'는 '항상, 늘'이란 뜻의 부사이다.

　쟝만ᄒᆞᆫ 양이 草草이 ᄒᆞ야 이러ᄒ니 허믈 마ᄅ시소 〈改修1次本2, 12ㄴ〉

代官네도 아른시건마는 종시 올히만 너기시는 일은 〈原刊鑄字本4, 15ㄴ〉
束의셔 굴횔쟉시면 이대도록 폐로이 숨스올가 〈原刊鑄字本4, 22ㄴ〉
위션 비예 투웁소 〈改修重刊本5, 2ㄱ〉
샹시 行儀롤 웃듬흐는 규귀오니 〈原刊鑄字本5, 26ㄱ〉


## 3.2. 動詞, 形容詞로 쓰이는 漢字語

‘念比흐다’는 극진하다는 뜻이다. 〈原刊鑄字本1, 33ㄴ〉에 ‘念比 極盡之意’가 참고된다.[10] ‘氣遣흐다’는 ‘우려하다, 염려하다’는 뜻으로 〈原刊鑄字本1, 33ㄴ〉에 ‘氣遣 憂慮之意’와 같이 뜻이 풀이되어 있다. ‘넘려흐웁던 더(氣遣申候處) 〈改修1次本10中, 9ㄱ〉, 넘려마웁쇼셔(御氣遣成被間敷候) 〈改修1次本10下, 8ㄴ〉’에서와 ‘본병이 복발헐가 넘녀롭스오 〈訂正隣語大方5, 6ㄱ〉’에서는 ‘氣遣’을 ‘넘녀흐다’로 번역하고 있다.

御念比흐 御使ㅣ웁도쇠 〈原刊鑄字本1, 2ㄱ〉
各各 답답이 너기실가 〈原刊鑄字本1, 3ㄱ〉氣遣흐오니


‘油斷흐다’는 ‘방심하다, 부주의하다, 함부로 하다’는 뜻으로 〈原刊鑄字本1, 33ㄴ〉에 ‘油斷 던득단 말이라’라고 뜻이 풀이되어 있다. ‘던득흐다’의 뜻을 유창돈(1964)의 이조어 사전에서는 ‘마음놓다’로 번역하고 있으나, 개수 중간본에 그 뜻이 ‘얼현이 〈原刊鑄字本10하, 12ㄱ〉’로 되어 있는 점으로 보아 ‘함부로, 소홀히’로 번역하는 것이 옳다고 본다. ‘聞及흐

---

10) ‘御’字는 일본어에 있어서 나타내고자 하는 말의 앞에 써서 상대방에게 존대나 겸양를 표하는 경어법의 한 용법이다. 이러한 현상은 일본어의 중요한 어휘들을 습득시키기 위한 방법으로 의도적으로 한국어의 대역문에 일본어를 그대로 쓴 것으로 해석된다.(한미경, 1985 참조)

다'는 '(소문을) 듣다'의 뜻이다. '改修1次本'의 '드러스오니'를 '原刊鑄字本'에서는 한자어로 '聞及'으로 쓰고 있다. 따라서 앞에 나오는 '聞及'은 '듣다'로 번역한다.

> 그는 油斷홀 일은 업스오리〈原刊鑄字本1, 9ㄴ〉
> 그는 얼현튼 아니 ㅎ오리〈改修重刊本1, 11ㄴ〉
> 자너는 上口ㅣ신 줄 聞及ㅎ엿스오니 斟酌 마읍소〈原刊鑄字本1, 18ㄴ〉

'肝煎ㅎ다'는 '염려하다, 힘쓰다'의 뜻이다. 〈改修1次本10중, 21ㄱ〉에서는 '肝煎'을 '넘녀ㅎ다'로 번역하고 있고, 〈原刊鑄字本10, 35ㄱ〉에서는 '肝入 或云肝煎 힘쓰다'라고 되어 있는 것으로 보아 '힘쓰다'로도 번역이 가능하다. '손님접대'의 뜻을 가진 '馳走'의 동사형인 '馳走ㅎ다'는 '대접하다'는 뜻이다. 〈改修1次本10下, 20ㄴ〉에서는 '개수원간본'의 한자어 '馳走'를 '대접하다'로 번역하고 있다. '다만 디졉힐 써시 업써셔〈訂正隣語大方6, 3ㄱ〉'에서도 '디졉'을 '馳走'로 쓰고 있다. '催促ㅎ다'는 '재촉하다'는 뜻이다. '催 지촉을 아조 블나게 ㅎ니 못견듸올쇠〈交隣須知4, 41ㄴ〉, 최촉(催促)〈倭語類解下, 47ㄴ〉'에 이 어휘가 보인다.

> 앗가 숣던 뼈딘 비롤 御念入ㅎ셔 肝煎ㅎ읍소〈原刊鑄字本1, 21ㄱ〉
> 曳船들도 (20ㄴ) 시기실 양으로 넘녀ㅎ시기롤 미더ᄂ이다〈改修1次本10중, 21ㄱ〉
> 接待의 馳走ㅣ 심샹티 아니시니〈原刊鑄字本6, 8ㄴ〉
> 今日은 이러투시 御馳走ㅎ신 일을〈改修1次本2, 6ㄴ〉 도라가 正官끠 니르오면
> 圓座帳枕 以下物을 催促ㅎ여 수이 드리읍소〈原刊鑄字本2, 11ㄴ〉

'申舍ᄒ다'는 '생각을 펴다, 말하다, 당부하다'는 뜻이다. '念入ᄒ다'는 '정성들여 하다, 공들여 하다'는 뜻이다. '差定ᄒ다'는 '사무를 맡기다, 택하여 정하다'는 뜻이다. 이 '差定'이란 어휘는 '치정'이라 읽고 있는데, 〈倭語類解下, 37ㄴ〉에서는 '差 치송 치'로 쓰고 있고, '무슴 소임(所任)을 치정(差定)ᄒ엿관ᄃᆡ 밧비 가ᄋᆞᆸ는고 〈交隣須知1, 40ㄴ〉'에서도 '치정'이라고 쓰고 있다. '行下ᄒ다'는 '行下'란 '경사 따위가 있을 때, 주인이 자기 하인에게 내리는 돈이나 물건. 품삯이외에 더 주는 돈, 놀이가 끝난 뒤에 기생이나 광대에게 주는 보수'를 말하는데, 여기서는 동사로 쓰이고 있다.

> 在前브터 代官들의게도 申舍ᄒ여 隨分 念入ᄒ여 잘 ᄃᆞ라 건넬 양으로 닐럿습ᄂᆡ 〈原刊鑄字本4, 4ㄱ〉
> 日本 船頭 ᄀᆞ장 니근 사ᄅᆞᆷ 十五人을 差定ᄒ야 두어시니 〈原刊鑄字本5, 15ㄱ〉
> 극진히 行下ᄒ시니 민망ᄒᆞᆸ건마ᄂᆞᆫ 行下를 존넝이다 〈原刊鑄字本7, 9ㄱ〉

'延引ᄒ다'는 '(일이나 날짜 등을) 미루다'는 뜻의 일본 漢字語로 '遷延ᄒ다'와 같은 뜻이다. '믓트로 가면 더듸기에 어션을 트고 갓더니 〈訂正隣語大方5, 2ㄴ〉'에서는 '더듸다'를 '延引'으로 쓰고 있다. '遷延ᄒ다'는 '(일이나 날짜 등을) 미루다'는 뜻으로 '延引ᄒ다'와 같은 뜻이다. '遷延 천연ᄒ여시나 셩ᄉᆞ(成事)ᄒ매 다힝ᄒ외 〈交隣須知4, 44ㄱ〉'에서와 '천연(遷延) 〈倭語類解下, 45ㄱ〉'에서 이 어휘가 보인다. '감이 천연혼다 허오릿가 〈再刊交隣須知4, 18ㄴ〉'에서는 '遷延'을 '延引'으로도 쓰고 있다.

> 吉日을 굴히노라 (16ㄱ) 延引ᄒ올 쩌시니 〈原刊鑄字本7, 16ㄱ〉
> 이 편이 밧부와 천연ᄒ여습ᄂᆡ 〈改修1次本10상, 2ㄱ〉

'徒然ㅎ다'는 '일 없이 있어서 심심하다'는 뜻이다. 〈改修1次本10下, 15
ㄴ〉에서도 '徒然ㅎ다'를 '심심ㅎ다'로 번역하고 있다. '專爲ㅎ다'는 '오로지
한 가지 일만을 위하다'는 뜻으로 여기서는 '염려하다, 바라다'의 뜻으로
풀이된다. '思分ㅎ다'는 '생각하여 헤아리다'는 뜻이다. '譏弄ㅎ다'는 '비웃
다, 비난하다, 책망하다'는 뜻이다. '譏 긔롱이 쇠면 싸흠이 되느니라
〈交隣須知4, 10ㄴ〉'와 '譏 비우슬 긔 〈倭語類解上, 26ㄱ〉'에서도 이 어휘
가 보인다. '긔롱허던 긋테 싸음허니 우슬 쌕게 업습네다 〈再刊交隣須知
4, 12ㄱ〉'에서는 '긔롱'을 '雜談'으로도 쓰고 있다.

> 요스이는 館中도 徒然ㅎ오니 〈原刊鑄字本9, 1ㄱ〉
> 그러나 요스이논 館中도 심심ㅎ오와 〈改修1次本10하, 15ㄴ〉
> 기듕의도 놀래 브르돈 若衆들희 연고 업기롤 전위ㅎ엿습니 〈原刊鑄字本
> 9, 5ㄴ〉
> 아므려나 모다 내 樣子롤 思分ㅎ셔 萬事롤 두로 쓰리시믈 〈原刊鑄字本
> 9, 14ㄱ〉
> 엇디 이리 긔롱ㅎ시는고 〈原刊鑄字本9, 19ㄴ〉

'拜見ㅎ다'는 '(편지를)절하고 보다'는 뜻이다. '拜誦ㅎ다'는 '남의 편지
를 공경하는 마음으로 읽는다'는 뜻으로 '拜讀'이라고도 쓴다. '中歸ㅎ다'
는 '중간에 돌아오다'는 뜻이다. 한자로 '中戾(려)'로 표기된 것으로 보아
서 '中歸'로 보인다. '見合'은 '서로 보다'로 해석할 수 있다. '아무리히두
보와가며 시작헐 박쎄는 헐 씰 업스오 〈訂正隣語大方3, 2ㄴ〉, 슴셩과 샹
셩은 서로 보지 못허는 별이라 허오 〈再刊交隣須知1, 1ㄴ〉'에서도 '보다'
를 '見合'으로 쓰고 있다. '心得ㅎ다'는 '마음으로 터득하다, 알다'의 뜻이
다. '그 일은 우리씰이나 아러셔 스스로이 의논허면 〈訂正隣語大方5, 8
ㄴ〉'에서는 '알다'를 '心得'으로 쓰고 있다.

편지를 감격ᄒ여 拜見ᄒ엿ᄂ이다 〈改修重刊本10상, 2ㄴ〉
貴翰을 拜誦ᄒ엿ᄂ이다 〈原刊鑄字本10중, 15ㄱ〉
木船 ᄒ 칙과 (10ㄱ) 特送二號船 ᄒ 칙이 둉귀ᄒᆞᆸ니 〈改修1次本10하, 10ㄴ〉
서르 時分과 갑시 양도 見合도 계실 일인디 〈原刊鑄字本4, 17ㄱ〉
對馬島主ㅣ 心得ᄒ여 〈原刊鑄字本6, 29ㄱ〉 아ᄅᆞ시게 ᄒ리이다 〈原刊鑄字本6, 29ㄴ〉
右之道理 心得ᄒ고 使를 여긔 보내소 〈原刊鑄字本7, 2ㄴ〉


'發明ᄒ다'는 '(죄나 잘못이 없음을) 변명하여 밝히다'의 뜻이다. '發明'은 명사로 '辨明'과 같다. '져 사름이 어룬게 ᄭᅮ중 듯고 당신 압페셔는 감이 발명(發明)은 못허고 〈訂正隣語大方1, 7ㄴ〉'에도 이 어휘가 보인다. '不秩ᄒ다'는 '부실하다'는 뜻이다. '不秩 슈목션(水木船)은 연장이 부질(不秩)ᄒ여 써졋습데 〈交隣須知1, 28ㄱ〉'에 이 어휘가 보인다. '團欒ᄒ다'는 '친밀하게 한 곳에 모여 즐기다'의 뜻이다.


正官이 나디 아니면 우리의 그르믄 발명 못ᄒᆞᆯ 거시니 〈原刊鑄字本1, 29ㄱ〉
비예 연장도 브딜ᄒ여 뼈덧소오니 글로 ᄒ여 근심ᄒᆞᆸ니 〈原刊鑄字本1, 13ㄴ〉
草草ᄒ 振舞에 (6ㄴ) 各各 죵용히 말ᄉᆞᆷ 달란ᄒ시니 〈原刊鑄字本9, 7ㄱ〉


'無調法'은 '뜻이 맞지 않아 조금 서름하다. 익숙하지 않아 서름서름하다'는 뜻의 형용사이다. 명사로는 '소홀함, 미흡함, 서투름'이란 뜻을 가진다. 유창돈(1964)에서는 '설피다(짜거나 엮은 것이 거칠고 성기다)'의 뜻으로 해석하고 있다. 〈原刊鑄字本1, 33ㄴ〉에서는 '無調法 서어탄 말이라'로 풀이하고 있고, '서어ᄒ다(齟齬ᄒ다)'는 어휘가 '닉일이라도 연고 업ᄉ시거든 서어ᄒᆞᆫ 거슬 가지여 오ᄋᆸ새 〈原刊鑄字本9, 5ㄱ〉'에 나오고 있다.

'서어(齟齬)〈倭語類解下, 44ㄱ〉'에도 이 어휘가 보인다. '간밤의는 초초훈 잔치 쳥ᄒ여〈改修1次本10下, 19ㄱ〉'에서는 '無調法'을 '초초ᄒ다(草草ᄒ 다)'로 번역하고 있다. '초초ᄒ다'는 '갖추지 못하여 초라하거나 간략하다, 어설프고 총총하다'는 뜻으로 '쟝만훈 양이 草草이 ᄒ야 이러ᄒ니〈改修1次本2, 12ㄴ〉'에서도 쓰이고 있다. '無斗方ᄒ다'는 '의지없다'는 뜻이다.〈原刊鑄字本1, 33ㄴ〉에 '無斗方 의지업단 말이라'라고 풀이되어 있다.

> 언머 無調法이 너기시믈 알건마는 하 無斗方ᄒ여 슯는 일이오니 (6ㄱ)
> 샤ᄒ옵소〈原刊鑄字本1, 6ㄴ〉

'從容ᄒ다'는 '조용하다'는 뜻이다. '從容'이란 명사는 '자연스럽고 태연한 모양, 떠들지 않고 유유한 모양, 하는 일없이 유유히 지냄'의 뜻을 갖는다. '破落ᄒ다'는 '갈라지고 떨어지다'는 뜻이다. '尋常하다'는 '대수롭지 않고 예사롭다, 凡常하다'는 뜻이다.

> 東萊 올라가 送使의 樣子롤 슯고 올 거시니 죵용히 쉬옵소〈原刊鑄字本 1, 20ㄱ〉
> 從容히 쉬과댜 ᄒ야 슯는 일이로송이다〈原刊鑄字本7, 16ㄴ〉
> 자닉 보시ᄃ시 방새 파락ᄒ야 누추ᄒ니〈原刊鑄字本1, 24ㄱ〉
> 아므 일에 브터도 심샹히 너기디 말고〈原刊鑄字本3, 14ㄴ〉
> 아모 일에 부터도 尋常히〈原刊鑄字本3, 18ㄱ〉 너기지 말고〈原刊鑄字本3, 18ㄴ〉

### 3.3. 名詞로 쓰이는 漢字語

'路次'는 '오거나 가거나 하는 길의 과정'의 뜻으로 '路中'으로도 쓰인다. '水宗'은 '물마루. 바다와 하늘이 맞닿은 것처럼 보이는 바닷물의 두 두룩하게 나타나는 부분'을 말한다. '그 사룸늬 탄 비도 水宗 져편꼬지눈 〈隣語大方3, 5ㄱ〉'과 '슈죵(水宗) 〈倭語類解上, 10ㄱ〉'에 '水宗'이란 어휘가 보인다. '그 사룸네 오른 비도 슈죵 져편꼬지눈 〈訂正隣語大方7, 2ㄴ〉'과 '슈죵 넘엇습눈가 〈再刊交隣須知1, 23ㄴ〉'에서눈 '슈죵'을 '水宗, 渡中'으로 쓰고 있다. '案內'는 '미리 통지하는 것'을 말한다. 〈原刊鑄字本1, 33ㄴ〉에 '案內눈 先通之意'라고 풀이되어 있다. 〈原刊鑄字本〉과 〈改修1次本〉의 '案內'를 '이지 烽軍 進告에 日本 비 두 쳑이 (13ㄴ) 온다 ᄒ오니 〈改修重刊本10중, 14ㄱ〉'에서눈 '進告'로 쓰고 있다.

　　　路次의 ᄌᆞ브매 이제야 門꼬지 왓습늬 〈原刊鑄字本1, 1ㄴ〉
　　　그 안희 路中의 곤부시미나 죵용히 쉬시과쟈 ᄒ여 〈改修1次本7, 24ㄱ〉
　　　그 비 슈죵을 너머서 뼈디온가 〈原刊鑄字本1, 13ㄱ〉
　　　안희 계시면 오려 ᄒ여 案內 슬오시드라 니르고 오라 〈原刊鑄字本1, 1ㄴ〉
　　　즉금 烽軍 案內예 日本 비 두 쳑 온다 ᄒ고 니르오니 〈改修1次本10중, 16ㄱ〉

'格只, 役只'눈 유창돈(原刊鑄字本, 1964)에서눈 '격기'를 동사 '겻ㄱ다'의 명사형 '겪이'로 그 뜻은 '供饋하다'로 풀이하고 있다. 이 '格只'가 『捷解新語』에서눈 '接待, 響應'이란 뜻으로 쓰이고 있다. 이 '격기'는 이두로눈 '役只, 格只'로 쓰고 있는데 '금년부텀 위시ᄒ고 퇴년격기(退年格只)헐 줄노 경숑동ᄉ들에게 알게 희쩌니 〈訂正隣語大方9, 5ㄴ〉'에서눈 '格只'로 쓰이고 있고, '今年부터 爲始ᄒ고 退年役只(퇴년격기)ᄒ올 줄을 京松同事들의게 닉이 알게 ᄒ엿습더니 〈필사본隣語大方4, 7ㄱ〉'에서눈 '役只'로도 쓰고 있다. 〈改修1次本6, 22ㄴ〉에눈 '겼기', 〈原刊鑄字本6, 14ㄴ〉에눈 '겼기'라고 쓴 표기도 보인다.

>     젼의는 격기엣 거시 이러티 못ᄒᆞ옵더니 〈原刊鑄字本2, 8ㄱ〉
>     격기ᄒᆞ는 분네게로셔도 극진ᄒᆞ 일이옵도쇠 〈原刊鑄字本6, 15ㄴ〉
>     견기ᄒᆞ는 분네게로셔도 극진ᄒᆞ 일이로소이다 〈改修1次本6, 22ㄴ〉
>     接待예 겻기ᄒᆞ는 냥반돌히 〈原刊鑄字本6, 14ㄴ〉

　'인사댱'은 한자로 생각이 되나 '-댱'이 무엇인지 확실치 않다. 유창돈(原刊鑄字本, 1964)에서는 '인사체'로 번역하고 있는데 이 번역이 옳은 듯하다. 그러나 개수본에서는 '宴席'을 '인ᄉᆞ쟝(한자어로는 '人事場'인 듯함)'으로 쓰고 있는 것에 비추어 보면, '인ᄉᆞ댱'을 '인사체'로만 단일하게 해석해서는 안될 것이다.

>     인ᄉᆞ댱의 말ᄉᆞᆷ이어니와 (3ㄴ) 말ᄉᆞᆷ겻치 들엄즉ᄒᆞ외 〈原刊鑄字本1, 4ㄱ〉
>     어제는 城에셔 인ᄉᆞ댱이며 〈原刊鑄字本7, 21ㄱ〉 萬事 디답ᄒᆞ는 양이
>     자네 말ᄉᆞᆷ겻치 ᄀᆞ장 보ᄃᆞ랍고 (14ㄱ) 또 인ᄉᆞ댱 ᄒᆞ시는 말 거동이 진실
>     로 日本 틱오니 〈原刊鑄字本9, 14ㄴ〉
>     어와 어와 慇懃ᄒᆞ 宴席이옵도쇠 〈原刊鑄字本8, 28ㄱ〉
>     어와 어와 극진ᄒᆞ 인ᄉᆞ쟝이옵도쇠 〈改修1次本8, 41ㄱ〉

　'生疎'는 '친하지 못하거나 낯이 설다. 익숙하지 못하여 서투르다'는 뜻이다. 현대국어에서는 '생소하다'라고 쓰는데, 『捷解新語』에서는 '싱소'를 명사로 쓰고 있음이 특징적이다. '싱소(生疎) 〈倭語類解下, 48ㄴ〉'에도 이 어휘가 보인다. '日吉利'는 '일기, 날씨'를 나타내는 일본 한자어이다. 〈原刊鑄字本1, 33ㄴ〉에 '日吉利 日氣之謂也'라고 풀이되어 있다. '東萊겨셔도 어제는 일긔 사오나온디 〈原刊鑄字本1, 21ㄴ〉'에 '일긔'란 어휘가 보인다.

　나의 싱소롤 나타나디 아닐 양으로 미덧습니 〈原刊鑄字本1, 5ㄴ〉
　쪼눈 싱소훈 거시오니 各各 답답이 너기실가 〈原刊鑄字本1, 3ㄱ〉
　先度中 歸船便의 二番特送이 豊崎셔 日吉利롤 기다리더라 〈原刊鑄字本
1, 8ㄱ〉


　'御陰'은 '덕분'이란 뜻이다. '水木船'은 '물과 장작을 나르는 배'를 말한
다. '슈목션(水木船)은 연장이 부질ᄒᆞ여 쩌졋습데 〈交隣須知1, 28ㄱ〉'에도
이 어휘가 보인다. '方方 彼此'는 '이곳저곳'이란 뜻이다. 〈原刊鑄字本10,
35ㄱ〉에 '方은 處字同'이라고 풀이하고 있다. '書契'는 '조선시대에 우리
정부와 일본 사이에 왕래하던 문서' 또는 '편지'를 말한다. 〈改修1次本〉
에서는 '書簡'〈1, 23ㄱ〉으로 번역되어 있으며, 〈改修重刊本〉에는 '貴札'
〈10상, 8ㄱ〉 또는 '貴翰'〈10중, 15ㄱ〉으로도 번역하고 있다.


　　우리는 御陰을 뻐 無事히 왓습거니와 〈原刊鑄字本1, 11ㄱ〉
　　우리는 덕분을 뻐 아므 일도 업시 완너이다 〈原刊鑄字本2, 1ㄴ〉
　　水木船이 돗기 사오나와 쪄덧습니 〈原刊鑄字本1, 11ㄴ〉
　　東萊 釜山浦예 술와 方方 彼此의 춧즈올 거시니 근심 마읍소 〈原刊鑄字
本1, 14ㄴ〉
　　書契를 내셔돈 보읍새 〈原刊鑄字本1, 16ㄱ〉
　　書簡을 내읍소 〈改修1次本1, 23ㄱ〉


　'註進'은 '狀啓, 보고'란 뜻이다. '어제 宴享의 (12ㄱ) 장계롤 위ᄒᆞ야
〈改修1次本10中, 12ㄴ〉'에서는 '註進'을 '장계'로 번역하고 있다. '狀啓'는
'감사나 王命으로 지방에 파견된 벼슬아치가 글로 써서 올리던 보고'란
뜻으로, '註進'과 같은 뜻이다.

　　釜山浦예 술와 註進홀 거시니 書契를 내읍소 〈原刊鑄字本1, 17ㄱ〉

그 장계 返事ㅣ 왓습니 〈原刊鑄字本5, 9ㄴ〉

'樣子'는 '상황, 정세'란 뜻이다. '館'은 '사신들이 머무는 집'을 말한다. '館 관는 나라집이로되 타국人신(他國使臣)을 머무려 두는 집이라 〈交隣須知2, 42ㄴ〉'에도 이 어휘가 보인다. '房舍'는 '방'을 말한다. '單子'는 '부조·선물 등 남에게 보내는 물건의 품목과 수량을 적은 종이'를 말한다. 〈倭語類解上, 37ㄱ〉의 '公式'란에 '단ㅈ(單子)'가 보인다.

東萊 올라가 送使의 樣子롤 숩고 올 거시니 종용히 쉬옵소 〈原刊鑄字本1, 20ㄱ〉
너일 나죄란 入館ㅎ여 보옵새이다 〈原刊鑄字本1, 20ㄴ〉
자니 보시ᄃ시 방새 파락ㅎ야 누추ㅎ니 〈原刊鑄字本1, 24ㄱ〉
御馳走ㅎᄂ 디로셔 房舍롤 부러 출혀 오르시게 〈原刊鑄字本6, 19ㄴ〉
자니도 單子롤 써 보내옵소 〈原刊鑄字本1, 26ㄱ〉

'迷惑'은 '昏迷'와 같은 뜻으로 '정신이 헷갈려서 갈팡질팡하는 것'이란 뜻으로 일본 한자어이다. 〈原刊鑄字本1, 33ㄴ〉에 '迷惑 悶望也'라고 풀이되어 있다. 〈訂正隣語大方2, 8ㄱ〉에서도 '민망(憫忙)'을 '迷惑'으로도 쓰고 있다. 현대국어에서는 '憫惘'이라고 쓴다. '養性'은 '몸조리'란 뜻이다. 〈原刊鑄字本1, 33ㄴ〉에 '養性 調理也'라고 풀이되어 있다. 〈改修1次本〉에서도 '養性'을 '됴리'로 번역하고 있다. '御意'는 '당신의 호의, 당신의 뜻, 당신의 말씀'으로 이해된다. 〈改修1次本3, 6ㄴ〉과 〈改修重刊本3, 6ㄱ〉에서는 '御意'를 '니른심'으로 번역하고 있다. '誠信'은 '서로 속이지 않고 다투지 않고 진실을 가지고 사귀는 것'이란 뜻이다.

내 迷惑을 프르시과댜 니르시는 배 그러ㅎ옵거니와 〈原刊鑄字本1, 30ㄱ〉

　　아므리커나 밤의도 養性ᄒ여 나실 양으로 ᄒ여 보옵소 〈原刊鑄字本1,
33ㄱ〉
　　그러나 병 드르시다 ᄒ니 (14ㄱ) 브디 됴리ᄒ쇼셔 〈改修1次本10상, 14ㄴ〉
　　御意 감격ᄒ여이다 〈原刊鑄字本2, 1ㄴ〉
　　大切의 御意오니 예셔 죽ᄉ와도 먹ᄉ오리이다 〈原刊鑄字本2, 7ㄱ〉
　　극진이 니르시매 비록 병이 날지라도 먹ᄉ오리이다 〈改修1次本2, 10ㄱ〉
　　朝廷도 誠信으로 아르시니 〈原刊鑄字本3, 14ㄱ〉


　'巡盃'는 '술자리에서 술잔을 차례로 돌리는 것. 또는 그 술잔'이란 뜻
이다. '膳敷器皿'은 '반찬그릇'이란 뜻이다. '器皿'이란 어휘는 〈隣語大方
10, 7ㄱ〉에도 보인다. '乾物'은 '마른 음식'이란 뜻이다. '鷄子'는 '달걀'을
말한다. '圓座帳枕'은 '둥글게 앉는 방석과 벼개'를 말한다. '大廳地衣'는
'대청에 까는 이불이나 자리'를 말한다.


　　巡盃는 디낫습거니와 〈原刊鑄字本2, 6ㄱ〉
　　今度는 膳敷器皿 以下ㅣ 조출ᄒ고 과즐과 건믈과 머글 거슬 〈原刊鑄字
本2, 8ㄱ〉
　　건믈도 두 가지 업고 鷄子도 ᄒ나히 업고 〈原刊鑄字本2, 9ㄴ〉
　　圓座帳枕 以下物을 催促ᄒ여 수이 드리옵소 〈原刊鑄字本2, 11ㄴ〉
　　ᄯᅩ 大廳地衣도 늘가 다 하야뎌시니 〈原刊鑄字本2, 11ㄴ〉


　'代官方'은 '代官이 있는 곳'이란 뜻이다. 〈原刊鑄字本10, 35ㄱ〉에 '方은
處字同'으로 풀이되어 있고 '代官方'을 〈改修1次本〉에서는 '御代官의 곳
〈10상, 5ㄴ〉'으로 번역하고 있다. '看品'은 '물건의 품질이 어떠한가를 자
세히 살펴보는 것'을 말한다. '立酌'은 '서서 술 먹는 것'을 말함. '唐體'는
'中國式'을 뜻한다. '才幹'은 '어떠한 방도나 도리 또는 재주'를 말한다.

代官方의셔 談合홀 일돌이나 상담ᄒ면 〈原刊鑄字本2, 13ㄱ〉
어지 늣게야 釜山 와셔 시방 御代官의 (5ㄴ) 곳에 왓ᄉ오니 〈改修1次本 10상, 6ㄱ〉
封進 看品홀 꺼시니 그리 아르셔 나ᄋ소 〈原刊鑄字本2, 15ㄱ〉
잔수는 디낫ᄉ오나 일뎡 立酌ᄒ실 쩌시니 〈原刊鑄字本3, 6ㄴ〉
안자셔 禮 어려오니 당톄로 잔뿐 들기롤 禮를 삼습새 〈原刊鑄字本3, 9ㄴ〉
奇特흔 지간이라 니르니 〈原刊鑄字本3, 12ㄴ〉

'公貿易'은 관영무역으로서 일본에서 가지고 간 물품을 조선정부에서 사들이는 무역방식으로 조선에서 생산되지 않는 銅, 錫, 丹木類를 조선 정부가 公木으로 매입하는 방식으로 私貿易과 대조된다. '開市'는 私貿易으로 왜관에 있는 開市大廳이라는 건물에 조선 상인들이 상품을 가지고 와서 쯔시마항의 관리나 상인들과 매매를 하던 무역 방식을 말한다.

당시 公貿易 銅鑞 看品도 못ᄒ엿고 封進雜物들도 올려가야 〈原刊鑄字本3, 22ㄱ〉
거번 비의 온 동쳘을 너일 기시에(2ㄱ) 샹고들의게 모도 너일 보낼 양으로 드러ᄉ오니 〈改修1次本10하, 2ㄴ〉

'大儀'는 '노고, 수고'란 뜻이다. 〈原刊鑄字本10, 35ㄱ〉에 '大儀ᄂ 勞苦之意'라고 풀이하고 있고, 〈改修1次本10상, 7ㄱ〉에서는 '大儀'를 '슈고ᄒ다'로 번역하고 있다. '上方'은 '윗쪽'을 말한다. '어와 즈로 우다히 오로 느리기 御大儀흔 일이읍도쇠 〈原刊鑄字本3, 14ㄱ〉'에 '우다히'가 보이는데, 이 '우다히'의 한자어를 '上方'으로 쓴 것으로 이해된다. '正根'은 '精神'을 말한다. '계요 氣向을 출혀 안쟌습ᄂ이다 〈改修1次本3, 24ㄱ〉'에서는 '氣向'으로 쓰고 있다. '아모 일이라도 精神이 만ᄒ여야 일으디 날곳치 精神 업슨 사룸은 〈필사본 隣語大方2, 5ㄴ〉'에서는 '精神'을 '根氣'로도 쓰고 있다.

어와 즈로 우다히 오로 느리기 御大儀호 일이옵도쇠 〈原刊鑄字本3, 14ㄱ〉
게겨셔는 (6ㄴ) 먼길히 슈고호시믄 아르스오며 〈改修1次本10상, 7ㄱ〉
上方의셔 아므란 雜說이나 이실가 너겨 〈原刊鑄字本3, 13ㄴ〉
ᄀ장 취호오되 正根을 계요 출혀 (18ㄱ) 안잣습ᄂ이다 〈原刊鑄字本3, 18ㄴ〉


'相指'는 '환대, 접대'의 뜻이다. '過怠'는 '허물'이란 뜻이다. '未審'은 '의심스러움'의 뜻이다. '右之道理'는 '올바른 道理'란 뜻이다. '氣味'는 '생각하는 바와 취미, 기분'이란 뜻이다. '不審'은 '자세히 알지 못함, 의심스러움'의 뜻으로 '未審'이란 한자어와 비슷하다. '時分'은 '적당한 때, 기회, 시기'란 뜻이다. '飛船'은 척수에 제한이 없는 작은 배로 무역품을 실어 나르는 데 사용하는 배를 말한다. '비션(飛船) 〈倭語類解下, 18ㄱ〉'에도 이 어휘가 보인다. '妙理'는 '오묘한 이치'란 뜻이다. '묘리(妙理) 〈倭語類解下, 48ㄴ〉'에도 이 어휘가 보인다.

奇特호 相指룰 다 잘 호더라 기리시니 〈原刊鑄字本3, 27ㄴ〉
여긔 소임호는 官人 대되 過怠예 밋는 바는 〈原刊鑄字本4, 2ㄱ〉
그 홀시룰 ᄀ장 未審히 너기옵니 〈原刊鑄字本4, 3ㄱ〉
오늘은 右之道理룰 正官도 분별 두셔 氣味 됴케 직간호옵소 〈原刊鑄字本4, 3ㄱ〉
니르시는 바 아므려도 不審호외 〈原刊鑄字本4, 14ㄱ〉
各官으로셔 東萊ㅣ 時分도 혜아리디 아니코 〈原刊鑄字本4, 12ㄱ〉
무速 뭇디 못호면 飛船 즈음에 맛디 못홀 쩌시니 힘쓰옵소 〈原刊鑄字本4, 15ㄱ〉
별로 호염즉호 묘리도 업고 출하리는 〈原刊鑄字本4, 18ㄱ〉

'沙汰'는 현대국어에서는 '쌓인 눈따위가 무너져 내려앉는 일'이나 '물건이나 사람이 한꺼번에 많이 쏟아져 나오는 일의 비유'를 할 때 쓰는 말이다. 그러나 여기서는 일본 한자어로 '분부, 지시, 명령', '기별, 소문, 소식' 등의 뜻으로 쓰이고 있다. '미리 소문내면 못되기 쉽수우니 〈訂正隣語大方1, 8ㄴ〉, ᄀ장 갸륵허단 말이 잇쩌니 〈訂正隣語大方7, 1ㄱ〉'에서는 '소문'과 '말'을 '沙汰'로 쓰고 있음이 확인된다. '사태(沙汰)〈倭語類解下, 48ㄱ〉'에서도 이 어휘가 보인다.

이 스이 各官으로셔 (20ㄱ) 沙汰之限도 업손 때예〈原刊鑄字本4, 20ㄴ〉
이 스이 各官으로셔 沙汰 읻는 째〈改修1次本4, 28ㄴ〉


'公儀'는 '공적인 일(公事)'이란 뜻이다. 〈改修1次本10下, 6ㄱ〉에서는 '公儀之事'를 '나라일'로 번역하고 있고, 〈原刊鑄字本10, 35ㄱ〉에서는 '儀논 與事字同'이라고 풀이되어 있다. 이본에서는 '公容, 公用'의 한자어가 쓰이고 있다.

날을 져므롤 ᄲᅮᆫ으로는 公儀논 되디 아니코〈原刊鑄字本4, 23ㄴ〉
날을 져믈롤 ᄲᅮᆫ으로는 公容은 되지 아니코〈改修1次本4, 33ㄱ〉
날을 저믈올 ᄲᅮᆫ으로는 公用은 되디 아니코〈改修重刊本4, 29ㄴ〉


'仕合'은 '多幸'이란 의미이나 다른 곳에서는 그 의미를 달리 해석해야 할 것으로 보인다. 〈訂正隣語大方〉에서는 '仕合'을 '多幸'으로 해석한 경우가 많다.

됴흔 天氣예 御仕合이옵도쇠〈原刊鑄字本5, 2ㄱ〉
슈정허여 주시면 다힝ᄒ겟습네다〈訂正隣語大方2, 10ㄱ〉

감격ᄒ신 졀ᄎ를(7, 16ㄴ) 술올 양도 업서이다 〈原刊鑄字本7, 16ㄴ〉
감격ᄒ신 사합을(7, 24ㄴ) 술올 양이 업서이다 〈改修1次本7, 25ㄱ〉
감샤흔 사합을 숨기 다 어려이 너기ᄂ이다 〈改修重刊本7, 14ㄴ〉


'番'은 '차례로 숙직, 당직 등을 하는 일'을 말한다. '返事'는 '답장'이란 뜻이다. '도로혀 답장이 되오니 〈改修1次本10下, 22ㄱ〉'에서는 '返事'를 '답장'으로 번역하고 있다. '規矩'는 '法度, 본보기'란 뜻이다. '多人中'은 '많은 사람들'이란 뜻이다. '慇懃'은 '속으로 간절함, 극진함'이란 뜻이다. '慇懃 은근이 딕졉을 ᄒ옵소 〈交隣須知4, 20ㄴ〉'에도 이 어휘가 보인다. '站'은 '驛, 宿所'란 뜻이다. '站 참은 길 가다가 쥬인 잡ᄂ 집이라 〈交隣須知2, 45ㄱ〉'에도 이 어휘가 보인다. '址界'는 '땅의 경계, 어떠한 처지나 형편'을 뜻한다. '地境'과 의미가 같다.


쏘 밧긔 두고 番ᄒ을 사롬도 업고 〈原刊鑄字本4, 27ㄴ〉
早早 註進ᄒ야 그 返事대로 우리 兩人 中에 〈原刊鑄字本5, 3ㄴ〉
샹시 行儀롤 읏듬ᄒᄂ 규귀오니 〈原刊鑄字本5, 26ㄱ〉
上下 多人中 오래 묵기도 엇더ᄒ니 〈原刊鑄字本6, 3ㄴ〉
참마다 비예 ᄂ리시기 어렵기ᄂ 죠고마ᄒ고 〈原刊鑄字本6, 21ㄱ〉
筑前殿 地界 두 참이도록 거르기 격기ᄒ신디 〈原刊鑄字本7, 2ㄱ〉


'振舞'는 '잔치, 대접, 향응'이란 뜻이다. '모든 代官들은 두로 잔치ᄒ되 ᄂ일은 우리집의 쳥코져ᄒ오니 〈改修1次本10하, 16ㄱ〉'에서는 '振舞'를 '잔치'로 번역하고 있다. '汎濫'은 '무례함'이란 뜻이다. '汎濫 범남ᄒ여 눔을 업슈이 너기옵ᄂ 〈交隣須知4, 43ㄴ〉'와 〈倭語類解上, 24ㄱ〉의 '性情'란에 '범람(汎濫)'이 쓰이고 있는 것으로도 확인된다. '委細'는 '자세한 사정 또는 그 곡절'을 말한다. 같은 뜻의 한자어로 '詳細, 委曲' 등이 쓰인다.

예문의 '委細之儀'는 '자세한 일'이란 뜻이다.


　　今日은 御慇懃ᄒ신 振舞 終日 아롬다온 御雜談 듯줍고〈原刊鑄字本6,
5ㄱ〉
　　쟝쉬 돈돈이 분부ᄒ야 계시오니 젓쏘오나 범남을 술왓더니〈原刊鑄字本
7, 8ㄴ〉
　　委細之儀ᄂ 對馬島主끠 닐러 보내농이다〈原刊鑄字本8, 3ㄱ〉


　'所任'은 '맡은 바 직책, 아래 등급의 임원'을 의미한다. '敎令'은 '임금
의 명령'이란 뜻이다. '果報'는 '因果應報'의 준말이다. '指南'은 '방향을 가
리키는 기구, 나침반'의 뜻이 있으나, 여기서는 '가리켜 인도함'의 뜻을
가진다. '籠具'는 '竹器의 총칭'을 의미한다. '曳船'은 '曳引船'을 말한다.
'虛踈'는 '비어서 허술하거나 허전함'이란 뜻이다. '인명이 계관헌 일을
엇지 그리 허수이 허시는잇까〈訂正隣語大方1, 8ㄴ〉'에도 이 어휘가 보
인다. '公木'은 '公課로서 징집한 木綿'을 말한다.


　　술 낼 일도 소임의게 그 ᄉ정을 닐러 들리소〈原刊鑄字本7, 12ㄴ〉
　　大君끠셔 信使끠 뵈고 노르실 양으로 교령이 이실시야〈原刊鑄字本8,
11ㄱ〉
　　三使의 御果報에 往來 험훈 海路의 ᄒ르도 惡風을 만나디〈原刊鑄字本
8, 12ㄴ〉
　　자네네 指南을 어더 져기 말도 ᄒ더니마ᄂ〈原刊鑄字本9, 12ㄴ〉
　　홀리ᄂ 籠具도 업시 사롬을 홀리ᄂ 사롬이옵쏘쇠〈原刊鑄字本9, 19ㄴ〉
　　개마다 曳船들도 (20ㄴ) 시기실 양으로〈改修1次本10중, 21ㄱ〉
　　허소히 아지 마옵소〈改修重刊本5, 6ㄱ〉
　　公木은 束數ㅣ 잇ᄉ오니〈原刊鑄字本3, 23ㄱ〉


'私私, 私事'는 '개인의 일'을 뜻한다. '私 ᄉᄉ일은 공ᄉ(公事)를 못츤

후에 ᄒ게 ᄒᆞᆸ소 〈交隣須知2, 42ㄱ〉, 나라일을 인연허여 ᄉᆞᆺ(私事)일 ᄒᆞ는 거슬 빙공영ᄉᆞ(憑公營私)ㅣ 라 ᄒᆞ니 〈訂正隣語大方2, 1ㄱ〉에서는 '개인일'을 '私事'로도 쓰고, '私私'로도 쓰고 있다. '差送'은 '사람을 시켜서 보내는 것'을 말한다. 이 '差送'의 발음은 '치송'으로 읽었던 것으로 보인다. '건장ᄒᆞᆫ 니를 치송(差送)ᄒᆞ시는데 〈訂正隣語大方2, 2ㄴ〉'와 '치송 치(差) 〈倭語類解下, 37ㄴ〉'에 '치송'이란 어휘가 보인다.

> 나의 ᄉᆞᆺ 정읫 잔이오니 이 一杯만 잡ᄉᆞᆸ소 〈原刊鑄字本2, 7ㄱ〉
> ᄉᆞᆺ 써시 아니오니 〈原刊鑄字本8, 21ㄱ〉
> 우리 二人을 옐ᄀ지 差送ᄒᆞ셔 問安을 아라오게 ᄒᆞ신 〈改修重刊本7, 11ㄴ〉

'公幹'은 '임금이 쓰는 일, 나라에서 쓰는 일, 나라일'을 뜻한다. 改修重刊本의 '公幹'을 '진실로 遠路에 나라일을 뭊고 〈原刊鑄字本8, 26ㄴ〉'에서는 '나라일'로 쓰고 있다. 〈改修1次本10중, 22ㄴ〉에서는 '御用'을 '공간'으로 번역하고 있다. '냥국간 공간(公幹)이 ᄌᆞ연 순성허올 써시니 〈訂正隣語大方2, 12ㄱ〉'에서도 '공간(公幹)'을 '御用'이란 한자어와 함께 쓰고 있다. '解怒'는 '노여움을 푼다'는 뜻이 아닌가 생각한다. '지금 ᄆᆞ음에 미안허와 히로(解怒)허옵쟈 허고 〈訂正隣語大方4, 8ㄱ〉'에 이 어휘가 보인다.

> 진실로 重ᄒᆞᆫ 公幹을 無事히 몯습고 〈改修重刊本8, 22ㄴ〉
> 다룬 공간이 업습거든 로인을 이놈의게 보내ᄋᆞᆸ소 〈改修1次本10중, 22ㄴ〉
> 조선 料理면 자네네 뜻에 드디 아닐까 의심ᄒᆞ거니와 다만 노름 히로나
> ᄒᆞ려 ᄒᆞ오니 〈原刊鑄字本9, 4ㄴ〉

'發記'는 '사람이나 물건의 이름을 죽 적은 글발'을 말한다. 같은 의미의 한자어로 '件記'가 있다. 〈倭語類解上, 37ㄱ〉의 '公式'란에 '건기(件記)'

가 보인다. '곡정을 만이 허신가 시푸고 발긔를 본즉〈訂正隣語大方9. 1ㄱ〉'에서는 '발기(發記)'로 쓰고 있다. 이 '발기'는 유창돈(1964 : 778)에서는 '불긔'로 쓰고 있는데 이는 吏讀이다. '値段'은 '가격, 값, 시세'란 뜻이다. 본문에서는 '直段'으로 되어 있는데, 여기서는 '값'을 나타내므로 '치'로 읽어야 한다. '갑슬 뎡ᄒᆞ야 가소〈再刊交隣須知2, 45ㄱ〉, 갑대루 주고 사갑소〈再刊交隣須知2, 46ㄱ〉'에서도 '값'을 '直段'으로 쓰고 있다.

구ᄒᆞ시는 대로 나믄듸 업시 불긔도 왓ᄉᆞ오니 깃브외〈原刊鑄字本5, 10ㄱ〉
서ᄅᆞ 時節과 直段等事를 見合ᄒᆞ여 주셥즉호 일이온더〈改修重刊本4, 22ㄴ〉
서르 時分과 갑시 양도 見合도 계실 일인더〈原刊鑄字本4, 17ㄱ〉


## 4. 결론

국어사 연구에 있어서 문헌을 대하는 우리의 태도는 몇 가지로 나누어 볼 수 있다. 첫째로 자기가 쓰는 주제에 따라 여러 문헌에서 각자가 필요한 자료를 뽑아 쓰는 태도가 있고, 둘째로 하나의 문헌을 표기법, 음운현상, 문법현상 등과 같은 부분적인 국어학적 현상을 중심으로 연구하는 태도가 있으며, 셋째로 하나의 문헌을 서지학적인 측면과 함께 전체적인 국어학적 현상을 중심으로 집중적으로 연구하는 태도가 있다.

첫번째의 태도는 대부분의 연구자가 취하는 태도인데, 자기중심적인 자료 이용에는 아주 편리한 방법임에 틀림이 없으나, 이러한 태도는 문헌을 종합적으로 연구해야 하는 기초적인 연구를 소홀히 하기 때문에 많은 문제를 가지고 있다. 이제까지 이러한 태도 때문에 하나의 문헌이 갖는 국어학 전반의 집중적인 탐구는 말할 것도 없고 실제로 개별 문헌의 번역도 제대로 되어있지 않은 실정이다.

두 번째의 태도는 흔히 석사 논문 등에서 많이 애용되는 방법이지만, 국어학적인 부분만을 다룬다는 데 문제가 있고, 또한 깊이 있는 논의가 이루어지지 않고 있다는 데 문제가 여전히 남는다. 세번째의 태도는 가장 이상적인 연구 방법인데 이러한 연구는 아주 기본적인 것이어서 많은 연구자들에게 시간과 정력의 낭비를 줄일 수 있도록 도와주고 또 그 문헌에 대한 보다 심도있는 논의에 접근할 수 있는 길을 제공할 것이다. 그러나 유감스럽게도 우리 학계에서는 아직 이러한 작업이 활발히 이루어지지 않고 있음을 지적할 수 있다.11)

---

11) 이런 점에서는 최근 志部昭平(1990)이 지은 『諺解 三綱行實圖 硏究』 2권('本文·校註·飜譯·開題篇'과 '文脈附索引篇')이 일본 '汲古書院'에서 간행되었다. 이러한 연구가 한국에서도 없었던 것은 아니지만 빈약했던 것이 사실이다. 이 점에 대해서는 깊은 성찰이 있어야 할 것으로 보인다.

## 참고문헌

유창돈(1964), 『이조어사전』, 연세대 출판부.
鄭丞惠(1991), 「『捷解新語』의 對譯國文 研究」, 德成女大碩士論文.
李元植(1991), 『朝鮮通信使』, 民音社.
김용선 역(1982), 『조선통신사』, 동호서관.
정광·안전장 공편(1991), 『改修捷解新語』, 태학사.
진재호(1975), 『두시언해의 국어학적 연구』, 이우출판사.
심재기(1982), 『국어어휘론』, 집문당.
李德心(1994), 『日本語 漢字 읽기 辭典』, 시사문화사.

# 제11장

# 『捷解新語』의 번역 양상과 구어적 특징

## 1. 서론

후기 중세국어 문헌은 불경을 언해한 소위 '언해본'이 대부분이다. 이 언해본은 중국 한문을 번역한 언해본과 한국 한문을 번역한 언해본이 있는데, 중세국어의 언해본은 대개는 중국 한문을 번역한 언해본이 대부분이고, 근대국어 문헌은 한국 한문을 언해한 언해본이 많다. 이 외에도 중국어·몽고어·청어·일본어 등을 번역한 역학서 등의 문헌이 있다.

이렇듯 우리가 소유하고 있는 국어사의 문헌들은 대부분 번역된 언해본이 주류를 이루고 있다. 그런데 우리 문자로 우리의 생각이나 지식을 직접 서술한 문헌이 아닐 경우, 즉 중국 한문이나 여타의 문자로 된 문헌을 번역한 '언해본'은 그 당시 순수한 우리말과는 어느 정도 거리가 있었을 것이다. 특히 번역을 하는 과정에서 여러 가지 유형으로 언어적 간섭이 있었을 것이 예상된다.

우리는 국어사 연구 과정에서 중국어나 일본어 등의 학습서로 쓰였던 문헌을 볼 때마다 기존의 문헌과는 그 국어학적인 특징이 상당히 다르다는 것을 느껴왔다. 그러나 유감스럽게도 한 문헌의 특징을 정밀하게 살피는 작업을 우선하기보다는 우선 필요한 자료를 뽑아서 쓰는 일에 몰두하여 왔다.

이미 알려진 『朴通事諺解』, 『老乞大諺解』, 『伍倫全備諺解』 등은 중국어와의 관련성을 많이 가지고 있고, 『捷解新語』, 『隣語大方』, 『交隣須知』 등은 일본어의 특징을 많이 가지고 있음을 알고 있다.

이 글에서는 역학서인 『捷解新語』가 번역되는 과정에서 일어나는 특징적인 현상들을 일본어 학습서인 『捷解新語』의 이본을 중심으로 기술하고자 한다. 여기서는 '原刊活字本 『捷解新語』(규장각본)', '改修一次本 『捷解新語』(파리동양어학교 도서관장본 : 활자본)', '改修重刊本 『捷解新語』(규장각본)' 등을 자료로 사용하고자 한다.1)

외국어를 우리말로 번역하는 방법에는 외국어의 표면 구조에 가깝게 옮기려는 직역과 우리말 표현에 가깝게 옮기려는 의역의 방법이 있다. 직역의 경우에는 번역하고자 하는 말(즉 외국어)을 필요 이상으로 존중하여 외국어에 가깝게 번역하려는 경향이 있다. 현대 영어나 일본어의 번역과정에서도 그러한 현상은 많이 발견되고 지적된 바 있다. 이런 현상은 『捷解新語』에서도 예외없이 나타나고 있다. 반대로 의역은 외국어의 독특한 구조를 지나치게 무시하고 완전히 우리말 표현에만 치우치게 되어 원문 본래의 의도를 왜곡하는 경향이 있다.(이상섭, 1990 : 2 참조)

우리가 검토하려고 하는 『捷解新語』도 위에서 언급한 것처럼 번역상

---

1) 『捷解新語』에 대한 자세한 解題는 鄭光(1990, 1991)과 鄭承惠(1991)를 참고할 것.

의 여러 문제를 안고 있는 것이 사실이다. 이 글에서는 이러한 문제를 검토함으로써 언해본의 번역 양상과 몇 가지 구어적 특징을 다루고자 한다.


## 2. 어휘에 나타난 번역 양상

『捷解新語』는 근대국어 시기의 일본어 학습서였다. 따라서 일본어와 관련된 어휘가 많이 보이는 것이 특징이며, 일본식 표현과 일본 한자가 많이 쓰이고 있다. 또한 사신들 간의 대화체로 되어 있기 때문에 감정을 나타내는 어휘가 많이 쓰이고 있음이 특징이다.


### 2.1. 敬語 接頭辭 '御-'

나타내고자 하는 말의 앞에 경어 접두사를 써서 상대방에게 경의를 표하는 것은 일본의 경어 용법에서 매우 일반적이다. 일본어에서는 고어뿐만 아니라 현대어에서도 경어 접두사는 흔히 한자어 '御'로 표기하고 있다. 『捷解新語』에서도 접두사 '御-'가 많이 쓰이고 있다. 한미경 (1985 : 84)에 의하면 『捷解新語』에서 일본어 대역문에 나타나는 '御'에 의한 경어법의 용법은 한국어의 주체존대법인 '-시-'와 겸양법인 '-습-'을 나타내고 있다고 설명하고 있다. 또한 '御＋명사'의 구성에서 한글 대역에 일본어를 그대로 쓴 경우로 '御意, 御慇懃, 御果報, 御案內, 御裁判, 御雜談, 御酒, 御牌, 御出船, 御進物, 御對面, 御馳走, 御札, 御念, 御渡海, 御大儀, 御陰, 御仕合, 御使, 御回答' 등을 들고 있는데, 이것은 일본어의

중요한 어휘들을 습득시키기 위한 방법으로 의도적으로 한국어의 대역
문에 일본어를 그대로 쓴 것으로 보여진다고 말하고 있다. 이런 현상은
개수중간본으로 갈수록 심해지고 있다.

 (1) 건너시도쇠 〈原刊1, 12ㄱ〉-御渡海ᄒ시도쇠 〈一次1, 17ㄱ〉-御渡
   海ᄒ시도쇠 〈重刊1, 15ㄴ〉
   덕분을 〈原刊2, 1ㄴ〉-御陰을 〈一次2, 2ㄱ〉-御陰을 〈重刊2, 8ㄱ〉
   디접ᄒ시믈 〈原刊2, 4ㄴ〉-御馳走ᄒ신 〈一次2, 6ㄴ〉-御馳走ᄒ신
   〈重刊2, 12ㄱ〉
   振舞 〈原刊6, 5ㄱ〉-振舞 〈一次6, 7ㄱ〉-御振舞 〈重刊6, 6ㄱ〉
   出船ᄒ실 〈原刊6, 13ㄴ〉-出舡ᄒ실 〈一次6, 19ㄱ〉-御出船ᄒ실
   〈重刊6, 17ㄴ〉
   격기ᄒᄂ 〈原刊6, 15ㄴ〉-견기ᄒᄂ 〈一次6, 22ㄴ〉-御馳走ᄒᄂ 〈重
   刊6, 20ㄴ〉


 '御'자는 경어법과 관련되어 있지만, 어휘에 따라 그 뜻을 다르게 쓰
는 경우도 있어 매우 조심해야 한다.
 예를 들면, '手前'은 일인칭 대명사인 '나'를 뜻한다. 다음의 예에서는
원간본의 '手前'을 개수본에서는 '이 편'으로 번역하고 있다. 그러나 여기
에 '御'자가 연결되어 '御手前'이 되면 이인칭 대명사인 '그대'의 뜻으로
변한다.

 (2) ㄱ. 手前取紛候而 及延引候 〈原刊10, 1ㄴ〉
   ㄴ. 이 편이 반부와 쳔연ᄒ여습니 〈一次10上, 2ㄱ〉
   ㄷ. 술을 ᄒ 가지로 자션마ᄂ (3, 16ㄱ) 御手前 面上의ᄂ 酒氣 一切
    업ᄉ오니 〈原刊3, 16ㄴ〉

## 2.2. 日本 漢字語의 사용

『捷解新語』에서는 일본 한자어가 많이 쓰이고 있다. 일반적으로 일본 어가 한국에 유입된 시기를 주로 개화기 전후로 잡고 있으나, 이미 근 대국어 초기에 일본어를 학습하기 위하여 일본 한자어를 습득하고 있었 다는 사실로 미루어 보면 일본 한자어의 유입 시기를 근대국어 초기로 보는 것이 옳을 것이다.

그 예를 들면 水夫(선원, 格軍), 船頭(뱃사공), 下口(술을 잘 못 먹는 사람), 上口(술을 잘 먹는 사람), 亭主(主人), 飛脚(집배원), 若衆(젊은 사람들), 明朝 (내일 아침), 明日(來日), 明後日(모레, 明明日, 再明日), 昨日(어제), 昨晚(어젯 밤), 多分(아마, 거의), 卒度(暫間, 暫時), 折節(때마침, 때때로, 가끔), 先度(지 난번, 먼저번), 今度(이번), 隨分(몹시, 가장, 매우), 爰元(여기), 常時(恒常), 草 草ᄒ다(간략하다), 念比ᄒ다(極盡ᄒ다), 氣遣ᄒ다(憂慮ᄒ다, 念慮하다), 油斷 ᄒ다(放心ᄒ다, 함부로 하다), 聞及ᄒ다(소문을 듣다), 肝煎ᄒ다(念慮ᄒ다, 힘쓰 다), 馳走ᄒ다(待接ᄒ다), 催促ᄒ다(재촉하다), 申含ᄒ다(當付ᄒ다), 念入ᄒ 다(정성들여 하다), 差定ᄒ다, 遷延ᄒ다(延引ᄒ다, 미루다), 譏弄ᄒ다(비웃다, 책망하다), 發明ᄒ다(辨明하다), 無調法ᄒ다(疏忽ᄒ다), 無斗方ᄒ다(依支없 다), 路次(路中, 道中), 水宗(물마루), 案內(案內, 先通), 格只(接待, 響應), 日吉 利(日氣, 날씨), 御陰(德分), 注進・註進(狀啓, 報告, 急報), 樣子(狀況, 事情), 迷惑(昏迷), 養性(몸조리), 大儀(勞苦, 수고), 正根・氣向(精神), 不審(未審), 時分(時期), 沙汰(指示, 所聞), 公儀(公事), 仕合(多幸, 幸福), 返事(答狀), 返禮 (答禮), 振舞(待接, 響應), 汎濫(無禮), 公幹(御用, 나랏일), 件記(發記), 値段(價 格, 값), 各各(그대들), 御手前(그대), 作法(慣習) 등이 쓰이고 있다.(이태영, 1994 참조)

이처럼 많은 일본어가 한국어 대역문에 쓰이고 있다는 사실은 이 책의 특성이 일본어 학습서인 관계로 일본 한자어를 의도적으로 습득시키기 위하여 일부러 그런 것으로 해석할 수 있다. 이런 일본 한자어는 『隣語大方』, 『交隣須知』 등의 이본에도 아주 많이 쓰이고 있음을 알 수 있다.2)

이러한 일본어 한자어들은 일본어 사전을 통하여야만 확인할 수 있다. 어떤 한자어는 일본어 사전에서도 보이지 않아 다른 문헌을 통해서만 그 뜻을 이해할 수 있는 경우도 있다. 문제는 몇몇 일본 한자어가 한국 한자어와 형태가 같아서 자칫 한국 한자어식으로 이해할 수가 있다는 점이다. '各各, 同前, 道理, 笑留' 등을 예로 들어 검토하기로 한다.3)

### 2.2.1. '各各'의 의미

일본어 'おのおの(ono ono)'는 한자어 '各各'으로 표기된다. 이 '各各'은 많은 사람을 가리키는 대명사로 '그대들, 여러분'의 뜻을 가진다. 원간본의 '자네'를 이본에서는 '各各'으로 표기하고 있다. 이 문헌에서는 일본 한자어가 많이 쓰이고 있어 한국 한자어와 혼동할 우려가 매우 크다.

---

2) 원간본의 우리말이 개수본으로 갈수록 한자어나 일본 한자어로 대체되고 있다.

    오놀은 〈原刊1, 5ㄴ〉－今日은 〈一次1, 8ㄱ〉－今日은 〈重刊1, 7ㄱ〉
    안빠다희 〈原刊1, 9ㄴ〉－洋中에 〈一次1, 13ㄴ〉－洋中에 〈重刊1, 12ㄱ〉
    건너시도쇠〈原刊1, 12ㄱ〉－御渡海ᄒ시도쇠 〈一次1, 17ㄱ〉－御渡海ᄒ시도쇠 〈重刊1, 15ㄴ〉
    큰 비예 〈原刊1, 13ㄴ〉－大船에 〈一次1, 19ㄱ〉－大船에 〈重刊1, 17ㄴ〉
    너일 〈原刊1, 13ㄱ〉－明日 〈一次1, 18ㄴ〉－明日 〈重刊1, 16ㄴ〉
    어제는 〈原刊1, 21ㄴ〉－昨日은 〈一次1, 32ㄱ〉－昨日은 〈重刊1, 26ㄱ〉

3) 여기 예로 든 부분은 전북대학교 국어국문학과에 유학했던 재일교포 김나숙 선생이 함께 공부하는 자리에서 지적해 준 사항이다. 김나숙 선생에게 고마움을 전한다.

    (3) ㄱ. 우리 ᄒᆞ올 쎠시니 자네네도 그리 아옵소 〈原刊9, 2ㄴ〉
       ㄴ. 우리 시작홀 거시니 자네도 그리 아옵소 〈一次9, 3ㄴ〉
       ㄷ. 우리 시작ᄒᆞ올 거시니 各各 그리 아ᄅᆞ쇼셔 〈重刊9, 3ㄴ〉

### 2.2.2. '同前'의 의미

  '同前'의 뜻은 '다름 없음, 서로 같음'을 나타낸다. 일본어에서는 '同前'과 '同然'은 둘 다 'どうぜん(douzen)'으로 발음이 되어 동음이의어가 된다. 그런데 이 문헌에서는 '同前'을 오히려 '同然'의 뜻으로 쓰고 있다. 원간본의 '혼 가지〈原刊4, 5ㄱ〉'가 동일한 표현으로 쓰이고 있다.

    (4) ㄱ. 나라 일을 힘쓰기는 〈原刊4, 4ㄴ〉 대되 同前이오니 우리도 公木
         을 ᄭᅮᆯ히여 자브면 혼 가지옵도쇠
       ㄴ. 서ᄅᆞ 同前히 깃븐 ᄃᆞ로송이다 〈原刊8, 17ㄴ〉

  〈訂正隣語大方7, 11ㄱ〉에서는 '혼 가지'를 '同然'으로 쓰고 있음이 참고된다.

    (5) 유명헌 희덕이 ᄂᆞ려왓스니 솔왕ᄒᆞ야 혼 가지로 파격헐 쎠시오니 그
      리 아오쇼셔 〈訂正隣語大方7, 11ㄱ〉

### 2.2.3. '道理'의 의미

  국어대사전에서 '道理'는 '어떤 입장에서 마땅히 지켜야 할 바른길', '일을 해 나갈 방법' 등의 뜻으로 풀이된다. 그러나 이 문헌에서 '道理'는 '까닭, 이유'라는 뜻과, '-대로, -같이, -듯이'의 뜻을 나타낸다. 예를 들면, '니ᄅᆞ시는 道理'는 '이르시는 대로, 이르시는 바와 같이'의 뜻이다.

  『捷解新語』에서 일본문 옆에 한글로 '도우리'라고 발음 표기된 일본어

는 'たうり(tauri)'와 'とうり(touri)' 두 가지가 있는데, 'たうり(tauri)'는 'とうり(touri)'의 이형태로 보이며, 둘은 같은 뜻을 나타낸다.

'とうり(touri)'는 『捷解新語』에서 동음이의어로서 두 가지 뜻을 가진다. 하나는 명사 '道理(douri)'를, 또 하나는 형식명사 또는 조사로 쓰이는 '대로'의 뜻을 가진 '通り(touri)'를 나타낸다. '道理(douri)'와 '通り(touri)'는 일본어에서는 그 발음이 변별적이지만, 우리말에서는 어두에 유성자음이 오지 않기 때문에 구별하기 어렵다. 그래서 『捷解新語』에서 이 두 말을 구별하기가 쉽지 않다.

이러한 현상은 일본어의 즙을 한자어로 알고 잘못 표기했기 때문에 일어난 것으로 보인다.4) 다음 이본의 번역을 비교하면 '道理'가 '대로'의 뜻임을 알 수 있다.

> (6) ㄱ. 니르시는 대로 東萊끠 엿즈와 催促ᄒ여 보내오리〈原刊2, 12ㄱ〉
> ㄴ. 니르시는 道理을 東萊끠 엳즈와〈一次2, 17ㄱ〉 지촉ᄒ야 보내오리

> (7) ㄱ. 니르시미 그르든 아니ᄒ거니와〈原刊2, 13ㄱ〉
> ㄴ. 니르시는 道理 만당은 ᄒ거니와 져론 날의 東萊〈一次2, 18ㄴ〉

원간본의 다음 예에서는 '道理'가 '대로, 같이, 듯이'의 뜻으로 쓰이고 있다.

> (8) ㄱ. 자니네 口上道理〈原刊5, 6ㄱ〉 즈셔히 註進ᄒ여시니
> ㄴ. 이 道理 信使끠 엿줍고〈原刊5, 15ㄴ〉

---

4) 비슷한 유형으로는 '上口, 下口'의 예를 들 수 있다. 이 예는 이본에서는 '上戶, 下戶'로 나타나는데, 이렇게 나타나는 이유는 '戶'의 일본음을 '口'로 표기했기 때문으로 보인다.

ㄷ. 니르시는 道理 ── 맛당혼 일이옵도쇠〈原刊5, 25ㄴ〉
ㄹ. 니르시는 道理 극진히 엿ᄌ와 보오리〈原刊5, 26ㄱ〉
ㅁ. 니르시는 道理 맛당은 ᄒᆞ옵거니와〈原刊6, 17ㄱ〉


그러나 원간본의 다음 예에서는 '道理'는 '道理, 까닭, 이유'의 뜻으로 쓰이고 있다.


(9) ㄱ. 이런 道理롤 東萊ᄭᅴ 엿ᄌ와〈原刊1, 32ㄴ〉
ㄴ. 右之道理롤 正官도 분별 두셔〈原刊4, 3ㄱ〉
ㄷ. 右之道理 心得ᄒᆞ고〈原刊7, 2ㄴ〉
ㄹ. 그지 업스신 道理로소이다〈原刊7, 7ㄱ〉
ㅁ. 몬제브터 숣던 道理롤〈原刊8, 8ㄱ〉


### 2.2.4. '笑留'의 의미

'笑留'는 '笑納'이라고도 하는데, 남에게 선물할 때, 어줍잖은 물건이나 받아 달라는 뜻의 인사말이다. 이 어휘는 개수1차본에서는 직역이 되어 '웃고 머므르시면'으로 번역이 되어 있다. 이 어휘는 '받아주시면'으로 번역하는 것이 좋을 듯하다. 『水滸傳』에 '不要推卻 望乞笑留'의 예가 나온다.


(10) ㄱ. 於御笑留者〈原刊10, 8ㄴ〉
ㄴ. 웃고 머므르시면〈一次10上, 15ㄴ〉


## 2.3. '아롬답다'의 의미

'아롬답다'는 현대국어에서는 대상에 대한 평가를 하는 '性狀形容詞'인데, 여기서는 화자의 심리상태를 서술하는 형용사로 쓰이고 있다. 즉 '아롬답다'의 뜻이 '좋다, 기쁘다'의 뜻으로 쓰이고 있다. 원간본에서 쓰이는 '아룸답다'가 改修本에서는 '깃브다, 죠다, 둏다' 등으로 쓰이고 있음을 알 수 있다.

> (11) ㄱ. 書契를 보니 島中 無事ㅎ시니 〈原刊2, 3ㄱ〉 아룸다와 ㅎ읍니
> ㄴ. 書契을 보니 島中 無事ㅎ시니 깃보외 〈一次2, 4ㄱ〉
> ㄷ. 書契롤 보니 島中 〈重刊2, 9ㄴ〉 無事ㅎ시니 깃보외

이것이 부사로 쓰일 때는 '기쁘게, 좋게, 잘' 등의 뜻으로 쓰이고 있다. 漢字에서 '美'字를 부사로 '잘'로 번역하고 있음을 참고할 수 있다.

> (12) 어와 아룸다이 오옵시도쇠 〈原刊1, 2ㄱ〉
> (아, 잘 오셨습니다.)

## 2.4. '종용(從容)하다'의 의미

유창돈(1964)에서는 '죵용ㅎ다'를 '조용하다'로, '죵용히'는 '조용히'로 해석하고 있다. '국어대사전'에서는 '조용하다'의 뜻이 '아무런 소리도 들리지 않고 잠잠하다, (말이나 소리, 행동 등이) 나지막하거나 은근하다, (성격이) 말이 없고 얌전하다, 말썽이 없이 평온하다' 등으로 되어 있다.

그러나『捷解新語』일본문에서는 '죵용'을 대부분 'ゆるり(yururi)'로 쓰고 있고,『日本國語大辭典』에서 'ゆるり(yururi)'는 '거리낌 없이 편안히 지내는 모양, 여유가 충분이 있는 모양, 동작이 느린 모양'으로 해석하고 있다. '죵용'이 단순히 '조용하다'의 뜻이 아님을 말해준다.

『漢和大辭典』에서도 '從容'은 '자연스럽고 태연한 모양, 떠들지 않고 유유한 모양, 하는 일없이 유유히 지냄' 등의 뜻을 가지고 있다.

한편, '죵용ᄒ다'는 '茶禮ㅅ날 죵용히 뵈ᄋᆸ고〈原刊2, 17ㄱ〉'의 예에서만 일본어 'しずか(shizukga)'로 나타난다. '일본국어대사전'에는 'しずか(shizukga)'는 '멈추어 움직이지 않는 모양, 황급히 굴지 않는 모양, 시끄럽지 않은 모양(편안하고 한가로운 모양, 시끄러운 소리가 안 들리는 모양)'의 뜻으로 풀이하고 있다. 따라서 한국어의 '조용하다'의 의미는 일본어의 'しずか(shizukga)'와 가까운 것같다.

그런데 원간본의 'しずか(shizukga)'가 개수본에서는 'ゆるり(yurury)'로 바뀐 것을 보면(〈원간본2, 17〉 참조), 근대 일본어의 이 두 단어는 거의 같은 뜻을 가진 것으로 이해된다.

따라서 『捷解新語』에 나오는 '죵용ᄒ다'는 '조용하다'의 의미보다는 '편안하다, 여유가 있다'로 해석하는 것이 옳다고 본다. 특히〈原刊10, 28ㄱ〉에서는 '죵용이'를 '緩緩'으로 쓰고 있는 점을 참고하면 더욱 그렇다.

(13) ㄱ. 죵용히 쉬ᄋᆸ소 〈原刊1, 20ㄴ〉

　　　ㄴ. 茶禮ㅅ날 죵용히 뵈ᄋᆸ고 〈原刊2, 17ㄱ〉

　　　ㄷ. ᄯᅩ 보올 거시니 죵용티 못ᄒ외〈原刊2, 18ㄱ〉

　　　ㄹ. 안자셔 죵용히 말ᄉᆷᄒᆞᄋᆸ새 〈原刊3, 7ㄴ〉

　　　ㅁ. 죵용히 겨시다가 가실 양으로 ᄒᆞᄋᆸ소 〈原刊3, 21ㄱ〉

　　　ㅂ. 마줌 죵용ᄒ여 더렁이렁 쉽ᄉ오니 〈原刊3, 26ㄱ〉

　　　ㅅ. 서ᄅᆞ 죵용ᄒ여 우리도 깃거ᄒᆞᄂᆡ이다 〈原刊3, 26ㄴ〉

　　　ㅇ. 죵용커든 보ᄋᆸ새이다 〈原刊5, 21ㄱ〉

　　　ㅈ. 죵용히 잘 드르시소 〈原刊5, 21ㄴ〉

　　　ㅊ. 從容히 쉬과댜 ᄒᆞ야 숣ᄂᆞᆫ 일이로송이다〈原刊7, 16ㄴ〉

　　　ㅋ. 그리 아ᄅᆞ셔 죵용히 ᄒᆞ쇼셔 〈原刊8, 10ㄱ〉

　　　ㅌ. 아직 죵용히 쉬시미 本望이ᄋᆸ도송이다 〈原刊8, 23ㄱ〉

　　　ㅍ. 오늘란 죵용히 노르셔 祝願ᄒᆞ시과댜 〈原刊8, 27ㄱ〉

　　　ㅎ. 各各 죵용히 말ᄉᆷ 달란ᄒᆞ시니 〈原刊9, 7ㄱ〉

## 2.5. 동사 '믿-'의 의미

'믿다'는 일본어로 '타노무(たのむ)'로 되어 있는데, 이 뜻은 단순히 '믿다(信)'의 의미보다는 '믿다, 신뢰하다, 의지하다, 간원하다, 원하다, 바라다, 부탁하다' 등의 뜻으로 해석된다. '믿다'를 단순히 '믿다'의 의미로만 번역하면 그 뜻이 잘 전달되지 않지만, 위의 여러 가지 뜻으로 번역하면 그 뜻이 분명해지는 것을 알 수 있다. 다음의 예에서 '믿-'은 '바라다, 원하다'로 번역해야 뜻이 분명해진다.5)

> (14) ㄱ. 氣遣ㅎ오니 萬事의 두로 쓰리시믈 미들 쏜롬이옵도쇠〈原刊1, 3ㄴ〉
> ㄴ. 우리게 미드시는 일은 바눌긋티오〈原刊1, 4ㄱ〉
> ㄷ. 이제 座船을 트시고 오옵심을 믿줍닝이다〈原刊6, 15ㄱ〉

『捷解新語』에서는 '믿-'이 '밋-'으로도 표기되고 있는데, 다음에 나오는 '밋-'은 '믿다'의 의미가 아니라 '미치다(及)'의 의미를 갖는 동사 '및다'이다. 어휘의 의미 판별에 매우 주의를 요하는 대목이다.

> (15) ㄱ. 官人 대되 過怠예 밋는 바는 자닉네도 아르실 쑨〈原刊4, 2ㄱ〉
> ㄴ. 心中의 밋디 못ㅎ여 아므란 귀흔 일도 업시 終日 겨셔〈原刊6, 10ㄱ〉
> ㄷ. 니르시매 밋디 아녀 우리도 수이 ㅎ고져 ㅎ는〈原刊6, 11ㄴ〉
> ㄹ. 그 날란 니르시매 밋디 아냐 다 더브러 가오리〈原刊8, 26ㄱ〉

---

5) '들이다(入)'의 경우에도 '드리다(與)'로 잘 못 볼 수가 있다. 다음 몇 예를 제시한다.
글란 이제 東萊 술와 보내야〈原刊1, 24ㄴ〉 드릴 양으로 ㅎ오려니와
무러보와〈原刊2, 10ㄴ〉 이제라도 드리라 ㅎ옵새

## 2.6. '양으로'의 의미

'양'은 한자로 '樣'으로, '모양, 모습'의 의미이다. 그러나 '양으로'는 '-ㄹ 양으로' 구성으로 쓰이면, '-것으로, -게끔, -도록'의 의미를 가지고, '-ㄴ 양으로' 구성으로 쓰이면, '-것으로, -처럼, 대로'의 의미를 갖는다.

> (16) ㄱ. 나의 셩소롤 나타나디 아닐 양으로 미덧숩니 〈原刊1, 5ㄱ〉
> 　　　ㄴ. 일뎡 졍 업순 양으로 너기시눈가 ᄆᆞ옴의 걸리옵니 〈原刊2, 16ㄴ〉

# 3. 『捷解新語』의 구어적 특징

## 3.1. 경어법

### 3.1.1. 선어말어미 '-습-'과 '-이-'의 기능

이 문헌은 주로 구어를 반영하고 있기 때문에 주로 문어를 반영한 중세국어와는 상당히 다른 경어적 현상을 보이고 있다. 예를 들면 겸양의 기능을 하는 '-습-'이 마치 상대경어를 하는 것처럼 보이고 있는 것이 특징적이다.

> (17) 어제라도 오올 거술 〈原刊1, 1ㄱ〉 路次의 ᄀᆞᆺ브매 이제야 門ᄭᆞ지 왓숩니

위의 예문에서 보면 이 장면은 '主'인 出使官과, '客'인 通詞倭가 직접 대화하는 장면으로 '主'가 말하고 있는 장면이다.6) '-니'는 '-ᄂᆞ이다'에서

축약된 '하게체'의 종결어미로 보이는데, 그 앞에 '-습-'이 보이므로 이것을 청자경어법으로 그간 해석한 듯하다.

그러나 이본과의 비교를 통하여 보면 '-습-'이 청자경어의 요소로 변한 것이 아니고 청자 경어는 여전히 '-이-'가 담당하고 있음을 볼 수 있다. '왓습니'의 구성은 이본에서 '왓습ᄂ이다, 왓습니이다, 왓ᄂ이다' 등의 구성과 교체되고 있음을 볼 수 있다. 따라서 이 문헌의 특징상 '-습-'을 통하여 '화자 겸양'을 함으로써 곧 그것이 청자를 높이는 경어법, 즉 '간접적 청자 경어법'을 사용하고 있는 것이다. '-습-'이 여전히 '겸양'을 나타내고 있다는 또 하나의 증거는 아래에서 언급할 '-옵시-'와 '-시옵-'의 구성에 대한 해석에서도 나타난다.7)

### 3.1.2. 선어말 어미의 연결체인 {-옵시-]와 {-시옵-}

이 문헌에서 '-옵시-'의 연결과 '-시옵-'의 연결은 그 연결 구조가 경어법과 관련되어 아주 다른 것이다. 이 두 선어말 어미의 연결 구성의 기능은 다음과 같다.

> (18) ㄱ. '-옵시-'는 청자가 주어일 경우에 '화자겸양'을 먼저 '-습-'으로
>      하고 다음에 주체존대를 '-시-'로 하는 것이다.
>    ㄴ. '-시옵-'은 대체로 상관의 말을 전하는 대화에 사용되는 것으로

---

6) 이 글에서 '主'와 '客'의 대화 장면에 대한 해설은 趙南德(1994)를 참고한 것이다.
7) 이 문헌에서는 '-습-'의 이형태로 '-ᄉ오-, -ᄌ오-, -오-, -옵-, -줍-, -ᄋ오-' 등이 쓰이고 있다.

> 맛당이 너기셔 됴히 못ᄌ오니 아롭다와 ᄒᄂ이다 〈原刊4, 4ㄴ〉
> 여긔 ᄂ려와 어제라도 오올 거술 〈原刊1, 1ㄱ〉
> 하 젓소이 너기ᄋ와 다 먹습ᄂ이다 〈原刊2, 7ㄴ〉
> 御念比ᄒ 御使ㅣ 옵도쇠 〈原刊1, 2ㄱ〉
> 東萊 극진ᄒ시믈 듯줍고 〈原刊2, 4ㄱ〉

상관을 존대하는 '-시-'를 쓰고 다음에 청자에게 '화자겸양'의 '-옵-'을 사용하는 것이다.

그러므로 '-옵시-'와 '-시옵-'은 그 구성이 전혀 다른 것이다. 이제『捷解新語』의 많은 예를 검토해 보기로 한다.

(19) ㄱ. 어와 아름다이 오옵시도쇠〈原刊1, 2ㄱ〉

ㄴ. ᄀ장 츔히 通ᄒ옵시니〈原刊1, 19ㄴ〉

ㄷ. 그리ᄒ옵소 슈고ᄒ옵시니〈原刊1, 21ㄱ〉

ㄹ. 언머 슈고로이 건너시도다 념녀ᄒ시고 問安ᄒ옵시데〈原刊1, 22ㄱ〉

(cf. 보옴을 술오라코 전갈ᄒ시옵데〈一次1, 33ㄱ〉)

ㅁ. 그러면 엇디 브디 니일 ᄒ실 양으로 니르옵시던고〈原刊1, 28ㄴ〉

ㅂ. 하 극진히 디졉ᄒ옵시니 술올 양도 업서이다〈原刊3, 5ㄱ〉

ㅅ. 아옵시ᄃ시 오래 병드으와〈原刊3, 7ㄱ〉

ㅇ. 公木을 드려 주옵시면 몬져 가는 비예 보내올까〈原刊3, 25ㄱ〉

ㅈ. 언머 지리히 너기옵시는고 싱각ᄒᄂ이다〈原刊3, 26ㄴ〉

ㅊ. 東萊 니ᄅ시믄 슈고로이 건너옵시도쇠〈一次5, 8ㄴ〉

ㅋ. 됴흔 天氣예 옏ᄀ지 오옵시니 아름다이 너기ᄂ이다〈重刊5, 17ㄱ〉

ㅌ. ᄌ 브트셔 ᄌ바도 ᄒ옵시는가 아직 問安 알외닝이다〈原刊5, 20ㄱ〉

ㅍ. 익 므스 일이옵관더 이대도록 어렵사리 니ᄅ옵시는고〈原刊5, 21ㄴ〉

ㅎ. 게 가셔 茶롤 자옵시고〈原刊6, 6ㄱ〉 ᄒ 뼤 수여 가옵시면

아. 마즘 죠흔 順風에 옏ᄀ지 오옵시니 大慶이로소이다〈重刊6, 18ㄴ〉

야. 편지 ᄉ연이〈重刊10下, 4ㄴ〉 과연 듣ᄌ오시ᄃ시 그러ᄒ외다

 이상 검토한 많은 예문은 화자와 청자가 직접 말을 하는 장면이고 또한 각 문장에서는 청자인 상대방이 주어가 된다. 선어말 어미 '-옵시-'의 연결 구성은 청자가 주어일 경우에 '화자 겸양'을 먼저 '-습-'으로 하고, 다음에 주체 존대를 '-시-'로 하는 것이다. 이것은 지극히 상식적인 경어 사용으로서 나를 먼저 낮추고 상대를 높이는 방식을 쓰고 있는 것이다.

 이제 '-시옵-'의 경우를 살펴 보기로 한다. 가급적 이 문헌에서 사용되고 있는 모든 예를 제시해 보기로 한다.

> (20) ㄱ. 보옴을 술오라코 젼갈ᄒ시옵데 〈一次1, 33ㄱ〉
>  ㄴ. 東萊 니르심은 ─〈原刊2, 1ㄱ〉다 無事히 渡海ᄒ시니 아롬답 다 니ᄅ시옵니
>  ㄷ. 사ᄅᆷ마다 니롬을 듣고 朝廷도 〈重刊3, 20ㄱ〉ᄀ장 긷거ᄒ시옵니
>  ㄹ. 아모란 쓰실 쩌시나 잇거든 〈一次5, 10ㄴ〉긔별ᄒ옵소 ᄒ시옵데
>  ㅁ. 關白겨오셔 ──〈重刊7, 13ㄱ〉아롬다이 너기시옵ᄂ이다
>  ㅂ. ᄯᅩ 회례라 일홈지어 므스 일을 ᄒ려 ᄒ시옵ᄂ고 〈原刊9, 8ㄱ〉

 (20,ㄱ)의 장면은 '주'인 問情官이 東萊府使의 말을 '객'인 都船主에게 전하는 장면이다. (20,ㄴ)은 訓導, 別差가 '주'인 동래부사의 말을 '객'인 都船主에게 통역하는 장면이다. (20,ㄷ)은 訓導, 別差가 '주'인 동래부사와 '객'인 정관의 말을 서로에게 통역하는 장면이다. (20,ㄹ)은 訓導, 別差가 '주'인 동래부사의 말을 '객'인 '對馬島主가 보낸 使者'에게 전하는 장면이다. (20,ㅁ)은 조선의 통역관이 '주'인 통신사와 '객'인 집정에게 서로 통역하는 장면이다. (20,ㅂ)은 조선의 통역관이 '주'인 통신사와 '객'인 대마도주에게 서로 통역하는 장면이다.

 예문에서 본 바와 같이 '-시옵-'은 대체로 상관의 말을 전하는 대화에 사용되는 것으로, 먼저 문장의 주체인 상관에 대하여 그 주체를 존대하

는 '-시-'를 쓰고, 다음에 청자에게 '화자 겸양'의 '-옵-'을 사용하는 것이
다. 이것으로 보면『捷解新語』에서 '-습-'이 상대경어법의 형태소로 변하
였다고 보는 기존의 견해는 문제가 있는 것으로 보인다.


### 3.1.3. '-겨셔, -끠셔, -끠로셔'

존칭체언에 연결되는 助詞에서도 특징적인 면이 많이 발견되는데 이
것도 역시 구어적인 특징으로 보인다.

'-겨셔'는 동사 '겨시다'의 활용형이 문법화하여 특수조사로 쓰이는 예
로 이 문헌에서 보이는 특수조사 '-셔'의 존대형이다. 이 '-겨셔'는 '-겨오
셔, -겨옵셔'로 이어지는데, 조사 '-셔'의 존칭으로 쓰여 원칙적인 존대
표시 조사임을 알 수 있다.

> (21) 東萊겨셔도 ― 넘녀ᄒ시고 問安ᄒ옵시데 〈原刊1, 22ㄱ〉

그러나 이 문헌에서는 주어에 연결되는 {-끠셔}가 처음으로 출현한
다. 이 문헌의 {-끠셔}는 이미 중세국어에서 쓰이던 {-끠셔}와 그 기능
이 약간 달라졌지만 사실상 중세국어와 근대국어의 {-끠셔}는 같은 종
류의 구성체였다.(이태영, 1991 : 93)

이 '-끠셔'는 체언에 연결되어 '존재 전제'나 '출발점'을 나타내는 '-셔'
에 존대를 나타내는 '-끠'를 합하여 만든 존대표시 특수조사였다.[8]

---

8) '-끠셔'의 구성은 '-끠'를 단순한 존대표지로 인식하여, 평칭에 연결되던 '-셔'에 '-끠'를
   연결한 것인데, 이러한 변화 과정이 이 문헌의 특징적인 현상인지, 아니면 그 당시
   한국어의 구어체적인 특징인지 단언하기 어렵다.

> (22) ㄱ. 信使끠셔도 최촉ᄒ셔 이제 비롤 내옵ᄂ〈原刊5, 16ㄴ〉
>     ㄴ. 三使쪄셔도 催促ᄒ셔 〈一次5, 24ㄱ〉이제 비롤 내옵ᄂ
>     ㄷ. 三使껴셔도 催促ᄒ셔 이지 비를 내옵ᄂ〈重刊5, 16ㄴ〉

이 문헌에서는 최초로 {-끠로셔}의 구성이 나타난다. {-끠셔}와 {-끠로셔}가 나오는 환경은 모두 존대자일 경우에 연결된다. 이때 이 구성에서 존대의 표지는 {-끠}가 수행하고 있다. 따라서 {-셔}의 존칭으로 {-끠셔}가 만들어지고, {-로셔}의 존칭으로 {-끠로셔}가 만들어졌음을 알 수 있다.(이태영, 1991 : 95)

> (23) ㄱ. 判事니끠로셔 가지가지 다ᄉ림으로〈原刊4, 3ㄴ〉
>     ㄴ. 對馬島主끠로셔 술오믄〈原刊5, 17ㄱ〉

## 3.2. 이인칭 대명사 '자네'

이 문헌이 구어체임을 보여주는 특징 중의 하나는 이인칭 대명사로 '자네'를 많이 쓰고 있는 현상이다. 여기서 쓰이는 '자네'는 현대국어에서 '하게체'에서 쓰는 '자네'와는 그 의미가 약간 다르다. 여기서는 '하오체'로 쓰이는 것으로 해석된다. 따라서 '자네'는 '그대'로 해석해야 한다.9)

> (24) ㄱ. 일뎡 二番特送이 오ᄂᆫ가 시브니 자네네도 아옵소〈原刊1, 10ㄱ〉
>     ㄴ. 자네 잘 아ᄅ셔 接待ᄒᄂ 분네끠 禮롤 술와 주쇼셔〈原刊6, 17ㄱ〉

---

9) 전남 방언에서는 '자네'가 상위자에게도 쓰이고 있는데, 『捷解新語』가 보여주는 '자네'의 특성과 관련되어 있다고 할 수 있다.

## 3.3. 融合 현상

『捷解新語』는 대화체의 문장이므로 융합현상이 매우 활발하게 일어나
고 있다. 그 예를 부정의 '아니'와 관련된 것만 제시하면 다음과 같다.
예문 (25)에서는 '아니ᄒᆞ-'의 'ᄒᆞ-'가 탈락되면서 그 뒷부분과 융합을 일
으키고 있다.[10]

(25) ㄱ. 나의 싱소롤 나타나디 아닐(아니 홀) 양으로 미덧습니 〈原刊1,
　　　　 5ㄴ〉

　　　ㄴ. 내 싱각혼 일을 점치디 아니코(아니 ᄒᆞ고) 이리 술오니 〈原刊
　　　　 1, 6ㄱ〉

　　　ㄷ. 이대도록 거르기 니르디 아니셔도(아니 ᄒᆞ셔도) 〈原刊1, 6ㄴ〉

　　　ㄹ. 代官들히 〈原刊1, 6ㄴ〉 모시디 아냐는(아니 ᄒᆞ야는) 못홀 일이
　　　　 어니와

　　　ㅁ. 술을 자시지 아니신가(아니 ᄒᆞ신가) 아란마는 〈一次3, 13ㄴ〉

　　　ㅂ. 싱심이나 그러튼 아녀이다(아니 ᄒᆞ여이다) 〈原刊3, 18ㄴ〉

　　　ㅅ. 오늘 뭇디 아닌는가(아니 ᄒᆞ는가) 너기시거니와 〈原刊4, 28ㄱ〉

　　　ㅇ. 오션 지 〈一次5, 29ㄱ〉 오래지 아니매(아니 ᄒᆞ매) 곧바도 ᄒᆞᆸ
　　　　 시는가

　　　ㅈ. 폐롭디 아닌(아니 혼) 일을 폐로올 양으로 너기니 〈原刊5, 22ㄴ〉

　　　ㅊ. 맛당히 너기시디 아니실가(아니 ᄒᆞ실가) 〈原刊5, 26ㄱ〉

　　　ㅋ. 몬져 숣드시 ᄉᆞ양ᄒᆞ고 밧디 아니미(아니 ᄒᆞ미) 아니라 〈原刊7,
　　　　 7ㄴ〉

---

10) '아니ᄒᆞ-'에서 'ᄒᆞ-'가 뒤에 연결되는 형태소와 축약되는 예가 많이 나타난다.

　　이후란 이러티 아니케 니르ᄋᆞᆸ소 〈原刊2, 11ㄱ〉
　　前例는 그러티 아니커니와 〈原刊3, 7ㄴ〉
　　젼의는 그러티 아니튼니마는 〈原刊4, 5ㄴ〉
　　분별 아니티 몯ᄒᆞ실 일은 〈原刊4, 16ㄴ〉
　　우리도 그런 줄은 모로돈 아니컨마는 〈原刊4, 29ㄴ〉
　　祝願 아니튼 못홀 양으로 젼브터 니르심으로 〈原刊8, 25ㄱ〉

ㅌ. 常常 쓰디 아니모로(아니 ᄒ모로) 희로 더곰 이러ᄒ니 〈原刊9,
12ㄴ〉

ㅍ. 그러치 아니면(아니 ᄒ면) 〈一次10下, 11ㄴ〉 짐믹기 어려올가
시보오니

ㅎ. 소임의 죄는 관계티 아니나(아니 ᄒ나) 〈原刊4, 20ㄴ〉


## 3.4. 종결어미의 축약 현상

〈捷解新語〉는 구어체의 문장이므로 종결어미의 축약 현상이 빈번하게
나타난다. 따라서 이 문헌은 종결어미의 변천 과정을 연구할 수 있는
자료가 된다. 그 예를 몇 개만 들어 보면 다음과 같다.


(26) ㄱ. 어와 아롬다이 오옵시도쇠 〈原刊1, 2ㄱ〉

ㄴ. 對馬島主 맛조이로 왓습니 〈原刊5, 18ㄴ〉

ㄷ. 언머 슈고로이 건너시도다 넘녀ᄒ시고 問安ᄒ옵시데 〈原刊1,
22ㄱ〉

ㄹ. 書契를 내셔던 보옵새 〈原刊1, 16ㄱ〉

ㅁ. 헛튼 안쥬로 디접ᄒ시미 됴홀까 시프외 〈原刊7, 11ㄴ〉

ㅂ. 보낼 짐을 출혀 보와 〈原刊4, 8ㄴ〉 다시 긔별을 솗스오리


'-도쇠'는 반드시 앞에 '-시-'나 '-옵-'이 올 경우에 쓰이고, '-로소이다'
는 그렇지 않다. 이 문헌에서 '-쇠이다'와 '-도소이다'는 발견되지 않는
다. 그러나 '-도소이다'는『오륜전비언해』에서 쓰이고 있다. '-도쇠'의
'-쇠'는 '-소이-'의 축약이다. '-도쇠'의 구성체는『捷解新語』와『隣語大方』
등 일본어 관련 문헌에서만 나타나는 특징을 보인다. 이 '-도쇠'는 계사
'-이' 뒤에서는 '-로쇠'로 나타난다.

문말에 쓰이는 '-닌'는 반드시 그 앞에 '-옵-'이 올 경우에 쓰인다. 단

하나의 예외인 '싱각ᄒ야 禮홀 제 술오려 ᄒ뇌 〈原刊7, 8ㄴ〉'가 있다. 이 예는 신분의 차이가 심한 경우에 쓰인 예이다. '-뇌이다'의 경우는 그런 제약이 없다. 오히려 그 앞에 '-ᅌᅩᆸ-'이 없는 경우가 많다. '-ᄂ이다'의 경우에는 그 변화 과정에서 '-ᄂ다'가 보이는데, 이 문헌에서는 전혀 보이지 않는다. 그러나 후대의 문헌에서는 이 구성이 보인다. 이런 현상은 『捷解新語』의 구어적 현상이 주로 사신들의 대화체이었기 때문에 그 차이가 있었던 것으로 보인다.

문말에 쓰이는 '-데'는 반드시 그 앞에 '-ᅌᅩᆸ-'이 올 경우에 쓰인다. 이 문헌에서 '-데이다'는 보이지 않고, '-더이다'가 쓰이고 있는데 '-더이다' 앞에는 '-ᅌᅩᆸ-'이 올 수 있다. 『交隣須知』에서는 '-데이다'가 많이 보인다.

문말에 쓰이는 '-새'는 반드시 그 앞에 '-ᅌᅩᆸ-'이 올 경우에 쓰인다. '-새이다'도 같은 환경에만 쓰인다. '-싀'나 '-싀이다'는 보이지 않는다. '-ᄉ이다'는 '죠용히 보ᅌᅩᆸᄉ이다 〈一次5, 30ㄴ〉'의 단 한 예만이 쓰인다.

'-게'는 쓰이지 않고 '-거이다'가 '자셰 아ᅌᅩᆸ거이다 ᄒ면 볼 쟉시면 그 거조ᄂ 엇디홀고 〈原刊7, 10ㄴ〉'에서 한 예가 나타난다. 문말에서 '-게'가 보이지 않는 것은 문말에서 종결어미가 축약되는 현상이 종결어미에 따라 시차를 두고 진행되었기 때문으로 해석된다.

'-외'는 앞에 '-ᅌᅩᆸ-'의 제약을 받지 않는다. 이 이유는 '아ᄅᆷ답ᄉ외'의 경우처럼 '-ᄉ오-'가 '-ᄉᆸ-'의 이형태이기 때문이다. '-오이다'는 보이지 않고 '-외다'가 쓰이고 있다.

'-리'는 반드시 앞에 '-ᄉᆸ-'의 이형태인 '-ᄉ오-', '-오-'가 나온다. 예외로 '〈原刊4, 11ㄴ〉 木花 사오나와 公木의 大切히 되야시믄 자ᄂ네도 아ᄅᆞ심 겨시리'가 있다.(물론 이것도 '존대'와 관련된 어휘다.) '-리이다'의 경우는 이런 제약이 없다.

이처럼 축약된 종결어미는 공손법의 선어말어미인 '-이-'의 변화와, 겸양을 나타내는 '-습-'과 밀접하게 관련되어 있다. 따라서 '-니'는 '-니다, -ᄂ이다' 구성과, '-습-'과의 관련성을 엄밀히 파악해야 할 것이다.

『捷解新語』에 보이는 축약된 종결어미 구성의 유형은 국어사에서 나타나는 일부에 지나지 않는다. 따라서 이 구성체만으로 그 시기의 축약된 종결어미 구성을 해석하려고 해서는 안될 것이다. 특히 이 문헌이 보여주는 종결어미 체계는 구어체이므로 문어체의 언어 현상과 상당히 다름을 알 수 있다. 따라서 이 문헌은 『교린수지』, 『인어대방』 등의 일본어 관련 자료와 또는 구어체를 포함하고 있는 자료 특히 『진주 하씨 묘 출토 간찰』 등과 관련지어 해석해야 할 것이다.


## 4. 결론


이 글에서는 『捷解新語』의 異版本의 비교를 통하여 나타난 번역상의 문제점과 구어적 특징을 소략하게 검토하여 보았다. 문헌 연구시 주의할 점을 몇 가지 지적하면서 결론을 맺고자 한다.

첫째, 우리가 소유한 문헌 중에는 중국 한문이나 한국 한문 또는 외국어를 번역한 문헌이 많다. 따라서 그 어휘나 문법 또는 문체에 큰 차이가 있을 것이 예상된다. 따라서 앞으로 이러한 점에 주의를 기울여야 할 것이다.

둘째, 문헌에 나타나는 어휘를 현대국어의 관점으로 해석하는 경향이 매우 많다. 이미 위에서 언급한 '아름답다, 종용ᄒ다, 믿다' 등의 어휘가 그것을 보여주고 있다. 한 어휘의 뜻이 여러 문맥에서 어떻게 쓰이고 있는지를 검토해야 할 필요가 있다.

셋째, 한자어의 경우, 중국 한자어나 일본 한자어의 이해를 바탕으로 하여 문헌을 검토해야 할 필요성이 대두된다.

넷째, 하나의 문헌에 나타나는 언어 현상이 정확하다고 가정하지만, 실제로 틀린 곳이 많이 발견된다. 그 틀린 곳은 표기나 문장의 구성만이 아니라 심지어 원문 자체가 誤譯된 곳도 많다. 이미 앞에서 예로 든 '道理, 笑留' 등이 그 사실을 보여준다. 이러한 사실은 우리가 얼마나 문헌을 철저하게 살펴야 하는가를 보여준다고 하겠다.

다섯째, 특징적인 문헌일 경우에는 그 문헌의 전체적인 성격과 아울러 개별 문법 사항이 파악되어야 한다. 『捷解新語』의 '-습-'과 '-이-'의 문제는 종결어미의 변천과정 및 존칭체언에 붙는 조사와 밀접하게 관련되어 있다. 이러한 문제들이 종합적인 안목에서 연구될 때, 그때에야 비로소 의문시 되었던 여러 문제들의 실마리를 찾을 수 있을 것이다.

특히 구어체 문헌이 보여주는 언어 현상은 매우 특이할 수밖에 없다. 이런 현상을 파악하기 위해서는 그와 비슷한 문헌을 검토하고 방언의 특성을 살펴 연구하는 길밖에 없다. 우리가 검토한 『捷解新語』의 연구에서도 그런 태도가 요청된다.

## 참고문헌


김민수 외(1991), 『국어대사전』, 금성출판사.

김영욱(1994), 「문법 형태의 '통시적인 이동'에 대하여」, 『박갑수선생화갑기념논문집』.

劉昌惇(1964), 『李朝語辭典』, 연세대 출판부.

李德心(1994), 『日本語 漢字 읽기 辭典』, 시사문화사.

이상섭(1990), 「번역 일반론」, 국어생활 21.

李元植(1991), 『朝鮮通信使』, 민음사.

이태영(1988), 『국어 동사의 문법화 연구』, 한신문화사.

이태영(1990), 「『改修捷解新語』 1차본의 국어학적 고찰」, 『어학』(전북대) 17.

이태영(1991), 「근대국어 {-끽셔}, {-겨셔}의 변천과정 재론」, 『주시경학보』 8.

이태영(1994), 「『捷解新語』의 漢字語 硏究」, 『국어국문학』 112.

이태영(1997), 『譯註 捷解新語』, 태학사.

鄭　光(1990), 『捷解新語 解題』, 홍문각.

鄭光·安田章 共編(1991), 『改修捷解新語』, 태학사.

鄭丞惠(1991), 「『捷解新語』의 對譯國文 硏究」, 덕성여대석사논문.

趙南德(1994), 「『捷解新語』의 改修分析」, 서광학술자료사.

한미경(1985), 「『捷解新語』의 경어 접두사 '御'에 대하여」, 『일본 문화 연구』 1.

홍윤표(1975), 「주격어미 '-가'에 대하여」, 국어학 3.

홍윤표(1993), 『국어사 문헌자료 연구』, 태학사.

홍윤표(1994), 『근대국어연구(1)』, 태학사.

홍윤표 외(1995), 『17세기 국어사전』, 태학사.

# 근대국어 '-어이다' 구성의 통사적 특성에 대하여

## 1. 서론

이 연구는 근대국어에 나타나는 '-어이다' 구성과 '-어 ᄒ다' 구성의 통사·의미적 특성을 밝혀 '-어이다' 구성에서 '이다'의 화용적 기능을 밝히려는 데 그 목적이 있다.

근대국어 문헌인 『捷解新語』를 보면, 자동사나 형용사의 어간에 '-어이다'가 연결된 구문이 발견된다. 예를 들면 '감격ᄒ여이다, 아롬다와이다, 너머이다'라는 구성이 그것이다. 이 구성은 부동사형 어미와 동일한 '어/아, 여/야, 와/워'의 형태들이 나타나는 특징을 보인다.[1]

허웅(1975 : 923)에서는 중세국어의 '여이'를 선어말어미의 연속체로 처리하고 있다. 선어말어미로 보는 관점은 중세국어의 '넉시 어느 趣예 간

---

1) '워/와'의 형태는 대체로 선행하는 어간이 ㅂ음을 가질 때 '아/어'와 결합하면서 '와/워'가 되거나 또는 겸양의 선어말어미 '-오-'와 '아/어'가 결합된 것으로 보인다. 이 논문에서는 그 구성의 쓰임을 보이기 위하여 '와/워'를 제시하고자 한다.

동 몰라이다 〈月釋21, 27a〉'와 같은 예의 '몰라이다'의 경우에도 동일하게 해석하고 있다. 이 구성들에서 '아/어'를 선어말어미로 처리한다면, '-어이다'는 그 결합관계가 '-소이다, -더이다, -ᄂ이다, -거이다' 등의 구성과 동일한 구성을 이룬다고 보아야 할 것이다.

만일 '-어이다' 구성에서 '어/아'를 선어말어미로 본다면 현대국어의 해석에도 중대한 영향을 미치게 될 것이다. 그것은 근대국어에서 어미 변화가 일어날 때, 공손법의 선어말어미 '-이-'가, 선행하는 선어말어미에 축약되어 나타나, 이것이 현대국어에서는 하게체의 종결어미로서 기능하고 있기 때문이다. 예를 들면 현대국어의 종결어미인 '-소, -데, -네, -세' 등은 이미 중세·근대국어에서 변화를 일으켜 종결어미가 된 것임은 주지의 사실이다.[2] 따라서 기존의 견해에서 선어말어미로 해석하고 있는 '어/아, 여/야, 와/워'의 경우도, 예를 들면 '-에/애, 예/얘, 왜/웨'와 같이 축약된 종결어미가 될 수 있었을 것이다. 그러나 근대국어와 현대국어에서 이 형태는 축약된 종결어미로 존재하지 않는다.

근대국어의 '감격ᄒ여이다, 아름다와이다, 너머이다'라는 구성에서 '-어/아'를 선어말어미로 해석해 버리면 더 이상의 논의는 무의미해진다. 그러나 근대국어의 '감격ᄒ여이다'와 같은 구문에서 '여/야, 어/아, 와/워' 등을 선어말어미로 보기에는 미흡한 점들이 있다.

첫째로 근대국어에서 '어/아'가 선어말어미라면 그 기능이 분명히 드러나야 하는데 그렇지 못한 상태로 있다. 대체로 강조법을 나타내는 선어말어미로 보는 견해가 있다. 둘째로 '어/아'가 선어말어미라면 현대국

---

2) 일반적으로는 현대국어의 종결어미인 '-네, -데, -세' 등을 더 이상 분석하지 않는 경우가 많으나, 서태룡(1985)에서는 이 형태소들을 더 이상 분석하여 '-이'를 종결어미로 분석해 내고 있다.

어의 종결어미인 '-어/아'는 선어말어미에서 온 것으로 해석해야 하는데, 대부분의 견해는 접속어미에서 온 것으로 해석하고 있다. 셋째로 '-소이다, -오이다, -ᄂᆞ이다, -더이다, -사이다' 등의 어미 구성체에서 '-이다'가 축약과 생략현상을 거치면서 '-쇠, -외, -늬, -데, -새' 등으로 바뀌고 현대국어에서는 '-소, -오, -네, -데, -세' 등으로 쓰이고 있음을 알 수 있다. 그런데 유독 '-어이다'의 '어'는 다른 선어말어미와 다르게 전혀 변화를 보이지 않고 있다.[3]

이 구성을 달리 보는 견해는 '-어이다'의 구성에 나타나는 '-어/아, -여/야, -와/워'를 부동사형 어미로 처리하는 견해이다. 김형규(1955 : 199)에서는 고려가요 '雙花店'에 나오는 '回回아비 내손모글 주여이다'의 구문에서 '주여이다'의 구성을 '동사·형용사의 連用形 다음에 '이라' 또는 '이다'를 붙임으로써 감탄의 종지형을 나타낸다'고 해석하고 있다. 이때 '連用形'이란 말은 '접속어미'를 의미하기 때문에 '여'를 부동사형 어미로 보고 있다.

부동사형 어미로 처리하는 입장에서 볼 때, 이 형태소를 선어말어미로 처리할 수 없는 가장 두드러진 특징은, 첫째로 이 어미들이 접속어미의 형태소와 완전히 일치한다는 점이다. 접속어미의 활용형을 그대로

---

3) 『순천김씨묘 한글편지』와 『진주하씨묘 한글편지』에서는 몇 개의 예가 보인다.(황문환, 1977 ; 190) 그러나 이 현상은 극히 제한된 지역의 방언 현상으로 보인다. 현대국어에서는 전혀 쓰이지 않기 때문에 축약된 종결어미의 체계 안에서 논의하기가 어렵다.

슈오긔 아바니미 …… 내가 다롤가커니와 왼 디 와셔는 아니 날 ᄆᆞ미 업세 〈청주, 190〉
니월 열ᄒᆞᄅᆞ뻐나 될가 시브니 민망ᄒᆞ예 〈청주, 51〉
아ᄒᆡ둘 ᄃᆞ리고 엇디 겨신고 긔별 몰라 …… 분별이 ᄀᆞ이 업세 〈달성, 97〉
나도 오늘부터 아니 알폰 디 업시 셜오디 강잉ᄒᆞ여 ᄃᆞ니쟈 ᄒᆞ니 더욱 셜웨 〈달성, 94〉

유지하고 있다. 둘째로 '어/아, 여/야, 와/워'의 선어말어미로서의 기능
이 불분명하다는 점이다. 대체로 강조법 구문이라고 칭하고 있다. 셋째
로는 이 구성이 '-어 ㅎ다'의 구성과 밀접히 연관되어 있다는 사실이다.
넷째로 다른 선어말어미와는 달리 축약된 종결어미가 근대국어와 현대
국어에 존재하지 않는다는 점이다.

이 연구는 '-아/어'를 부동사형 어미로 처리하는 입장에 선다. 우리가
취하는 이러한 입장에 서면 우리는 '감격ㅎ여이다'의 구성을 평면적으로
는 '어간+부동사형어미+이다'의 구성으로 보는 아주 특이한 구성체를
인정하게 되는 셈이다.

본 연구에서는 근대국어의 문헌인 『捷解新語』의 이본에 나타나는 예
문을 중심으로 이러한 구성이 왜 이루어졌으며, '이다'의 기능은 무엇인
지를 해석해 보고자 한다.


## 2. 근대국어 '-어이다' 구성의 유형


### 2.1. '-여/야/영이다'

'-여이다'는 중세국어에서는 '-여이다'의 구성이었던 것이 'ㅇ'음의 약화
로 인하여 '-영이다'의 구성을 거쳐 '-여이다'의 구성을 이룬 것이다.

'-영/양이다'의 구성은 '-여/야이다'의 구성에서 'ㅇ'음이 선행하는 음
절의 말음으로 발음된 표기로서 'ㅇ'음의 음가를 표기한 과도기적인 것
으로 보인다. '-여이다'의 구성이 '-영이다'로 표기된 것은 중세국어에서
부터 '-여+이다'의 구성이 아주 밀접하게 결합되어 있음을 말해주는 것

이다. 『捷解新語』에서 이 '-여이다' 구성이 관여하는 동사는 모두 다 자동사와 형용사이고 주어는 화자인 일인칭이 주어이다. 『捷解新語』 원간본에서 그 예를 들면 다음과 같다.

> (1) a. 御意 감격ㅎ여이다 〈原捷2, 1b〉[4]
> b. 먹디 몯ㅎ고 누어 잇스오니 민망ㅎ여이다 〈原捷2, 3a〉
> c. 예ᄯᆞ지 극진히 무로시미 感激ㅎ영이다 〈原捷7, 14b〉
> d. 멀리 마즈심 滿足ㅎ양이다 〈原捷5, 19a〉

## 2.2. '-와/워/왕이다'

이 구성은 '아름답-'에 부동사형어미 '-아'가 붙어 '아름다와'가 되고 거기에 '-이다'가 연결되어 이루어진 구성체이다. 이 구성에서도 역시 '-이-'의 'ㅇ'음이 선행하는 음절의 말음으로 발음되었음을 보여주는 표기가 보인다. 이 구성은 '-여이다'의 구성과 같이 형용사가 쓰이고 일인칭이 주어인 점은 같으나, 이 구성에서는 평가를 나타내는 자동사가 쓰이고 있는 점이 다르다.

> (2) a. 올ᄉ와이다 〈原捷3, 13a〉
> b. 酒氣 一切 업ᄉ오니 술과 거동이 ᄀᆞᄌ와이다 〈原捷3, 16b〉
> c. 이후란 여러번 숣거든 들으심이 됸ᄉ와이다 〈改重6, 28a〉
> d. 心中이 서ᄅᆞ 젼ㅎ인가 더옥 아름다와이다 〈改一9, 2b〉
> e. 御慇懃ㅎ신 말ᄉᆞᆷ겻티 도로혀 붓그럽ᄉ왕이다 〈原捷6, 10b〉
> f. 心中이 서르 뎐ㅎ인가 더옥 아름다왕이다 〈原捷9, 2a〉
> g. 됴혼 일이로더 그저 니르기 어려워이다 〈伍倫2, 17a〉

---

4) 『捷解新語』 이본 가운데 원간본은 '原捷', 개수일차본은 '改一', 개수중간본은 '改重'으로 약호를 표기한다.

## 2.3. '-어이다/아이다'

순수 감정동사가 아니라 하더라도 문장의 의미상 감정과 관련된 자동사나 형용사는 '부동사형어미 -아/어+-이다'의 구성을 갖는다. 아래의 예에서 '넘다, 업다'는 문장에서 화자의 감정과 관련된 용언이기 때문에 '어간+부동사형어미+-이다'의 구성을 갖게 된 것이다. 이러한 점은 다른 이본과의 비교에서 쉽게 알 수 있다.

(3) a. 어제ᄂᆞᆫ 對面ᄒᆞᄋᆞᆸ고셔 서ᄅᆞ 말솜ᄒᆞ오매 아름다오미 禮예 너머이다 〈原捷7, 22b〉 (cf. 어재ᄂᆞᆫ 보시고 서ᄅᆞ 말솜ᄒᆞ오니 感激히 너기ᄋᆞᆸᄂᆡ 〈改一7, 33b〉)
b. 하 극진히 ᄃᆡ졉ᄒᆞᄋᆞᆸ시니 술올 양도 업서이다 〈原捷3, 5a〉

근대국어의 '-어이다' 구성은 주어가 일인칭인 '화자'를 나타내고, 그 선행하는 용언은 형용사나 자동사로서 화자의 '감정'이나 '태도'를 나타내거나, 화자의 판단을 나타내는 특징을 보인다.

이제까지 검토한 모든 예에서 '-여/야이다, -와/워이다, -어/아이다' 등의 '여/야, 와/워, 아/어' 등은 모두 접속어미와 그 형태가 일치함을 알 수 있다. 이제 '여/야, 와/워, 아/어' 등의 형태가 접속어미인가 아니면 '-어이다' 구성에서 선어말어미로 처리되고 있는 '어'의 이형태들인가에 대한 논의를 해보기로 한다.

'-여/야이다, -와/워이다, -어/아이다' 구성에서 나타나는 접속어미는 '여/야, 와/워, 어/아' 등이 있다.

(4) a. 안히 잇ᄉᆞ오니 判事네도 同道ᄒᆞ야 오쇼셔 〈原捷1, 2b〉
b. 안히 잇ᄉᆞ오니 대되 同道ᄒᆞ여 오쇼셔 〈改一1, 3a〉

c. 水木船이 돗기 사오나와 뼈덧습니 〈原捷1, 11b〉
d. 집이 파락ᄒ여 더러워 一夜룰 계요 堪忍ᄒ여시니 〈改一1, 36b〉
e. 자니네 十日 二十日 무거 도라가셔도 〈原捷3, 24a〉
f. 路次의 ᄀᆞᆮ바 계요 이지야 守門ᄭᆞ지 왇습니 〈改重1, 2a〉

위에 보인 예의 부동사형 어미와 앞에서 이미 제시한 '-어이다' 구성에서의 '여/야, 워/와, 어/아' 등의 어미는 형태상으로 완전한 일치를 보인다. 그렇다면 형태적으로 동일한 이 형태들이 접속어미라는 근거를 어디에서 찾을 수 있을까?

첫째로 근대국어에서 축약된 종결어미로는 '-외, -쇠, -데, -니, -새(시)' 등이 있는데 이는 각각 '-오이다, -소이다, -더이다, -ᄂᆞ이다, -사이다'의 구성에서 축약된 것이다. 이들은 현대국어에서도 쓰이고 있다. 그러나 '-어이다'에서 '-어/아'를 선어말어미로 본다면 이것도 역시 축약된 종결어미 형태인 '-에/애'나 '-예/얘, -왜/웨' 구성을 이루어야 할 것인데 이는 문헌에서는 찾아볼 수 없고 현대국어에서도 찾을 수가 없다. 따라서 '-어이다'의 구성을 축약된 종결어미라는 문법 체계 안에서 다루기 어렵다.

둘째로 '-오-, -소-, -더-, -ᄂᆞ-, -시-' 등의 선어말어미들은 모음조화에 따른 이형태를 반드시 가지고 있지는 않다. 그러나 '여/야, 와/워, 어/아'는 완전히 어미의 활용형과 똑같은 이형태를 가지고 있어, 선어말어미라고 단정지어 말하기 어려운 입장에 있다.

셋째, '-어이다'는 '이다'의 '이'가 공손법의 선어말어미인 '-이-'와 관련되어 있기 때문에 상대경어법과 관련되어 있다. 이를 경어법의 위계에 따라 다르게 표현하고자 할 때는 '-어 ᄒᆞᄂᆞ이다' 구성을 통하여 '-어 ᄒᆞᆸᄂᆞ, -어 ᄒᆞᆸᄂᆞ이다, -어 ᄒᆞᄂᆞ이다, -어 ᄒᆞ뇌' 등의 구성과 '-오이다,

-외' 등의 구성으로 표현하고 있어서 '-어이다'의 구성은 상대 경어법 상의 하오체를 표현하는 것으로 보인다.

넷째, 예를 들면 '붓그럽스와이다'는 현대국어에서도 고어투로 '부끄럽사와요'로 쓰이고 있는데, 이때 '이다'는 '요'와 비교할 수 있는 성분이다. 따라서 경어법으로 볼 때도 그 경어법 상의 위계는 다르지만 '이다'가 '요'와 같은 접미적인 역할을 하고 있는 것으로 보인다.[5]

다섯째, 20세기 초 경판 목판본 『강태공전』에 '이다'가 접속어미에 연결된 유일한 예가 나온다. 접속어미인 '-거니와'에 '이다'가 연결된 구성이 보인다. 예가 드물기는 하지만 '이다'가 접속어미에 연결될 수 있음을 보여주고 있다.

> (5) 일을 무른더 숩뇌 우으며 왈 니 드른 지 오리되 낭지 알면 번민홀가
>     호여 말 아니 호엿더니 과연 그러호거니와이다 〈강태공전, 하19a〉

이상으로 볼 때, 본 연구는 '-어이다' 구성에서 '어/야, 와/워, 어/아' 등을 접속어미로 보고 논의를 전개하고자 한다.


## 3. '-어이다' 구성의 통사·의미적 특성

근대국어의 일본어 학습서인 『捷解新語』의 이본에 나타나는 예들을 검토해 보면 몇 가지 특징적인 현상을 발견할 수 있다.

---

5) 물론 현대국어의 입장에서 보면 '부끄럽사와요, 부끄러워요'에서 '아'는 부동사형어미로 보기 어렵고 종결어미로 보아야 할 것이다.

첫째는 '-여이다' 구성에 선행하는 요소가 반드시 '感激ᄒ다, 安堵ᄒ다, 넘다, 노ᄒ다'와 같은 자동사나, '맛당ᄒ다, 민망ᄒ다, 아름답다, 없다, 만족ᄒ다, 븟그럽다, 둏다, ᄀᆺ다'와 같은 형용사라는 점이다.

둘째로, 이들 자동사나 형용사는 화자의 감정과 태도 또는 판단 등과 관련되어 있는데, 이것은 화자의 심리상태를 표현하는 문장임을 나타낸다. 예를 들어 '감격ᄒ여이다' 구성은 현대국어로는 '감격합니다'와 같이 해석할 수 있다.

셋째로, 위 예문의 문장들이 『捷解新語』의 이본에서는 타동성의 문장인 'ᄒ여 ᄒ다'의 구성으로 표현되고 있다는 점이다. 예를 들어 '민망ᄒ여이다'는 이본에서 '민망히 너기ᄂ이다'와 '민망ᄒ여 ᄒᄂ이다' 등으로 쓰이고 있음이 확인된다. '-어이다'의 구성과 '-어 ᄒ다'의 구성이 이본에서 동일한 내용을 보이고 있는 것은 '아름다와이다'의 구성이 일차적으로는 '상태성'의 문장임을 보여주고 있지만, '아름다와 ᄒᄂ이다'의 구성처럼 '동작성'을 띠고 있는 것으로 해석할 수 있다. '-어 ᄒ다'의 구성은 심리상태를 적극적으로 표현하기 위해 타동문의 형식을 취한 것으로 보인다.

이제 『捷解新語』 이본에 나타나는 '-어이다'의 구문과 '-어 ᄒ다'의 구문을 검토해 보기로 한다. 관련된 예문을 제시하면 다음과 같다.

(6) a. 軍官을 보내여 무르시니 감격ᄒ여 ᄒ옵니 〈原捷1, 22b〉
    b. 軍官을 써 무르시니 감격히 너기옵니 〈改一1, 34a〉
    c. 軍官을 써 무르시니 감격히 너기옵니 〈改重1, 27b〉

(7) a. 御意 감격ᄒ여이다 〈原捷3, 17b〉 (cf.감격ᄒ여 ᄒᄂ이다)
    b. 御意 感激히 너기ᄂ이다 〈改一3, 23b〉
    c. 御意 感激히 너기옵니 〈改重3, 22b〉

위의 예는 자동사 '감격ᄒ다'가 쓰인 예문으로, '감격ᄒ여 ᄒ다'의 구문은 제삼자가 하는 표현을 인용한 것으로 볼 수 있으나 전혀 그렇지 않다. 이 문장은 '客'인 導船主가 '主'인 問情官에게 직접하는 말이다. 이 본에서 '감격히 너기다'의 구문으로 바뀐 것으로 보아 분명히 타동성의 표현임을 알 수 있다. 그러나 '감격ᄒ여이다'의 구문은 자동사로 쓰이고 있지만, 이본에서는 타동성 구문으로 표현되고 있고, 문장이 나타내는 의미상으로 보면 타동성을 전혀 배제할 수는 없는 듯하다.

(8) a. 어와 註進을 극진이 ᄒ시다 니르시니 安堵ᄒ여 ᄒ옵니 〈原捷5, 8a〉

　　b. 天氣도 머흐디 아냐 예ᄭ지 오오니 이제야 安堵ᄒ영이다 〈原捷5, 19a〉


위의 예문에서는 아주 흡사한 구문에 '安堵ᄒ여이다'의 구성과 '安堵ᄒ여 ᄒ다'의 구성이 쓰이고 있다. '安堵ᄒ여 ᄒ다'의 구성과 '安堵ᄒ여이다'의 구성에서는 모두 자동사의 기능과 함께 타동성도 찾을 수 있다.

이제 형용사와 관련된 구문에 대하여 생각해 보기로 한다.

(9) a. 우리 心中이 서르 뎐ᄒ인가 더옥 아롬다왕이다 〈原捷9, 2a〉 (cf. 아롬다와 ᄒᄂ이다)

　　b. 우리 心中이 서르 뎐ᄒ인가 더옥 아롬다와이다 〈改一9, 2b〉

　　c. 우리 ᄆ음이 서르 뎐ᄒ인가 더옥 뼈 아롬다와 ᄒ옵니 〈改重9, 2b〉

(10) a. 오늘은 看品에 브터 처음으로 보옵고 아롬다와 ᄒᄂ이다 〈原捷4, 1a〉

　　b. 오늘은 看品에 브터 처음으로 보옵고 아롬다이 너기ᄂ이다 〈改一4, 1a〉

   c. 오늘은 看品에 부터 처엄으로 뵈옵고 아롬다이 너기ᄂᆞ이다 〈改
     重4, 2b〉

(11) a. 처음으로 御對面ᄒᆞ오니 아롬다와 ᄒᆞ옵니 〈原捷4, 1b〉(cf. 아롬
       다와이다)
    b. 처음으로 御對面ᄒᆞ오니 아롬다이 너기옵니 〈改一4, 2a〉
    c. 처엄으로 御對面ᄒᆞ오니 긴비 너기옵니 〈改重4, 3a〉


   자동사가 쓰이는 구문과 마찬가지로 형용사가 쓰이는 구문에서도 '아롬다와 ᄒᆞ다'의 구문은 타동성을 표현하는 문장으로 쓰이고 있음이 확인된다. 이 구문은 이본에서는 '아롬다이 너기다'의 표현으로 쓰여 타동성을 표현하고 있다. 한편 '아롬다와이다'의 구문은 현대국어로는 '기쁩니다'의 뜻을 가지면서도 위의 예문에서 보는 바와 같이 '기뻐합니다'의 의미인 타동성을 갖고 있다. 마찬가지로 '아롬다와 ᄒᆞ다'의 구성도 역시 자동사적 용법도 보이고 있다.

   위의 예문에서 '아롬다와이다'는 '기쁘다'라는 마음의 상태를 표시하는 '상태성'의 표현이지만, 그 이본에서는 같은 표현을 '아롬다와 ᄒᆞ다'의 표현으로 하여 타동성을 띤 '동작성'을 표현하고 있다. 따라서 '아롬다와이다'의 경우에도 완전히 상태성만을 띤다고 볼 수 없으며, 동작성의 표현을 보일 수 있는 것으로 해석된다.


(12) a. 밥도 일절 먹디 못ᄒᆞ고 누어 잇ᄉᆞ오니 민망ᄒᆞ여이다 〈原捷2, 3a〉
      (cf. 민망ᄒᆞ여 ᄒᆞᄂᆞ이다)
    b. 食事도 일절 몯ᄒᆞ옵고 안히 누어 잇ᄉᆞ오니 민망히 너기ᄂᆞ이다
      〈改一2, 4a〉

위의 예에서는 형용사 '민망ᄒ다'가 '민망ᄒ여이다'로도 쓰이고, '민망히 너기다'로도 쓰여 전자는 상태성을, 후자는 타동성을 띠고 있는 것으로 해석된다. 그런데 '민망ᄒ여이다' 구성을 '민망ᄒ여 ᄒᄂ이다'로 대체해도 전혀 문제가 되지 않는다. 따라서 '민망ᄒ여이다' 구성에는 타동성이 있음을 알 수 있다.

한편 '-어 ᄒ다' 구문이 발견되지 않는 형용사로는 '없서이다, 붓그럽ᄉ와이다, 됴ᄊ와이다, 만족ᄒ여이다, 맛당ᄒ여이다' 등이 쓰이고 있는데, 이 경우에도 역시 일차적으로는 상태성을 표현하는 구문이지만 동작성을 전혀 배제할 수는 없는 것으로 생각된다. 형용사의 경우에는 상태성을 적극적으로 표현하기 위하여 '-어 ᄒᄂ이다'와 같은 타동 구문으로 표현한 것으로 해석된다.

> (13) a. 이러로셔도 몬져 술오려 ᄒ엳돈디 이리 니ᄅ시미 맛당ᄒ여이다
> 〈原捷7, 11a〉 (cf. 맛당ᄒ여 ᄒᄂ이다)
>
> b. 御手前面上의ᄂ 酒氣 一切 업ᄉ오니 술과 거동이 ᄀ자ᄌ와이다
> 〈原捷3, 16b〉 (cf. ᄀ자ᄌ와 ᄒᄂ이다)
>
> c. 御懃懃ᄒ신 말ᄉᆷ겻티 도로혀 붓그럽ᄉ왕이다 〈原捷6, 10b〉 (cf. 붓그럽ᄉ와 ᄒᄂ이다)
>
> d. 그저 예셔 도라가시미 됴ᄊ와이다 니ᄅ니 〈原捷8, 30b〉 (cf. 됴ᄊ와 ᄒᄂ이다)
>
> e. 안ᄌ라 니ᄅ시니 술올 양이 업서이다 〈原捷3, 8b〉 (cf. 업서 ᄒᄂ이다)

중세국어의 '-어이다' 구성을 살펴보면 자동사와 타동사 그리고 형용사에 '-어/아이다'가 연결된 것을 볼 수 있다. 이때의 '-어/아'는 부동사형 어미일 가능성이 매우 높은 것으로 보인다.

다음 예에서 보는 바와 같이 타동사에도 '-어이다'의 구성이 쓰이고 있다. 타동사 '모르다'를 '몰라이다, 모르ᅀᆞᆸ와이다'의 구성으로 사용하고 있음이 중세국어에서 보이고 있다. 아래에 제시된 자동사와 형용사의 예의 경우에서도 타동성을 확인할 수 있다. 예를 들어 '셟다'는 형용사이지만, '셜버이다'의 용례에서는 타동성을 충분히 확인할 수 있다.

(14) a. 내 …… 오늘 尊者 보ᅀᆞᄫᅩ니 깃부미 그지업서이다 〈釋詳24, 34b〉
      (cf.젼의는 처음으로 보ᅀᆞᆸ고 그지업서 ᄒᆞᆸ데 〈原捷3, 4b〉)
   b. 넉시 어느 趣예 간동 몰라이다 〈月釋21, 27a〉
   c. 大王하 나도 여래 겨신 ᄃᆡᄅᆞᆯ 모르ᅀᆞᄫᅡ이다 〈月釋21, 192a〉
   d. 나도 머릴 울워러 셜버이다 求ᄒᆞ쇼셔 비ᅀᆞᄫᅩ니 〈月釋2, 52a〉
      (cf. 셜워 ᄒᆞᄂᆼ이다 〈東新續忠,3 b〉)


이제까지 위에서 살펴 본 바와 같이, 왜 '-어이다'의 구문에서 자동사와 형용사로 이루어진 문장이 의미상으로 타동성을 띠는 것일까? 그것은 그 변천과정에서 '-어 ᄒᆞ다'의 구문에서 변천된 것이기 때문일 것으로 해석된다.

이미 우리는 '-어이다'구성의 종류를 검토하면서 이 '-어이다'의 구성이 '동사의 어간+부동사형어미+-이다'의 구성으로 되었음을 밝혔다. '-어이다'의 구성이 '동사의 어간+부동사형어미+이다'로 구성되어 있다는 우리의 견해가 옳다면, 이 구성은 국어 문법에서 아주 특이한 구성을 보여주는 것이다. 국어의 형태소 결합에 있어서 부동사형 어미와 선어말어미가 서로 연결될 수 없다. 따라서 이 구성은 정상적인 구성이 아닌 것을 의미하며, 모종의 문법적 변화과정을 거쳐 생성된 '구성체'로 볼 수 있을 것이다. 이제 그 모종의 문법적 변화과정을 탐색해 보고자 한다.

중세국어를 살펴보면 부동사형 어미인 '-야/여'와 '-어/아'가 '호다'동
사와 어울려 쓰인 예가 발견된다. 다음의 예가 그것이다.

> (15) a. 가마괴와 가치를 믜여 호다니 〈杜初8, 39b〉
>        (cf. 부텨 보내디 아니호몰 爲호야 믜노라 〈杜初7, 20b〉)
>      b. 제 모맷 고기를 바혀 내논 드시 너겨 호며 〈釋詳9, 12a〉
>        (cf. 한 會예 다 니르디 아니호시니라 너기며 〈楞嚴1, 16b〉)

이현희(1985)에서는 이 구성 중, 동사의 어간에 연결되는 경우는 '행
동성의 강조', 형용사의 어간에 연결되는 경우는 '상태성의 강조'로 그
기능을 해석하고 있다.6) 동사의 어간에 연결되는 '-어 호-'의 구성은 '-게

---

6) 송철의(1983 : 54)는 '파라호-, 거머호-, 둥그러호-' 들은 복합어인데 이것이 파생어로
   인식되면서 '파랗다, 거멓다, 둥그렇다'로 변한 것으로 해석하고 있다. 이현희(1985 :
   4)에서는 색채형용사에 '-아/어 호-'가 결합된 구문은 '상태성의 강조'라고 해석하고
   있다.

   > 버들 파라호며〈南明下, 19〉
   > 종남산이 거머호도다〈杜重13, 12〉
   > 얼굴이 둥그러호니〈火包, 7〉
   > 物이 하야호야〈杜初8, 53〉
   > ᄀᆞᄅᆞ맷 雲霧ㅣ 누러호도다〈杜重10, 45〉
   > ᄀᆞᆯ 우미 파라호도다〈杜重6, 51〉

   한편 색채 형용사가 아닌 경우에도 형용사가 '-아/어 호-'의 구성을 이루는 예들이 『捷
   解新語』에서 발견된다.

   > 젼의는 처음으로 보옵고 그지업서 호옵데 〈原捷3, 4b〉
   > 젼의는 처음으로 보옵고 긷거 호옵데 〈改一3, 6b〉
   > 다만 슬호여 호시게 숣는 일이언마는 〈原捷9, 10b〉

   형용사인 '그지없다, 깃다, 슳다'가 '-아/어 호-'의 구성을 갖게 되면 형용사에서 타동
   구성으로 바뀌게 된다. 이런 현상은 현대국어에서 '좋다, 밉다, 싫다' 등이 '좋아하다,
   미워하다, 싫어하다'의 구성으로 타동사로 바뀐 것과 그 맥을 같이 한다. 이런 현상이
   출현한 이유로는 근대국어에 이미 자동사나 형용사의 어간에 '-어/아 호-'의 구성이

ᄒ-'의 구성과 관련을 가지고 있다. 즉 '-게 ᄒ-'의 구성이 사동적인 표현임에 비하여, '-어 ᄒ-'의 구성은 '능동적인 표현'을 보여주고 있는 것이다. 따라서 '-어 ᄒ-'의 구성은 동작성과 상태성을 적극적으로 표현하기 위하여 타동적인 구문을 사용한 것으로 보인다.

'-어 ᄒ-'의 구성에서 '-어'는 단순히 '부동사형 어미'라는 이름으로 처리되고 있으나, 원래는 '-어'가 접속어미로 기능하던 것이었고, 뒤에 나오는 동사 'ᄒ다'는 본동사를 대신하는 대동사의 역할을 하고 있는 것으로 보인다. '-어'가 접속어미로 쓰이던 문장이 후행문의 'ᄒ다'동사와 어울리면서 '능동적인 표현'을 갖게 되고, 차츰 형태론적 구성으로 '-어 ᄒ-'의 구성을 띄게 되면서 'ᄒ다'동사는 보조동사 내지는 복합동사적인 성격을 띄는 구성으로 변하게 된 것으로 보인다.

이제 근대국어에서 '-어이다'의 구성이 어떻게 변천되었는지를 살펴보기로 한다.

(16) a. 御意 감격ᄒ여이다 〈原捷3, 17b〉 (cf. 감격ᄒ여 ᄒᄂ이다)
　　 b. 御意 感激히 너기ᄂ이다 〈改一3, 23b〉
　　 c. 御意 感激히 너기옵닉 〈改重3, 22b〉

자동사나 타동사에 연결되는 '-어이다' 구성은 두 가지로 해석이 가능하다. 첫째는 '감격합니다'와 같은 뜻의 형용사이고, 다른 하나는 '감격하여 합니다, 감격히 여깁니다'와 같은 뜻의 타동성 표현으로 쓰이고 있다.

'-어이다'의 구문이 '어간＋어＋이다'의 구성으로 이루어졌다고 가정하면, 이미 앞에서 살펴본 바와 같이 부동사형 어미 뒤에는 선어말어미가

---

연결되면서 타동 구성이 되는 전반적인 현상과 관련된다.

올 수 없기 때문에 '-이다'는 분명히 후행문의 종결어미적 요소임을 보여주는 것이다. 따라서 '-이다'는 단순히 선어말어미와 종결어미가 결합된 구성체가 아니라 후행동사와 관련된 구성체임이 분명하다. 예를 들면 대동사 'ᄒᆞ-'가 쓰인 'ᄒᆞᄂᆞ이다'가 쓰인 것으로 보인다. 그렇다면 '감격ᄒᆞ여이다'의 구성은 '감격ᄒᆞ여 ᄒᆞᄂᆞ이다'의 구성이 결합된 것으로 보인다.

이 '감격ᄒᆞ여 ᄒᆞᄂᆞ이다'의 구성에서 'ᄒᆞᄂᆞ이다'의 대동사 'ᄒᆞ-'는 화자의 심리상태를 나타내는 동사 즉 '여기다, 생각하다, 느끼다' 등의 타동사가 대동사로 쓰이고 있는 것으로 해석된다. 이 구성에서 타동성의 동사가 대동사인 'ᄒᆞ-'로 바뀌고 'ᄒᆞ-'가 대동사로서의 기능이 약화되면서 결합현상이 일어나 '감격ᄒᆞ여이다'와 같은 구성으로 바뀐 것으로 해석된다. '감격ᄒᆞ여 ᄒᆞᄂᆞ이다'의 구성은 지속상을 나타내는 것으로 이해된다. 따라서 통사적으로는 타동성을 표현하는 구문이면서 '감격ᄒᆞ다'의 느낌을 지속하는 지속상의 상적인 특성도 포함하고 있다. 따라서 '감격ᄒᆞ여 ᄒᆞᄂᆞ이다' 구성과 '감격ᄒᆞ여이다'의 구성은 동일한 의미를 가지고 있다고 볼 수 있다.

또한『捷解新語』의 일본어의 표기는 '감격ᄒᆞ여이다'와 '감격ᄒᆞ여 ᄒᆞᆸ니'의 구성에서 똑같이 나타난다. 여기서 'かたじけのうござる(카다지깨노우고자루)'의 원문이 보이는데 'かたじけない(카다지깨나이)'는 '감격하다'는 뜻이고 'ござる(고자루)'는 "있다'의 존경어 내지는 공손체'로 쓰이고 있다..

(17) a. 먼뎌 극진이 軍官을 보내여 무르시니 감격ᄒᆞ여 ᄒᆞᆸ니(かたじけ
のうござる)〈原捷1, 22b〉

b. 御意. 감격ᄒ여이다(かたじけのうござる)〈原捷3, 17b〉

한편, '감격ᄒ여이다'의 구성은 이본들에서는 '감격히 너기ᄂ이다'와 같이 쓰이는데 이것은 '감격ᄒ여이다'의 구성이 근본적으로 '감격ᄒ여 ᄒᄂ이다' 구성에서 연유하고 있음을 보여주는 것이라 하겠다. 그러나 반면에 'ᄀᄌ와이다, 맛당ᄒ여이다'와 같은 예에서는 타동성보다는 형용사적 용법으로 쓰이고 있는데 이것은 '감격ᄒ여이다'와 같은 구성이 굳어지면서 생산성을 띄게 된 것으로 이해된다.7)

이미 앞에서 살펴본 중세국어의 예에서도 자동사나 타동사, 형용사를 막론하고 '-어이다'의 구문이 나오고 있다. 타동사일 경우에는 '-어 ᄒᄂ이다'의 구성이 매우 자연스럽지만, 자동사나 형용사일 경우는 '-어이다'의 구문이 자연스러운 듯하다. 그러나 예문을 자세히 관찰해 보면, '-어이다' 구문과 '-어 ᄒᄂ이다' 구문은 서로 교체될 수 있음을 알 수 있다. 이러한 증거는 위의 많은 예문을 비교한 이본들의 비교에서 찾아볼 수 있을 것이다.

---

7) 『악장가사』에 실려있는 고려가요 '쌍화점'에는 '回回아비 내손모글 주여이다'의 예가 나온다. 이때 '주여이다'의 동사는 '쥐다'로 타동사이다. 이것은 중세국어나 근대국어의 문헌에 나타나는 '-어이다' 구성의 용언이 대부분 자동사나 형용사임과 큰 차이가 나는 것이다. 그렇다면 왜 타동사에도 나타나게 되었을까?
자동사와 형용사가 '-어 ᄒ다'의 구성을 통하여 타동성의 표현을 갖게 되다가 '-어이다'의 구성으로 변하게 되는데 '-이다'가 현대국어의 '-요'와 마찬가지의 기능을 하게 되어 상대존대를 나타내는 요소로 작용하게 되었다. 그리하여 '-이다'의 쓰임은 자동사나 형용사는 물론이고 타동사에도 붙어 상대존대의 존칭을 표현하게 된 것으로 보인다.
따라서 '주여이다'의 구문에서도 하나는 '쥐었습니다'와 같이 해석할 수 있고, 하나는 '주여 민망ᄒᄂ이다'와 같이 화자의 심리상태를 나타내는 형용사를 쓸 수도 있다. 아무튼 '주여 민망ᄒᄂ이다'의 구문에서 '주여이다'가 나오고 이런 '-어이다'의 구문에서 '-이다'가 독립될 수 있으므로 현대국어의 '요'와 같은 기능을 하게 된 것으로 보인다.

그렇다면 왜 '-어+ᄒᆞ느이다'의 구성에서 '-이다'에 선행했던 'ᄒᆞ느'가 생략이 가능했을까? 그 이유는 '-어' 앞에 나오는 어사가 주로 심리동사나 형용사가 쓰였기 때문에 군이 그 심리를 뒤에 나오는 대동사로 표현하지 않아도 되었고, 또한 일반적인 내용이어서 생략이 가능했기 때문에 마치 대동사가 떨어져 나간 '-이다'가 심리를 나타내는 듯한 인상을 주게 된 것이다.

따라서 이 글에서는 '-어이다'의 구문을 다음과 같이 해석하고자 한다. 첫째, 이 구성은 타동성의 표현인 '-어 ᄒᆞ느이다'의 구성에서 축약현상을 일으키어 '-어이다'의 구성이 이루어진 것이다. 둘째, '-어이다'의 구성은 축약되면서 타동성이 약해지고 선행하는 자동사와 형용사의 심리 상태를 주로 표현하는 구문으로 발전하게 된다. 셋째, '-어이다'의 구성은 공손법의 선어말어미 '-이-'의 영향으로 '-이다'의 구성이 화용적인 성격을 갖게 되어 현대국어의 '-요'와 같이 존대소의 역할을 하게 된다.


## 4. '-어이다' 구성과 경어법


'-어이다'와 '-어 ᄒᆞ다'의 구성이 보여주는 경어법상의 특징은 큰 차이를 보인다.

우선 '-어이다'는 '-이다'가 연결되는 관계로 하오체 이상의 경어법 위계를 보이고 있다. 따라서 '-어이다'의 구성으로는 하게체를 전혀 나타낼 수가 없다. 만일 하게체를 나타내려면 '-에/애, -예/애'라는 축약된 종결어미가 나타나야 하는데, 이 구성은 문헌에서는 보이지 않고 현대국어에서도 쓰이지 않는다. 따라서 '-어이다' 구성은 하오체 이상의 위계에서만 쓰이는 경어법임을 알 수 있다.[8] 『捷解新語』 이본을 비교해 보면, '-어이다' 구성은 '-외다, -외'로 비교되는 경우가 있는데 이들은 '-오이다'의 축약으로 보인다.

> (18) a. 看品은 無事히 ᄒ오니 아룸답ᄉ외 〈原捷2, 18b〉 (cf. 看品은 無事히 몯즈오니 아룸다이 너기옵니 〈改一2,27a〉)
>
> b. 貴翰을 拜見ᄒ오니 닉일부터 두로 잔치ᄒ신다 ᄒ오니 심심ᄒ 때 ᄀ장 돋ᄉ외 〈改重10下, 14b〉 (cf. 두로 잔치ᄒ신다 ᄒ오니 심심ᄒ 째 ᄀ장 돋ᄉ와이다 〈改一10下, 18a〉)

'-어이다' 구성은 적어도 하오체 이상의 위계를 가지고 있다. 또한 '-에/애, -예/애'의 구성이 이루어지지 않는다. 따라서 동일한 표현을 하려면 '-어 ᄒ다'의 구성인 '-어 ᄒ옵니, -어 ᄒ옵ᄂ이다, -어 ᄒᄂ이다, -어 ᄒ뇌' 등과 '-오이다'의 축약형인 '-외'의 구성이 가능했던 것이다. 그러므로 위의 예에서 보는 바와 같이 '아룸답다, 감격하다'는 세 가지 표현이 가능하다.

> (19) a. 아룸답ᄉ와이다
> b. 아룸답ᄉ외
> c. 아룸다와 ᄒᄂ이다(ᄒ옵니)

'-어 ᄒ다' 구성은 '-어 ᄒ옵니, -어 ᄒ옵ᄂ이다, -어 ᄒᄂ이다' 등으로 쓰인다. 이러한 구성들은 합쇼체와 하오체를 나타내는 구성이다. 만일 '-어 ᄒ옵니'에서 선어말어미인 '-옵-'을 빼면 '-어 ᄒ니'로 하게체를 표현

---

8) '-어이다' 구성은 구어체 문헌에서 주로 나타난다. 따라서 『捷解新語』 이본과 『伍倫全備諺解』, 『隣語大方』 등에서 주로 보인다.

할 수 있게 된다. 따라서 '-어 ᄒ다'의 구성은 '-어이다'와는 다르게 '합쇼체, 하오체, 하게체' 등에서 쓰일 수 있는 구성이다.

(20) a. 軍官을 보내여 무르시니 감격ᄒ여 ᄒ옵늬 〈原捷1, 22b〉
　　 b. 渡海ᄒ신 치하롤 위ᄒ야 目錄대로 밧줍고 千萬 감격ᄒ야 ᄒᄂ이다 〈改一10上, 17a〉

『곽씨언간』에서도 '-어이다' 구성은 아랫사람이 윗사람에게 이야기할 때만 쓰이고, '-어 ᄒ다' 구성은 '-어 ᄒ뇌'의 구성으로 남편이 아내에게 하게체(또는 하오체)로 말할 때 쓰이고 있음을 볼 수 있다.9)

(21) a. 긔별 모르와 민망ᄒ여이다. 〈곽씨언간, 123〉
　　 b. 이 사룸이 하 굽디니 닷 유무 몯 ᄒ니 흐운ᄒ여이다. 〈곽씨언간, 129〉
　　 c. 나는 쏨이 미일 온 몸애 그촌 적 업시 나니 ᄆᄋᆷ이 해 션듯 ᄒ고 온 몸이 아니 촌 디 업스니 민망ᄒ여 ᄒ뇌. 〈곽씨언간, 17〉
　　 d. 나는 편히 와 잇뇌. 커니와 자내 영히 셩치 몯 ᄒ여 겨신 거슬 보고 오니 지극 흐운ᄒ여 ᄒ뇌. 〈곽씨언간, 86〉

주지하는 바와 같이 중세국어의 경어법 중 상대경어법을 나타내는 어미로는 '-이-'가 쓰이고 있었다. 이 선어말어미는 근대국어에 들어오면서 'ㅇ'의 음가가 약화되어 선행하는 요소에 축약되는 현상이 나타났다. 근대국어의 초기문헌인 『捷解新語』에 보이는 이러한 현상은 공손법의 선어말 어미의 기능이 약화되었거나 다른 모습으로 변했을 가능성을 보여주고 있다.

---

9) 이 예문은 경북대 백두현 교수가 정리한 『곽씨언간』의 예문을 제시한 것이다. 백 교수는 『진주하씨묘 한글편지』를 『곽씨언간』으로 부르고 있다.

(22) a. 왓습ᄂᆞ이다–왓습늬 (cf. 왔습니다–왔네)
　　 b. 아롭답ᄉ오이다–아름답ᄉ외 (cf. 아름답소이다–아름답소)
　　 c. 오옵시도소이다–오옵시도쇠 (cf. 오셨소이다–오셨소)
　　 d. 보옵사이다–보옵새 (cf. 봅시다–보세)
　　 e. 긷거ᄒ옵더이다–긷거ᄒ옵데 (cf. 기뻐합디다–기뻐하데)


위의 예에서 '-습ᄂᆞ이다, -습더이다, -옵사이다'는 현대국어에서 '합쇼체'로는 '-습니다, -습디다, -옵시다'로 바뀌고, '하게체'로는 '왔네, 하데, 보세'등으로 바뀐 것을 알 수 있다. '-오이다, -소이다'의 경우, '합쇼체'로는 여전히 '-오이다, -소이다'가 쓰이고 있고, '하오체'로는 '-이다'가 생략된 '-오, -소'가 종결어미로 쓰이고 있다.

『捷解新語』에서 보여주는 예는 우리에게 몇 가지 시사하는 바가 있다. 그 예는 바로 위에서 보인 '-이다'가 생략된 것이거나 이미 '-이다'가 생략된 형태에 다시 '-이다'가 첨가된 예가 그것이다.10)


(23) a. 우리는 덕분을 뻐 아므 일도 업시 완늬이다 〈原捷2, 1b〉
　　 b. 하 졀소이 너기오와 다 먹습늬이다 〈改一2, 10b〉
　　 c. 너일 나죄란 入館ᄒ여 보옵새이다 〈原捷1, 21a〉
　　 d. ᄀ장 됴쓰오니 그리 ᄒ옵새이다 〈改一3, 13a〉


(24) a. 니존 스이 업시 僉官들끠 니르고 잇습늬이다 〈原捷2, 17a〉
　　 b. 니즌 스이 업시 僉官들께 니르고 잇습늬 〈改一2, 25a〉
　　 c. 니즌 스이 업시 僉官들끠 니르고 잇습ᄂᆞ이다 〈改重2, 25a〉


'-소이다, -오이다, -ᄂᆞ이다, -더이다, -사이다' 등의 어미 구성체에서

---

10) '잇습늬, 잇습늬이다, 잇습ᄂᆞ이다'의 유형이 한 문헌에 공존하는 현상에 대하여는 논문을 달리하여 발표하려고 한다. 이 글에서도 필자는 '-이다'가 화용적인 요소임을 밝히려 한다.

'-이다'가 축약과 생략현상을 거치면서 '-쇠, -외, -니, -데, -새' 등으로 바뀌고 그것은 현대국어에서는 '-소, -오, -네, -데, -세' 등으로 쓰이고 있음을 알 수 있다. 이것은 공손법의 선어말어미인 '-이-'의 기능이 약화되면서 소멸되어 가는 과정을 보여주는 것이다. 그러나 위의 예에서 보는 바와 같이 '잇습ᄂᆞ이다'가 '잇습늬이다'로 쓰이는 경우를 볼 수 있는데, 이러한 현상을 단순히 '-이-'가, 선행하는 '-ᄂᆞ-'와 음운현상을 일으켜 된 것으로 볼 수 있으나,11) 그렇게만 해석할 수 있는 단순한 예가 아니다. 왜냐하면 동일한 문헌에서 '잇습ᄂᆞ이다'와 '잇습늬이다'류가 중복되어 쓰이고 있기 때문이다. 만일 이 두 구성체가 같은 기능을 한다면 굳이 이런 식으로 두 유형으로 나누어 쓰지 않았을 것이다.

위의 예에서 보는 바와 같이, 이본을 비교해 보면, '잇습늬이다, 잇습늬, 잇습ᄂᆞ이다'가 같은 내용에서 쓰이고 있음을 알 수 있다. 그렇다면, 이 세 유형의 차이는 무엇인가? '잇습ᄂᆞ이다'류는 당시의 '합쇼체'에 해당하는 극존칭의 구성을 보이고 있고, '잇습늬'는 '-ᄂᆞ이다'류 보다는 한 단계 정도 낮은 '하오체'에 해당하는 상대경어법의 위계를 보인다. '잇습늬이다'류는 그 등급은 '합쇼체'에 해당한다고 할 수 있지만, 그 구성방식이 '잇습늬'로 변화한 '하오체'의 등급에 이미 분리되어 기능하고 있는 '-이다'가 연결된 '잇습늬이다'의 구성체로 극존칭을 표현하고 있다.

현대국어에서도 상대존대의 형태소 '-요'를 이용하여 '웃어요, 있어요'와 같은 존대표현이 가능함을 예로 들 수 있다.

   (25) a. 붓그럽ᄉ왕이다—부끄럽사와요

---

11) '잇습늬이다'의 경우, 대부분의 견해는 움라우트나 y음 개재에 의한 음운현상으로 설명하려고 하고 있다. 그러나 필자는 문법적, 화용적인 현상이라는 입장에 선다.

    b. 둇스와이다—좋사와요
    c. 아롬다와이다—아름다워요

위의 예는 근대국어의 예를 현대국어나 현대국어에서 쓰이는 고어투의 표현으로 바꾸어 본 것인데 '-이다'가 '-요'로 교체된 예를 보인 것이다. 아주 자연스럽게 교체가 되는 것으로 보인다.[12] 다만 현대국어에서 '-요'가 '해요체'에 해당하여 '합쇼체'보다 상대경어법상의 위계가 낮기 때문에 '-이다'와 경어법상으로 일대일로 대응하기는 어려울 것이다. 그러나 현대국어에서 '합쇼체'가 차츰 '해요체'로 바뀌는 상황을 감안한다면 위의 예가 성립하는 것이 전혀 낯설지 않음을 알 수 있다.


## 5. 결론


본 연구에서는 근대국어 문헌인 『捷解新語』에 나타나는 '-어이다' 구성과 '-어 ᄒᆞ이다' 구성의 통사적 특성을 살펴보았다. 그 결과 다음과 같은 결론을 얻을 수 있었다. 이제까지의 논의를 요약하면 다음과 같다.

첫째, '-어이다'의 구성에 나타나는 '어/아, 워/와, 여/아'는 기존의 논의에서는 대체로 선어말어미로 처리되어 왔으나 본고에서는 접속어미와 활용이 똑같은 위의 어미를 부동사형어미로 해석하였다.

둘째, '-어이다' 구성이 '어간+부동사형어미+-이다'의 구성을 갖게 된 것은 '-어 ᄒᆞ이다'의 구성이 축약된 것으로 해석하였다. '-어 ᄒᆞ

---

12) 근대국어에서 '아롬다와이다'의 경우에는 '아(와)'가 부동사형어미였지만 현대국어의 '아름다워요'에서 '아(워)'는 종결어미로 처리해야 한다.

이다' 구성은 자동사와 형용사 및 타동사에도 연결이 가능한데 동작 및 상태를 적극적으로 표현하기 위하여 능동적인 구문을 사용한 것으로 이해된다.

셋째, '-어이다'의 구성은 '-에/애, -예/애'와 같은 축약된 종결어미를 보이지 않기 때문에 다른 선어말어미의 연결관계와는 다르게 보아서 '이다'가 문법적인 기능을 벗어나 화용적인 기능을 하고 있는 것으로 해석하였다.

넷째, '이다'의 화용적인 기능에 대해서는 중세국어와 근대국어의 많은 용례를 검토해야 하지만 일단 이 연구에서는 주로 『捷解新語』에 나타난 언어 현상만으로 해석하였다. 차후에 다른 각도에서 '이다'의 화용적인 기능을 해명하려고 한다.

## 참고문헌

김형규(1955), 『古歌註釋』, 서울 : 白映社.
서태룡(1985), 「정동사어미의 형태론」, 『진단학보』, 60.
송철의(1983), 「파생어 형성과 통시성의 문제」, 『국어학』, 12, 47-72.
송철의(1992), 『국어의 파생어형성 연구』, 국어학총서, 18.
이태영(1997), 『역주 捷解新語』, 서울 : 태학사.
이현희(1982), 「국어 종결어미의 발달에 대한 관견」, 『국어학』, 11, 143-163.
이현희(1985), 「'ᄒᆞ다' 어사의 성격에 대하여」, 『한신논문집』, 2, 221-247.
이현희(1994), 『중세국어 구문연구』, 서울 : 신구문화사.
허　웅(1975), 『우리 옛말본』, 서울 : 샘문화사.
황문환(1997), 「16, 17세기 언간의 상대경어법 연구」, 정문연 박사학위논문.

# 제13장

# 근대국어 '-니'형 종결어미의 변화 과정과 '-이-'의 상관성

## 1. 서론

이 연구는 근대국어의 일본어 학습서인 『捷解新語』에 나타나는 'ᄒᆞ옵ᄂ니이다, ᄒᆞᄂ니이다' 구성에서 '-니이다'의 형성 과정과 기능을 기존의 음운론적인 관점에서 벗어나 문법적인 측면에서 검토하고, 'ᄒᆞ옵ᄂ니이다' 구성에 나타나는 선어말어미 '-습-'과 '-이-'의 기능을 밝히는 데 목적이 있다.

이 연구에서는 『捷解新語』 異本인 '原刊本, 改修本, 重刊本'에 나타나는 'ᄒᆞ옵ᄂ이다, ᄒᆞ옵니이다, ᄒᆞ니, ᄒᆞ옵니, ᄒᆞᄂ이다, ᄒᆞ니이다' 구성을 다룬다. 'ᄒᆞ옵니이다, ᄒᆞ니, ᄒᆞ옵니'의 구성에서 'ᄒᆞ니, ᄒᆞ옵니'의 '-니'는 기존의 연구에서는 축약된 종결어미로 처리되었고, 'ᄒᆞ옵니이다'의 '-니이다'의 경우는 대체로 음운 현상인 'i모음역행동화(최전승, 1978 : 175)', 'y음 개재 현상(이현희, 1982 : 150)', '이-스며들기 현상(허웅, 1989 : 283)' 등

의 용어를 사용하여 주로 움라우트에 준하는 음운 현상이 관여한 것으로 해석하여 왔다.1)

'-니이다'의 구성을 음운 현상으로 해석한 결과, 일부 견해들은 공손법의 선어말어미인 '-이-'가 사라지고 '-웁-'이 상대존대를 나타내는 선어말어미로 변했다는 가설을 세우게 되었다. 또한 '-니이다'의 해석 여하에 따라서 축약된 종결어미의 변화 과정이 아주 다르게 설정되었다.

'ᄒᆞ뇌, ᄒᆞ니'류 종결형의 변화에 대한 기존의 견해는 대체로 'ᄒᆞ노이다>ᄒᆞ뇌이다>ᄒᆞ뇌'와 같은 과정을 거쳐서 이루어진 것으로 보고 있다. (허웅1975, 장경희1977, 이현희1982, 허웅1989, 박양규1991, 김영욱1995 참조) 한편 황문환(1997 : 195)에서는 'ᄒᆞ노이다>ᄒᆞ넣다>ᄒᆞ뇌다>ᄒᆞ뇌'의 구성으로 이루어진 것으로 해석하고 있다. 그러나 이 연구에서는 이상의 견해와는 다른 변천 과정을 제시하려고 한다.(4장 참조)

『捷解新語』는 그간의 문어체 중심의 문헌과는 다르게 근대국어의 구어체를 보여주는 매우 중요한 문헌이고, 또한 국어사에서 중요한 문법 형태소를 보여주고 있는 문헌이다. 예를 들면 주격조사로 변한 '-가', 존칭 주격조사와 관련된 '-끠셔, -겨셔, -끠로셔', 축약된 종결어미인 '-쇠, -외, -늬, -데, -새' 등의 다양한 예를 보여주고 있어서 주목되는 문헌이다.

이 연구에서는 『捷解新語』의 이본의 비교 분석을 통하여 다음 몇 가지 사항을 검토해 보려고 한다.

첫째, 종결어미의 변천과정에서 보이는 '-니이다' 구성에 대하여 주로 음운론적인 관점에서 '움라우트, y음 개재'로 해석하고 있으나, 본 연구에서는 통사·화용적인 관점에서 해석하고자 한다.

---

1) 'ᄒᆞ뇌이다' 구성에 대한 여러 학자들의 견해에 대해서는 황문환(1997 : 190)에 자세히 언급되어 있다.

둘째, 이를 통하여 기존의 논의에서 '-읍-'이 상대경어법의 요소로 변했다는 견해를 재론하고, 특히 공손법의 선어말어미인 '-이-'가 화용적인 기능으로 변하고 있음을 보이고자 한다.

셋째, 이를 바탕으로 기존의 논의에서 다루어진 축약된 종결어미의 변천과정을 재론하고자 한다.


## 2. 『捷解新語』 異本에 나타나는 'ᄒᆞᄂᆞ이다'류의 쓰임

『捷解新語』의 이본을 비교해 보면 선어말어미 '-ᄂᆞ-'가 관련된 구성은 'ᄒᆞᄂᆞ이다, ᄒᆞ닉이다, ᄒᆞ닉, ᄒᆞ옵ᄂᆞ이다, ᄒᆞ옵닉이다, ᄒᆞ옵닉' 등이 나타난다. 原刊本에서도 이 구성들은 복합적으로 나타나는 특징을 보인다.

이제까지의 연구에서는 이러한 현상에 대하여 '-닉이다'의 경우는 음운현상으로 처리하고, '-닉'의 경우는 '-이(다)'의 축약 내지는 생략 현상으로 다루어 왔다. 한편, 근대국어 시기에는 공손의 선어말어미 '-이-'가 소멸된 것으로 보고 겸양의 선어말어미 '-읍-'이 공손법을 나타내는 선어말어미로 바뀌었다고 보는 경향이 있었다.

그러나 '-닉이다' 구성을 음운현상으로만 처리하기에는 여러 측면에서 납득하기 어려운 점이 있다. 이제 'ᄒᆞᄂᆞ이다'가 보여주는 여섯 가지의 구성을 검토해 보기로 한다.


### 2.1. 'ᄒᆞᄂᆞ이다'

『捷解新語』 原刊本의 'ᄒᆞᄂᆞ이다'는 중세국어의 'ᄒᆞᄂᆞ이다'의 쓰임으로

異本에서는 'ᄒᆞ니이다, ᄒᆞ옵ᄂᆞ'로 쓰이고 있다. 경어법의 위계로 보면 하오체로 볼 수 있다.

(1) a. 채논 됴티 아니ᄒᆞ오니 이제라도 넘녀ᄒᆞᄂᆞ이다 〈原刊3, 4ㄱ〉
    b. 채논 됴치 아니ᄒᆞ기예 이제라도 근심ᄒᆞ니이다 〈一次3, 5ㄴ〉
    c. 채논 죠치 아니ᄒᆞ기예 이제라도 근심ᄒᆞ니이다 〈重刊3, 5ㄱ〉

(2) a. 오늘은 날도 됴코 서ᄅᆞ 죵용ᄒᆞ여 우리도 깃거ᄒᆞᄂᆞ이다 〈原刊3, 26ㄴ〉
    b. 今日은 日吉利도 됴코 서ᄅᆞ 죵용ᄒᆞ여 우리도 긷거ᄒᆞ니이다 〈一次3, 35ㄴ〉
    c. 今日은 日吉利도 죠코 서ᄅᆞ 죵용ᄒᆞ여 우리도 긷거ᄒᆞ옵ᄂᆞ 〈重刊3, 31ㄴ〉

'ᄒᆞ노이다' 구성이 쓰이는데 이 문헌에서는 주로 'ᄒᆞ농이다'로 쓰이고 있다. 'ᄒᆞ노이다' 구성은 중세국어 문헌에서도 많이 나타나는 구성으로 주어가 일인칭 화자일 때만 쓰이는 소위 의도법의 선어말어미 '-오-'가 개재된 구성으로 해석되고 있다.

『진주하씨묘 한글편지』에서는 'ᄒᆞ니'형이 드물게 쓰이고 오히려 'ᄒᆞ뇌'형이 많이 쓰임을 볼 수 있다.(예문 (8) 참조)

(3) a. 예ᄭᆞ지 使者ㅣ 감격키 너기농이다 〈原刊5, 18ㄱ〉
    b. 예ᄭᆞ지 使로 뻐 무ᄅᆞ시니 감격히 너기니이다 〈一次5, 26ㄱ〉
    c. 옐ㄱ지 使로 뻐 무ᄅᆞ시니 감격히 너기니이다 〈重刊5, 18ㄴ〉

(4) a. 어와 出船日을 定ᄒᆞ시니 아롬다와 ᄒᆞ농이다 〈原刊8, 24ㄴ〉
    b. 어와 出船日이 定ᄒᆞ이니 아롬다와 ᄒᆞᄂᆞ이다 〈一次8, 36ㄴ〉
    c. 어와 出船日이 定ᄒᆞ이니 아롬다와 ᄒᆞᄂᆞ이다 〈重刊8, 21ㄱ〉

## 2.2. 'ᄒᆞ니이다'

『捷解新語』原刊本의 'ᄒᆞ니이다'는 이본에서는 'ᄒᆞᄂ이다, ᄒᆞ옵니'로 교체되고 있다. 기존의 논의에서 '-니이다' 구성은 음운 현상으로 해석하고 있다. 그러나 이 연구에서는 'ᄒᆞ니이다'를 'ᄒᆞ니＋이다'의 구성으로 분석하고 '-이(다)'가 '-옵-'과 서로 상관성을 가지는 것으로 해석하고자 한다. 'ᄒᆞ니이다' 구성은 하오체의 위계를 가진다.

(5) a. 우리는 덕분을 뼈 아므 일도 업시 완니이다 〈原刊2, 1ㄴ〉
    b. 니르옵시ᄃᆞ시 우리들도 御陰을 뼈 無事히 완ᄂ이다 〈一次2, 2ㄱ〉
    c. 니르옵시ᄃᆞ시 우리들도 御陰을 뼈 無事히 완ᄂ이다 〈重刊2, 8ㄱ〉

(6) a. 우리도 듯고 ᄀᆞ장 아롬다와 ᄒᆞ니이다 〈原刊3, 13ㄱ〉
    b. 우리도 듣고 ᄀᆞ장 아롬다와 ᄒᆞ니이다 〈一次3, 17ㄱ〉
    c. 우리도 듣고 ᄀᆞ장 아롬다와 ᄒᆞ옵니 〈重刊3, 16ㄴ〉

## 2.3. 'ᄒᆞ니'

『捷解新語』原刊本에서 'ᄒᆞ니'는 한 번 나오는 예인데, 이본에서도 'ᄒᆞ니'로 쓰이고 있다. 'ᄒᆞ니'는 다른 예와는 달리 이 문헌에서 '-옵-'이 쓰이지 않은 유일한 예이다. 예문 (7)은 조선 통신사와 일본의 축전주가 보낸 사신과의 대화를 통역하는 내용이다. 따라서 조선 통신사가 사신에게 하는 발화에 이 예가 나오는데, 신분의 차이로 보아 조선 통신사가 사신에게 '하게체'를 쓴 것으로 보인다. 'ᄒᆞ니' 구성이 하게체로 쓰이고 있음을 보여주는 아주 중요한 구성이다.

    (7) a. 싱각ᄒ야 禮ᄅᆯ 제 술오려 ᄒ니 〈原刊7, 8ㄴ〉

        b. 싱각ᄒ여 禮ᄅᆯ 제 술오려 ᄒ니 〈一次7, 12ㄱ〉

『진주하씨묘 한글 편지』에서는 'ᄒ니'형보다는 'ᄒ뇌'형이 빈도에서 훨씬 많이 쓰이고 있음을 볼 수 있다.

    (8) 브라뇌 〈75〉, 뎍뇌 〈61〉, 잇뇌 〈55〉, 짐쟉ᄒ뇌 〈6〉


## 2.4. 'ᄒ옵ᄂ이다'

『捷解新語』 原刊本의 'ᄒ옵ᄂ이다'는 중세국어에서는 'ᄒ습ᄂ이다'로 쓰인 것으로, 이본에서 'ᄒ옵니이다'로도 나타난다. 이 구성은 하오체나 그 이상의 위계를 가지고 있다.

    (9) a. 하 젓소이 너기으와 다 먹습ᄂ이다 〈原刊2, 7ㄴ〉

        b. 하 젇소이 너기오와 다 먹습니이다 〈一次2, 10ㄴ〉

        c. 하 감격히 너겨 다 먹습ᄂ이다 〈重刊2, 16ㄱ〉


## 2.5. 'ᄒ옵늬이다'

『捷解新語』 原刊本의 'ᄒ옵늬이다'는 이본에서 'ᄒᄂ이다, ᄒ옵ᄂ이다, ᄒ옵늬' 등으로 쓰이고 있다. 기존의 논의에서는 이 때의 '-늬이다' 구성을 음운현상으로 해석하여 왔다. 이 연구에서는 'ᄒ옵늬+이다'의 구성으로 분석하여 '-이(다)'가 하오체를 만드는 접미사로 보고자 한다. 이 구성도 하오체나 그 이상의 위계를 가지고 있다.

(10) a .이리 御意ㅎ시니 감격히 너기옵니이다 〈原刊3, 2ㄱ〉

   b. 이리 御意ㅎ시니 感激히 너기옵니이다 〈一次3, 2ㄱ〉

   c. 이리 御意ㅎ시니 感激히 너기ᄂ이다 〈重刊3, 2ㄱ〉


(11) a. 니즌 스이 업시 僉官들끠 니르고 잇습니이다 〈原刊2, 17ㄱ〉

   b. 니즌 스이 업시 僉官들께 니르고 읻습니 〈一次2, 25ㄱ〉

   c. 니즌 스이 업시 僉官들끠 니르고 읻습ᄂ이다 〈重刊2, 25ㄱ〉


(12) a. 萬事롤 두로 쓰리시믈 미더습니이다 〈原刊9, 14ㄱ〉

   b. 萬事롤 두로 쓰리시믈 미더습니 〈一次9, 20ㄱ〉

   c. 우리 일롤 싱각ㅎ셔 萬事롤 두로 ᄭ리심을 미덛습니 〈重刊9, 9
      ㄴ〉


## 2.6. 'ㅎ옵니'

『捷解新語』 原刊本의 'ㅎ옵니'는 이본에서 'ㅎ니이다'가 함께 쓰인다.
이 문헌에서는 '-니'가 쓰일 경우는 거의 모든 경우에 앞에 '-옵-'이 오는
데, 'ㅎ니'로 쓰인 예외가 하나 보인다. '-니이다'의 경우는 '-옵-'이 반드
시 오는 제약은 없다. '-넝이다'는 주로 原刊本에만 나타난다. 이는 주로
'ㆁ'음가의 탈락 시기와 관련된다. 'ㅎ옵니' 구성은 하오체의 위계를 가진
다.2)


(13) a. 슈괴 허일이 될가 이러튼시 구옵니 〈原刊5, 28ㄱ〉

   b. 슈괴 허일 되올가 이러튼시 ㅎ니이다 〈一次5, 41ㄱ〉


---

2) 'ㅎ옵니' 구성은 다른 구성과는 다르게 이 문헌의 이본들에서 200회가 넘는 빈도를 보
   이며 가장 많이 사용되고 있다. 이 이외에도 'ㅎ옵데, ㅎ옵식' 등의 축약된 종결어미
   가 연결된 구성이 아주 많이 쓰이고 있음이 주목된다.

(14) a. 書契를 보니 島中 無事ᄒᆞ시니 아름다와 ᄒᆞ옵닉 〈原刊2, 3ㄴ〉
b. 書契을 보니 島中 無事ᄒᆞ시니 긷보외 〈一次2, 4ㄱ〉
c. 書契롤 보니 島中 無事ᄒᆞ시니 긷보외 〈重刊2, 10ㄱ〉

(15) a. 니르시ᄃᆞ시 처음으로 御對面ᄒᆞ오니 아름다와 ᄒᆞ옵닉 〈原刊4, 1ㄴ〉
b. 니ᄅᆞ시ᄃᆞ시 처음으로 御對面ᄒᆞ오니 아름다이 너기옵닉 〈一次4, 2ㄱ〉
c. 니ᄅᆞ시ᄃᆞ시 처엄으로 御對面ᄒᆞ오니 긷비 너기옵닉 〈重刊4, 3ㄱ〉

위의 예문에서 확인한 바와 같이 原刊本에서 나타나는 여섯 가지 유형의 'ᄒᆞᄂᆞ이다'류는 改修本에서 다음과 같이 나타남을 확인할 수 있다.

| 原刊本 | 改修本(改修一次本, 改修重刊本) |
|---|---|
| ᄒᆞᄂᆞ이다 | ᄒᆞ닉이다, ᄒᆞ옵닉 |
| ᄒᆞ닉이다 | ᄒᆞᄂᆞ이다, ᄒᆞ옵닉 |
| ᄒᆞ닉 | ᄒᆞ닉 |
| ᄒᆞ옵ᄂᆞ이다 | ᄒᆞ옵닉이다 |
| ᄒᆞ옵닉이다 | ᄒᆞᄂᆞ이다, ᄒᆞ옵ᄂᆞ이다, ᄒᆞ옵닉 |
| ᄒᆞ옵닉 | ᄒᆞ닉이다 |

위의 도표에 나타난 현상은 크게 몇 가지로 요약할 수 있다.

첫째, 原刊本과 改修本에서 모두 여섯 가지의 'ᄒᆞᄂᆞ이다'류가 발견된다는 점이다. 이것은 같은 시대에 여섯 종류의 구성이 쓰이고 있었다는 증거가 된다. 한 문헌에서 동시에 여섯 종류의 구성이 쓰이고 있다는 사실은 이미 앞 시대에서 모종의 변화가 이루어졌음을 보여주는 증거이다. 따라서 우리는 기존의 축약된 종결어미의 변천 과정 연구에서 나타난 'ᄒᆞᄂᆞ이다>ᄒᆞ닉이다>ᄒᆞ닉'와 같은 변화규칙은 적어도『捷解新語』異

本들의 언어현상에는 대입할 수 없는 것임을 알 수 있다.

그렇다면 이제부터 우리가 해야 할 작업은 여섯 가지의 구성이 공시적으로 어떠한 상관관계를 갖고 있는가를 문법적으로 규명하는 일이다.

둘째, 原刊本에서 쓰인 여섯 가지의 'ᄒᆞᆫ이다'류 중 'ᄒᆞ늬'를 제외한 다섯 가지의 구성은 改修本에서 서로 중복되어 나타날 수 있다는 점이다. 이러한 현상은 原刊本 역시 다섯 가지의 구성이 서로 중복되어 동일한 기능을 수행하고 있다는 점을 말해줌과 동시에 하게체를 이용하여 하오체나 그 이상으로 높이는 구성으로 사용하고 있음을 알 수 있다.3)

原刊本(1676년)에서 改修重刊本(1781년)까지의 기간이 100년 정도 되고, 또한 原刊本을 참조하여 改修本이 이루어진 것이기 때문에 그 언어현상은 상당히 유사성을 띠고 있다고 볼 수 있다. 그런 점에서 동일한 표현에 쓰인 종결어미의 구성이 이본들에서 중복되어 나타난다는 사실로 미루어 原刊本의 언어사실을 짐작할 수 있는 것이다.

셋째, 'ᄒᆞ늬' 구성은 다른 구성과 중복되어 나타나지 않는다는 점이다.

용례가 단 하나밖에 없지만 'ᄒᆞ늬' 구성이 다른 구성과 중복되지 않는다는 사실은 'ᄒᆞ늬'가 '하게체'의 등급을 가진 구성체임을 잘 말해준다. 'ᄒᆞ늬'에 '-읍-'이 삽입되면서 'ᄒᆞ읍늬'가 되는 것은 실제로 'ᄒᆞ늬' 구성이 아주 많이 쓰이고 있었음을 말해준다.

---

3) 거꾸로 改修本의 용례를 가지고 역으로 산출하면 『捷解新語』原刊本에서도 다섯 가지의 구성이 중복되어 쓰이는 현상이 발견된다. 이 글에서는 지면 관계상 그런 작업을 하지 않는다.

## 3. '호옵니이다' 구성에서 '-옵-'과 '-이(다)'의 경어법적 기능[4]

이제 여섯 가지의 '호ᄂ이다' 구성의 기능을 밝혀 보기 위하여, 앞에서 언급한 여섯 가지 구성을 '-옵-'의 유무를 기준으로 나누어 보면 다음과 같다.

> (16)  a. 호ᄂ이다, 호니이다, 호니
>        b. 호옵ᄂ이다, 호옵니이다, 호옵니

일견, 위의 여섯 가지의 유형은 '-옵-'의 유무에 따른 차이를 보이는 듯하다. '-옵-'의 유무에 따른 차이로 기존의 견해처럼 변화의 규칙을 만들면 다음과 같다.

> (17)  a. 호ᄂ이다 > 호니이다 > 호니
>        b. 호옵ᄂ이다 > 호옵니이다 > 호옵니

기존의 견해에 따르면 (17a, b)에서 1단계의 변화는 음운론적인 요인에 의한 것이고, 2단계의 변화는 '-이(다)'가 탈락하면서 '호니'와 '호옵니'가 형성된다고 보고 있다. (17a)와 (17b)의 차이는 단지 '-옵-'의 존재 유무에 그치는 것으로 보고 있다.

그러나 그 유형이 쓰이는 문장을 이본과 비교하여 검토해 보면 그 여섯 가지의 유형의 쓰임에는 (17a)와 (17b)의 규칙과는 다른 일정한 규칙이 있음을 알 수 있다.

---

4) 이태영(1998)에서는 『捷解新語』에 나타나는 '-어이다' 구성과 '-어 호다' 구성의 통사・의미적 특성을 고찰하여 '-어이다' 구성에서 '-이다'가 화용적인 기능을 갖는 것으로 해석하였다.

(18) a. 'ᄒᆞ니이다'는 'ᄒᆞ니이다, ᄒᆞ옵니' 등과 교체되고 있다.
　　 b. 'ᄒᆞ옵ᄂᆞ이다'는 'ᄒᆞ옵니이다, ᄒᆞ니이다, ᄒᆞ옵니' 등과 교체되고 있다.
　　 c. 'ᄒᆞ니'는 'ᄒᆞ옵니, ᄒᆞᄂᆞ이다, ᄒᆞ옵ᄂᆞ이다' 등과 교체되지 않고 있다.


　(18a)와 (18b)의 규칙으로 해석하면 앞의 여섯 가지 유형 중 'ᄒᆞ니'를 제외한 다섯 가지는 서로 얼마든지 교체되어 쓰일 수 있음을 보여준다. 그렇다면 이처럼 'ᄒᆞ니'를 제외한 다섯 가지의 유형이 서로 교체되어 쓰일 수 있는 이유는 무엇인가?5) 이 현상을 구체적으로 설명해 보기로 한다.

　첫째, 예문 (1), (2)에서 보는 바와 같이 'ᄒᆞᄂᆞ이다'와 'ᄒᆞ니이다'는 서로 교체되어 쓰이고 있고, 그 구성에 'ᄒᆞ옵니'가 교체될 수 있다. 이것은 단순한 교체인가 아니면 어떤 규칙이 내재하고 있음을 의미하는가?

　필자는 기존의 음운론적인 해석을 벗어나 통사·화용적인 규칙으로 해석하고자 한다. 'ᄒᆞᄂᆞ이다'는 중세국어에서부터 쓰인 전통적인 문어체 용법이다. 이 'ᄒᆞᄂᆞ이다'는 '-ᄂᆞ이-'가 축약을 일으켜 '-니'가 되면서 'ᄒᆞ니' 구성이 형성된다. 'ᄒᆞ니이다'는 기존의 견해처럼 'ᄒᆞᄂᆞ이다>ᄒᆞ니이다'의 변화를 일으킨 것이 아니라 '하게체'인 'ᄒᆞ니' 구성에 '하오체'의 존대 기능을 하는 상대존대의 '-이(다)'가 연결된 것이다. '-이(다)'는 현대국어의 '-요'와 같은 기능을 하고 있는 것으로 해석된다. 따라서 'ᄒᆞ니이다'의 '-이(다)'는 선어말어미의 기능을 벗어나 접사적인 기능으로 바뀐 것이다.

---

5) 『捷解新語』는 역관들이 만든 일본어 학습서이다. 따라서 당시의 역관들은 언어에 대한 이해가 어느 정도 있는 사람들로서 그 당시의 일반적인 구어체를 사용하려고 노력했을 것이 짐작된다. 따라서 동일한 표현에 다섯 가지 유형의 언어 형식을 사용하고 있음은 매우 주목할 만한 일이다. 이러한 현상은 그 당시의 생활 구어체를 담으려고 노력한 흔적으로 볼 수 있을 것이다.

 '-이(다)'가 화용적인 기능을 가졌다는 해석은 이미 이태영(1998)에서 제시한 바 있다. 이태영(1998)에서는 『捷解新語』에서 발견되는 '감격ᄒ 여이다, 아롬다와이다, 너머이다' 구성을 '어간＋부동사형어미＋-이다'의 구성으로 해석하고 '-어 ᄒᄂ이다'의 구성이 축약된 것으로 해석한 바 있다.

 한편 'ᄒᆞᆸᄂ'는 'ᄒᄂ' 구성에 '화자 겸양'의 '-ᆸ-'이 들어간 구성이다. 여기서 문제가 되는 것은 'ᄒᆞᆸᄂ'가 어떻게 'ᄒᄂ이다, ᄒᄂ이다'와 교체되어 쓰일 수 있는가 하는 점과 어떻게 '화자 겸양'의 선어말어미인 '-ᆸ-'이 끼어든 'ᄒᆞᆸᄂ'가 '하오체'의 상대경어법상의 위계를 가지는가 하는 점이다. 바로 여기에 그간 논의에서 『捷解新語』에서 '-ᆸ-'이 경어법상에서 상대경어법으로 변화를 일으켰다고 보는 이유가 있었던 것이다.

 이 문헌에서 '-ᆸ-'이 화자 겸양의 선어말어미임은 틀림이 없지만, 'ᄒ ᆸᄂ'가 'ᄒᄂ이다, ᄒᄂ이다'와 교체되는 걸로 보아 '-ᆸ-'의 유무가 상 대경어법의 위계와 모종의 관련을 맺게 된 것도 분명한 사실이다.

 'ᄒᆞᆸᄂ'가 'ᄒᄂ이다, ᄒᄂ이다'와 교체되는 이유가 바로 여기에 있는 것이다. 'ᄒᆞᆸᄂ'가 결코 'ᄒᄂ'와는 교체될 수 없고, 'ᄒᄂ'가 결코 'ᄒᄂ 이다, ᄒᄂ이다'와 교체될 수 없는 이유는 상대경어법의 위계가 다르기 때문이었다. 『捷解新語』에서 단 하나의 예로 나타나는 'ᄒᄂ'의 상황은 조선의 통신사가 일본의 사자에게 말할 때 쓰인 것으로 그 위계가 '하게 체'임이 분명하다.

 『捷解新語』에서 '-ᄂ'는 반드시 그 앞에 '-ᆸ-'이 올 경우에 쓰인다. 단 하나의 예외는 '싱각ᄒ야 禮홀 제 술오려 ᄒᄂ〈原刊7, 8ㄴ〉'가 있다. 그러 나 '-ᄂ이다'의 경우는 그런 제약이 없다. 오히려 그 앞에 '-ᆸ-'이 없는 경우가 많다. '-ᄂ이다' 구성 앞에 '-ᆸ-'이 오지 않는다는 사실은 '-ᆸ-'

이 '-이(다)'와 상관성이 있기 때문이었다.

그렇다면 어떻게 '-웁-'이 상대경어법의 '-이(다)'의 역할을 하고 있는 것처럼 보이는가? 그것은 문법적인 기능의 변화가 아니라, 경어법에서 화자들의 심리의 변화에 말미암는 문법외적인 변화에 기인하는 것인데, 화자들이 전통적인 'ᄒᆞᄂᆞ이다' 구성에서 '-이(다)'를 상대경어법에서 '하오체'의 요소로 인식하고 그것을 'ᄒᆞᄂᆞ+이다'의 구성으로 만들어 썼던 것이다.6)

또한 'ᄒᆞᄂᆞ' 구성에 '-웁-'을 넣어 '화자의 겸양'을 나타내면서 '화자의 겸양'이 곧 상대를 존대하는 개념으로 생각했던 것이었다. 우리는 이런 현상을 '간접적 상대경어법'이라고 이름할 수 있을 것이다. 적어도 이 시기에는 선어말어미 '-웁-'의 문법적 기능이 상대존대로 바뀐 것이 아니었다.

이렇게 해서 'ᄒᆞ웁ᄂᆞ'와 'ᄒᆞᄂᆞ이다'는 서로 교체가 가능했던 것이다. 달리 말하면 'ᄒᆞᄂᆞ' 구성은 'ᄒᆞᄂᆞ' 구성으로는 가질 수 없는 경어법의 위계를 '-이(다)'와 '-웁-'을 동원하여 '하오체'의 위계를 만들었던 것이다. 이 문헌에서 'ᄒᆞ웁ᄂᆞ'가 이본에서 'ᄒᆞᄂᆞ이다'와 교체된다는 사실이 바로 이 점을 증명하는 셈이다.

'ᄒᆞ웁ᄂᆞ' 구성이 빈도상 가장 많이 쓰이고 있는 것으로 보아 구어체의 전형으로 보이며, '-웁-'의 기능이 '-이(다)'의 기능을 간접적으로 대신하고 있음을 볼 수 있다.

이 과정을 정리하면 다음과 같다.

---

6) '-ᄂᆞ이다' 구성을 '움라우트'나 'y음 개재'로 본다면 우리는 그러한 음운현상이 반영된 예가 『捷解新語』와 다른 문헌에 아주 많이 나타나는 이유를 설명해야 한다. 『捷解新語』의 경우에 일본어 학습서인데 굳이 움라우트가 실현된 예를 넣었을 이유는 없을 것이다.

| 구성 | 기능 |
|---|---|
| ㅎᄂ이다 | 중세국어의 구성이 그대로 쓰임. |
| ㅎ니 | 축약된 종결어미형으로 '하게체'의 위계를 가짐. |
| ㅎ니이다 | 축약된 종결어미형 '-니'에 '-이(다)'가 연결되어 하오체의 위계를 가짐. |
| ㅎᄋᆞᆸ니 | 축약된 종결어미형인 '-니'에 '-ᄋᆞᆸ-'이 연결되어 하오체의 위계를 가짐. |

둘째, 앞에 제시한 (9), (10), (11), (12)의 예문을 살펴 보면, 'ㅎᄋᆞᆸᄂ이다'는 'ㅎᄋᆞᆸ니이다'로 교체가 가능하고, 'ㅎᄋᆞᆸ니이다'는 'ㅎᄋᆞᆸᄂ이다'와 교체가 가능하다. 이것은 'ㅎᄋᆞᆸᄂ이다' 구성을 표현하기 위하여 'ㅎᄋᆞᆸ니'에 '-이(다)'가 연결된 'ㅎᄋᆞᆸ니+이다' 구성이 쓰인 것으로 해석된다. 그런데 'ㅎᄋᆞᆸ니이다'는 'ㅎᄂ이다'와 'ㅎᄋᆞᆸ니'와도 교체되고 있다. 'ㅎᄋᆞᆸ니'와 교체가 가능하다는 것은 'ㅎᄋᆞᆸ니이다'의 '-이(다)'가 분리가능한 요소라는 것을 말해주는 증거가 된다. 또한 原刊本의 'ㅎᄋᆞᆸ니'가 'ㅎ니이다'로 교체가 가능하고 'ㅎᄋᆞᆸ니이다'가 'ㅎᄂ이다'로 교체가 된다는 점은 'ㅎᄋᆞᆸ니이다'의 구성이 'ㅎᄋᆞᆸ니+이다'의 구성과 같음을 증거하는 교체라 할 수 있다.

이 과정을 정리하면 다음과 같다.

| 종류 | 기능 |
|---|---|
| ㅎᄋᆞᆸᄂ이다 | 중세국어형이 그대로 쓰임. |
| ㅎᄋᆞᆸ니 | 축약된 종결어미형에 '-ᄋᆞᆸ-'이 연결되어 하오체의 위계를 가짐. |
| ㅎᄋᆞᆸ니이다 | 'ㅎᄋᆞᆸ니'의 구성에 '-이(다)'가 첨가되어 '하오체' 이상의 위계를 가짐. |

결론적으로 이 문헌에서는 앞에서 제시한 여섯 가지의 구성 중, '흐 늬' 구성을 제외하고는 서로 교체되어 쓰일 수 있었는데, 그 이유는 '흐 읍늬'의 구성에서처럼 '-읍-'이 화자겸양을 나타내면서도 간접적으로 상 대경어법의 역할을 수행하였고, '-이(다)'가, 비록 그 위계는 분명히 다 르지만, 현대국어의 '-요'와 같은 역할을 수행하면서 '흐늬+이다, 흐읍 늬+이다'의 구성을 이루었기 때문이었다.7)


## 4. 축약된 종결어미 '-늬' 형의 변화 과정

축약된 종결어미의 변화 과정에 대한 기존의 견해를 보이면 대체로 다음과 같다.(황문환, 1997 : 190)

    (19) 흐ᄂ이다> 흐늬이다> 흐늬

'흐ᄂ이다>흐늬이다'의 변화 과정에서는 '-ㅣ'를 동화주로 한 동화 현 상의 일종으로 보고, 통시적 측면에서 움라우트 현상의 초기 모습으로 파악하고 있다. 또한 '흐뇌이다>흐뇌'의 변화 과정에서는 '-이(다)'가 생 략되면서 축약된 현상으로 파악하고 있는 실정이다.

이러한 기존의 견해는 황문환(1997 : 194)에서 수정되었다. 즉 '흐노이 다>흐뇌이다'의 변화는 인정하지만, '흐뇌이다>흐뇌'의 변화는 인정하지 않고 다음과 같은 변화 과정을 제시하였다.

---

7) 국어사자료학회에서 발표할 때, 토론자로 참석하신 이기갑교수는 전남방언과 경남서 부지역에서 하오체의 어미로 '-이(다)'가 사용되고 있음을 지적해주었다. 방언에서 쓰 이는 현상에 대한 연구는 다음 기회로 미루고자 한다.

(20) ᄒᆞ노이다〉ᄒᆞ뇡다(축약)〉ᄒᆞ뇌다〉ᄒᆞ뇌(생략)

본 연구에서는 'ᄒᆞᄂᆞ이다〉ᄒᆞ니이다'의 변화 과정에 동화 현상이 있었다는 가능성을 전적으로 부정할 수는 없지만, 『捷解新語』에서 보여주는 예를 통하여 보면, 이미 위에서 밝힌 바와 같이, 동화 현상의 가능성보다는 문법적인 현상으로 해석해야 한다고 믿는다.

따라서 'ᄒᆞ뇌'형의 변천과정과 'ᄒᆞ니이다'의 변천과정을 제시하면 각각 다음과 같다.

(21) a. ᄒᆞᄂᆞ이다〉 (ᄒᆞᇰ이다〉 ᄒᆞᇰ이다〉) ᄒᆞᄂᆞ이다〉 ᄒᆞ니다〉 ᄒᆞ뇌
     b. ᄒᆞ니이다〉 ᄒᆞ닝이다〉 ᄒᆞ넝이다〉 ᄒᆞ니이다

(21a)는 축약된 종결어미의 변천과정을 보이는 규칙으로 'ᄒᆞᄂᆞ이다'는 'ㆁ'의 음가 때문에 'ᄒᆞᇰ이다〉ᄒᆞᇰ이다'의 변화 과정이 보일 것이 예상되는데, 『捷解新語』에서는 보이지 않는다. '하노이다'의 변화형인 'ᄒᆞᇰ이다'는 보인다. 따라서 'ㆁ'의 음가가 소실되면서 'ᄒᆞᄂᆞ이다'가 되고 이것이 축약되면서 'ᄒᆞ니다'가 된 후, '다'의 절단으로 'ᄒᆞ뇌'가 이루어진다. 이러한 현상은 '-데, -새, -외' 등에서 같은 규칙이 적용된다.8) 'ᄒᆞ니다'의 예를 들면 다음과 같다.

(22) a. 즁싱이 다 하탈을 득과댜 원ᄒᆞ니다 〈地藏經上, 3ㄴ〉
     b. 이제 잠깐 와 서르 알외뇌다 ᄒᆞ야ᄂᆞᆯ 〈勸念, 28ㄴ〉
     c. 티운은 즈쇼로 친밀ᄒᆞ외다 〈闡義4, 67ㄴ〉
     d. 혜아림 업다 ᄒᆞ데다 〈勸念, 23ㄴ〉
     e. 그리ᄒᆞ옴새 〈原刊1, 17ㄴ〉

---

8) '-데, -새, -외, -게, -네' 등은 변화의 규칙은 같지만 변화의 시기에는 차이가 있다.

(21b)는 하게체인 'ㅎ늬'가 완성된 후에 하오체의 위계를 만들기 위하여 이루어진 구성으로 이때의 '이다'는 화용적 기능을 가진다고 말할 수 있을 것이다. 따라서 'ㅎ늬이다'에서 'ㅇ'음이 종성으로 내려와서 'ㅎ닝이다'가 되었다가 'ㅎ늬이다'로 발전하게 된다. 이러한 과정은 다음 예에서 볼 수 있다.

(23) a. 너기옵닝이다 〈原刊2, 5ㄱ〉-너기옵늬 〈一次2, 7ㄴ〉-너기늑이다 〈重刊2, 13ㄱ〉
   b. 깃거 ㅎ옵닝이다 〈原刊5, 18ㄱ〉-긴비 너기닉이다 〈一次5, 26ㄴ〉-긴비 너기닉이다 〈重刊5, 18ㄴ〉
   c. 알외닝이다 〈原刊5, 20ㄱ〉-솗닉이다 〈一次5, 29ㄴ〉-솗닉이다 〈重刊5, 21ㄱ〉

## 5. 다른 축약된 종결어미의 변천 과정9)

축약된 종결어미 '-늬'와 마찬가지로 '-데, -새, -외, -리' 등도 역시 같은 변화의 과정을 보이고 있다.

『捷解新語』에서 문말에 쓰이는 '-데'는 반드시 그 앞에 '-옵-'이 올 경우에 쓰인다. 이 현상은 하게체인 'ㅎ데'에 '-옵-'을 넣어 하오체로 사용하고 있다. '-데'는 『捷解新語』에서부터 보이는 것으로 보아서 '-늬'보다는 후에 변화 과정이 일어난 듯하다. 따라서 '-데이다'는 보이지 않는다. 만일 '-늬이다'가 음운 변화에 의한 것이라면, '-더이다>데이다'의 변화

---

9) 축약된 종결어미는 '몯솗뇌 〈月千上, 10ㄱ〉'에서와 같이 이미 중세국어에서부터 나오고 있다. 『龍飛御天歌』에는 '-이다'가 생략된 예가 많이 보인다. 따라서 축약된 종결어미에 대한 논의는 국어사 문헌 전반을 통하여 정밀한 탐색이 요망된다.

가 보여야 하는데 국어사 문헌에서 '-데이다'는 보이지 않는다. '-더이다'
의 축약형인 '-데다'가 보인다.

(24) a. 잘 ᄒ더라 기리시니 우리 듯기도 더옥 깃브ᄋᆞᆸ데〈原刊3, 27ㄴ〉
    b. 잘 ᄒ더라 다 기리시니 우리 듣기도 더옥 깃부ᄋᆞᆸ데〈一次3, 37
       ㄱ〉
    c. 잘 ᄒ더라 다 기리시니 우리 듣기도 더욱 깃부ᄋᆞᆸ데〈重刊3, 33
       ㄱ〉


(25) a. 무티 오르셔 홀리나 쉬시고 비들토 도로시과댜 問安ᄒ시뎡이다
       〈原刊5, 17ㄴ〉
    b. 무티 오르셔 홀니라도 쉬시고 비들도 도로시과쟈 問安ᄒ시더이
       다〈一次5, 26ㄱ〉
    c. 문희 오르셔 홀니라도 쉬시고 비들도 줄이나 고치시과쟈 問安ᄒ
       시더이다〈重刊5, 18ㄱ〉

(26) a. 問安ᄒ옵시데〈原刊1, 21ㄴ〉-젼갈ᄒ시옵데〈一次1, 33ㄱ〉-젼
       갈ᄒ시옵데〈重刊1, 26ㄴ〉
    b. 혜아리옵데〈原刊5, 9ㄱ〉-혜아리옵데〈一次5, 14ㄱ〉-推量ᄒ
       옵데〈重刊5, 12ㄱ〉


『捷解新語』에서 문말에 쓰이는 '-새'는 반드시 그 앞에 '-옵-'이 올 경
우에 쓰인다. '-새이다'도 같은 환경에만 쓰이고 있다. 'ᄒ옵새'는 하게체
인 'ᄒ새'를 하오체로 올려서 사용하는 구성이다. 'ᄒ옵새이다, ᄒ옵사이
다' 구성이 보이는데, 'ᄒ옵사이다'는 'ᄒ사이다'의 구성에 '-옵-'이 들어
간 구성이고, 'ᄒ옵새이다' 구성은 'ᄒ옵새'에 '-이(다)'가 연결된 구성으
로 해석된다.

(27) a. 書契를 내셔던 보옵새 〈原刊1, 16ㄱ〉
     b. 書簡을 내옵소 걷티 쓴 거슬 보옵새 〈一次1, 23ㄱ〉
     c. 書契롤 내옵소 걷티 쓴 거슬 보옵새 〈重刊1, 21ㄱ〉

(28) a. 닉일 나죄란 入館ᄒ여 보옵새이다 〈原刊1, 21ㄱ〉
     b. 닉일 나죄란 入館ᄒ여 보옵새이다 〈一次1, 31ㄱ〉
     c. 닉일 낟즈음으란 入館ᄒ여 보옵새 〈重刊1, 25ㄱ〉

(29) a. 一二日이나 디나 죵용커든 보옵새이다 〈原刊5, 21ㄱ〉
     b. 一兩日이나 디나 죠용히 보옵ᄉ이다 〈一次5, 31ㄱ〉
     c. 一兩日이나 디나 죵용히 보옵사이다 〈重刊5, 22ㄱ〉

(30) a. 말슴ᄒ옵새 〈原刊3, 7ㄴ〉─말슴ᄒ옵새 〈一次3, 10ㄴ〉─말슴ᄒ
        옵새 〈重刊3, 10ㄱ〉
     b. ᄒ옴새 〈原刊8, 25ㄴ〉─ᄒ옵새 〈一次8, 37ㄴ〉─ᄒ옵새이다 〈重
        刊8, 22ㄱ〉
     c. ᄒ옵싸이다 〈原刊3, 10ㄱ〉─ᄒ옵새이다 〈一次3, 13ㄴ〉─ᄒ리이
        다 〈重刊3, 13ㄱ〉
     d. 도라가상이다 〈原刊6, 5ㄴ〉─도라가상이다 〈一次6, 8ㄱ〉─도라
        가사이다 〈重刊6, 7ㄱ〉

『捷解新語』에서 문말에 나타나는 종결어미 '-외'는 앞에 '-옵-'의 제약을 받지 않는다. 이 이유는 '아름답ᄉ외'의 경우처럼 '-ᄉ오-'가 '-습-'의 이형태이기 때문이고, '-오-'가 '-옵-'의 이형태이기 때문이다. 『捷解新語』에서는 '-오이다'는 보이지 않고 '-외다'가 쓰이고 있다. 그러나 중세·근대국어의 문헌에는 '-오이다, -오이다'가 쓰이고 있다. '-외다'는 '-오이다'의 축약형이다.

'-외이다'의 구성이 국어사의 문헌에서 보이지 않는 것은 '-오-'가 '-옵-'의 이형태여서 항상 '하오체'로 기능하기 때문이다. 하게체를 가지는 다

른 축약된 종결어미와는 변화 과정이 매우 다를 것으로 해석된다.


    (31) a. ᄀ장 섭섭홀 뜻ᄒ오니 헛튼 안쥬로 디졉ᄒ시미 됴홀까 시프외
         〈原刊7, 11ㄴ〉
       b. ᄀ장 섭섭홀 들 ᄒ오니 헐튼 안쥬로 디졉ᄒ시미 죤ᄉ오리 〈一次
         7, 17ㄴ〉
       c. ᄀ장 무료홀 들ᄒ오니 잔이나 내옵심이 죠흘가 시보외다 〈重刊
         7, 9ㄴ〉


    (32) a. 시브외다 〈一次10中, 19ㄴ〉-시보외다 〈重刊10中, 17ㄱ〉
       b. 그러ᄒ여이다 〈一次10下, 5ㄴ〉-그러ᄒ외다 〈重刊10下, 5ㄱ〉


  『捷解新語』에서 문말에 나타나는 '-리'는 반드시 앞에 '-습-'의 이형태
인 '-ᄉ오-', '-오-'가 나온다.10) 예외로 '木花 사오나와 公木의 大切히 되
야시믄 자닉네도 아르심 겨시리 〈原刊4, 12ㄱ〉'가 있다.(물론 이것도 '존대'
와 관련된 어휘다) '-리이다'의 경우는 이런 제약이 없이 'ᄒ리이다, ᄒ오리
이다' 구성이 다 나타난다. 그런데 이본을 비교해서 보면 'ᄒ오리, ᄒ리
이다, ᄒ오리이다' 구성이 서로 교체되어 나타나는 것으로 보아 '-닉'의
변화 과정과 동일한 과정을 겪고 있는 것으로 해석된다.


    (33) a. 東萊와 釜山 두 곳에 의논ᄒ옵고 회답을 ᄒ리이다 〈一次10中,
         4ㄴ〉
       b. 東萊와 釜山 두 곤에 의논ᄒ옵고 회답ᄒ오리 〈重刊10中, 4ㄱ〉


    (34) a. 보올까 〈原刊2, 5ㄴ〉-뵈리이다 〈一次2, 7ㄴ〉-뵈오리이다 〈重
         刊2, 13ㄱ〉

---

10) 『捷解新語』 이본들과 『隣語大方』 등에서 나타나는 축약된 종결어미 '-리' 구문은 거
   의 예외 없이 반드시 앞에 겸양의 '-오-, -ᄉ오-'가 나온다.

   b. 뵈오링잇가 〈原刊2, 6ㄱ〉-뵈오리이다 〈一次2, 8ㄱ〉-보옵새
     〈重刊2, 13ㄴ〉
   c. 드러가리이다 〈一次10中, 23ㄴ〉-들어가오리 〈重刊10中, 21ㄱ〉
   d. 가리이다 〈一次10下, 18ㄴ〉-인ᄉᆞᄒᆞ오리 〈重刊10下, 15ㄱ〉

## 6. 결론

본 연구에서는 그간 '-니이다' 구성의 변화 과정을 음운 현상으로 보아 온 태도를 벗어나 문법적인 현상으로 해석하려고 노력하였다. 이제까지 밝혀진 내용을 요약하면 다음과 같다.

기존의 연구에서는 'ᄒᆞ니, ᄒᆞ옵니'의 '-니'는 축약된 종결어미로 처리하였고, 'ᄒᆞ옵니이다'의 '-니이다'의 경우는 대체로 음운 현상인 'i모음역행동화(최전승, 1978 : 175)', 'y음 개재 현상(이현희, 1982 : 150)', '이-스며들기 현상(허웅, 1989 : 283)' 등의 용어로 부르면서 음운 현상이 관여한 것으로 해석하여 왔다.

'ᄒᆞ뇌, ᄒᆞ니'류 종결형의 변화에 대한 기존의 견해는 대체로 'ᄒᆞ노이다>ᄒᆞ뇌이다>ᄒᆞ뇌'와 같은 과정을 거쳐서 이루어진 것으로 보고 있다. (허웅1975, 장경희1977, 이현희1982, 허웅1989, 박양규1991, 김영욱1995 참조) 한편 황문환(1997 : 195)에서는 'ᄒᆞ노이다>ᄒᆞ눵다>ᄒᆞ뇌다>ᄒᆞ뇌'의 구성으로 이루어진 것으로 해석하고 있다.

그러나 이 글에서는 기존의 음운론적인 해석을 벗어나 통사·화용적인 해석을 시도하였다.

'ᄒᆞ니이다'는 기존의 견해처럼 'ᄒᆞ느이다>ᄒᆞ니이다'의 변화를 일으킨 것이 아니라 '하게체'인 'ᄒᆞ니' 구성에 '하오체'의 역할을 하는 상대존대의

'-이(다)'가 연결된 것이다. '-이(다)'는 선어말어미로서의 기능을 벗어나 문장에 접미되는 현대국어의 '-요'와 같은 기능을 하고 있는 것으로 해석된다. 화자들이 전통적인 'ᄒᆞᄂᆞ이다' 구성에서 '-이(다)'를 상대경어법에서 '하오체'의 요소로 인식하고 그것을 'ᄒᆞ니+이다'의 구성으로 만들어 썼던 것이다.

또한 'ᄒᆞ니' 구성에 '-ᅌᅩᆸ-'을 넣어 '화자의 겸양'을 나타내면서 '화자의 겸양'이 곧 상대를 존대하는 개념으로 생각했던 것이었다. 우리는 이런 현상을 '간접적 상대경어법'이라고 이름하였다. 이 시기에는 선어말어미 '-ᅌᅩᆸ-'의 문법적 기능이 상대존대로 바뀐 것이 아니었다.

이러한 이유로 'ᄒᆞᅌᅩᆸ니'와 'ᄒᆞ니이다'는 서로 교체가 가능했던 것이다. 달리 말하면 'ᄒᆞ니' 구성은 'ᄒᆞ니' 구성으로는 가질 수 없는 경어법의 위계를 '-이(다)'와 '-ᅌᅩᆸ-'을 동원하여 '하오체'나 그 이상의 위계를 만들었던 것이다.

결국 'ᄒᆞ니이다'의 '-이(다)'는 상대존대라는 화용적인 기능을 가진 형태소로 볼 수 있을 것이다. 'ᄒᆞ니'형의 변천과정과 'ᄒᆞ니이다'의 변천과정을 제시하면 각각 다음과 같다.

   a. ᄒᆞᄂᆞ이다> (ᄒᆞᄂᆞᆼ이다> ᄒᆞᄂᆞᆼ이다>) ᄒᆞᄂᆞ이다> ᄒᆞ니다> ᄒᆞ니
   b. ᄒᆞ니이다> ᄒᆞ닝이다> ᄒᆞ닝이다> ᄒᆞ니이다

(a)는 축약된 종결어미의 변천과정을 보이는 규칙으로 'ᄒᆞᄂᆞ이다'는 'ᅌᅠ'의 음가 때문에 'ᄒᆞᄂᆞᆼ이다>ᄒᆞᄂᆞᆼ이다'의 변화 과정이 보일 것이 예상되는데, 『捷解新語』에서는 보이지 않는다. '하ᄂᆞ이다'의 변화형인 'ᄒᆞᄂᆞᆼ이다'는 보인다. 따라서 'ᅌᅠ'의 음가가 소실되면서 'ᄒᆞᄂᆞ이다'가 되고 이

것이 축약되면서 'ᄒ니다'가 된 후 '다'의 절단으로 'ᄒ니'가 이루어진다.

(b)는 하게체인 'ᄒ니'가 완성된 후에 하오체의 위계를 만들기 위하여 이루어진 구성으로 이때의 '이다'는 화용적 기능을 가진다고 말할 수 있을 것이다. 따라서 'ᄒ니이다'에서 'ㅇ'음이 종성으로 내려와서 'ᄒ닝이다'가 되었다가 'ᄒ니이다'로 발전하게 된다.

## 참고문헌


김영욱(1995), 『문법형태의 역사적 연구』, 박이정.

박양규(1991), 「국어 경어법의 변천」, 『새국어생활』 1-3.

서태룡(1985), 「정동사어미의 형태론」, 『진단학보』 60.

송철의(1983), 「파생어 형성과 통시성의 문제」, 『국어학』 12.

이태영(1997), 『역주 捷解新語』, 태학사.

이태영(1998), 「근대국어 '-어이다' 구성의 통사적 특성에 대하여」, 『언어학』 6-2, 대한언어학회.

이현희(1982), 「국어 종결어미의 발달에 대한 관견」, 『국어학』 11.

이현희(1994), 『중세국어 구문연구』, 신구문화사.

장경희(1977), 「17세기 국어의 종결어미 연구」, 『사대논총』(서울대 사대) 16.

최전승(1978), 「국어 i-umlaut 현상의 통시적 고찰」, 『국어문학』 19.

허  웅(1975), 『우리 옛말본』, 샘문화사.

허  웅(1989), 『16세기 우리 옛말본』, 샘문화사.

황문환(1997), 「16, 17세기 언간의 상대경어법 연구」, 정문연 박사학위논문.

**저자 소개**

이태영

전북 전주 출생
전북대학교 인문대학 국어국문학과 졸업
전북대학교 인문대학 국어국문학과 교수
문화체육관광부 국어심의회 심의위원
국어학회, 한국방언학회, 국어사학회 부회장

대표 논저
『국어 동사의 문법화 연구』, 『역주 捷解新語』, 『전라도 방언과 문화 이야기』, 『문
학 속의 전라방언』, 『전라북도 방언 연구』 외 다수.

# 국어사와 방언사 연구

**초판 인쇄**  2012년 5월 24일
**초판 발행**  2012년 5월 31일

**지은이**  이태영
**펴낸이**  이대현
**편 집**  이소희
**펴낸곳**  도서출판 역락
　　　　서울 서초구 반포4동 577-25 문창빌딩 2층
　　　　전화 02-3409-2058(영업부), 2060(편집부)
　　　　팩시밀리 02-3409-2059
　　　　이메일 youkrack@hanmail.net
　　　　등록 1999년 4월 19일 제303-2002-000014호

ISBN  978-89-5556-003-9 93710
정 가  25,000원

* 잘못된 책은 교환해 드립니다.